풍수란 무엇인가?

땅의 이치를 읽는 동양의 지혜

풍수

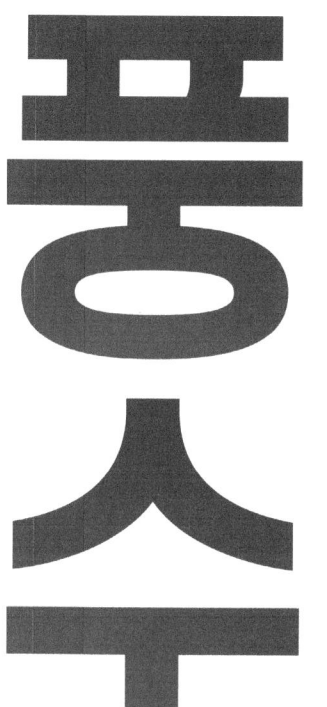

風水란 무엇인가

땅의 이치를 읽는 동양의 지혜

풍수는 시대의 흐름 속에서
끊임없이 변화하고
적응하며 살아 숨 쉬는
지혜였음을 확인할 수 있다
풍수의 진정한 의미는
명당을 찾는 것이 아니라
우리가 머무는 모든 공간을
명당으로 만들어가는
마음가짐에 있다

이 책을 내면서

깊고 방대한 지식의 바다를 항해하며, 이 책의 마지막 장을 덮는 이 순간, 가슴 벅찬 감회와 함께 여러 감사의 마음을 전하고자 합니다.

『풍수란 무엇인가?』의 여정은 단순히 길흉화복을 점치는 술법을 넘어, 자연과 인간, 그리고 사회의 관계를 조명하는 철학으로서 풍수의 진면목을 발견하는 과정이었습니다. 고대 중국의 우주론부터 시작하여, 도선과 왕건의 만남이 만들어낸 고려의 풍수 정치, 유교적 합리주의를 내세운 조선의 통제와 타협, 그리고 실학자들의 비판적 재해석에 이르기까지, 풍수는 시대의 흐름 속에서 끊임없이 변화하고 적응하며 살아 숨 쉬는 지혜였음을 확인할 수 있었습니다.

특히 이 책의 집필 과정에서 저에게 가장 큰 영감을 준 것은 이름 없는 민초들의 삶과 이야기였습니다. 그들은 불합리한 현실 속에서도 '적덕(積德)'의 가치를 잃지 않았으며, 구비문학이라는 그들만의 방식으로 명당이 땅속에 있는 것이 아니라 사람의 마음에 있다는 진실을 끊임없이 이야기했습니다. 이들의 이야기는 풍수가 결코 소수의 전유물이 아니라, 모든 이의 삶과 맞닿아 있는 보편적 지혜임을 다시 한번 깨닫게 해주었습니다.

이 책이 세상에 나올 수 있도록 도움을 주신 모든 분께 진심으로 감사드립니다.

먼저, 방대한 자료를 제공하고 귀중한 조언을 아끼지 않으신 여러 연구자분들께 깊은 감사를 드립니다. 특히 고문헌 해석과 현장 답사에 동행해주신 분들, 풍수 현장의 생생한 이야기를 들려주신 지관들과 마을 어르신들께 특별한 감사를 전합니다. 자료 속에서 발견한 풍수의 다양한 면모와 깊이 있는 통찰은 이 책의 든든한 뼈대가 되었습니다.

또한 이 책의 출간을 위해 애써주신 출판사 관계자 여러분께도 감사드립니다. 편집자의 세심한 검토와 제안은 이 책을 더욱 풍성하게 만들어주었고, 디자이너의 노력으로 풍수의 정신을 시각적으로도 아름답게 표현할 수 있었습니다.

학문적 엄밀성을 잃지 않으면서도 대중과 소통할 수 있는 글쓰기를 격려해주신 동료 학자들, 그리고 늘 든든한 지원군이 되어준 가족들에게도 깊은 감사를 전합니다.

마지막으로, 이 책을 손에 들어주신 독자 여러분께 감사의 마음을 전합니다. 이 책을 통해 풍수가 단순한 미신이나 술법이 아니라, 우리가 살아가는 공간을 더 깊이 이해하고 자연과 조화로운 삶을 모색하는 데 도움이 되는 소중한 지혜임을 발견하시기를 바랍니다. 나아가 현대 사회가 직면한 환경 문제와 공간의 의미 상실이라는 과제 앞에서, 풍수가 제시하는 통찰이 새로운 영감이 되기를 희망합니다.

풍수의 진정한 의미는 명당을 찾는 것이 아니라, 우리가 머무는 모든 공간을 명당으로 만들어가는 마음가짐에 있다고 믿습니다. 이 책이 그러한 여정의 작은 나침반이 되기를 소망하며, 감사의 글을 마칩니다.

2025년 가을 북한강변에서
저자 올림

들어가는 순서

CONTENTS

들어가는 순서

CONTENTS

들어가는 순서

CONTENTS

풍수

풍수란 무엇인가?

풍수

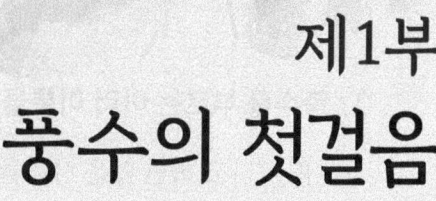

제1부
풍수의 첫걸음
– 기본 개념과 원리 이해하기

風水

제1장

|

풍수란 무엇인가

1. 풍수를 부르는 여러 이름들

"풍수"라고 하면 많은 사람들이 자연스럽게 "풍수지리"라고 고쳐 부른다. 마치 그것이 정확한 표현인 양 말이다. 하지만 정말 그럴까?

풍수는 시대와 지역에 따라 다양한 이름으로 불려왔다. 감여(堪輿), 지리(地理), 풍수(風水), 풍수지리, 풍수도참, 지리풍수... 이 많은 이름들 중에서 무엇이 정답일까? 사실 정답은 없다. 다만 각각의 이름이 탄생하고 사용된 역사적 맥락과 그 속에 담긴 의미가 있을 뿐이다.

2. 시대에 따라 변화한 명칭

풍수 관련 고전들을 살펴보면 흥미로운 사실을 발견할 수 있다. 우리가 지금 '풍수'라고 부르는 이 학문은 역사적으로 "감여 → 지리 → 풍수"의 순서로 그 명칭이 변화해왔다는 점이다.

감여(堪輿)는 가장 오래된 명칭으로, '하늘의 덮개(堪)'와 '땅의 수레(輿)'를 뜻한다. 천지를 품은 우주론과 그 속에서 살아가는 인간의 존재를 철학적으로 표현한 것이다.

지리(地理)는 글자 그대로 '땅의 이치'를 뜻한다. 땅이 지닌 원리를 올바로 이해하여 인간의 삶에 도움이 되도록 하는 실용적 지혜의 체계를 의미한다.

풍수(風水)는 바람과 물, 즉 감여와 지리의 철학적 원리를 실제로 운용하는 구체적인 동력을 표현한 것이다. 풍수라는 명칭이 오늘날 대표적인 용어가 된 것은 고전 『청오경(靑烏經)』의 영향이 크다:

"음양이 부합하고 천지가 서로 통하면 땅속의 기는 생명을 싹 틔우고 땅 위의 기는 형체를 이룬다. 이렇게 땅속의 기와 땅 위의 기가 서로 작용하면서 풍수는 자연스럽게 이루어진다."[1]

3. 왜 한국에서만 "풍수지리"라고 부를까?

놀랍게도 "풍수지리"라는 용어는 동아시아 삼국 중 오직 한국에서만 사용된다. 중국에 서는 '풍수(風水)', 일본에서는 '후스이(風水)'라고 부르는데, 왜 유독 우리나라에서만 이런 중복 표현을 쓰게 되었을까?

그 시작은 1947년 이병도 교수의 『고려시대의 연구』로 거슬러 올라간다. 이병도는 역 사적으로 "풍수"와 "지리"가 같은 의미로 사용되어 왔음을 인정하면서도, 혼란을 피하기 위해 부득이하게 "풍수지리"라는 용어를 사용하겠다고 밝혔다.[2]

이후 1969년 배종호 교수가 「풍수지리약설」을 발표하면서 이 용어는 학계에 정착되었 고,[3] 오늘날까지 아무런 문제의식 없이 사용되고 있다. 일본의 풍수 연구자들조차 한국의 이런 독특한 용법을 지적하며, 실제로는 중국이나 일본과 다를 바 없는 내용인데 왜 굳이 중복어를 사용하는지 의아해한다.[4]

4. 지리에서 풍수로

조선시대까지만 해도 공식적으로는 "풍수"보다 "지리"가 더 널리 사용되었다. 고려와 조선의 과거제도에서 풍수 전문가는 '지리업'이나 '지리학' 과목으로 선발되었다. 실제로 풍수 경전에도 "풍수"보다 "지리"가 더 자주 등장한다.[5]

그러나 현대에 들어서는 "지리"보다 "풍수"를 선호하게 되었다. 이는 서양의 지리학 (geography)이 도입되면서 전통적인 '지리'와의 구별이 필요했기 때문이다. 지도학, 영 토학 등을 포괄하는 근대 지리학과 구별하기 위해 전통적 공간학으로서의 "풍수"가 자연스 럽게 선택된 것이다.

---

[1] 『청오경(靑烏經)』, "陰陽符合, 天地交通, 內氣萌生, 外氣成形. 內外相乘, 風水自成."
[2] 이병도, 『고려시대의 연구』 (서울: 을유문화사, 1947), pp. 234~235.
[3] 배종호, 「풍수지리약설」, 『사학연구』 제21호 (1969), pp. 45~78.
[4] 增田秀光, 『風水の本』 (東京: 學研, 1998), p. 156.
[5] 目崎茂和, 「風水思想の展開」, 『東洋文化』 第78号 (1998), pp. 23~45.

5. 풍수의 다양한 얼굴들

오늘날 풍수는 단순히 땅을 보는 학문을 넘어 다양한 분야로 확장되고 있다:

- **풍수문화**: 인간 삶의 폭넓은 영역에서 나타나는 풍수적 요소들
- **풍수사상**: 풍수 원리의 철학적 연원과 역사
- **풍수문학**: 문학 작품 속에 나타난 풍수적 모티브
- **풍수신앙**: 종교적 경험으로서의 풍수
- **풍수도참**: 예언과 비결의 상징체계
- **풍수환경**: 현대 환경학과의 접목
- **풍수건축**: 실용적 응용으로서의 건축 풍수

6. 세계가 부르는 이름, Feng Shui

서구에서는 처음에 풍수를 'Geomancy(흙점)'나 'Topomancy(땅점)'로 번역했다. 19세기 중국에 간 서양 선교사들이 중국 문화를 연구하면서 서구의 점술과 풍수를 비교한 결과였다.

그러나 풍수가 단순한 점술이 아닌 중국 고유의 공간 철학임이 밝혀지면서, 이제는 중국어 발음 그대로 'Feng Shui'로 표기하는 것이 국제적 관례가 되었다. 최근 한국에서는 한국 풍수의 독자성을 강조하며 'Pungsoo'로 표기하자는 주장도 있지만, 아직 학계의 합의는 이루어지지 않았다.

7. 결론: 이름보다 중요한 것

풍수, 지리, 감여... 어떤 이름으로 부르든 중요한 것은 그 속에 담긴 지혜이다. 천지자연의 이치를 읽어 인간의 삶을 더욱 풍요롭게 만들고자 했던 선인들의 깊은 통찰. 그것이 바로 풍수의 본질이며, 우리가 오늘날에도 풍수를 공부하는 이유다.

이제 우리는 "풍수지리"라는 중복된 표현 대신 간결하게 "풍수"라고 부르는 것이 옳다는 것을 알았다. 그리고 이 풍수가 단순히 길흉을 점치는 미신이 아니라, 오랜 세월 축적된 공간에 대한 지혜의 체계임을 이해하게 되었다.

다음 장에서는 이러한 풍수가 어떻게 탄생하고 발전해왔는지, 그 역사적 여정을 따라가 보도록 하자.

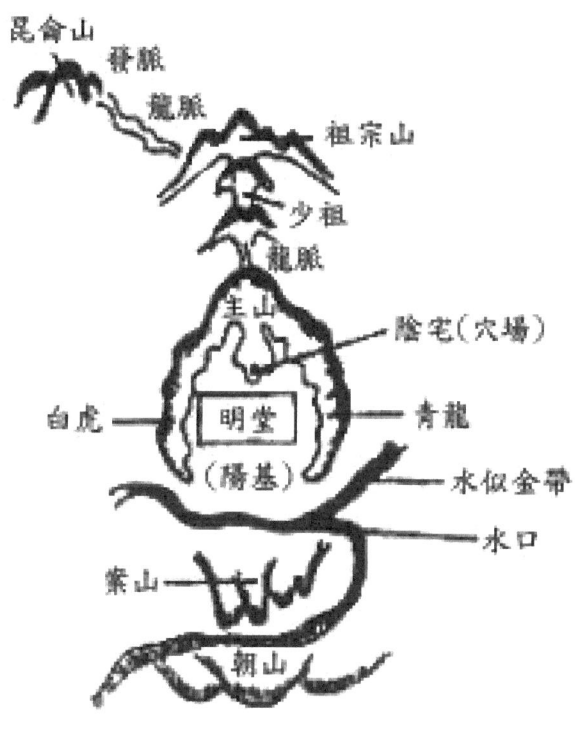

❙ 풍수 명당도 ❙

제2장

|

풍수의 지혜를 찾아서
- 경전과 공부의 길 -

1. 경전이라는 이름의 무게

풍수서를 '경전'이라 부르면 고개를 갸웃거리는 이들이 있다. "그저 풍수서, 풍수 문헌이라 하면 될 텐데, 왜 하필 경전이란 거창한 이름을 붙이느냐"며 볼멘소리를 한다. 대개 독실한 종교인들이 이런 반응을 보인다. 그들에게 경전이란 '변하지 않는 진리', '신성한 가르침'을 담은, 오직 자기 종교의 성서만을 의미하는 특별한 단어인 모양이다.

하지만 잠시 멈춰 생각해보자. 과연 경전이란 무엇인가?

기독교 성경의 형성 과정을 들여다보면 흥미로운 사실을 발견한다. 지금 우리가 읽는 성경은 결코 하늘에서 완성된 채로 내려온 것이 아니다. 수많은 문서 중에서 선별되고, 편집되고, 번역되는 긴 여정을 거쳤다. 성서 편집에 참여한 여러 공동체의 요구와 "삶의 자리"가 반영되어 오늘의 모습이 되었다. 그렇다고 성경의 권위가 손상된 것은 아니다. 오히려 시대의 숨결을 담았기에 살아있는 경전이 될 수 있었다.

불교도, 도교도, 유교도 마찬가지다. 부처님의 가르침은 제자들의 기억에서 시작해 결집을 거쳐 문자가 되었고, 시대마다 새로운 경전이 더해지거나 빠졌다. 도교의『도장(道藏)』은 지금도 계속 확장되고 있다. 그리고 놀랍게도, 수많은 풍수서가 바로 이『도장』속에 당당히 자리하고 있다. 유교 경전은 육경에서 오경으로, 사서삼경에서 십삼경주소로 그 범위가 계속 변해왔다.

이런 맥락에서 보면, 풍수서를 경전이라 부르는 것이 전혀 이상할 게 없다. 수천 년간 자연과 인간의 관계를 탐구하며 전승되어 온 지혜의 결정체를 경전이라 부르지 않는다면, 그것이 오히려 이상한 일 아닐까?

2. 살아 숨 쉬는 풍수 경전의 세계

풍수 경전에는 독특한 생명력이 있다. 그것은 단순한 이론서가 아니라, 자연과 땅, 그리고 인간의 삶에 대한 깊은 통찰을 담은 '살아있는 텍스트'다.

첫째, 풍수 경전은 놀라울 정도로 다양한 판본을 가지고 있다. 같은 『청오경』이라도 시대와 지역에 따라 내용이 조금씩 다르다. 이는 풍수가 책상머리의 학문이 아니라 실제 지형에 적용되는 실용 학문이었기 때문이다. 중국 남부의 험준한 산악과 한국의 부드러운 구릉, 일본의 화산 지형에 같은 이론을 적용할 수는 없었다.

둘째, 서로 다른 원리들이 충돌하는 듯 보이지만 실은 조화를 이룬다. 형기론과 이기론이 대립하는 것 같지만, 이는 한의학에서 상한론과 온병론이 공존하는 것과 같다. 각각의 이론이 탄생한 배경을 이해하면, 모순이 아닌 상호보완임을 깨닫게 된다.

셋째, 시적인 은유와 상징이 가득하다. "청룡은 춤추듯 유연하게, 백호는 엎드린 듯 순하게"라는 표현은 단순한 미사여구가 아니다. 복잡한 지형의 특성을 직관적으로 전달하는 압축된 지혜다.

3. 구년면벽(九年面壁)의 각오로

풍수 공부를 시작하려는 이에게 나는 먼저 이렇게 묻는다. "정말 준비가 되었는가?"

솔직히 말해, 풍수 공부는 만만치 않다. 옛말에 "9년을 산중에서 공부하고 내려와도 어중이 풍수쟁이"라는 조소 섞인 표현이 있다. 이는 과장이 아니다. 많은 이들이 호기심으로 시작했다가 그 깊이에 압도되어 중도에 포기한다.

그럼에도 불구하고 도전하겠다면, 이것만은 명심하라. "급하게 먹는 밥이 체한다." 풍수는 평생의 동반자로 삼을 학문이다. 마음을 비우고 천천히, 그러나 꾸준히 나아가라.

4. 풍수 공부의 일곱 계단

◈ **첫 번째 계단: 동양 사상의 바다에 뛰어들기**

풍수는 동양 사상의 종합 선물세트다. 기초 없이 건물을 올릴 수 없듯, 사상적 토대 없이 풍수를 이해할 수는 없다.

따라서 기본적인 동양 철학을 모르고서는 풍수의 진정한 의미를 이해할 수 없다.

먼저 읽어야 할 책들이 있다. 『주역』은 필수다. 음양의 변화와 우주의 원리를 담은 이 책 없이 풍수를 논한다는 것은 불가능하다. 『노자』와 『장자』를 통해 도가적 자연관을 익히고, 『예기』를 통해 유가적 질서관을 이해해야 한다.

특별히 주목할 것은 『회남자』다. 한대의 백과전서라 할 수 있는 이 책에는 초기 풍수 사상의 원형이 고스란히 담겨 있다. 『관자』의 수지편(水地篇)도 빼놓을 수 없다. 물과 땅의 관계를 논한 이 편은 풍수의 핵심 개념을 이해하는 열쇠가 된다.

이런 고전들을 읽을 때는 서두르지 말아야 한다. 한 권을 열 번 읽는 것이 열 권을 한 번 읽는 것보다 낫다. 특히 『주역』은 평생을 두고 읽어도 매번 새로운 깨달음을 준다.

❖ **필수 고전 목록:**

- 『주역』: 우주 변화의 원리를 담은 만권의 으뜸
- 『노자』와 『장자』: 자연과 하나 되는 도가의 지혜
- 『회남자』: 한대 사상의 백과사전, 초기 풍수 사상의 보고
- 『관자』 수지편: 물과 땅의 관계를 논한 풍수의 원형
- 『예기』: 하늘과 땅, 인간의 질서를 논한 유가의 정수

이 책들을 읽을 때는 "독서백편의자현(讀書百遍義自見)"의 자세가 필요하다. 한 권을 백 번 읽으면 그 뜻이 저절로 드러난다는 말이다.

◈ **두 번째 계단: 선학들의 어깨 위에 서기**

거인의 어깨 위에 올라서면 더 멀리 볼 수 있다. 훌륭한 개론서들이 우리를 기다린다.

❖ **한국 풍수의 정수**

- 무라야마 지준, 『조선의 풍수』: 비록 일제강점기의 산물이지만, 방대한 현장 조사의 가치는 부정할 수 없다

- 최창조, 『한국의 풍수사상』과 『한국의 자생풍수』: 한국 풍수의 독자성을 밝힌 기념비적 저작

  ❖ **중국 풍수의 원류**

- 허시아오신, 『풍수탐원』과 『중국풍수사』: 풍수의 기원부터 현재까지를 일목요연하게 정리
- 왕위더, 『신비한 풍수』: 대중성과 학술성을 겸비한 명저

  ❖ **비교문화의 시각**

- 와타나베 요시오, 『동아시아 풍수사상』: 동아시아 3국의 풍수를 비교 분석
- 드 그루트, 『중국의 종교체계』: 19세기 서양인의 눈으로 본 풍수, 낯선 시선의 가치

◈ 세 번째 계단: 경전의 문을 두드리다

이제 본격적인 경전 독파의 시간이다. 순서가 중요하다.

- 입문 – 『청오경』: 짧지만 강력한 풍수의 정수. "내기맹생 외기성형(內氣萌生 外氣成形)"이라는 한 구절에 풍수의 모든 것이 담겨 있다.
- 심화 – 『금낭경』: 곽박의 장서(葬書). "기승풍즉산 계수즉지(氣乘風則散 界水則止)"라는 풍수의 정의가 여기서 나왔다.
- 형세 – 『감룡경』과 『의룡경』: 당의 양균송이 남긴 쌍벽. 산의 형세를 72가지로 분류한 놀라운 통찰.
- 문학 – 『설심부』: 4언 절구의 운문으로 쓰인 풍수 서사시. "제일류는 별을 관찰하고 해를 망보며…"
- 한국 – 『명산론』: 도선국사의 저작으로 전해지는 한국 산천의 음양론적 해석.
- 이기 – 『지리신법』: 나경을 사용하는 이기 풍수의 정수.
- 집대성 – 『인자수지』: 48권의 방대한 풍수 백과사전. 이를 완독하면 이미 고수의 경지.

◈ 네 번째 계단: 더 깊은 샘물을 찾아서

기본 경전을 마스터했다면, 이제 더 깊은 우물을 파야 한다.

- 『발미론』: 송의 채원정이 풍수와 도덕을 결합시킨 철학적 역작
- 『황제택경』: 양택 풍수의 원조, 현대 주거 풍수의 뿌리

◈ 다섯 번째 계단: 유학자들의 비판적 시선

- 주희의 『산릉의장』: 성리학의 거두가 풍수를 어떻게 보았는가. 비판적이면서도 선택적 수용의 모범.

- 정약용의 『풍수집의』: 이것이야말로 주목할 만한 저작이다. 다산은 이 책에서 중국의 유가 선현들이 풍수를 어떻게 비판하고 평가했는지를 체계적으로 정리했다. 단순한 비판서가 아니다. 조선 실학의 정신답게, 풍수의 미신적 요소는 날카롭게 비판하면서도 합리적 요소는 인정하는 균형 잡힌 시각을 보여준다. 중국 선유들의 풍수 논의를 집대성한 이 책은, 풍수를 맹신하지도 맹목적으로 배척하지도 않는 중도의 길을 제시한다.

◈ **여섯 번째 계단: 동아시아를 넘나들며**

- 『상묘상택술』: 중국 풍수의 실천적 측면
- 『오키나와의 풍수』: 류큐 왕국의 독특한 풍수 문화
- 『풍수: 중국인의 토포스』: 풍수를 통해 본 중국인의 공간 인식

◈ **일곱 번째 계단: 현대와의 만남**

청대의 가상류(家相類)는 현대 주거 풍수의 보물창고다.

- 『가상비전집』: 실내 공간 배치의 비결
- 『가상삼백년안』: 300년을 내다보는 주거 계획

수십 종에 달하는 가상류는 실용 풍수의 경전적 근거를 제공한다. 다만 현대의 많은 풍수 응용이 이런 깊은 전통과 동떨어져 있는 것은 안타까운 현실이다.

5. 끝이 아닌 시작

풍수 공부에는 끝이 없다. 산을 백 번 보면 백 번 다르고, 물을 천 번 보면 천 번 다르다. 책으로 배운 것은 시작일 뿐, 진정한 공부는 자연 속에서 이루어진다.

조급해하지 말라. 며칠 배웠다고 남의 집터를 논하는 것은 위험천만한 일이다. 옛말에 "반병수장학불사(半瓶水長學不死)"라 했다. 반만 찬 물병은 찰랑거리며 시끄럽지만, 가득 찬 물병은 조용하다.

풍수는 단순히 길흉을 점치는 술법이 아니다. 자연과 인간의 조화로운 관계를 모색하고, 더 나은 삶의 공간을 만들어가는 지혜다. 이 본질을 잊지 않는다면, 긴 여정도 즐거운 탐구가 될 것이다.

평생의 벗으로 삼을 각오가 되었는가? 그렇다면 이제 첫발을 내딛을 때다. 산이 부르고 물이 기다린다. 풍수의 세계는 당신 앞에 무한히 펼쳐져 있다.

제3장

|

풍수를 정의하는 다양한 시선들

1. 17세기 유럽, 동방을 향한 열망

17세기부터 18세기에 걸쳐 유럽은 특별한 문화적 열병을 앓고 있었다. '시누아즈리 (chinoiserie)'라 불리는 중국 열풍이었다. 베르사유 궁전에는 중국풍 도자기가 진열되었고, 귀족들은 중국산 차를 마시며 동양의 신비를 논했다. 이 열풍은 단순한 유행을 넘어 지적 탐구의 영역으로 확장되었다.

19세기 말에서 20세기 초, 수많은 유럽의 지식인들이 동양으로 향했다. 어떤 이는 새로운 무역로를 개척하려는 야심을 품고, 어떤 이는 복음을 전파하려는 사명감에 불타며, 또 어떤 이는 순수한 학문적 호기심에 이끌려 머나먼 항해에 나섰다.

한반도에 발을 디딘 서양인은 많지 않았다. 대부분은 폭풍에 휩쓸려 표류하다가 우연히 도착한 경우였고, 곧 중국이나 일본으로 떠났다. 반면 중국 대륙에는 수많은 서양인이 정착했다. 놀랍게도 이들 중 상당수는 원래의 목적 — 그것이 자본 획득이든 선교 활동이든 — 을 잊어버리고 중국 문화에 깊이 매료되어 평생을 그곳에서 보냈다.

이 특별한 문화적 방랑자들의 눈에 포착된 것 중 하나가 바로 '펑슈웨이(風水)'였다. 중국인들의 일상 곳곳에 스며든 이 독특한 공간관은 서양인들에게 충격과 경이, 때로는 당혹감을 안겨주었다.

2. 미신인가, 과학인가: 서양 지식인들의 풍수 해석

◈ 선교사들의 비판적 시선: "문명화의 걸림돌"

초기 서양 선교사들에게 풍수는 복음 전파의 가장 큰 장애물이었다. M.T. 예이츠(Yates)는 풍수를 두고 "어떤 의미도 찾을 수 없는 공허한 믿음"이라고 평가 절하하였다. 그러면서도 한편으로는 "조상숭배의 중요한 부분"이라고 인정하는 모순적 태도를 보였다.

예수회 선교사로 중국에서 활동한 마테오 리치(Matteo Ricci, 1552~1610)는 더욱 직설적이었다. 그는 풍수를 "미신적 의례"라고 단언했다. 리치는 중국의 유교 경전은 인정하면서도 풍수만큼은 기독교 교리와 양립할 수 없는 미신으로 규정했다.

J. 에드킨스(Edkins)는 한 걸음 더 나아갔다. 그는 풍수를 "중국 문명화 과정의 큰 장애물"이자 "풍수 미신"이라고 비난했다. 중국인들이 풍수 때문에 철도 건설을 반대하고, 전신주 설치를 거부하는 것을 보며, 그는 풍수가 근대화를 가로막는 원흉이라고 확신했다.

C.K. 양(Yang)은 사회학적 관점에서 풍수를 "점술의 한 형태"로 분류했다. 그에게 풍수는 과학적 근거가 없는 주술적 사고의 잔재였다.

◈ 유사과학으로서의 재평가: "자연과학의 씨앗"

그러나 모든 서양 학자가 풍수를 부정적으로만 본 것은 아니었다. 19세기 후반부터 20세기 초반에 걸쳐 일부 학자들은 풍수를 '유사과학(quasi-science)'으로 재평가하기 시작했다.

네덜란드의 중국학자 J.J.M. 드 그루트(De Groot)는 1897년 출간한 방대한 저서 『중국의 종교체계』에서 풍수를 "다소 과장하자면 유사과학"이라고 표현했다. 그는 풍수가 비록 현대 과학의 기준에는 미치지 못하지만, 자연현상을 체계적으로 관찰하고 분류하려는 노력의 산물이라고 평가했다.

S.J. 헨리 도어(Henry Dore)와 어니스트 아이텔(Ernest Eitel) 역시 풍수를 자연과학의 초기 형태로 이해했다. 특히 아이텔은 1873년 출간한 『풍수: 혹은 중국의 자연과학의 기초』에서 풍수의 과학적 측면을 강조했다.

20세기 중국 과학사의 대가 조지프 니덤(Joseph Needham)은 더 나아가 풍수를 중국 과학사의 중요한 한 부분으로 인정했다. 그는 풍수가 지자기와 지형학에 대한 초기적 이해를 담고 있다고 보았다.

이들의 연구 성과는 1914년 유럽에서 출간된 『중국의 미신 연구(Recherches sur les superstitions en Chine)』에 집대성되었다. 흥미롭게도 제목은 '미신 연구'였지만, 결론은 풍수를 '유사과학'으로 규정했다.

◈ 생활철학으로서의 이해: "삶의 지혜"

1960년대 이후 문화인류학적 관점이 도입되면서 풍수에 대한 이해는 더욱 깊어졌다.

영국의 인류학자 스티븐 포이히트방(Stephen Feuchtwang)은 풍수를 "중국인의 종합적인 생활철학"으로 파악했다. 그는 풍수가 단순한 미신이나 원시과학이 아니라, 중국인들이 세계를 이해하고 그 속에서 자신의 위치를 찾는 방식이라고 주장했다.

유진 앤더슨 부부(Eugene N. Anderson & Maria L. Anderson)는 생태인류학적 관점에서 풍수를 연구했다. 그들은 풍수가 환경과 조화롭게 살아가려는 중국인들의 지혜를 담고 있다고 평가했다.

앤드루 마치(Andrew L. March)는 풍수를 "공간을 의미화하는 문화적 실천"으로 이해했다. 그에게 풍수는 물리적 공간을 문화적 공간으로 전환시키는 상징체계였다.

◈ 종교적 현상으로서의 접근: "신성한 지리학"

또 다른 학자들은 풍수의 종교적 측면에 주목했다.

모리스 프리드먼(Maurice Freedman)은 풍수를 "조상숭배와 밀접하게 연관된 신비스러운 컬트(cult)"로 규정했다. 그는 풍수가 중국인들의 조상숭배 신앙과 불가분의 관계에 있다고 보았다.

에밀리 아헌(Emily Ahern)과 잭 포터(Jack M. Potter)도 비슷한 관점을 견지했다. 그들은 풍수를 통해 중국인들이 죽은 조상과 산 자손 사이의 관계를 조율한다고 해석했다.

문화지리학자 이푸투안(Yi-Fu Tuan)은 가장 시적인 정의를 내렸다. 그는 풍수를 "장소, 영혼, 힘의 근원에 대한 성스러운 본성"이라고 표현했다. 이푸투안은 '토포필리아(Topophilia, 공간애)'라는 개념을 통해 인간과 장소 사이의 정서적 유대를 강조했다.

현재 미국에서 활발히 활동하는 풍수 컨설턴트 사라 로스바흐(Sarah Rossbach)는 실용적 관점에서 풍수를 "생태예술(eco-art)"이라고 정의했다. 그녀는 풍수가 환경과 조화를 이루며 살아가는 예술적 실천이라고 보았다.

3. 드 그루트의 깊은 통찰: 고대성과 공감의 발견

19세기 초 네덜란드에서 중국으로 건너간 J.J.M. 드 그루트의 풍수 연구는 특별한 주목을 받을 만하다. 그는 6권으로 이루어진 방대한 저서 『중국의 종교체계(The Religious System of China)』에서 풍수에 상당한 지면을 할애했다.

드 그루트는 풍수를 이렇게 정의했다:

"풍수는 대기의 영향력을 가리키며 인간의 운명에 절대적인 영향을 끼친다. 다소 과장하자면 '유사과학'이다. 이것은 죽은 사람과 산 사람과 신이 각기 제자리에서 자연의 길조한 조건 하에 서로 배타적으로 거하기 위해 무덤, 성소, 거주지를 어디에 어떻게 세워야 하는가를 인간에게 가르치는 것부터 시작된다. 이 풍수 체계는 고대부터 있었고 근본적으로 인간에 대한 천지의 영향력을 인정하고 이들이 조화롭게 사는 것을 목표로 한다. 풍수 이론은 중국의 역사만큼이나 오래되었다."

드 그루트가 강조한 두 가지 핵심 개념은 '고대성(antiquity)'과 '공감(sympathy)'이었다.

첫째, 그는 풍수의 고대성을 강조함으로써 그 권위와 정당성을 인정했다. 풍수가 중국 역사만큼이나 오래되었다는 그의 주장은 풍수를 일시적 유행이나 미신이 아닌, 중국 문명의 본질적 요소로 보았음을 의미한다.

둘째, 그는 풍수가 다른 중국철학과 비슷하지만 인간과 자연 사이의 '공감'이 특별히 더 요구되는 분야라고 보았다. 여기서 공감이란 인간과 자연, 공간과 자연 간의 깊은 정서적·영적 유대감을 의미한다.

이푸투안은 드 그루트의 '공감' 개념을 더욱 발전시켜 '토포필리아(Topophilia)'라는 용어를 만들었다. 이는 "물질적 환경과 인간 간의 애정 있는 유대감"을 뜻하며, 자연환경과 정주 공간에 대한 인간의 심미적 반응을 포괄한다.

4. 풍수 경전의 신비로운 계보

◈ 저자 없는 경전들

풍수를 연구하다 보면 당혹스러운 사실 하나를 발견하게 된다. 풍수의 기원과 경전의 저자에 대해 누구도 명확하게 말할 수 없다는 것이다.

풍수의 시조로 여겨지는 한나라 시대의 청오자(靑烏子)가 『청오경』을 저술했다고 전해지지만, 그 정확한 전거는 어디에도 없다. 청오자가 실존 인물인지조차 확실하지 않다. 일부 학자들은 청오자를 신화적 인물로 보기도 한다.

동진(東晉) 시대의 저명한 학자 곽박(郭璞, 276~324)이 『금낭경(錦囊經)』을 저술하여 풍수를 체계화했다고 알려져 있다. 하지만 곽박이 실제로 이 책을 썼다는 직접적 증거는 없다. 오히려 당시의 저술 관행을 고려하면, 작자 미상의 문서가 후대에 곽박의 이름을 빌려 유포되었을 가능성이 크다.

조선 후기의 상황은 더욱 흥미롭다. 수많은 풍수 도참서가 도선국사(道詵國師, 827~898)의 이름으로 쓰였다. 통일신라 말에서 고려 초에 살았던 도선이 수백 년 후 조선 후기의 정치적 상황을 예언했다는 것이다. 역사적으로 불가능한 일이지만, 당시에는 아무도 이를 문제 삼지 않았다. 도선의 이름은 풍수서에 권위를 부여하는 상징이었을 뿐이다.

◆ 현대에도 계속되는 신비화

놀랍게도 이런 신비화 전통은 21세기인 오늘날에도 계속되고 있다.

얼마 전 한 풍수 전문가가 나를 조용히 불렀다. 그는 주변을 살피며 은밀하게 말했다.

"박사님, 이것 좀 보십시오. 특별한 것입니다."

그는 고급스러운 목함에서 금색 비단 보자기를 꺼냈다. 보자기를 한 겹 한 겹 풀 때마다 그의 손길은 더욱 조심스러워졌다. 마침내 낡은 필사본이 모습을 드러냈다.

"이것은 제 스승님의 스승님이 전수하신 비전(祕傳)입니다. 이것만 있으면 천하의 명당을 모두 찾을 수 있습니다."

그는 책을 살짝 펼쳐 보이며 속삭였다. 누가 들을까 두려운 듯했다.

또 다른 유명한 풍수 학인은 평생 수집한 필사본 경전들과 산도(山圖)들을 특정 제자에게 전수하며 자신만의 학파를 만들려 했다. 그 자료들이 언제, 누구에 의해, 어떤 맥락에서 만들어졌는지는 중요하지 않았다. 오히려 그런 것을 캐묻는 것 자체가 금기시되는 분위기였다.

"그런 것을 왜 물으십니까? 믿고 배우면 되는 것이지…"

이것이 소위 '이 바닥'의 불문율이다. 고도로 발달한 문헌 비평 방법론을 동원하거나, 우연히 발견된 신뢰할 만한 원본이 나타나지 않는 한, 우리는 현존하는 수많은 풍수 경전의 진정한 계보를 알 수 없다.

5. 한국 학자들의 다채로운 풍수 정의

◈ 최창조: 전통 지리과학의 관점

한국 풍수 연구의 선구자 최창조(1941~2002)는 서울대학교 지리학과 교수로서 풍수를 학문적으로 체계화하는 데 평생을 바쳤다. 그의 정의는 이렇다:

"풍수는 음양론과 오행설을 기반으로 『주역』의 체계를 주요 논리구조로 삼는 중국과 우리나라의 전통 지리과학으로, 추길피흉(趨吉避凶)을 목적으로 삼는 상지지술학(相地之術學)이다. 이것이 후에 효 관념이나 샤머니즘과 결합되어 이기적인 속신으로 전락하기도 했으나, 기본적으로는 일종의 토지관의 표출이라 할 수 있다."

최창조는 풍수를 '전통 지리과학'으로 규정함으로써 그 학문적 정당성을 확보하려 했다. 동시에 풍수가 미신으로 변질된 측면도 인정하는 균형 잡힌 시각을 보여준다.

◈ 김두규: 실용적 공간학

풍수 경전 번역의 대가 김두규는 보다 실용적 관점에서 풍수를 정의한다:

"풍수는 땅의 지기(地氣)를 살펴 그 땅에 맞는 용도를 결정하는 것, 공간 배치 이론, 택지에 공간 배치가 끝난 뒤에도 무엇인가 부족하거나 지나친 부분이 있을 때 이를 고쳐서 쓰는 비보진압(裨補鎭壓) 행위다."

김두규의 정의는 풍수의 실천적 측면을 강조한다. 그에게 풍수는 관념적 이론이 아니라 실제 공간에 적용되는 실용 지식이다.

◈ 최원석: 미학적 접근

한국의 비보풍수 이론가 최원석은 풍수의 미학적 차원에 주목한다:

"풍수는 자연과 마음의 만남의 미학이다."

짧지만 함축적인 이 정의는 풍수가 단순히 땅을 보는 기술이 아니라, 자연과 인간 정신이 만나는 심미적 경험임을 강조한다.

◈ 윤홍기: 문화적 기술

서구 학계에서 활동하는 윤홍기는 문화인류학적 관점에서 정의한다:

"풍수는 인간과 땅의 가장 조화로운 관계를 제공하는 길한 곳을 찾기 위한 고대 중국인의 기술이다."

윤홍기는 풍수를 특정 문화권에서 발달한 '기술(art)'로 봄으로써 그 문화적 특수성과 보편적 가치를 동시에 인정한다.

◈ 이화: 종교문화적 해석

종교학자의 관점에서 나는 이렇게 정의한 바 있다:

"풍수는 공간을 어떻게 이해할 것이며 공간 안에서 인간은 어떠한 존재론적 지위에 있는지를 고민하면서 공간과 인간 삶의 관계성을 탐구하는 문화 체계이다. 여기서 풍수는 단지 관념적인 믿음이나 사변적인 세계관에 불과한 것이 아니라, 실제 삶의 중요한 실재로서 수용되어 삶에서 표현된 종교문화이다."

6. 학제간 연구의 개화: 1960년대 이후

1960년대는 서구 풍수 연구의 전환점이었다. 단순히 이국적 호기심의 대상이었던 풍수가 본격적인 학문 연구의 대상이 된 것이다.

◈ 인류학적 접근

영국의 인류학자 스티븐 포이히트방을 필두로 게리 시먼(Gary Seaman) 등이 풍수의 문화적 의미를 탐구했다. 그들은 풍수를 중국 문화를 이해하는 핵심 열쇠로 보았다.

◈ 지리학적 연구

S. 스키너(Skinner)와 폴 휘틀리(Paul Wheatley) 같은 지리학자들은 풍수가 실제 공간 구성에 미친 영향을 연구했다. 중국의 도시 계획과 촌락 구조에서 풍수의 원리를 발견했다.

◈ 건축학적 탐구

클레어 쿠퍼-마커스(Clare Cooper-Marcus)와 케빈 린치(Kevin Lynch) 등은 풍수의 공간 구성 원리를 현대 건축과 도시 계획에 응용할 가능성을 모색했다.

◈ 환경생태학적 시각

N. 페닉(Pennick) 등은 풍수를 생태학적 지혜로 재해석했다. 그들은 풍수가 환경과 조화롭게 살아가는 전통적 지혜를 담고 있다고 평가했다.

7. 실용 풍수의 부상: 1980년대 이후

1980년대부터 서구에서는 풍수가 실용 학문으로 급부상했다. 건축, 인테리어, 부동산 분야에서 풍수 전문가들이 대거 등장했다. 이들은 풍수를 비의적인 죽음의례로만 보던 초창기 인식을 완전히 탈피했다.

풍수는 이제 경험적이고 객관적인 데이터를 현실에 적용하는 실용 지식으로 인식되기 시작했다. 동시에 이런 실용적 적용을 더욱 정교하게 만들기 위해 풍수 사상사 연구가 다시 활발해지는 흥미로운 현상이 나타났다.

8. 풍수 정의의 스펙트럼: 다양성 속의 통일성

지금까지 살펴본 것처럼 풍수를 바라보는 시선은 실로 다양하다.

- 미신과 장애물 (초기 선교사들)
- 유사과학 (19세기 말~20세기 초 학자들)
- 생활철학 (문화인류학자들)
- 종교적 실천 (종교학자들)
- 생태예술 (현대 실무자들)
- 전통 지리과학 (한국 학자들)

이 모든 정의가 옳기도 하고 틀리기도 하다. 왜냐하면 풍수는 이 모든 측면을 동시에 가지고 있기 때문이다.

시대가 변하고 문화가 달라도 한 가지는 분명하다. 풍수는 단순한 미신도, 순수한 과학도 아니다. 그것은 인간과 자연, 삶과 공간의 관계를 탐구하는 오래된 지혜다. 동시에 그 지혜는 시대와 문화에 따라 끊임없이 재해석되고 새로운 의미를 획득하는 살아있는 전통이다.

9. 미래를 향한 풍수학

오늘날 풍수는 계속 진화하고 있다. 동양의 오래된 지혜가 서양의 과학적 방법론을 만나고, 전통적 해석이 현대적 적용과 조우하며, 새로운 의미를 만들어가고 있다.

환경 위기의 시대에 풍수의 생태적 지혜가 재조명받고 있다. 도시화가 급속히 진행되는 상황에서 풍수의 공간 구성 원리가 새롭게 주목받고 있다. 정신적 공허함이 만연한 현대에 풍수의 영성이 위안을 주고 있다.

풍수의 정의는 앞으로도 계속 풍성해질 것이다. 그것이 바로 살아있는 학문의 증거다. 중요한 것은 어느 하나의 정의를 절대화하지 않는 것이다. 각각의 정의가 포착한 풍수의 한 측면을 인정하면서, 전체적인 그림을 그려가는 지혜가 필요하다.

풍수는 과거의 유물이 아니라 현재의 지혜이며, 미래의 가능성이다. 우리가 풍수를 어떻게 정의하고 이해하느냐에 따라 풍수의 미래도 달라질 것이다. 그런 의미에서 풍수를 정의하는 작업은 단순히 학문적 작업이 아니라, 우리가 어떤 미래를 만들어갈 것인가를 결정하는 창조적 작업이다.

제4장

|

풍수의 사상적 뿌리

- 우주를 읽는 동양의 지혜 -

1. 풍수의 사상적 기반

◈ 땅에 새겨진 우주의 질서

풍수를 이해하려는 사람이라면 누구나 이런 질문을 던지게 된다. "왜 땅이 그토록 중요한가? 어떻게 우주의 질서가 땅에 투영된다는 것인가?"

대부분의 풍수 연구자들은 이 점에 동의한다. 우주의 질서는 땅으로 투영되고, 그래서 땅은 만물을 낳고 기르는 신비한 힘을 지닌다고. 하지만 이런 관념이 어디서 왔는지, 그 사상적 뿌리가 무엇인지는 쉽게 답하기 어렵다.

19세기 네덜란드의 중국학자 드 그루트(De Groot)는 풍수의 복잡한 개념 체계를 두고 "기계의 다른 부분들처럼 서로 맞물려 작동하는 상상의 조합물"이라고 표현했다. 그의 말처럼 풍수는 하나의 단순한 이론이 아니다. 수많은 동양철학의 개념들이 복잡하게 얽혀 하나의 거대한 사상 체계를 이루고 있다.

◈ 풍수를 떠받치는 세 기둥

풍수 경전들을 들여다보면, 풍수가 스스로를 설명하기 위해 얼마나 많은 개념을 차용하고 있는지 알 수 있다. 마치 여러 시대의 지층이 겹겹이 쌓인 고고학 유적지처럼, 풍수 경전에는 다양한 시대의 사상들이 편집되고 재편집된 흔적이 역력하다.

그럼에도 불구하고 학자들은 풍수의 사상적 기반을 크게 세 가지로 정리한다:

1. 음양오행(陰陽五行): 우주 만물을 분류하는 체계
2. 팔괘(八卦): 변화의 원리를 담은 상징 체계
3. 구성(九星): 하늘의 별자리가 땅에 미치는 영향

흥미로운 것은 이 세 가지가 풍수만의 전유물이 아니라는 점이다. 이것들은 동양철학 전체를 떠받치는 '세 개의 기둥'이라 해도 과언이 아니다. 한의학, 사주명리, 주역 등 동양의 모든 전통 학문이 이 세 기둥 위에 서 있다.

◈ 동서양이 바라본 만물의 근원

✤ 서양: 물에서 수로 가는 여정

인류는 오래전부터 "세상은 무엇으로 이루어졌는가?"라는 근본적인 질문을 던져왔다. 고대 그리스와 중국의 철학자들이 내놓은 답은 놀랍도록 비슷하면서도 달랐다.

고대 그리스의 이오니아학파 철학자 탈레스(Thales)는 만물의 근원을 '물'이라고 보았다. 모든 생명체에 수분이 필수적임을 관찰한 그는 지구와 그 안의 모든 것이 물에서 나왔다고 생각했다.

그의 제자 아낙시만드로스(Anaximandros)는 스승의 견해에 의문을 제기했다. "물이 근원이라면, 물과 반대되는 건조함은 어떻게 설명할 것인가?" 그는 습기와 건조라는 한 쌍의 상반된 힘이 서로 작용하며 만물을 생성한다고 보았다.

아낙시메네스(Anaximenes)는 한 걸음 더 나아갔다. 그는 물이 아닌 '공기' 혹은 '증기'가 만물의 근원이라고 주장했다. 증기가 희박해지면 불이 되고, 응축되면 바람, 구름, 물, 흙이 된다는 것이다.

엠페도클레스(Empedocles)에 이르러서는 '공기, 물, 불, 흙'이라는 4원소설이 완성되었다. 이 네 가지 원소가 서로 결합하고 분리하면서 세상의 모든 것을 만들어낸다는 이론이었다. 그런데 피타고라스(Pythagoras)는 전혀 다른 관점을 제시했다. 그는 물질이 아닌 '수(數)'에서 만물의 근원을 찾았다. "존재하는 모든 것은 자신의 수를 가지고 있으며, 수 없이는 아무것도 인식할 수 없다." 이는 구체적 물질에서 추상적 원리로 사고가 전환되는 획기적인 순간이었다.

❖ 동양: 기에서 오행으로

거의 같은 시기, 중국에서도 비슷한 고민이 있었다. 다만 접근 방식이 달랐다.

중국의 황로학(黃老學) 전통을 담은 『회남자(淮南子)』는 만물이 생성되기 전 '기(氣)'의 작용을 강조한다. 기는 서양의 '프네우마(pneuma, 숨결)'와 비슷하면서도 다른 개념이다. 그것은 물질이면서 동시에 에너지이고, 보이지 않으면서도 모든 곳에 존재한다.

이 기가 움직이면서 음(陰)과 양(陽)이라는 두 가지 상반된 성질로 나뉜다. 음은 어둡고, 차갑고, 수축하는 성질이며, 양은 밝고, 뜨겁고, 팽창하는 성질이다. 이 둘은 서로 대립하면서도 보완하며, 끊임없이 순환한다.

여기서 한 걸음 더 나아가 중국인들은 오행(五行)이라는 독특한 분류 체계를 만들었다:

- 목(木): 생장과 발전의 기운
- 화(火): 상승과 확산의 기운
- 토(土): 중재와 조화의 기운
- 금(金): 수렴과 정리의 기운
- 수(水): 하강과 저장의 기운

◈ 우연의 일치인가, 보편적 사고인가

흥미롭게도 서양의 4원소(공기, 물, 불, 흙)와 동양의 5행은 상당 부분 겹친다. 물, 불, 흙은 양쪽 모두에 있고, 서양의 '공기'는 동양에서 '기'라는 더 포괄적인 개념으로 다뤄진다. 다만 동양은 '금속'과 '나무'를 추가하여 보다 세밀한 분류를 만들었다.

이는 단순한 우연의 일치일까? 문화지리학자 이푸투안(Yi-Fu Tuan)은 이런 분류 체계가 특정 문명의 전유물이 아니라고 지적한다.

인도네시아에도 불, 흙, 금속, 산, 물이라는 5원소가 있고, 미국 남서부 푸에블로 인디언들은 동서남북과 천정, 천저라는 6방향에 각각의 동물과 신을 배치한다. 이들의 분류 체계에는 겨울, 새, 농작물, 고슴도치신, 인신, 여우신처럼 일견 관련 없어 보이는 것들이 하나로 묶여 있다.

이런 사례들이 보여주는 것은 무엇일까? 어떤 분류 체계도 절대적일 수 없으며, 각 문화권이 처한 환경과 필요에 따라 나름의 체계를 만들어낸다는 것이다. 그 체계는 자의적이면서도 상황적이고, 추상적이면서도 실용적이다.

2. 음양오행의 작동 원리

◈ 상생과 상극의 순환

　드 그루트는 오행을 "중국철학의 대표적인 넌센스"라고 비판했지만, 이 '넌센스'는 놀라운 생명력을 보여주었다. 오행은 단순히 다섯 가지 물질을 나열한 것이 아니다. 그것들은 서로 영향을 주고받으며 끊임없이 변화한다.

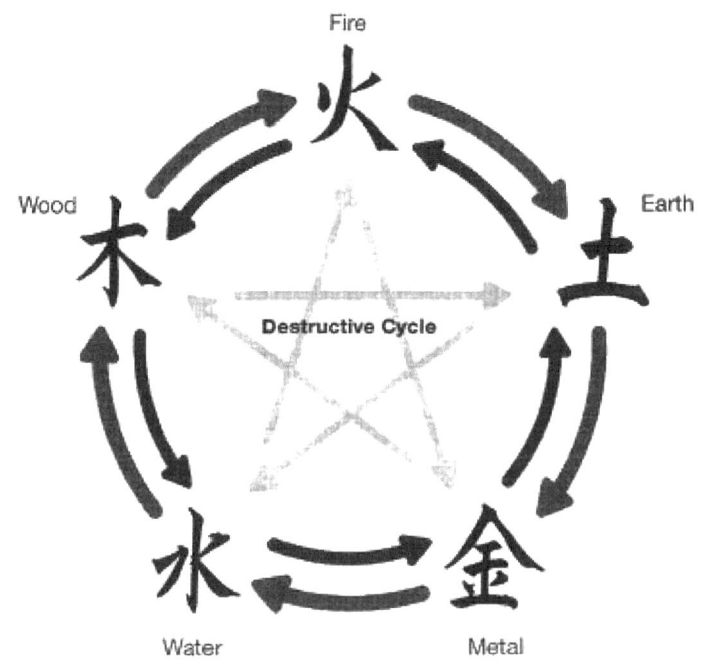

┃ 오행 상행, 상극 도식도 ┃

❖ 상생(相生)의 순환:

- 나무(木)는 불(火)을 낳는다: 나무가 타서 불이 된다.
- 불(火)은 흙(土)을 낳는다: 불이 타고 나면 재가 되어 흙이 된다.
- 흙(土)은 금(金)을 낳는다: 흙 속에서 금속이 생성된다.
- 금(金)은 물(水)을 낳는다: 금속 표면에 이슬이 맺힌다.
- 물(水)은 나무(木)를 낳는다: 물이 나무를 자라게 한다.

❖ 상극(相剋)의 순환:

- 나무(木)는 흙(土)을 이긴다: 나무 뿌리가 흙을 뚫고 들어간다.

- 흙(土)은 물(水)을 이긴다: 흙이 물을 막는다.

- 물(水)은 불(火)을 이긴다: 물이 불을 끈다.

- 불(火)은 금(金)을 이긴다: 불이 금속을 녹인다.

- 금(金)은 나무(木)를 이긴다: 도끼가 나무를 벤다.

이런 상생과 상극의 관계는 기계적인 인과율이 아니다. 여기에는 '기의 감응(感應)'이라는 미묘한 작용이 개입한다. 같은 나무와 불의 관계라도 상황에 따라 다르게 작용할 수 있다. 이를 제대로 읽어내는 것이 풍수사의 능력이다.

◈ 현대 풍수에서의 응용

놀랍게도 이 고대의 이론은 현대에도 살아 숨 쉰다.

수맥(水)이 지나가는 곳에 화분(木)을 두어 나쁜 기운을 순화시킨다는 것은 수생목(水生木)의 원리다. 불기운이 강한 주방에 스테인리스(金) 식기를 사용하는 것은 화극금(火剋金)으로 과도한 화기를 제어하는 방법이다.

현대의 실내 디자인에서도 오행의 조화를 추구한다. 나무 가구가 많은 방에는 붉은색(火) 소품을 두어 생기를 돋우고, 금속 장식이 많은 공간에는 물(水)을 상징하는 검은색이나 파란색을 배치하여 차가운 기운을 부드럽게 한다.

◈ 오행 사상의 역사적 전개

오행이 중국 사상사의 핵심 개념이 되기까지는 긴 역사가 있었다.

전국시대(戰國時代, 기원전 475~221년)에 음양학파가 형성되었는데, 특히 제나라의 추연(鄒衍, 기원전 305~240년)이 유명했다. 그는 음양오행의 상반과 응합의 논리를 체계화했다. 풍수 이론도 아마 이 시기에 싹트기 시작했을 것으로 추정된다.

한나라 시대의 동중서(董仲舒, 기원전 179~104년)는 음양 이론을 더욱 발전시켰다. 특히 그가 강조한 '감응(感應)' 이론은 하늘과 땅, 인간이 서로 영향을 주고받는다는 풍수의 핵심 사상과 맞닿아 있다.

◈ 만물을 분류하는 거대한 체계

오행은 단순히 다섯 가지 물질만을 의미하지 않는다. 그것은 우주 만물을 분류하는 거대한 체계로 발전했다.

◈ 오행 분류표의 확장

❑ 오행 분류표

五行	목	화	토	금	수
五方	동	남	중앙	서	북
五數	3.8	2.7	5.10	4.9	1.6
계절	봄	여름	환절기	가을	겨울
五色	파랑	빨강	노랑	하양	검정
사신사	청룡	주작	사람	백호	현무
五聲	角	徵	宮	商	羽
五常	仁	禮	信	義	智
五味	신맛	쓴맛	단맛	매운맛	짠맛
五臟	간장	심장	비장	폐장	신장
五精	魂	神	意	魄	志
五體	節	血	肉	氣	骨
五志	怒	喜	思	憂	恐
五穴	目	舌	口	鼻	耳
五畜	鷄	羊	牛	馬	豚
五菜	자두	살구	대추	복숭아	밤
五程	生	長	化	收	藏
五氣	風	熱	濕	燥	寒
五象	緩	散	固	緊	軟
五穀	보리	수수	기장	현미	콩
天干	甲乙	丙丁	戊己	庚辛	壬癸
地支	亥卯未	寅午戌		巳酉丑	申子辰

이 분류표는 끝없이 확장된다. 행성도 오행에 맞춰 금성(金星), 목성(木星), 수성(水星), 화성(火星), 토성(土星)으로 명명되었다. 음악의 5음계, 유교의 5덕, 심지어 인간관계의 5륜까지 모든 것이 오행으로 설명되었다.

◈ **풍수에서의 오행산과 오행수**

풍수에서는 산과 물의 형태도 오행으로 분류한다:

✤ **오행산(五行山):**

- 목형산(木形山): 곧고 수직적인 산
- 화형산(火形山): 뾰족하고 날카로운 산
- 토형산(土形山): 평평하고 안정된 산
- 금형산(金形山): 둥글고 부드러운 산
- 수형산(水形山): 물결치듯 유연한 산

✤ **오행수(五行水):**

- 목형수: 곧게 흐르는 물
- 화형수: 급하게 꺾이는 물
- 토형수: 넓게 퍼져 흐르는 물
- 금형수: 둥글게 감싸 도는 물
- 수형수: 구불구불 흐르는 물

이런 분류는 단순한 형태 구분이 아니다. 각각의 형태가 지닌 기운과 그것이 인간에게 미치는 영향을 파악하여, 최적의 거주 공간을 찾는 데 활용된다.

◈ **보편성과 특수성 사이에서**

음양오행은 분명 "성공한 상징체계"다. 2천 년이 넘는 세월 동안 동아시아 문명의 사고 방식을 지배해왔고, 21세기인 오늘날에도 여전히 영향력을 발휘한다.

그러나 이것이 절대적 진리는 아니다. 이푸투안이 지적했듯이, 모든 문화권은 나름의 분류 체계를 가지고 있다. 중요한 것은 어떤 체계가 옳고 그른가가 아니라, 각 체계가 해당 문화권에서 어떤 의미와 기능을 가지는가이다.

풍수에서 음양오행은 단순한 이론이 아니다. 그것은 자연을 이해하고, 공간을 해석하며, 인간의 삶을 더 나은 방향으로 이끌기 위한 실용적 도구다. 비록 현대 과학의 관점에서는 "넌센스"일지 몰라도, 수천 년간 축적된 경험과 지혜의 결정체라는 점에서 그 가치를 인정받아 마땅하다.

다음 절에서는 풍수의 또 다른 기둥인 팔괘와 구성에 대해 살펴보겠다. 이들이 어떻게 음양오행과 결합하여 풍수라는 거대한 사상 체계를 완성하는지, 그 신비로운 과정을 추적해보자.

❏ 오행산, 오행수

오행	수	화	목	금	토
오행산					
오행수					

3. 팔괘(八卦) : 여덟 개의 우주 코드

풍수의 사상적 토대를 찾아가는 여정에서 기(氣), 음양, 오행 다음으로 만나는 것이 팔괘다. 팔괘는 단순히 여덟 개의 기호가 아니다. 그것은 우주 만물의 변화 원리를 여덟 개의 상징으로 압축한 고도의 추상 체계다.

◈ 두 가지 팔괘 체계

흥미롭게도 팔괘에는 두 가지 배열 방식이 있다. 복희팔괘(伏羲八卦)와 문왕팔괘(文王八卦)가 그것이다.

복희팔괘는 선천팔괘(先天八卦) 또는 하도팔괘(河圖八卦)라고도 불린다. 전설에 따르면 태고의 성인 복희씨가 황하에서 나온 용마의 등에 그려진 도형을 보고 만들었다고 한다. 이는 우주 창조의 원리, 즉 '하늘의 이치'를 나타낸다.

문왕팔괘는 후천팔괘(後天八卦) 또는 낙서팔괘(洛書八卦)라고도 한다. 주나라 문왕이 만들었다고 전해지며, 현실 세계의 변화 법칙, 즉 '땅의 이치'를 담고 있다.

네덜란드의 중국학자 드 그루트에 따르면, 한때는 복희팔괘를 풍수의 기준으로 삼기도 했지만, 현재 풍수에서는 문왕팔괘를 사용한다. 이는 풍수가 추상적 원리보다는 실제 공간에서의 적용을 중시하기 때문이다.

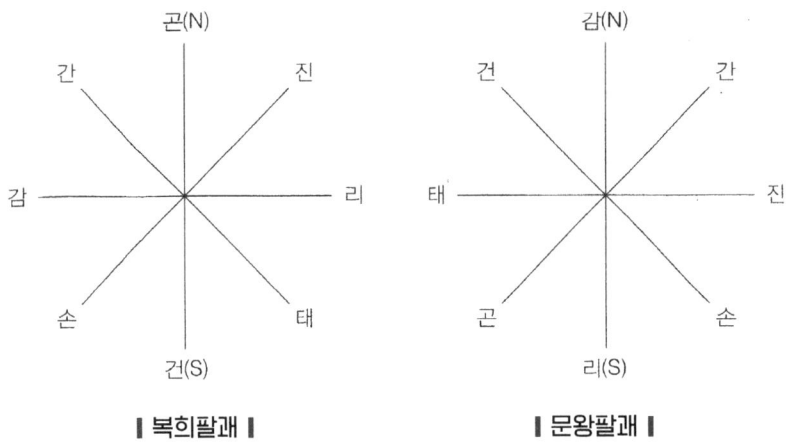

┃ 복희팔괘 ┃   **┃ 문왕팔괘 ┃**

◈ 팔괘가 품은 세계

문왕팔괘를 기준으로 한 팔괘의 분류 체계를 살펴보면 그 방대함에 놀라게 된다:

팔괘	방위	자연상징	가족관계	신체	동물	성질	계절	숫자
건(乾)	서북	하늘	아버지	머리	말	창조	초겨울	6
곤(坤)	서남	땅	어머니	배	소	수용	초가을	2
진(震)	동	우레	장남	발	용	진동	봄	3
손(巽)	동남	바람	장녀	넓적다리	닭	침투	초여름	4
감(坎)	북	물	중남	귀	돼지	함정	겨울	1
리(離)	남	불	중녀	눈	꿩	부착	여름	9
간(艮)	동북	산	소남	손	개	정지	초봄	8
태(兌)	서	연못	소녀	입	양	기쁨	가을	7

◈ 팔괘의 상징적 의미

각 괘가 지닌 상징적 의미를 좀 더 깊이 들여다보자:

건(乾)☰ : 하늘처럼 끊임없이 운행하는 창조적 힘. 강건하고 적극적이며 주도적인 에너지

곤(坤)☷ : 대지처럼 모든 것을 품고 기르는 수용적 힘. 부드럽고 포용적이며 인내하는 에너지

진(震)☳ : 봄의 첫 우레처럼 만물을 깨우는 자극의 힘. 놀라움과 각성, 새로운 시작의
에너지

손(巽)☴ : 바람처럼 스며들어 변화시키는 부드러운 힘. 유연하고 침투적이며 영향력
있는 에너지

감(坎)☵ : 물처럼 낮은 곳으로 흐르며 위험을 품은 힘. 심연의 깊이와 잠재된 가능성의
에너지

리(離)☲ : 불처럼 밝히고 따뜻하게 하는 빛의 힘. 명료하고 아름다우며 문명적인 에너지

간(艮)☶ : 산처럼 멈추어 서서 경계가 되는 정지의 힘. 안정과 명상, 내면을 돌아보는
에너지

태(兌)☱ : 연못처럼 기쁨을 담고 나누는 즐거움의 힘. 소통과 교류, 만족을 주는 에너지

◈ 『회남자』가 전하는 팔신(八神)과 팔풍(八風)

한나라 시대의 백과전서 『회남자』「지형훈」편에는 팔괘와 연결된 팔신과 팔풍이 등장
한다. 이는 풍수 경전에 지대한 영향을 미쳤다:

- 동방(震): 청룡신이 거하고, 명서풍(明庶風)이 분다.
- 남방(離): 주작신이 거하고, 경풍(景風)이 분다.
- 서방(兌): 백호신이 거하고, 창합풍(閶闔風)이 분다.
- 북방(坎): 현무신이 거하고, 광막풍(廣莫風)이 분다.

이렇게 8신이 자연의 상징으로, 8풍이 계절의 상징으로 구체화되면서 팔괘는 더욱 풍
부한 의미를 갖게 되었다.

◈ 마방진과 중앙의 신비

팔괘에 배당된 숫자들을 보면 특별한 규칙이 있다. 가로, 세로, 대각선 어느 방향으로
더해도 합이 15가 되는 마방진(魔方陣)을 이룬다.

$$4\ 9\ 2$$
$$3\ 5\ 7$$
$$8\ 1\ 6$$

여기서 5는 중앙수로, 8방위와 중앙을 합친 9궁(九宮)의 중심이 된다. 중국 고대 수술학
(數術學)에서 이런 숫자 배치는 우주의 조화로운 질서를 나타낸다고 믿었다.

◈ 현대 풍수에서의 팔괘 활용

오늘날 풍수에서 팔괘는 어떻게 활용될까?

◈ 공간 배치의 지침

집이나 사무실의 각 방향에는 해당하는 팔괘의 기운이 있다고 본다.

예를 들어:

- 북쪽(坎): 경력과 인생의 여정
- 남쪽(離): 명성과 인정
- 동쪽(震): 건강과 가족
- 서쪽(兌): 자녀와 창조성

◈ 길상 도구로서의 팔괘

현대 풍수에서는 팔괘를 길한 상징으로 활용한다:

- 대들보 아래 대나무 피리를 비스듬히 걸어 팔괘 모양 만들기
- 팔각형 탁자나 거울 사용하기
- 가구를 팔괘 형태로 배치하기

서양에서는 팔괘를 중국식 발음 그대로 'bagua' 또는 'pakua'라고 부르며, 특히 팔각형 거울인 '바구아 미러(bagua mirror)'가 인기를 끌고 있다.

◈ 삶의 문제와 팔괘

흥미롭게도 현대에는 팔괘가 삶의 다양한 영역과 연결되어 해석된다. 하지만 이런 확장된 해석들은 고전적 근거를 찾기 어렵다. 경전 해석의 역사가 그렇듯, 시대의 필요에 따라 팔괘의 의미도 계속 확장되고 재해석되어 왔다.

4. 구성(九星): 하늘의 별이 땅의 질서가 되다

◈ 북두칠성에서 구성으로의 확장

밤하늘을 올려다보면 북쪽에서 국자 모양의 별자리를 찾을 수 있다. 북두칠성이다. 그런데 풍수에서는 이 일곱 개의 별에 두 개를 더해 아홉 개의 별, 즉 구성(九星)을 만든다.

여덟 번째 별은 제6번째 별인 무곡성(武曲星) 옆에 있는 희미한 별로, 좌보성(左輔星)이라 부른다. 실제로 관측하기는 어렵지만 분명히 존재한다. 아홉 번째 별인 우필성(右弼星)은 더욱 특별하다. 이 별은 실제로는 보이지 않지만, 제6번째 별과 제7번째 별인 파군성(破軍星)을 호위하는 위치에 있다고 상정된다. 왜 굳이 보이지도 않는 별까지 추가했을까? 이는 동양 문화에서 '9'라는 숫자가 지닌 완전성 때문이다. 9는 양수의 극수(極數)로, 하늘의 완전함을 상징한다.

◆ **구성의 이름과 의미**

구성 각각의 이름은 단순한 명칭이 아니라 깊은 상징을 담고 있다:

1. **탐랑성(貪狼星)**: '탐욕스러운 늑대'라는 뜻으로, 강한 욕망과 추진력을 상징
2. **거문성(巨門星)**: '거대한 문'으로, 입구와 시작을 의미
3. **녹존성(祿存星)**: '복록을 보존한다'는 뜻으로, 재물과 풍요를 상징
4. **문곡성(文曲星)**: '문장의 굽이'로, 학문과 예술을 관장
5. **염정성(廉貞星)**: '청렴하고 정결함'으로, 고결한 품성을 상징
6. **무곡성(武曲星)**: '무예의 굽이'로, 용맹과 결단력을 의미
7. **파군성(破軍星)**: '군대를 깨뜨린다'는 뜻으로, 파괴와 변혁의 힘
8. **좌보성(左輔星)**: '왼쪽에서 돕는다'는 의미로, 보조와 협력을 상징
9. **우필성(右弼星)**: '오른쪽에서 붙든다'는 뜻으로, 지원과 후원을 의미

흥미롭게도 '보필(輔弼)'이라는 말이 바로 좌보와 우필에서 나왔다. 누군가를 좌우에서 도와 보살핀다는 이 고사성어는 구성의 마지막 두 별에서 유래한 것이다.

◆ **종교적 의미의 중첩**

학자 김일권에 따르면, 북두칠성과 북두구성은 불교와 도교에서 각각 다른 의미를 지닌다. 각 별마다 수호신이 배정되어 있고, 이는 고대의 도상(圖像)에서도 확인할 수 있다. 칠성신앙은 수명장수를 기원하는 민간신앙으로 발전했고, 구성신앙은 더욱 심오한 우주론적 의미를 담게 되었다.

◆ **별에서 산으로: 구성의 변신**

그런데 풍수에서 구성을 말할 때는 놀랍게도 별자리와는 거의 상관이 없다. 구성은 땅, 특히 산을 분류하는 코드로 변신한다.

예를 들어 탐랑성은:

- 오행으로는 목(木)

- 숫자로는 1

- 색깔로는 백색

- 팔괘로는 감(坎)

- 산의 형태로는 "뾰족하면서 둥글고, 작지만 곧고 평평한 산"

이렇게 각 구성은 복잡한 대응 체계를 갖는다:

구성	오행	숫자	색	팔괘	형태 특징	길흉
탐랑	木	1	백	坎	뾰족하면서 둥글고 평평	길
거문	土	2	흑	坤	평평하고 방정	길
녹존	土	3	벽	震	여러 봉우리가 연속	흉
문곡	水	4	녹	巽	구불구불 물결 모양	길
염정	火	5	황	中	뾰족하고 날카로움	흉
무곡	金	6	백	乾	둥글고 종 모양	흉
파군	金	7	적	兌	깨지고 부서진 모양	흉
좌보	土	8	백	艮	작고 둥근 언덕	길
우필	火	9	자	離	낮고 완만한 형태	길

◈ 형태 분류의 모순과 한계

여기서 근본적인 문제가 드러난다. 탐랑성을 "뾰족하면서 둥글고, 작지만 곧고 평평한" 산이라고 설명하는데, 이는 형용 모순이 아닌가? 어떻게 뾰족하면서 동시에 둥글 수 있고, 작으면서 평평할 수 있단 말인가? 더욱 복잡한 것은 각 구성이 또다시 세분화된다는 점이다. 녹존성의 경우 제1녹존부터 제9녹존까지 있다고 한다. 그렇다면 9×9=81가지의 산 형태가 있다는 말인가? 이쯤 되면 분류의 의미가 무색해진다.

이런 모호함은 필연적으로 해석의 자의성을 낳는다. 같은 산을 보고도 어떤 풍수사는 탐랑성이라 하고, 다른 이는 문곡성이라 할 수 있다. 객관적 기준이 없기 때문이다.

✿ 양균송과 구성론의 체계화

이런 혼란스러운 구성론을 체계화한 인물이 9세기 당나라의 양균송(楊筠松)이다. 그는 『감룡경(撼龍經)』, 『의룡경(疑龍經)』, 『심룡기(尋龍記)』, 『삼십육룡서(三十六龍書)』 등의

저서를 통해 구성론을 정리했다. 하지만 양균송이 구성론을 창시한 것은 아니다. 그의 이론에는 이미:

- 『낙서(洛書)』의 구성설
- 『역경(易經)』의 팔괘설
- 『서경(書經)』의 오행설
- 『좌전(左傳)』과 『국어(國語)』의 음양설

이 모두 녹아있다. 이는 3세기경부터 이런 사상들이 융합되어 풍수 이론을 형성하기 시작했음을 시사한다. 실제로 『금낭경』을 썼다고 전해지는 곽박(郭璞, 274~324)도 이 시대 사람이다.

✤ 천지상응(天地相應)의 논리

구성이 어떻게 풍수의 핵심 개념이 되었는지는 정확히 알 수 없다. 다만 추측할 수 있는 것은 하늘의 질서와 땅의 질서를 동일시하는 천지상응(天地相應)의 사상이다.

"하늘에서 북두구성이 우주의 중심이 되어 만물을 주재하듯, 땅에서도 구성의 원리가 산천을 주재한다"

이런 유비적(類比的) 사고는 동양 사상의 특징이다. 하늘의 별자리가 그대로 땅의 산 모양을 결정한다는 발상은 현대인에게는 낯설지만, 천인합일(天人合一)을 추구하던 고대인에게는 자연스러운 논리였다.

✤ 구성론이 낳은 학파 분열

구성은 단순한 분류 체계가 아니다. 그것은 풍수 학파를 가르는 분수령이 되었다. 구성을 어떻게 해석하고 적용하느냐에 따라 형세파와 이기파로 나뉘게 된 것이다.

✤ 형세파의 구성론: 양균송의 산론(山論)

양균송은 『감룡경』에서 혁명적인 관점을 제시했다:

✤ 길흉의 상대성

"구성의 구분은 그 차이가 매우 미세하여 어떤 산이 반드시 길하거나 흉하다고 단정할 수 없다."

일반적으로 염정, 파군, 무곡, 녹존은 '사흉성(四凶星)'으로 불리며 피해야 할 산으로 여겨진다. 그러나 양균송은 이를 거부했다:

"이 네 산도 때로는 길한 산이 될 수 있다. 무조건 버릴 것이 아니라 사람의 능력에 따라 개선하여 길한 산으로 만들 수 있다."

✤ 미추론(美醜論)

"땅에는 길흉이 따로 정해진 것이 아니라 단지 아름답고 추함(美醜)이 있을 뿐이다. 아름다운 별(美星)을 이루기 위해서는 추한 별(醜星)도 필요하다."

이는 자연의 다양성을 인정하는 포용적 관점이다. 인간의 삶에 희로애락이 있듯, 자연에도 다양한 모습이 공존한다는 철학이다.

✤ 산의 생명력

양균송은 산을 살아있는 존재로 보았다. 그는 독특한 용어들을 만들어냈다:

- **박환(剝換)**: 산(용)이 껍질을 벗듯 변화하는 것
- **퇴사(退師)**: 주산을 받쳐주는 작은 산들의 연속
- **대돈소복(大頓小伏)**: 산이 크게 솟았다가 작게 엎드리는 율동

이런 표현들은 산이 마치 의식을 가진 존재처럼 스스로 변화하며 좋은 터를 만들어간다는 관점을 보여준다.

✤ 유정무정론(有情無情論)

"산을 길흉으로 나누지 말고 유정(有情)하냐 무정(無情)하냐로 보라."

이는 운명결정론을 배제하고 인간과 자연의 교감을 중시하는 인본주의적 접근이다. 산이 사람을 향해 다정하게 감싸는 형태면 유정하고, 등을 돌리거나 날카롭게 찌르는 형태면 무정하다는 것이다.

◈ 이기파의 구성론: 호순신의 수론(水論)

남송의 호순신(胡舜申, 1131~1162)은 『지리신법(地理新法)』에서 전혀 다른 구성론을 제시했다.

✤ 방위 중심의 체계

호순신은 구성을 나침반의 24방위와 결합시켰다. 각 방위에 구성을 배치하고, 물이 어

느 방위에서 와서 어느 방위로 나가는지(득파得破)를 분석했다.

"탐랑 방위에서 물이 들어오면 길하고, 탐랑 방위로 물이 나가면 흉하다."

✤ 수법(水法)의 체계화

이기파의 구성론은 '수법'으로 발전했다:

- 호순신수법

- 포태수법(胞胎水法)

- 구성수법

이들은 모두 물의 흐름과 방위를 결합한 이론으로, 도표화가 가능한 체계적 방법론이다.

◈ 논리적 일관성

형세파와 달리 이기파의 구성론은 명확한 공식이 있다. 24방위, 음양, 오행, 구성을 조합하여 길흉을 판단하는 일종의 매트릭스를 만든 것이다.

✤ 끝나지 않는 논쟁

구성론의 분화는 풍수계에 끊임없는 논쟁을 낳았다.

형세파는 이기파를 "기계적이고 생명력이 없다"고 비판하고, 이기파는 형세파를 "주관적이고 비논리적"이라고 공격한다.

더 큰 문제는 각 학파 내에서도 이론이 계속 분화했다는 점이다. 호순신 이후에도 수많은 풍수가들이 자신만의 수법을 만들어냈고, 이는 "풍수가 열이면 열 가지 이론"이라는 비판을 낳았다.

✤ 구성론의 현대적 의미

과학적 관점에서 보면 구성론은 분명 한계가 있다. 북두칠성의 별빛이 지구의 산 모양을 결정한다는 것은 물리학적으로 설명하기 어렵다.

그러나 구성론은 단순한 미신이 아니다. 그것은:

1. **분류 체계의 정교함**: 복잡한 자연 지형을 체계적으로 분류하려는 노력

2. **상징적 사고의 깊이**: 하늘과 땅, 인간을 하나로 보는 통합적 세계관

3. **실용적 지혜**: 산의 형태와 물의 흐름을 종합적으로 고려하는 환경 인식

구성론은 고대인들이 자연을 이해하고 그 속에서 최적의 삶의 공간을 찾으려 했던 지혜

의 결정체다. 비록 그 형식은 낡았을지 모르지만, 자연과 조화를 이루며 살고자 했던 정신
은 여전히 유효하다.

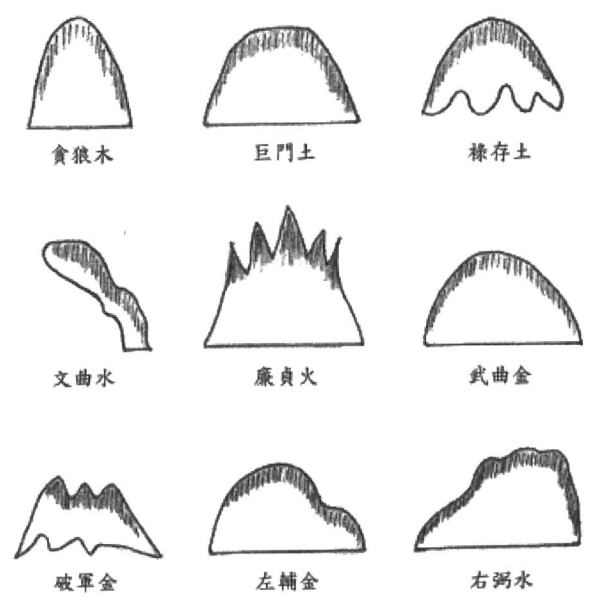

▎구성 도식도(何曉昕, 2008; 135)▎

5. 풍수의 두 큰 물줄기: 형세론과 이기론

◈ 왜 풍수사마다 말이 다를까?

풍수에 관심을 갖고 공부를 시작한 김 씨는 혼란스러웠다. 어제 만난 풍수사는 산의 모
양만 보고도 "이곳은 명당이다"라고 단언했는데, 오늘 만난 다른 풍수사는 나침반을 들고
각도를 재며 복잡한 계산을 했다. 도대체 누가 맞는 것일까?

사실 이런 혼란은 김 씨만 겪는 것이 아니다. 풍수를 처음 접하는 사람이라면 누구나
한 번쯤 품게 되는 의문이다. 그 답은 의외로 간단하다. 둘 다 맞다. 다만 접근 방법이 다를
뿐이다.

풍수는 긴 역사를 거치며 크게 두 갈래로 나뉘었다. 하나는 형세파(形勢派)이고, 다른
하나는 이기파(理氣派)다. 이는 마치 한 그루 나무에서 자란 두 개의 큰 가지와 같다. 같은
뿌리에서 출발했지만 서로 다른 방향으로 뻗어나간 것이다.

형세파를 달리 형국론(形局論)이라 부르기도 하고, 이기파를 좌향론(坐向論)이라고도 한다. 이름에서 알 수 있듯이 형세파는 '눈에 보이는 모양과 형태'를 중시하고, 이기파는 '눈에 보이지 않는 방향과 기운'을 중시한다.

❖ 형세파: 예술가의 눈으로 땅을 읽다

형세파 풍수사들은 마치 예술가처럼 자연을 바라본다. 그들에게 산과 물은 거대한 예술 작품이고, 풍수사는 그 작품을 감상하고 해석하는 비평가다.

❖ 만두파: 숲을 보는 사람들

만두파(巒頭派)의 만두는 '산봉우리'를 뜻한다. 이들은 개별 나무보다 숲 전체를 본다. 마치 독수리가 하늘 높이 날아 대지를 내려다보듯, 전체적인 산세를 파악하는 데 주력한다.

한 만두파 풍수사가 산을 오르며 제자에게 설명했다.

"저기 보이는 큰 산이 주산(主山)이다. 저 산에서 시작된 산줄기가 용이 꿈틀거리듯 이어져 내려오는 것이 보이느냐? 그것을 내룡(來龍)이라 한다. 그리고 좌측의 청룡, 우측의 백호가 이 터를 감싸 안고 있구나. 앞에는 안산(案山)이 있어 기운이 빠져나가지 않게 막아주고, 저 멀리 조산(朝山)이 이곳을 향해 인사하듯 서 있다."

제자가 물었다. "그럼 이곳이 명당입니까?"

"아직 모른다. 아무리 좋은 혈(穴)이라도 주변 산세가 받쳐주지 않으면 소용없다. 마치 아무리 뛰어난 인재라도 좋은 환경과 스승을 만나지 못하면 재능을 발휘할 수 없는 것과 같다."

❖ 형상파: 산에서 이야기를 찾는 사람들

형상파(形象派)는 자연의 모습에서 온갖 형상을 찾아낸다. 산과 물의 배치가 만들어내는 모양을 동물, 인물, 사물에 비유하여 해석한다.

어느 날, 형상파 풍수사가 한 마을을 지나다가 멈춰 섰다.

"저 산을 보라. 봉황이 날개를 펴고 둥지로 돌아오는 모습이 아닌가? 이것을 비봉귀소형(飛鳳歸巢形)이라 한다. 이런 곳에서는 문장가나 예술가가 많이 나온다."

옆에 있던 마을 사람이 놀라며 말했다.

"정말 신기하네요. 우리 마을에서 유명한 서예가가 세 명이나 나왔습니다."

형상파가 찾는 대표적인 물형들을 보면 그 상상력의 풍부함에 감탄하게 된다. 와우형(臥牛形)은 소가 편안히 누워있는 모습으로 안정과 풍요를 상징한다. 맹호출림형(猛虎出林形)은 호랑이가 숲에서 나오는 형상으로 강한 기운과 권위를 나타낸다. 미인산발형(美人散髮形)은 미인이 머리를 풀어헤친 모습으로 부드러움과 아름다움을 의미한다.

이런 비유는 단순한 상상놀이가 아니다. 오랜 세월 축적된 경험을 통해 특정 지형이 인간에게 미치는 영향을 형상화한 것이다.

형상파: 상상력의 캔버스

형상파는 자연을 거대한 예술 작품으로 본다. 산과 물의 모양에서 온갖 형상을 찾아낸다.

대표적인 물형(物形)들:

◈ **동물형**
- 비봉귀소형(飛鳳歸巢形): 봉황이 둥지로 돌아오는 모습
- 와우형(臥牛形): 소가 편안히 누워있는 모습
- 맹호출림형(猛虎出林形): 호랑이가 숲에서 나오는 모습

◈ **인물형**
- 미인산발형(美人散髮形): 미인이 머리를 풀어헤친 모습
- 장군대좌형(將軍大坐形): 장군이 의자에 앉은 모습
- 선인지로형(仙人指路形): 신선이 길을 가리키는 모습

◈ **사물형**
- 옥녀탄금형(玉女彈琴形): 선녀가 거문고를 타는 모습
- 금계포란형(金鷄抱卵形): 금닭이 알을 품는 모습
- 오봉루주형(五鳳樓珠形): 다섯 봉황이 구슬을 다투는 모습

❖ **형법파: 종합의 미학**

형법파(形法派)는 만두파의 거시적 안목과 형상파의 세밀한 관찰을 결합했다. 이들의 관심은 단순히 '어떤 모양인가'가 아니라 '왜 이런 모양이 되었는가'에 있다.

한 형법파 풍수사가 어느 부자 집안의 선산을 감정하며 설명했다.

"이 산은 백리 밖 큰 산에서 시작되어 아홉 번 굽이치며 내려왔습니다. 그 과정에서 기운이 정제되고 순화되었죠. 마침내 이곳에 이르러 거북이 머리를 든 형상을 만들었습니다. 단순히 거북 모양이어서 좋은 것이 아니라, 이런 형상이 만들어지기까지의 과정이 특별한 것입니다."

이런 접근은 현대의 지형학과도 통하는 면이 있다. 지질 구조와 침식 작용, 퇴적 과정을 통해 현재의 지형이 만들어진 것처럼, 형법파는 자연의 형성 과정 자체에서 의미를 찾는다.

형세파: 보이는 것을 믿는 사람들

1. 만두파(巒頭派)
- "산꼭대기를 보는 학파"
- 숲 전체를 조망하듯 거시적 관점 중시
- 큰 산의 흐름과 전체적인 지세 파악

2. 형상파(形象派)
- "모양을 찾는 학파"
- 지형을 동물이나 사물에 비유
- 비봉(飛鳳), 와우(臥牛), 복호(伏虎) 등의 물형론

3. 형법파(形法派)
- "종합하는 학파"
- 만두파 + 형상파의 통합 이론
- 지형의 생성 과정까지 고려

❖ 이기파: 과학자의 정밀함으로 기운을 계산하다

형세파가 예술가의 직관을 중시한다면, 이기파는 과학자의 논리를 추구한다. 이들에게 풍수는 측정하고 계산할 수 있는 정밀한 학문이다.

❖ 팔택파: 동서남북이 운명을 가른다

팔택파(八宅派)의 이론은 놀라울 정도로 체계적이다. 이들은 사람과 집을 각각 여덟 가지로 분류한다.

어느 날, 팔택파 풍수사가 집을 구하려는 신혼부부를 만났다.

"두 분의 생년월일을 알려주세요."

계산을 마친 풍수사가 설명을 시작했다.

"남편분은 1990년생으로 이궁(離宮)에 속하니 동사명(東四命)이고, 부인은 1992년생으로 곤궁(坤宮)에 속하니 서사명(西四命)이네요. 원칙적으로는 각자에게 맞는 집이 다르지만, 함께 살아야 하니 절충안을 찾아야 합니다."

팔택파는 모든 방위를 8개로 나누고, 각 방위마다 길흉을 부여한다. 생기(生氣), 연년(延年), 천의(天醫), 복위(伏位)는 길한 방위이고, 절명(絶命), 오귀(五鬼), 육살(六殺), 화해(禍害)는 흉한 방위다.

"이 집은 대문이 남향이니 이택(離宅)입니다. 남편분에게는 잘 맞지만, 부인에게는 맞지 않네요. 하지만 침실을 서남쪽에 배치하고, 부인의 서재를 서쪽에 두면 균형을 맞출 수 있습니다."

팔택파: 동서남북의 운명론

팔택파는 놀라울 정도로 체계적이다. 모든 것을 8가지로 분류한다.

사람의 분류:
- 동사명(東四命): 감(1), 리(9), 진(3), 손(4) 궁에 속하는 사람
- 서사명(西四命): 건(6), 곤(2), 간(8), 태(7) 궁에 속하는 사람

집의 분류:
- 동사택(東四宅): 북, 남, 동, 동남향 집
- 서사택(西四宅): 서북, 서남, 서, 동북향 집

핵심 원리는 간단하다:

"동사명은 동사택에, 서사명은 서사택에 살아야 행복하다!"

8방위의 길흉:
- 4길성: 생기(生氣), 연년(延年), 천의(天醫), 복위(伏位)
- 4흉성: 절명(絶命), 오귀(五鬼), 육살(六殺), 화해(禍害)

❖ 명리파: 사주팔자와 풍수의 만남

명리파(命理派)는 개인의 사주팔자와 풍수를 결합한다. 이들은 타고난 운명과 공간의 조화를 추구한다.

한 CEO가 사무실 인테리어에 대해 명리파 풍수사에게 자문을 구했다.

풍수사가 사주를 분석한 후 말했다.

"사장님은 병오년 여름에 태어나셨군요. 화(火) 기운이 너무 강합니다. 이런 분이 남향 사무실에 붉은색 가구까지 쓰시면 안 됩니다. 성격이 급해지고 혈압도 올라갑니다."

"그럼 어떻게 해야 하나요?"

"사무실을 북쪽으로 옮기시고, 검은색이나 짙은 파란색 계열로 인테리어를 하세요. 북쪽은 수(水) 기운이 강해서 과도한 화기를 식혀줍니다. 그리고 작은 분수나 어항을 두시면 더욱 좋습니다."

❖ 삼합파: 물길에서 생로병사를 읽다

삼합파(三合派)의 핵심은 물의 흐름을 12장생(十二長生)으로 해석하는 것이다. 인간의 일생처럼 물도 태어나고 자라고 늙고 죽는다고 본다.

한 삼합파 풍수사가 공장 부지를 감정하며 설명했다.

"이곳은 인산(寅山)입니다. 인산의 장생수(長生水)는 신방(申方)에서 옵니다. 보세요, 서남쪽에서 맑은 물이 흘러들어오고 있습니다. 이것은 마치 갓 태어난 아기처럼 생명력이 충만한 물입니다."

그는 나침반으로 방향을 재며 계속 설명했다.

"물이 나가는 곳은 진방(辰方), 동남쪽입니다. 이는 관대(冠帶) 방위로, 청년이 성년식을 치르는 단계입니다. 들어올 때는 어리고 나갈 때는 성숙한, 이상적인 물의 흐름입니다."

12장생의 순환:

1. 장생(長生): 탄생	2. 목욕(沐浴): 성장 초기
3. 관대(冠帶): 성년	4. 임관(臨官): 출세

7. 병(病): 병약

8. 사(死): 죽음

9. 묘(墓): 매장

10. 절(絶): 소멸

11. 태(胎): 잉태

12. 양(養): 양육

❖ 현공비성파: 시간이 바꾸는 운명

현공비성파(玄空飛星派)의 가장 혁명적인 발상은 '시간'의 도입이다. 같은 집도 시대에 따라 길흉이 변한다는 것이다.

2024년, 한 현공비성파 풍수사가 20년 된 음식점을 방문했다.

"사장님, 요즘 장사가 예전 같지 않죠?"

"네, 2023년까지는 정말 잘됐는데, 올해 들어 손님이 뚝 떨어졌어요."

"그럴 줄 알았습니다. 이 가게는 8운(2004~2023)에 딱 맞는 좌향이었어요. 하지만 올해부터 9운(2024~2043)이 시작되면서 운이 바뀌었습니다."

현공비성파는 20년을 한 운(運)으로, 60년을 한 원(元)으로 본다. 각 운마다 길한 방향과 흉한 방향이 다르다.

"간판 방향을 동쪽으로 15도만 틀어보세요. 그리고 계산대 위치를 조금 옮기면 9운의 기운을 받을 수 있습니다."

이기파: 보이지 않는 것을 계산하는 사람들

1. **팔택파(八宅派)**
   - 집과 사람을 8가지로 분류
   - 동사택/서사택 이론의 원조

2. **명리파(命理派)**
   - 사주팔자와 풍수의 결합
   - 개인 운명과 공간의 조화 추구

3. **삼합파(三合派)**
   - 물의 12장생 이론
   - 24방위와 수류의 관계 중시

4. 번괘파(翻卦派)

- 주역 64괘의 변화 원리 응용
- 괘상의 변화로 길흉 판단

5. 현공비성파(玄空飛星派)

- 시간에 따른 운세 변화 이론
- 20년 주기의 운(運) 개념 도입

❑ 풍수학파 분류

형세파	이기파
만두파巒頭派 형상파形象派 형법파形法派	팔택파八宅派 명리파命理派 삼합파三合派와 24산두파山頭派 번괘파翻卦派 현공비성파玄空飛星派

❖ 송나라, 두 학파가 갈라서다

그런데 왜 하필 송나라 시대에 이기파가 등장했을까?

이는 당시의 시대정신과 깊은 관련이 있다. 송나라는 중국 역사상 가장 철학이 발달한 시대였다. 특히 주희(朱熹)를 중심으로 한 성리학자들은 우주의 원리를 체계적으로 설명하려 했다.

❖ 그들의 핵심 사상은 이렇게 요약된다:

"하늘의 이치(理)가 땅의 기운(氣)을 통해 구현된다."

이런 철학적 배경에서 풍수도 더욱 정교한 이론 체계를 갖추게 되었다. 하늘의 별자리가 땅에 영향을 미치고, 시간의 변화가 공간의 길흉을 바꾸며, 개인의 운명과 거주 공간이 상호작용한다는 복잡한 이론이 만들어졌다.

특히 주목할 것은 나경(羅經), 즉 풍수 나침반의 등장이다. 이 복잡한 도구가 송대에 완성된 것은 우연이 아니다. 정교한 이기론을 실제로 적용하려면 정밀한 측정 도구가 필요했기 때문이다.

나경을 처음 본 사람들은 그 복잡함에 놀란다. 여러 겹의 동심원에는 24방위, 천간지지, 28수, 64괘, 120분금 등 온갖 정보가 **빽빽하게** 새겨져 있다. 이기파 풍수사들은 이 복잡한 나침반을 자유자재로 다루며 보이지 않는 기운의 흐름을 읽어낸다.

❖ 조선 왕실의 까다로운 풍수

이기론이 얼마나 복잡한지는 『조선왕조실록』을 보면 알 수 있다. 왕릉을 정할 때 고려해야 할 사항이 한두 가지가 아니었다.

세종대왕의 영릉을 옮길 때의 기록을 보면, 당시 지관들이 얼마나 고심했는지 알 수 있다:

"주산에서 혈까지 용맥이 해방(亥方)으로 왔으니 이는 수국(水局)입니다."

"물이 곤방(坤方)에서 들어와 간방(艮方)으로 나가니 이는 관대수(冠帶水)입니다."

"선왕의 기유년생과 혈의 좌향이 상생하는지 확인해야 합니다."

"장례일은 반드시 손방(巽方)이 열리는 날로 택일해야 합니다."

"왕세자의 사주가 이 자리와 충돌하지 않는지도 살펴야 합니다."

이 모든 조건을 만족시키는 자리를 찾기란 쉽지 않았다. 때로는 몇 달씩 논쟁이 이어지기도 했다. 형세는 좋은데 이기가 맞지 않거나, 이기는 완벽한데 형세가 부족한 경우가 많았기 때문이다.

❖ 끝없는 논쟁, 그리고 화해

형세파와 이기파의 논쟁은 수백 년간 계속되었다.

형세파는 이기파를 비판했다: "나침반만 들여다보고 실제 산과 물은 보지도 않는다. 숫자놀음에 불과하다! 죽은 이론으로 살아있는 자연을 재단하려 한다."

이기파도 가만있지 않았다: "형세파는 너무 주관적이다. 같은 산을 보고도 어떤 이는 용이라 하고 어떤 이는 뱀이라 한다. 과학적 근거가 없다!"

하지만 현명한 풍수사들은 일찍부터 깨달았다. 두 학파는 대립하는 것이 아니라 보완하는 관계라는 것을.

한 노(老) 풍수사의 말이 이를 잘 보여준다:

"형세 없는 이기는 뿌리 없는 나무와 같고, 이기 없는 형세는 나침반 없는 항해와 같다. 좋은 의사가 맥을 짚기도 하고 엑스레이도 찍듯이, 좋은 풍수사는 형세도 보고 이기도 본다."

❖ 현대 풍수의 통합적 접근

오늘날 대부분의 풍수 전문가들은 두 학파의 장점을 모두 활용한다. 그 과정은 대략 이렇다:

첫째, 형세론으로 큰 틀을 잡는다. 전체적인 산세와 물의 흐름을 파악하고, 용맥의 강약과 혈의 진가를 판단한다. 주변 환경과의 조화도 살핀다.

둘째, 이기론으로 세부사항을 조정한다. 정확한 좌향을 결정하고, 택일로 최적의 시기를 선택한다. 거주자의 사주와 공간의 조화도 확인한다.

셋째, 형세와 이기의 결과를 종합하여 최종 판단을 내린다. 이때 현실적 여건도 고려한다. 아무리 이론적으로 완벽해도 실현 불가능하면 소용없기 때문이다.

한 현대 풍수사의 사례를 보자. 어느 기업이 새 사옥 부지를 물색하고 있었다.

"먼저 형세를 봅시다. 이곳은 주산이 든든하고 좌청룡 우백호가 잘 갖춰져 있습니다. 앞에는 한강이 흐르고 있어 재물이 모이는 형국이네요."

"하지만 이기론적으로도 검토해야 합니다. 건물의 좌향을 정확히 측정하니 임좌병향(壬坐丙向)입니다. 회사 창립연도와 CEO의 사주를 분석하니... 네, 잘 맞습니다."

"다만 한 가지 조정이 필요합니다. 정문을 현재 계획보다 동쪽으로 5도 더 틀면 9운의 왕기(旺氣)를 받을 수 있습니다."

이렇게 형세와 이기를 모두 고려한 결과, 그 기업은 이전 후 매출이 크게 성장했다고 한다.

❖ 보편적 대립, 그리고 조화의 지혜

형세파와 이기파의 대립을 보면서 우리는 더 큰 그림을 볼 수 있다. 이는 동서고금을 막론하고 나타나는 보편적인 인식론적 대립이다.

서양 철학에서도 비슷한 대립이 있었다. 파스칼은 "섬세한 정신"과 "기하학적 정신"을 구분했다. 낭만주의자들은 감성과 직관을 중시했고, 계몽주의자들은 이성과 논리를 강조했다.

의학에서도 마찬가지다. 동양의학은 전체적이고 종합적인 접근을 하는 반면, 서양의학은 분석적이고 환원적인 방법을 쓴다. 하지만 최근에는 통합의학이라는 이름으로 두 접근법을 결합하려는 시도가 활발하다.

학문 연구방법론에서도 질적 연구와 양적 연구의 대립이 있었지만, 이제는 혼합연구방법론이 대세가 되었다.

이런 사례들이 주는 교훈은 명확하다. 대립하는 것처럼 보이는 두 관점은 사실 상호보완적이라는 것이다. 어느 한쪽만으로는 전체 그림을 볼 수 없다.

❖ 두 눈으로 보는 지혜

우리가 세상을 입체적으로 볼 수 있는 것은 두 눈이 있기 때문이다. 한쪽 눈을 감으면 거리감을 잃고 평면적으로만 보게 된다.

풍수도 마찬가지다. 형세론이라는 한쪽 눈은 자연의 아름다움과 조화를 본다. 산과 물이 어우러진 대지의 품새를 읽고, 그 속에 담긴 생명력을 느낀다. 이기론이라는 다른 쪽 눈은 보이지 않는 기운의 흐름을 포착한다. 시간과 공간, 방위와 개인이 만들어내는 복잡한 관계망을 해석한다.

두 눈을 모두 뜨고 볼 때, 비로소 땅의 진정한 모습이 드러난다. 형세의 아름다움과 이기의 정밀함이 하나로 어우러질 때, 진정한 명당을 찾을 수 있다.

풍수를 공부하려는 사람들에게 조언하고 싶다. 처음에는 형세론부터 시작하라. 산과 물을 보는 눈을 기르고, 자연과 친해지는 것이 우선이다. 그 다음에 이기론의 정밀함을 더해가라. 나침반을 다루는 법을 익히고, 시간과 공간의 관계를 이해하라.

그리고 항상 기억하라. 풍수의 궁극적 목적은 학파 논쟁에서 이기는 것이 아니다. 인간과 자연이 조화롭게 공존하는 아름다운 터전을 찾고 만드는 것이다. 그것이 형세파든 이기파든, 아니면 둘을 통합한 접근이든, 결국 중요한 것은 더 나은 삶의 공간을 만드는 것이다.

산은 여전히 푸르고, 물은 여전히 흐른다. 그 영원한 자연 속에서 인간이 편안하고 행복하게 살 수 있는 자리를 찾는 것, 그것이 바로 풍수의 참된 의미가 아닐까.

수 이론 분류이다.

제5장

|

공간을 바라보는 두 가지 시선

1. 우주가 정해준 운명의 땅

◈ 산골 마을의 이상한 일화

경상도 깊은 산골 마을에는 오래전부터 전해오는 이야기가 있었다. 이 마을에서는 유독 아들이 많이 태어났고, 마을 사람들은 모두 건장했다. 반면 고개 너머 습지 근처 마을에서는 딸이 많이 태어나고, 사람들이 대체로 온순했다고 한다.

우연의 일치일까? 아니면 정말로 땅이 사람의 운명을 결정하는 것일까?

풍수를 처음 접하는 사람들이 가장 당황하는 부분이 바로 이것이다. 마치 모든 것이 태초부터 정해진 것처럼 말하는 고전들. "좋은 땅과 나쁜 땅은 원래부터 정해져 있다"는 이런 운명론적 사고는 현대인들에게는 받아들이기 어려운 면이 있다.

◈ 『회남자』가 들려주는 땅의 성격

기원전 2세기, 한나라의 회남왕 유안(劉安)은 특별한 프로젝트를 시작했다. 당대 최고의 학자 수십 명을 모아 우주와 인간, 자연에 대한 모든 지식을 집대성하기로 한 것이다. 밤낮없이 토론하고 연구한 끝에 탄생한 책이 바로 『회남자(淮南子)』다.

이 책의 「지형훈(地形訓)」편에는 땅과 인간의 관계에 대한 흥미로운 관찰이 담겨 있다:

"산의 기운[山氣]이 있는 곳에서는 남자아이가 많이 태어나고,

못의 기운[澤氣]이 있는 곳에서는 여자아이가 많이 태어난다.

더운 기운이 강한 곳에서는 수명이 짧은 사람이 나고,

찬 기운이 강한 곳에서는 장수하는 사람이 난다.

단단한 땅에 사는 사람은 강인하고,

무른 땅에 사는 사람은 살이 찐다.

거친 땅에 사는 사람은 체구가 크고,

모래땅에 사는 사람은 체구가 작다.

급류 근처에 사는 사람은 성격이 급하고 경솔하며,

잔잔한 물가에 사는 사람은 침착하고 신중하다.

중앙의 땅[中土]에 사는 사람은 성인이 많이 난다."

[원전]

"山氣多男, 澤氣多女……

暑氣多夭, 寒氣多壽……

堅土人剛, 弱土人肥,

磽土人大, 沙土人細……

急流之人輕, 遲流之人重,

中土多聖人。"

『淮南子』 「地形訓」

이런 구절을 읽으면 섬뜩한 기분이 든다. 내가 태어난 곳, 지금 살고 있는 곳이 나의 성격과 운명을 결정한다니. 이게 과연 맞는 말일까?

❖ 우주의 거대한 설계도

『회남자』가 그리는 세계는 단순하지 않다. 이 책은 당시 인간이 상상할 수 있는 가장 거대하고 정교한 우주 모델을 제시한다.

상상해보자. 거대한 구(球) 모양의 우주가 있다. 그 중심에는 우리가 사는 구주(九州)가 있고, 중심에서부터 천 리씩 떨어진 곳마다 보이지 않는 경계가 있다:

• 팔인(八殯): 첫 번째 경계, 인간 세계와 가장 가까운 영역
• 팔굉(八紘): 두 번째 경계, 중간 영역
• 팔극(八極): 세 번째 경계, 우주의 끝

마치 양파처럼 층층이 겹쳐진 이 공간 구조는 단순한 지리적 구분이 아니다. 각 층위마다 다른 기운이 흐르고, 다른 법칙이 작동한다.

❖ 여덟 신이 주재하는 팔방세계

더욱 놀라운 것은 이 광대한 공간을 여덟 신이 나누어 다스린다는 발상이다:

동쪽에는 제계섭제(諸稽攝提)가 있어 산의 기운을 주관한다. 이 신이 다스리는 곳에서는 나무가 무성하고 생명력이 왕성하다.

남쪽의 공공(共工)은 불의 기운을 담당한다. 그래서 남쪽은 뜨겁고 정열적이다.

서쪽의 고계(皋稽)는 못과 습지의 기운을 관장한다. 가을의 결실과 수확을 주관한다.

북쪽의 궁기(窮奇)는 물의 기운을 다스린다. 겨울의 혹독함과 함께 생명을 보존하는 지혜를 준다.

나머지 네 방위에도 각각의 신이 있어 번개, 바람, 땅, 하늘의 기운을 주관한다. 이들은 단순히 공간을 나누어 다스리는 것이 아니라, 각자의 영역에서 독특한 바람을 일으킨다. 그 바람이 만물을 낳고 기르는 것이다.

❖ 보이지 않는 기(氣)의 춤

『회남자』의 「천문훈(天文訓)」은 우주 창조의 과정을 한 편의 시처럼 그려낸다:

"태초에 천지가 형성되기 전, 형체도 없고 투명한 상태가 있었으니,

이를 태소(太昭)라 한다.

도(道)는 텅 빈 곳에서 시작되었다.

텅 빔이 우주를 낳고,

우주가 기(氣)를 낳았다.

기에는 경계가 있었으니,

맑고 가벼운 것은 위로 올라가 하늘이 되고,

탁하고 무거운 것은 아래로 가라앉아 땅이 되었다."

[원전]

"天地未形, 馮馮翼翼, 洞洞灂灂, 故曰太昭。

道始於虛霩, 虛霩生宇宙, 宇宙生氣。

氣有涯垠, 清陽者薄靡而為天,

重濁者凝滯而為地。"

『淮南子』「天文訓」

이 창조 신화에서 주목할 것은 '기(氣)'의 역할이다. 기는 단순한 공기나 바람이 아니다. 그것은 우주를 구성하는 근본 물질이자 에너지다. 모든 것은 기에서 시작되고, 기의 움직임에 따라 변화한다.

창조의 순서를 다시 정리하면:

태소(太昭) → 우주 → 기(氣) → 천지 → 음양 → 사시(四時) → 만물

이런 우주관은 후대 풍수 경전에 고스란히 계승된다. 『청오경』의 유명한 구절을 보자:

"음양이 서로 부합하고,

천지가 서로 교통하여,

만물이 화하여 생겨난다.

안의 기가 싹을 틔우고,

밖의 기가 형체를 이루니,

안팎이 서로 어우러져,

풍수가 저절로 이루어진다."

[원전]

"陰陽符合, 天地交通,

萬物化生。

內氣萌生, 外氣成形,

內外相乘, 風水自成。"

『青烏經』

◈ 운명인가, 환경인가?

자, 이제 핵심 질문으로 돌아가자. 『회남자』와 풍수 경전들이 말하는 것은 정말 숙명론일까?

표면적으로는 그렇게 보인다. 산에서는 남자가 태어나고, 습지에서는 여자가 태어난다니. 급류 옆에 살면 성격이 급해진다니. 이런 말들은 인간의 자유의지를 부정하는 것처럼 들린다.

하지만 좀 더 깊이 생각해보면 다른 해석도 가능하다. 이것은 고대인들의 '빅데이터 분석'이 아니었을까?

수천 년간 관찰한 결과, 산간 지역에서는 실제로 남아 출생률이 높았을 수 있다. 습지 근처에서는 여아가 많이 태어났을 수 있다. 물론 현대 의학으로는 설명하기 어렵지만, 고도나 습도, 기온 등이 영향을 미쳤을 가능성을 완전히 배제할 수는 없다.

급류 근처에 사는 사람들이 성격이 급하다는 것도 환경심리학적으로 설명 가능하다. 매일 콸콸 흐르는 물소리를 들으며 사는 것과 잔잔한 호수를 바라보며 사는 것은 분명 심리적으로 다른 영향을 미칠 것이다.

◆ 『회남자』 「숙진훈」의 현기증 나는 사유

「숙진훈(俶眞訓)」에 이르면 『회남자』의 사유는 더욱 심오해진다:

"시작이 있고,

시작이 있기 전이 있고,

시작이 있기 전이 있기 전이 있다.

있음이 있고,

없음이 있고,

있음과 없음이 있기 전이 있고,

있음과 없음이 있기 전이 있기 전이 있다."

[원전]

"有始者, 有未始有有始者,

有未始有夫未始有有始者。

有有者, 有無者,

有未始有有無者,

有未始有夫未始有有無者。"

『淮南子』 「俶眞訓」

이 난해한 구절은 무엇을 말하는가? 단순히 시간의 무한 소급이 아니다. 이것은 존재의 층위를 보여준다. 우리가 경험하는 물질세계가 전부가 아니라는 것이다.

이는 노자의 "유무상생(有無相生)"과 통하는 사상이다. 있음과 없음은 대립하는 것이 아니라 서로를 낳는다. 공간도 마찬가지다. 비어있음이 있어야 채워짐이 가능하다.

공간에 대해서도 마찬가지다:

"있음이 있고,

없음이 있고,

있음과 없음이 있기 전이 있다."

[원전]

"有有者, 有無者,

有未始有有無者。"

『淮南子』「俶眞訓」

이는 노자의 "유무상생(有無相生)"과 통하는 사상이다.

[참고]

"有無相生, 難易相成,

長短相形, 高下相傾。"

(있음과 없음은 서로를 낳고,

어려움과 쉬움은 서로를 이루며,

길고 짧음은 서로를 드러내고,

높고 낮음은 서로에 기댄다.)

『道德經』 제2장

있음과 없음은 대립하는 것이 아니라 서로를 낳는다. 공간도 마찬가지다. 비어있음이 있어야 채워짐이 가능하다.

이런 다층적 세계관은 단순한 결정론과는 거리가 멀다. 오히려 세계의 복잡성과 역동성을 인정하는 것이다.

◈ **풍수 경전의 이중 전략**

흥미로운 것은 풍수 경전들이 보여주는 이중적 태도다.

한편으로는 매우 단정적이다.

『금낭경』의 「취류편(聚類篇)」을 보면:

"제비가 둥지를 튼 형상의 땅은 길하다.

엎어놓은 가마솥 모양의 땅은 길하다.

뒤집어진 배 모양의 땅은 흉하다.

어지럽게 흩어진 옷 모양의 땅은 흉하다."

[원전]

"燕巢者吉,

覆釜者吉,

覆舟者凶,

亂衣者凶。"

『錦囊經』「聚類篇」

이런 구절들은 마치 점쟁이의 단언처럼 들린다. "이런 땅은 좋고, 저런 땅은 나쁘다." 명확하고 단순하다.

왜 이렇게 단정적일까? 그것은 인간의 심리를 잘 아는 전략이다. 사람들은 불확실성을 싫어한다. 명확한 답을 원한다. "이 땅이 좋은가요, 나쁜가요?" 물으면 "좋습니다" 또는 "나쁩니다"라는 답을 원하지, "경우에 따라 다릅니다"라는 답을 원하지 않는다.

모든 종교 경전이 이런 전략을 쓴다. 복잡한 진리를 단순한 계율로 만든다. 그래야 사람들이 따를 수 있기 때문이다.

◈ 숨겨진 메시지: 유기적 세계관

하지만 풍수 경전을 깊이 읽으면 다른 메시지를 발견하게 된다. 그것은 바로 '관계성'이다.

풍수가 진정으로 말하고자 하는 것은 "이 땅은 절대적으로 좋다/나쁘다"가 아니다. 오히려 "하늘과 땅과 인간은 서로 연결되어 있다"는 것이다. 그 연결의 매개가 바로 기(氣)다.

기는 일방통행하지 않는다. 땅에서 하늘로, 하늘에서 땅으로, 그리고 인간을 통해 순환한다. 이는 단순한 결정론이 아니라 상호작용론이다.

『청오경』이 "내기맹생, 외기성형(內氣萌生, 外氣成形)"이라고 한 것도 같은 맥락이다.

안의 기운이 밖의 형태를 만들고, 밖의 형태가 다시 안의 기운에 영향을 미친다. 이것은 순환이고 상호작용이다.

❖ 운명과 자유의지 사이

그렇다면 풍수는 운명론일까, 아닐까?

답은 "둘 다"다. 풍수는 환경이 인간에게 미치는 영향을 인정한다. 산간 지역에서 자란 사람과 해안 지역에서 자란 사람이 다른 것은 당연하다. 이것은 부정할 수 없는 사실이다. 하지만 동시에 풍수는 인간의 능동성도 인정한다. 좋은 땅을 찾아 이주할 수 있고, 나쁜 기운은 비보(裨補)할 수 있다. 심지어 인간의 덕행이 땅의 기운을 바꿀 수도 있다고 본다.

이는 현대의 '유전자 대 환경' 논쟁과도 비슷하다. 유전자가 중요한가, 환경이 중요한가? 정답은 "둘 다 중요하고, 서로 상호작용한다"는 것이다.

❖ 『회남자』에서 풍수로: 사상의 진화

『회남자』가 제시한 우주론은 풍수의 토대가 되었다. 하지만 풍수는 거기서 그치지 않았다. 『회남자』가 "세계는 이렇게 생겼다"고 설명했다면, 풍수는 "그렇다면 우리는 어떻게 살아야 하는가?"를 묻는다. 단순히 주어진 운명을 받아들이는 것이 아니라, 그것을 이해하고 조화를 이루려 한다.

예를 들어, 급류 옆에 살아서 성격이 급하다면? 풍수는 "그것이 당신의 운명이니 받아들이라"고 하지 않는다. 대신 "집 안에 잔잔한 연못을 만들어 균형을 맞추라"고 조언한다.

이것이 바로 풍수의 지혜다. 결정론도 아니고 자유의지론도 아닌, 그 사이에서 균형을 찾는 것.

❖ 우주적 공간에서 인간적 공간으로

『회남자』의 공간은 우주적이고 신화적이다. 여덟 신이 다스리고, 천 리마다 경계가 있는 거대한 세계. 인간은 그 속에서 먼지 같은 존재다.

하지만 풍수의 공간은 좀 더 인간적이다. 내가 사는 집, 우리 마을, 조상의 묘. 구체적이고 일상적인 공간들. 풍수는 거대한 우주론을 일상의 공간에 적용한다.

이것은 단순한 축소가 아니다. 오히려 확장이다. 내 집도 우주의 일부이고, 우리 마을도 천지의 이치가 작동하는 곳이다. 평범한 공간이 신성한 의미를 갖게 된다.

◈ 결론: 주어진 것과 만들어가는 것

풍수의 첫 번째 공간관은 이렇게 요약할 수 있다:

"공간에는 본래적 성질이 있다. 하늘과 땅의 기운이 만들어낸 이 성질은 그곳에 사는 만물에 영향을 미친다. 하지만 이것은 일방적 결정이 아니라 상호작용이다."

이는 숙명론처럼 보이지만 숙명론이 아니다. 환경결정론처럼 보이지만 그것도 아니다. 오히려 "주어진 조건을 이해하고 그것과 조화를 이루라"는 지혜에 가깝다.

마치 음악가가 악기의 특성을 이해하고 그에 맞는 연주를 하듯, 우리도 공간의 특성을 이해하고 그에 맞는 삶을 살아야 한다는 것. 이것이 풍수가 말하는 첫 번째 공간 이해다.

하지만 이것이 전부는 아니다. 풍수에는 또 다른 공간 이해가 있다. 공간을 주어진 것이 아니라 만들어가는 것으로 보는 관점. 그것은 무엇일까?

다음 절에서 계속되는 이야기를 들어보자.

2. 공간은 인간이 만들어가기 나름이다: 인본주의적 공간 창조

◈ 공간에 대한 이중적 시선

우리가 살아가는 공간은 과연 이미 정해진 운명을 지닌 채 존재하는 것일까, 아니면 인간의 손길로 새롭게 빚어지는 것일까? 풍수 경전은 흥미롭게도 이 두 가지 관점을 모두 품고 있다. 마치 동전의 양면처럼, 공간은 '주어지는 것'이면서 동시에 '만들어가는 것'이라는 이중적 속성을 지니고 있다고 본다.

이러한 양가적 태도는 단순한 모순이 아니다. 오히려 공간을 바라보는 인간의 복잡한 심리와 철학적 고민을 반영한 것이라 할 수 있다. 독자의 취향과 필요에 따라 어느 한쪽을 선택할 수 있는 이 유연성이야말로 풍수 사상의 깊이를 보여주는 대목이다.

◈ 서양 철학의 긴 여정: 공간을 사유하다

✤ 2,000년의 물음

서양 철학사에서 공간에 대한 인간 중심적 이해에 도달하기까지는 무려 2,000년이 넘는 시간이 걸렸다. 플라톤부터 데카르트, 로크를 거쳐 칸트와 아인슈타인에 이르기까지, 위대한 사상가들은 끊임없이 공간의 본질을 탐구했다.

그들의 주된 관심사는 다음과 같았다:

- **공간의 연속성 문제**: 공간은 끊어짐 없이 이어지는가?
- **존재론적 지위**: 공간과 인간은 어떤 관계에 있는가?
- **우주적 위치**: 전체 우주에서 공간이란 무엇인가?

◈ 칸트의 혁명적 전환

18세기에 활동한 칸트는 공간 이해에 있어 코페르니쿠스적 전환을 이룬다. 그는 "공간에 대해 논할 수 있는 것은 인간의 관점에서 비로소 가능하다"고 선언했다. 이는 공간을 객관적이고 절대적인 실체로 보던 기존 관점에서 벗어나, '인간의 경험'을 통해서만 공간을 이해할 수 있다는 혁명적 주장이었다.

칸트에게 공간은 더 이상 인간과 무관하게 존재하는 차가운 좌표계가 아니었다. 오히려 인간의 감성과 인식 능력을 통해 비로소 의미를 갖는, 살아있는 개념이 되었다.

◈ 공간에서 장소로: 인본주의 지리학의 통찰

✤ 이푸투안의 경험적 공간론

인문지리학자 이푸투안은 칸트의 통찰을 더욱 구체화한다. 그는 추상적인 '공간(space)'과 구체적인 '장소(place)'를 구분하면서 이렇게 말한다:

"낯설고 추상적인 미지의 공간은 인간의 경험을 통해 의미로 가득 찬 친밀하고 구체적인 장소가 된다."

여기서 핵심은 '인간의 경험'이다. 처음 방문한 낯선 도시가 시간이 지나면서 추억이 깃든 특별한 장소로 변화하는 것처럼, 공간은 인간의 삶이 스며들면서 장소로 전환된다.

✤ 조너선 스미스의 능동적 공간 창조론

종교학자 조너선 스미스는 한 걸음 더 나아간다:

"인간의 장소는 주어지는 것이 아니라 만들어갈 뿐이다. 장소의 의미를 해석하는 것은 인간의 주관적인 의미를 해석하는 것이다."

스미스에게 공간은 수동적으로 발견되는 것이 아니라 능동적으로 창조되는 것이다. 인간은 단순히 공간을 점유하는 존재가 아니라, 의미를 부여하고 가치를 창출하는 **공간의 창조자**다.

◈ 성스러운 공간을 둘러싼 철학적 논쟁

❖ 엘리아데: 계시되는 성스러움

종교현상학자 엘리아데는 성스러운 공간에 대해 독특한 견해를 제시한다. 그에 따르면, 종교적 인간에게는 특정한 공간이 다른 공간과 **질적으로 다른** 성스러움을 지니고 있다.

중요한 것은 이러한 성스러운 공간이:

- 인간이 선택할 수 없으며
- 오직 **발견될 뿐**이라는 점이다
- 성현(聖顯)을 통해 스스로를 드러낸다
- 세계의 중심으로서 존재한다

엘리아데에게 성스러운 장소는 초월적 실재가 스스로를 계시하는 곳이며, 인간은 그저 이를 발견하고 경배할 뿐이다.

❖ 스미스: 구성되는 성스러움

반면 조너선 스미스는 정반대의 입장을 취한다. 그는 공간 자체에 본질적인 성스러움이 있다는 전제를 거부한다. 대신:

- 문화마다 무엇을 성스럽게 **'여기는가'**가 중요하다
- 성스러운 공간은 사회적 맥락에 따라 **다르게 형성된다**
- 정치, 권력, 친족 관계 등이 개입한다
- 인간이 주체적으로 성스러움을 **창조한다**

스미스에게 성지(聖地)는 발견되는 것이 아니라 만들어지는 것이다. 예루살렘이 성스러운 것은 그곳에 본래적 성스러움이 있어서가 아니라, 인간들이 그곳을 성스럽게 만들었기 때문이다.

◈ 풍수 경전의 지혜: 정의(情意)의 인본주의

풍수 경전 『호순신』(원명 『지리신법』)은 놀라운 통찰을 제시한다. 땅을 볼 때 중요한 것은 외형이 아니라 **"정의(情意)"**, 즉 마음과 뜻이라는 것이다:

"산이 좋은 땅이라는 것은 마음과 뜻을 보는 것일 뿐이다. 이는 사람이 군신이 될 만한지를 살필 때 오직 그 마음과 뜻을 보는 것과 같다."

이는 단순히 은유적 표현이 아니다. 풍수는 땅을 살아있는 존재로 보며, 인간이 사람의 마음을 헤아리듯 땅의 정의를 읽어내야 한다고 가르친다. 땅의 크기나 모양보다 중요한 것은 그 땅이 품고 있는 **'정의'**다.

✤ 수동적 선택에서 능동적 창조로

더욱 주목할 만한 것은 풍수가 단순한 '공간 찾기'를 넘어 적극적인 '공간 창조'를 제시한다는 점이다:

"좋은 땅을 판단하는 것은 단순히 취하고 버림을 정하는 것뿐만이 아니라, 좌향을 정하고, 온전한 것을 추구하고, 해가 되는 것을 피하고, 지나치게 높은 것은 덜어내고, 낮은 것은 덧붙이는 것을 말한다."

이는 주어진 공간을 수동적으로 받아들이는 것이 아니라, 인간의 필요와 목적에 맞게 능동적으로 **재창조**하는 것을 의미한다.

탈신공개천명(奪神功改天命): 하늘의 뜻을 바꾸다.

✤ 혁명적 선언

풍수 경전은 더 나아가 충격적인 선언을 한다:

"화복은 항상 고정되어 있는 것이 아니므로 군자는 하늘의 능력을 빼앗아 천명을 바꿀 수 있다."

"탈신공개천명(奪神功改天命)": 신의 능력을 빼앗아 하늘의 명을 바꾼다는 이 대담한 표현은 인간의 주체성을 극대화한 것이다.

✤ 천인합일의 새로운 해석

『발미론』의 저자 채원정은 이를 더욱 철학적으로 설명한다:

"자연의 작용이 하늘에 있다면 그 자연을 이해하고 이용하는 차원은 사람에 있다. 결국 하늘의 능력을 빼앗아 천명을 바꿀 수 있다면 사람과 하늘의 능력이 어찌 다르다고 말할까!"

이는 단순한 인간 중심주의가 아니다. 오히려 인간이 우주의 원리를 깊이 이해하고 그와 조화를 이룰 때, 창조적 변화가 가능하다는 '창조적 천인합일' 사상이다.

◈ 비보(裨補) 풍수: 철학의 실천

❖ 완전한 땅은 없다

비보 풍수는 "어떠한 땅도 인간이 쓰기에 완전한 땅은 없다"는 현실적 인식에서 출발한다. 모든 공간은 나름의 특성과 한계를 지니고 있으며, 인간은 이를 파악하여:

- 부족한 것은 채우고
- 지나친 것은 조절하며
- 해로운 것은 제어한다

◈ 숭례문: 상징을 통한 공간 창조

조선시대 한양 도성의 숭례문 사례는 비보 풍수의 정수를 보여준다:

❖ 문제 상황

- 남쪽 관악산이 화(火)의 속성을 지닌다
- 산의 정면이 한양을 직접 바라본다
- 화기가 도성을 위협한다는 인식이 있다

❖ 창조적 해결

남대문을 "숭례문(崇禮門)"으로 명명한다.

- "숭(崇)": 불타오르는 모습을 상징
- "예(禮)": 남쪽 방위에 해당하는 덕목

현판을 세로로 설치한다.

- 불꽃이 타오르는 형상을 시각화
- 관악산의 화기에 맞서는 상징적 대응

이는 물리적 개조가 아닌 **상징과 의미를 통한 공간 재창조**의 탁월한 예시다.

◈ 줄다리기: 놀이를 통한 공간 창조

영산과 청송 지역의 줄다리기는 또 다른 차원의 비보다:

- 부족한 용맥(산줄기)을 상징적으로 끌어당긴다
- 마을 공동체가 함께 참여하는 집단적 의례다
- 승부는 미리 정해진다 (용맥을 끌어오는 쪽이 승리)
- 놀이를 통해 공간의 부족함을 채우는 **'놀이 비보'**다

◈ 결론: 공간 창조자로서의 인간

풍수 경전이 보여주는 공간관은 단순한 이분법을 넘어선다. 그것은:

1. 우주 질서의 인정: 자연의 원리와 공간의 고유한 특성을 존중한다.

2. 인간 주체성의 강조: 적극적으로 공간을 해석하고 창조하는 능력을 인정한다.

3. 조화로운 통합: 자연과 인간이 함께 만들어가는 공간을 추구한다.

이러한 사상은 현대를 살아가는 우리에게도 깊은 통찰을 제공한다. 우리가 살아가는 공간은 단순히 주어진 물리적 조건이 아니라, 우리의 경험과 의미 부여, 그리고 창조적 개입을 통해 끊임없이 **재탄생**하는 살아있는 장소다.

"공간은 인간이 만들어가기 나름이다": 이 명제는 우리 모두가 공간의 수동적 거주자가 아닌 능동적 창조자임을 일깨워준다. 우리는 매일매일 우리의 공간을 새롭게 창조하고 있으며, 그 과정에서 우리 자신도 함께 변화하고 성장한다. 이것이 바로 풍수가 전하는 인본주의적 공간 창조의 지혜다.

제6장
|
풍수의 기본 원리 : 기(氣)・산・수・방위

1. 풍수의 기본 상징, 기

◈ 명당에서 시작된 이야기

"이곳이 명당이네."

우리가 흔히 풍수적으로 좋은 곳을 가리킬 때 쓰는 이 말의 유래를 아는 이는 많지 않다. 사실 명당이라는 말은 원래 풍수와는 아무런 관련이 없었다. 고대 중국에서 황제가 하늘에 제사를 지내고 중요한 의례를 치르던 궁정 중심의 특별한 방, 그곳이 바로 명당이었다. 그런데 어떻게 황제의 의례 공간이 풍수의 길지를 뜻하는 말이 되었을까? 이야기는 중국의 천문학자들로부터 시작된다. 그들이 밤하늘의 별자리를 관찰하고 연구하면서 '명당'이라는 용어를 기술적으로 차용하기 시작했고, 이것이 자연스럽게 풍수의 용어로 스며들었다. 흥미롭게도 풍수 경전에서 명당이란 용어가 본격적으로 등장하는 것은 청대 이후의 일이다. 그럼에도 이 용어가 풍수에 미친 영향은 실로 대단했다.

의례적 공간으로서의 명당은 남쪽이 활짝 트여 있는 구조였다. 밝은 태양이 가득 들어오는 남향의 공간, 그리고 태양빛을 반사하는 연못까지 남쪽에 배치하는 상징적 배치. 이 모든 것이 명당 관념에서 비롯되었고, 오늘날까지도 우리가 남향을 선호하는 깊은 이유가 되었다.

풍수에서는 이 '명당'과 함께 '길지(吉地)'라는 말을 쓴다. 그리고 길지는 더 넓은 의미를 품고 있다. 바로 '길기(吉氣)', 즉 길한 기운이 모여 있는 곳이라는 뜻이다. 그렇다면 여기서 우리는 근본적인 질문을 던지지 않을 수 없다.

과연 기(氣)란 무엇인가?

◈ 정의할 수 없는 것을 정의하려는 시도들

기를 설명하려는 시도는 동서고금을 막론하고 끊임없이 이어져 왔다. 서양의 학자들은 에네르기(Energie), 에너지(Energy), 혹은 프리마 마테리아(Prima Materia, 제일질료)라는 용어로 번역을 시도했다. 어떤 이들은 초월적인 힘이라 했고, 또 어떤 이들은 인식 차원을 넘어선 무엇이라고 표현했다.

하지만 이 모든 시도가 기의 본질을 온전히 담아내지는 못한다. 왜일까? 기는 애초에 인간이 알 수 있는 것 너머의 체계를 가리키는 말이기 때문이다. 마치 물고기가 물을 설명하려 하거나, 우리가 공기를 정의하려는 것과 같다. 너무나 근본적이고 포괄적이어서 오히려 규정하기 어려운 것, 그것이 바로 기다.

그래서 우리는 기를 정의하는 대신, 상황과 맥락에 따라 이해하는 수밖에 없다. 한의학에서는 인체를 순환하며 생명을 유지하는 에너지로, 물리학에서는 우주를 구성하는 근본 요소로, 도교에서는 수련을 통해 다스려야 할 내적 힘으로, 그리고 풍수에서는 대지를 흐르며 길흉을 좌우하는 자연의 힘으로 이해한다. 각자의 영역에서 필요한 만큼, 이해 가능한 만큼만 기를 설명하는 것이다.

◈ 세계 창조 신화, 기

세계 각지의 창조 신화를 들여다보면 놀라운 공통점을 발견하게 된다. 태초의 상태는 언제나 혼돈이었다는 것이다. 그리스 신화의 카오스, 성경의 "흑암이 깊음 위에 있고", 북유럽 신화의 "긴눙가가프..." 모두가 질서 이전의 무질서를, 형태 이전의 무형을 이야기한다.

중국의 창조 신화도 다르지 않다. 『장자』와 『회남자』 같은 고대 문헌들은 세계의 질서가 만들어지기 이전, 우주는 거대한 혼돈 그 자체였다고 전한다. 텅 비고 아득한 상태, 무엇이라 이름 붙일 수 없는 그 무엇.

하지만 여기서 동서양의 차이가 드러난다. 그리스 신화와 기독교 신화가 이 혼돈에서 '물'이라는 구체적인 첫 번째 질료를 끄집어내고, 그 물에서 불과 흙과 공기가 파생되었다고 말한다면, 중국의 사상가들은 다른 길을 택했다.

중국인들은 우주의 최초 상태를 '태허(太虛)' 혹은 '태소(太昭)'라고 불렀다. 태허는 아득하게 빈 상태를, 태소는 아주 밝은 빛의 상태를 의미한다. 이는 무(無)와 유(有)라는 존재가 생기기 이전, 시간조차 의미가 없던 상태를 가리킨다. 서양이 구체적인 시작점과 질료를 찾았다면, 중국은 끊임없이 거슬러 올라가는 무한한 과정에 주목했다.

그리고 바로 이 지점에서 '기'가 등장한다. 형태가 생기기 전, 질료가 되기 전, 그 무한한 생성의 과정 전체를 아우르는 개념. 다시 말해 기의 작용으로 만들어진 구체적인 '물(物)'이 우리가 경험하는 세계라면, 기는 그 이전의 가능성 자체인 셈이다. 음과 양이라는 대립하는 힘이 기 속에서 생겨나고, 이들의 조화로운 춤사위가 우주를 빚어낸다. 그러므로 중국인에게 세계 창조는 곧 기의 작용 그 자체였다.

◈ 하늘과 땅, 그리고 인간의 탄생

중국의 우주 생성론을 담은 문헌들은 실로 방대하다.『진서』의「천문지」, 왕충의『논형』, 동중서의『춘추번로』,『운급칠첨』... 이들은 모두 우주가 어떻게 현재의 모습을 갖추게 되었는지를 설명하려 했다.

흥미롭게도 이들 문헌을 종합하면 크게 두 가지 우주관이 대립하고 있음을 알 수 있다. 하나는 개천설(蓋天說)로, 하늘 자체가 거대한 기의 덩어리로서 땅을 덮는 지붕과 같다는 사상이다. 다른 하나는 혼천설(渾天說)로, 하늘과 땅 사이를 가르고 순환하는 것이 바로 기라는 사상이다. 설명 방식은 달라도 두 이론 모두 '기'를 세계 창조의 핵심으로 본다는 점에서는 일치한다.

『명산론』은 이 과정을 시적으로 묘사한다:

"세상이 아직 질서 지어지기 이전의 혼돈 상태에서는 서로 뒤엉켜 앞뒤도 없었고 하늘도 땅도 없었다. 태초에 기가 시작되고, 태시에 형태가 생기며, 태소에 물질이 처음 생겨, 가볍고 맑은 것은 위로 올라가 하늘이 되고 무겁고 흐린 것은 아래로 가라앉아 땅이 되었다. 그리고 하늘과 땅의 두 기운이 가장 조화롭게 어우러진 곳에서 인간이 태어났다."

여기서 주목할 것은 기의 작용이다. 맑고 가벼운 기는 상승하고, 탁하고 무거운 기는 하강한다. 이 자연스러운 분화가 하늘과 땅을 만들었다. 그리고 그 중간, 가장 균형 잡힌 지점에서 인간이 출현했다는 것이다.

풍수를 가리키는 옛 이름인 '감여(堪輿)'도 이와 무관하지 않다. 감(堪)은 하늘의 덮개를, 여(輿)는 땅의 수레를 의미한다. 하늘과 땅이 각자의 기를 품고 서로 상호작용하며 세계를 운행시킨다는 의미다. 풍수는 바로 이 하늘과 땅의 기가 만나고 소통하는 지점을 찾는 학문으로 시작되었다.

◈ 순수한 기의 결합, 인간

❖ 가장 특별한 피조물

고대 중국인들에게 세상 만물은 모두 기의 작용으로 만들어진 것이었다. 산과 강, 나무와 돌, 짐승과 새... 모든 것이 기의 응결이고 변화였다. 그런데 이 수많은 피조물 중에서 인간은 특별한 위치를 차지한다. 왜일까?

답은 간단하다. 인간은 가장 순수한 기로 이루어진 존재이기 때문이다. 음과 양의 기가 가장 완벽한 비율로, 가장 정제된 상태로 결합할 때 비로소 인간이 된다는 것이다. 이는 단순히 육체적인 구성만을 말하는 것이 아니다. 인간의 정신과 영혼 역시 이 순수한 기의 작용으로 형성된다.

도교가 인간을 우주에서 특별한 지위를 가진 성스러운 존재로 보는 이유가 여기에 있다. 인간은 하늘과 땅의 정수를 고루 받아 태어난, 소우주 그 자체인 것이다. 대우주의 원리가 인간이라는 소우주에 그대로 담겨 있다는 이 사상은 후대 동양 철학과 의학, 그리고 풍수 이론의 근간이 되었다.

❖ 기의 조화와 수련의 필요성

그런데 여기서 문제가 생긴다. 인간은 분명 순수한 기의 결정체로 태어나지만, 살아가면서 그 조화가 깨진다는 것이다. 도교의 관점에서 보면, 갓 태어난 아기는 가장 완벽한 기의 상태를 유지하고 있다. 그러나 나이가 들면서, 욕망이 생기고 감정이 동요하면서 본래의 조화로운 상태가 흐트러진다.

질병은 바로 이 기의 부조화에서 온다. 건강하다는 것은 기의 원래 상태가 유지되는 것이고, 아프다는 것은 그 균형이 깨진 것이다. 그래서 도교에서는 수련을 강조한다. 호흡법, 도인법, 명상... 이 모든 수련의 목적은 흐트러진 기를 다시 본래의 상태로 되돌리는 데 있다. 도교의 유명한 장생술도 결국은 순수한 기의 상태를 영원히 유지하려는 시도였다.

❖ 천지인의 감응

천(天)·지(地)·인(人), 이 셋은 모두 기라는 동일한 근원에서 나왔다. 그리고 같은 근원에서 나왔기에 서로 감응한다. 이것이 동양 사상의 핵심이다. 하늘에서 일어나는 일은 땅에 영향을 미치고, 땅의 변화는 인간에게 미친다. 반대로 인간의 행위도 땅과 하늘에 영향을 줄 수 있다.

이러한 사고방식이 낳은 것이 바로 천문학과 지리학이다. 하늘의 별 움직임을 관찰하여 인간 세상의 길흉을 예측하려 했고, 땅의 형세를 살펴 인간에게 미칠 영향을 파악하려 했다. 풍수는 바로 이 지리학의 한 분야로 발전했다. 대지를 흐르는 기의 흐름을 파악하고, 그것을 인간에게 유리하게 활용하려는 시도였던 것이다.

풍수에서는 이 대지의 기가 흐르는 길을 '용맥(龍脈)'이라 부른다. 마치 용이 구불구불 움직이듯 산줄기를 따라 흐르는 기의 맥을 형상화한 표현이다. 좋은 터는 바로 이 용맥이 멈추어 기가 응집되는 곳이라고 믿었다.

◆ 타고난 기, 타고난 운명

✤ 숙명론의 탄생

"부귀재천(富貴在天), 생사유명(生死有命)."

부귀는 하늘에 달렸고, 삶과 죽음에는 정해진 운명이 있다는 이 말은 언제부터 시작되었을까? 놀랍게도 한나라 시대 사람들은 이미 이러한 숙명론을 확고한 신념으로 가지고 있었다.

당시 널리 퍼진 기화(氣化) 사상과 천명(天命) 사상이 만나면서 독특한 운명론이 형성되었다. 사람이 태어날 때 하늘로부터 받는 기와 그 순간 하늘에 떠 있던 별자리가 그 사람의 일생을 결정한다는 믿음이었다. 왕충은 『논형』의 「명의편」에서 이를 체계적으로 설명한다.

그에 따르면 하늘은 하늘의 기를, 별은 별의 정기(精氣)를 내려준다. 태어나는 순간 인간은 이 기를 받아 자신의 운명을 타고난다. 귀한 별자리 아래서 귀한 기를 받으면 귀하게 살고, 천한 별자리 아래서 천한 기를 받으면 천하게 산다는 것이다. 심지어 그 귀함과 천함에도 정도의 차이가 있어서, 똑같이 귀한 사람이라도 더 귀한 사람과 덜 귀한 사람이 나뉜다고 했다.

✤ 운명론의 정치학

그런데 이 대목에서 우리는 잠시 멈추어 생각해볼 필요가 있다. 왜 하필 이런 운명론이 만들어졌을까? 그 답은 중국 고대사를 들여다보면 명확해진다.

주나라가 상나라를 무너뜨리고 새 왕조를 세울 때, 주나라의 지도자들은 곤란한 문제에 직면했다. 어떻게 자신들의 반역을 정당화할 것인가? 그들이 찾은 답이 바로 '천명(天命)'이었다. 상나라가 망한 것은 하늘의 명이 떠났기 때문이고, 주나라가 선 것은 하늘의 명을 받았기 때문이라는 논리였다.

이 천명(天命) 사상은 단순히 왕조 교체를 정당화하는 데 그치지 않았다. 더 나아가 사회 전체의 계층 구조를 설명하고 정당화하는 이데올로기가 되었다. 왕과 귀족이 높은 자리에 있는 것도, 농민과 노예가 낮은 자리에 있는 것도 모두 하늘이 내린 기의 품격 때문이라는 것이다. 다스리는 자는 다스릴 만한 기를 타고났고, 다스림을 받는 자는 그럴 만한 기를 타고났다는 식이다.

❖ 기, 신화와 이데올로기 사이에서

이렇게 보면 기는 단순한 우주론적 개념이 아니다. 그것은 한편으로는 우주와 인간의 탄생을 설명하는 창조 신화이면서, 다른 한편으로는 현실의 불평등을 정당화하는 정치적 이데올로기이기도 했다.

'운명과 기'라는 관념은 이렇게 얽히고설켜 중국 사회를 지배하는 강력한 사상적 도구가 되었다. 지배층에게는 자신들의 특권을 정당화하는 근거가 되었고, 피지배층에게는 자신들의 처지를 체념하고 받아들이게 하는 장치가 되었다. 그러므로 우리가 풍수에서 말하는 기를 이해하려 할 때, 이 복잡한 층위를 모두 고려해야 한다. 기는 우주 만물을 움직이는 신비한 힘이면서, 동시에 인간 사회의 질서를 유지하는 이념적 장치이기도 했던 것이다. 그 실체가 무엇인지 묻는 것보다, 그것이 어떻게 이해되고 활용되었는지를 아는 것이 더 중요한 이유가 여기에 있다.

2. 기의 체현으로서의 땅

◈ 기에 대한 신앙, 풍수의 출발점

풍수를 이해하려는 사람들이 가장 먼저 부딪히는 벽이 바로 '기(氣)'다. 기가 무엇인지, 정말 존재하는지, 어떻게 증명할 수 있는지... 이런 질문들이 끊임없이 이어진다. 그러나 풍수의 세계에서는 이런 논쟁 자체가 무의미하다. 왜냐하면 기의 존재를 인정하지 않으면 풍수 자체가 성립할 수 없기 때문이다.

이는 마치 수학에서 점이나 선의 존재를 전제하지 않으면 기하학이 불가능한 것과 같다. 기의 존재에 대한 '신앙'이 먼저 있어야 비로소 땅을 살피는 구체적인 기술, 즉 상지술

(相地術)이 시작될 수 있다. 그렇다면 풍수의 고전들은 이 모호한 기를 어떻게 표현하고 있을까?

◈ 『청오경』이 말하는 기의 속성

풍수의 최고 경전으로 꼽히는 『금낭경』은 흥미롭게도 자신보다 더 오래된 『청오경』을 "경(經)"이라 부르며 무려 15차례나 인용한다. 그 인용문의 대부분은 기에 관한 것이다:

"기가 죽은 자에 감응하면 그 복이 살아 있는 자에게 미친다."

이 짧은 문장에 풍수의 핵심이 담겨 있다. 조상의 묘가 좋은 기를 받으면 후손이 복을 받는다는 믿음, 이것이 바로 음택 풍수의 기본 전제다.

"땅에는 네 방위가 있고 기는 여덟 방위로부터 온다."

동서남북 사방의 땅에 동서남북과 그 사이사이 팔방에서 기가 모여든다. 팔방에서 고루 오지 않는 기는 좋지 않다는 의미도 담겨 있다.

"기는 바람을 타면 흩어지고 물을 만나면 머문다. 그래서 옛 사람들이 기를 모아 흩어지지 않게 하고, 흘러가는 기를 멈추게 하고자 하니, 이를 풍수라 한다."

여기서 우리는 '풍수'라는 이름의 유래를 발견한다. 바람(風)과 물(水)은 단순한 자연현상이 아니라 기를 조절하는 핵심 요소였던 것이다.

◈ 움직이고 머무는 기

『청오경』이후 풍수 경전들은 기의 존재 자체는 당연한 것으로 받아들인다. 대신 기의 성질과 작용에 집중한다. 풍수에서 기는 네 가지 기본 속성을 지닌다:

행(行): 움직인다

지(止): 머문다

취(聚): 모인다

산(散): 흩어진다

이 행지취산(行止聚散)의 활동은 바람과 물을 통해 드러난다. 기는 바람을 타면 흩어지고, 물을 만나면 머문다. 따라서 좋은 기를 모아두려면 바람을 막아야 하고, 흐르는 기를 붙잡으려면 물이 있어야 한다. 바람과 물과 기의 이런 긴밀한 관계가 '풍수'라는 이름을 만들어낸 것이다.

◈ 물, 기의 창고

중국에서 바람과 물이 신앙의 대상이 된 것은 단순히 자연환경 때문만은 아니었다. 고대인들은 바람과 물을 통제함으로써 인간의 행복과 운명을 좌우할 수 있다고 믿었다. 특히 물은 수신(水神)의 영향으로 모이기도 하고, 집이나 무덤, 성소에 영향을 미쳐 복을 좌우한다고 여겨졌다.

그런데 바람보다 물이 더 중요하게 여겨진 이유가 있다. 바람은 인간이 통제하기 어렵지만, 물은 어느 정도 인위적으로 조절할 수 있다는 것이다. 침식과 퇴적 작용을 이용하거나, 연못과 수로를 만들어 물의 흐름을 바꿀 수 있었다.

실제로 묘지에는 '단지(丹墀)'라는 일종의 물탱크를 만들어 부족한 풍수 조건을 보완하려 했다. 우리나라에서도 이런 비보(裨補) 풍수의 흔적을 쉽게 찾을 수 있다. 마을 앞에 화(火) 기운의 산이 있으면 우물을 파거나 연못을 만들어 수(水) 기운으로 제압하려 했다. 때로는 실제 물을 담지 않고 단지 우물 모양['井'자]만 상징적으로 만들기도 했다.

『금낭경』은 득수(得水)와 장풍(藏風)의 우선순위를 명확히 한다. 먼저 물을 얻은 다음에 바람을 막아야 한다는 것이다. 물은 기의 창고와 같아서:

"흙은 기의 몸으로 흙이 있는 곳에 기가 있고, 기는 물의 근본으로 기가 있다는 것은 물이 있다는 것이다."

이렇게 기-흙-물은 서로 떼려야 뗄 수 없는 관계를 맺고 있다.

◈ 땅 속의 기, 땅 위의 기

풍수에서 기는 땅 속에도 있고 땅 위에도 있다. 그런데 이 둘의 성격은 다르다:

• 땅 속의 기: 생명을 만들어내는 작용
• 땅 위의 기: 이미 만들어진 형체로 존재

중요한 것은 이 둘이 동시에 존재하는 것이 아니라 연속적으로 존재한다는 점이다. 땅 속에 길한 기가 있으면 그것이 땅 위로 나타난다. 땅 속의 기가 활동하면서 생명을 만들고, 그 결과가 땅 위의 형체로 드러나는 것이다. 이런 관점에서 보면 풍수에서는 땅 속의 기를 본래적인 기로 보는 경향이 강하다.

기는 스스로 움직이는 것이 아니라 땅에 의지해서 흐른다. 그리고 땅은 그 형세로만 기의 움직임을 보여준다. 따라서 길한 기가 모였는지는 오직 땅의 외형, 즉 형세를 통해서만 알 수 있다. 풍수가 산세와 지형을 그토록 중시하는 이유가 여기에 있다.

◆ 용(龍), 변화하는 산의 상징

풍수에서는 산을 '용'이라 부른다. 산줄기는 '용맥'이 되고, 기가 흐르는 가지들은 '지룡(支龍)'이 된다. 왜 하필 용일까?

『지리인자수지』는 이렇게 설명한다:

"산맥의 형태는 다양하다. 어떤 것은 크고 어떤 것은 작고, 어떤 것은 솟아 있는 듯하고 어떤 것은 기어가는 듯하고, 어떤 것은 조화롭게 흐르는 듯하고 어떤 것은 그렇지 않은 듯하고, 어떤 것은 숨어 있는 듯하고 어떤 것은 드러난 듯하다. 아주 짧은 거리에서도 지맥 또한 일정하지 않아 끊임없이 변화한다. 그래서 그것을 보고 있으면 마치 용을 보는 듯하다."

산의 변화무쌍함이 마치 용의 움직임 같다는 것이다. 하지만 이것만으로는 설명이 부족하다.

용은 동양 신화에서 가장 복잡한 상징을 지닌 동물이다. 선과 악, 창조와 파괴, 은신과 현현... 상반된 속성을 모두 품고 있다. 이런 양면성이 풍수의 길흉을 표현하기에 적합했을 것이다. 산 역시 좋을 수도 나쁠 수도 있고, 복을 줄 수도 화를 부를 수도 있으니 말이다.

어느 순간부터 용은 풍수에서 산을 가리키는 전문용어가 되었다. '길한 산'이라 하지 않고 '길룡'이라 하고, '흉한 산'이라 하지 않고 '흉룡'이라 한다. 이런 표현은 풍수를 더욱 신비롭고 비의적으로 만드는 데 일조했다.

◆ 기가 머무는 곳, 길지

결국 풍수가 찾는 것은 '지룡(止龍)' 혹은 '주룡(住龍)'의 장소다. 용맥이 멈추고 기가 머무는 곳, 그곳이 바로 길지다.

『금낭경』은 이렇게 설명한다:

"가지의 모양은 기를 통해 시작되고, 가지가 머무는 형태도 기를 통해 뭉쳐진다."

기가 흐르려면 그 경로가 되는 땅, 즉 용맥이나 지맥이 있어야 한다. 그리고 그 흐름은

물의 흐름과 같아야 한다:

"길지는 흙을 따라 일어나는 것이고, 가지에 기가 머문다는 것은 물을 따라 머무는 것이다. 그 법은 산세는 따르고 수형은 움직이는 것으로, 그 끝이 처음과 돌아들며 맞잡는 꼴을 따른다."

여기서 핵심은 "끝이 처음과 돌아들며 맞잡는다"는 표현이다. 기의 흐름이 그저 흘러가 버리는 것이 아니라 순환하며 머물러야 한다는 뜻이다. 마치 강물이 큰 호수를 만나 잠시 머물듯, 기도 어느 지점에서 멈추어 모여야 한다.

이렇게 기는 풍수에서 가장 기본적이면서도 가장 신비로운 개념이다. 눈에 보이지 않지만 땅의 형세를 통해 드러나고, 바람과 물에 의해 조절되며, 용처럼 변화무쌍하게 움직이다가 어느 한 곳에 머물러 길지를 만든다.

풍수는 바로 이 보이지 않는 기의 흐름을 읽고, 그것이 머무는 최적의 장소를 찾는 기술이자 예술인 것이다.

3. "동기감응(同氣感應) : 조상과 후손을 잇는 보이지 않는 끈"

◈ 풍수의 가장 신비로운 믿음

풍수를 둘러싼 수많은 논란 중에서도 가장 뜨거운 것이 바로 '기의 감응'이다. 과연 기가 정말 존재하는가? 그것이 어떻게 죽은 조상으로부터 살아 있는 후손에게 전달될 수 있는가? 이런 질문들은 풍수를 의심하는 이들이 가장 먼저 던지는 것들이다.

그러나 역설적이게도 풍수는 이런 의심을 품는 순간 성립할 수 없다. 기의 존재를 인정하지 않고는 풍수 자체가 무의미해지기 때문이다. 더 나아가 풍수는 이 보이지 않는 기가 죽은 자에게 감응하여 살아 있는 자에게 전해진다는 '믿음'과 함께 발전해왔다.

자연의 영향을 인간에게 전달하는 매개체가 바로 기이며, 어떤 땅은 특별히 길한 기를 품고 있다는 것이 풍수의 핵심 전제다.

◈ 기의 본성인가, 기의 작용인가

그렇다면 기 자체에 길흉이 정해져 있는 것일까, 아니면 기가 작용하는 방식에 따라 길흉이 결정되는 것일까? 풍수 경전들조차 이 문제에 대해서는 일관된 답을 주지 못한다.

◈ 기의 본성에 길흉이 있다는 관점

『청오경』은 이렇게 말한다:

"땅에는 좋은 기가 있어 흙을 따라 일어나고, 산에는 길한 기가 있어 방위를 따라 나타난다."

이는 기 자체에 이미 좋고 나쁨이 정해져 있다는 뜻으로 읽힌다. 『금낭경』도 사세팔방(四勢八方)으로부터 오는 기를 길한 기라고 명시한다.

장열(張說)이라는 주석가는 이를 더욱 구체화한다. 팔방(八方) — 건(乾), 감(坎), 간(艮), 진(震), 손(巽), 리(離), 곤(坤), 태(兌)의 팔괘가 가리키는 여덟 방위 — 으로부터 오지 않는 기를 '부정지기(不正之氣)', 즉 바르지 않은 기라고 부른다. 이 팔방은 사세(四勢) — 인(寅), 신(申), 사(巳), 해(亥)의 네 방향 — 로부터 비롯된다고 설명한다.

이런 해석에 따르면 길한 기가 오는 방향이 이미 정해져 있으므로, 기 자체에 본래부터 길흉이 내재되어 있다는 결론에 이른다.

◈ 기의 작용에 따라 길흉이 결정된다는 관점

반면 일행(一行)이라는 또 다른 주석가는 다른 해석을 제시한다. 그는 사세를 사방의 형세로, 팔방을 땅속을 돌아다니는 기의 총체로 본다. 이는 기 자체에 길흉이 있다기보다는 기가 어떻게 작용하는가에 따라 길흉이 결정된다는 관점이다.

『금낭경』의 「기감편」, 「인세편」, 「사세편」도 이런 논조를 따른다. 기의 본질적 속성보다는 기가 어떻게 모이고 흩어지는가, 어떻게 활동하는가에 따라 길흉이 좌우된다는 것이다.

이렇게 풍수 경전들조차 기의 길흉이 본질적인 것인지 작용에 의한 것인지에 대해 명확한 답을 주지 못한다. 하지만 이런 이론적 혼란에도 불구하고, 풍수는 기가 감응한다는 믿음 위에 굳건히 서 있다.

◈ 동기감응(同氣感應)의 원리

『금낭경』은 기의 감응을 이렇게 설명한다:

"매장을 하는 것은 살아 있는 기에 의지해야 한다. 오행의 기가 땅속을 돌아다녀... 부모의 유해가 기를 얻으면, 그 부모가 남긴 몸인 살아 있는 자식은 음덕을 입는다. 그래서 경에 이르기를 기가 죽은 자에게 감응하면 그 복이 살아 있는 사람에게 전해진다고 했다."

이것이 바로 음택 풍수의 핵심 원리다. 부모의 유골이 좋은 기를 받으면, 그 기가 혈연으로 연결된 자손에게 전달된다는 믿음이다.

◈ **구리 산의 신비**

기의 감응을 설명하는 가장 유명한 예는 구리 산 이야기다. 한나라 때 동쪽 궁전인 미앙궁에 걸려 있던 구리종이 어느 날 밤 아무도 치지 않았는데 스스로 울렸다. 놀란 사람들이 원인을 조사해보니, 바로 그 시각에 수만 리 떨어진 서쪽의 구리 광산이 무너졌다는 것이다.

같은 광산에서 나온 구리로 만든 종이 원산지의 변화에 반응했다는 이 이야기는 동기감응의 원리를 보여주는 대표적 사례가 되었다. 물리적으로는 완전히 분리되어 있지만, 같은 근원을 가진 것들은 서로 감응한다는 것이다.

◈ **밤송이의 교감**

또 다른 예는 밤송이 이야기다. 봄이 되어 밤나무에 꽃이 피자, 방 안에 보관하던 밤송이에서도 싹이 텄다는 것이다. 나무에서 떨어진 지 오래된 열매지만, 어미 나무에 꽃이 필 때 함께 반응했다는 이야기다.

이 역시 같은 생명에서 나온 것들이 시공간을 초월해 서로 감응한다는 믿음을 보여준다. 조상과 후손의 관계도 이와 같다는 것이 풍수의 논리다.

◈ **버드나무의 경고**

『역동림』에 실린 버드나무 고사는 더욱 흥미롭다. 중국 최고의 풍수가로 꼽히던 곽박(郭璞)이 높은 관리의 압력에 못 이겨 마지못해 묘자리를 잡아주었다. 그런데 묘를 쓴 후 근처의 버드나무가 말라 죽고, 그 집안 자손들이 병에 걸렸다.

곽박이 아무리 살펴봐도 풍수적으로는 문제가 없었다. 고민 끝에 묘 주인의 과거를 조사해보니, 그가 살아생전 영험한 뱀을 죽이고도 제대로 된 제사를 지내지 않았다는 사실이 밝혀졌다.

이 이야기의 교훈은 명확하다. 아무리 좋은 기를 가진 땅이라도 묘 주인의 악덕이 나쁜 기를 만들어내고, 그것이 자손에게 해를 끼친다는 것이다. 풍수는 단순히 땅의 기만 보는 것이 아니라 인간의 덕성까지 고려해야 한다는 가르침이다.

◆ 한국 풍수의 응보 설화

❖ 남사고의 실패

이런 인과응보의 이야기는 우리나라 풍수 설화에도 많다. 조선 후기 예언가이자 풍수가로 유명했던 남사고(南師古)의 이야기가 대표적이다.

남사고는 당대 최고의 풍수 전문가였음에도 불구하고 아버지의 묘를 무려 아홉 번이나 이장했다고 한다. '9천 10장(九遷十葬)': 아홉 번 옮기고 열 번 묻었다는 뜻이다. 아무리 정성을 들여 명당을 찾아도 마음에 들지 않아 계속 옮긴 것이다.

그러나 열 번째 자리도 완벽하지 못했다. 나중에 밝혀진 사실은 충격적이었다. 남사고의 아버지가 살아생전에 살인을 저질렀다는 것이다. 아무리 좋은 기를 가진 길지라도 악업을 지은 사람에게는 나쁜 기로 변한다는 것을 보여주는 사례다.

❖ 도선의 통찰

통일신라의 고승이자 한국 풍수의 시조로 불리는 도선(道詵)은 이런 현상을 "동성인력작용(同性引力作用)"이라고 표현했다. 좋은 기를 가진 사람은 자연스럽게 길한 땅을 찾게 되고, 나쁜 기를 가진 사람은 흉한 땅을 찾게 된다는 것이다.

이는 단순히 땅의 기가 사람에게 영향을 미치는 것이 아니라, 사람이 가진 기와 땅이 가진 기가 서로 끌어당긴다는 더 복잡한 상호작용을 의미한다.

❖ 땅의 기와 인간의 품성

호순신은 『지리신법』에서 『회남자』의 「지형훈」을 인용해 기감 이론을 정리한다:

"땅에 집을 세우고 뼈를 묻게 될 때 땅의 기운을 받는다. 땅의 기운이란 아름답고 그렇지 않음의 차이와 같아서 사람은 그 기를 받아 태어나는데 어찌 그 사람됨의 청탁(淸濁), 현우(賢愚), 선악(善惡), 귀천(貴賤), 빈부(貧富), 수요(壽夭)의 차이가 없겠는가?"

더 나아가 옛 선인들의 말을 인용한다:

"단단한 땅에 사는 사람은 강하고, 약한 땅에 사는 사람은 살찌며, 거친 땅에 사는 사람은 크고, 모래땅에 사는 사람은 작으며, 살아 있는 땅에서는 미인이 나고, 죽은 땅에서는 추한 사람이 난다."

이는 땅의 성질이 그곳에 사는 사람의 체질과 성격, 운명까지 좌우한다는 믿음을 보여준다. 단순히 조상의 묘를 통한 음택뿐 아니라, 살아있는 사람이 거주하는 양택도 중요하다는 인식이다.

❖ 기감응론의 현대적 의미

기의 감응 이론은 현대 과학의 관점에서 보면 증명하기 어려운 신비주의로 보일 수 있다. 그러나 이를 단순히 미신으로 치부하기 전에, 그 안에 담긴 깊은 의미를 생각해볼 필요가 있다.

첫째, 기의 감응은 조상과 후손의 연결을 강조한다. 이는 개인을 고립된 존재가 아닌 가족과 혈연의 연속선상에서 파악하는 동양적 인간관을 반영한다.

둘째, 인간의 도덕성과 자연의 조화를 연결시킨다. 악업을 지은 사람은 좋은 땅을 얻어도 복을 받을 수 없다는 가르침은 윤리적 삶의 중요성을 강조한다.

셋째, 인간과 자연의 상호작용을 인정한다. 땅이 사람에게 영향을 미치듯, 사람의 품성도 땅의 기운에 영향을 준다는 상호적 관계는 생태학적 사고의 선구적 형태라 할 수 있다.

이렇게 기의 감응은 단순한 미신이 아니라, 인간과 자연, 과거와 현재, 개인과 가족을 하나로 연결하는 총체적 세계관의 표현이다. 풍수가 단순한 땅 보는 기술을 넘어 하나의 철학이 될 수 있었던 것도 바로 이런 깊이 있는 사유 때문이다.

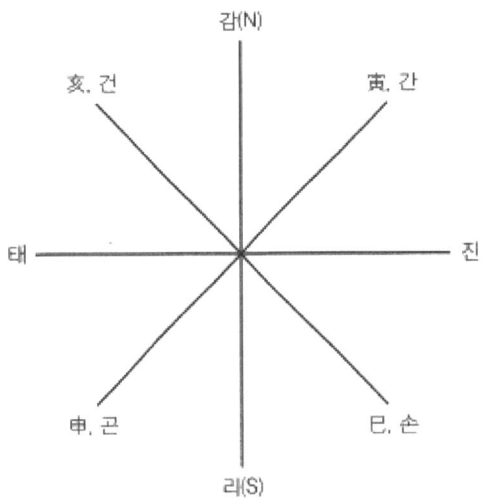

❙ 사세팔방도 ❙

4. 풍수 공간의 3대 요소: 산·수·방위

◈ 좋은 땅을 찾는 모호한 기준들

풍수에서 좋은 기(氣)라는 '신비롭지만 인식의 차원을 넘어선 힘'을 규명하는 것도 어려운 일이지만, 구체적으로 좋은 땅을 찾기 위한 기본 틀인 좋은 산·수·방위를 규정하는 것 역시 모호하기 그지없다. 어쩌면 풍수적으로 좋다는 것을 더 확실히 알고 규정하기 위해 풍수 문헌이 끊임없이 만들어졌는지도 모른다.

시대가 흐를수록 풍수 문헌들은 풍수 공간에 대한 구체적인 이름 짓기와 그것에 대한 해설에 열을 올린다. 마치 모호함을 명확함으로 바꾸려는 필사적인 노력처럼 보인다. 하지만 그 노력이 오히려 풍수를 더 복잡하고 난해하게 만들었다는 역설도 존재한다.

그럼에도 모든 풍수 문헌이 동의하는 것이 있다. 산과 물, 그리고 방위가 풍수적 공간을 구성하는 가장 중요한 세 요소라는 점이다. 특히 산과 물은 기의 현현체(顯現體)로서, 땅이 가진 기의 속성과 작용을 드러내는 자연의 얼굴이다.

◈ 산과 물, 음양의 조화

『명산론』 「이기편」은 산과 물의 근원적 성격을 이렇게 설명한다:

"음과 양의 두 기가 조화롭게 결합하면 산과 물이 된다. 그러므로 산과 물은 음과 양을 일컫는다. 산과 물이 서로 어울리는 것은 음과 양에 의해 조화로워진 것이니 조화로우면 충기(沖氣)가 되고, 산과 물이 서로 모이는 것은 음과 양에 의해 만나게 된 것이니 만나게 되면 생기가 된다."

산은 고요한 음의 성질로 본체를 담당하고, 물은 움직이는 양의 성질로 변화를 관장한다. 『호순신』은 이를 체용(體用)의 관계로 본다. 산이 몸체라면 물은 그 작용이라는 뜻이다.

그렇다면 "산과 물이 서로 어울린다"는 것은 무엇을 의미할까?

✤ 사합주고(四合周顧)와 산래수회(山來水回)

『청오경』은 이상적인 풍수 공간을 이렇게 묘사한다:

"복되고 후덕한 땅은 온화하고 너그러워 답답하지 않고 주위 사방의 산수가 두루 감싸 안은 듯하니, 그 이치가 법도에 맞다. 산은 나아가려 하고 물은 안정되려 한다."

이 "사합주고(四合周顧)" — 사방이 어우러져 서로를 돌아본다는 뜻 — 는 풍수 이상 공간을 표현하는 대표적인 관용구가 되었다.

『금낭경』의 "산래수회(山來水回)" 역시 유명하다. 글자 그대로 "산은 달려오고 물은 돌아든다"는 의미다. 산은 우람하게 솟구쳐 달려 내려오는 듯하고, 물은 부드럽게 주산을 돌아보며 흐르되 도망치듯 흘러가지 않아야 한다. 반대로 산이 갇힌 듯하고 물이 그냥 흘러가버리면[山囚水流] 흉지가 된다.

흥미로운 것은 『명산론』이 산과 물의 근원과 끝을 정반대로 본다는 점이다:

"산은 그 근원은 하나이나 그 끝은 모두 다르며, 물은 그 근원은 다르지만 그 끝은 모두 하나이다."

산은 하나의 주맥에서 시작해 수많은 가지로 갈라지고, 물은 여러 계곡에서 시작해 결국 하나의 바다로 모인다는 자연의 이치를 담은 표현이다.

◈ 좋은 산의 조건: 사신수(四神獸)의 수호

그렇다면 풍수적으로 좋은 산이란 어떤 것일까? 『금낭경』「사세편」은 이렇게 표현한다:

"현무(玄武)가 머리를 드리우고, 주작(朱雀)이 뛰며 춤추는 것 같고, 청룡(靑龍)이 완연하며 명당을 돌아들 듯 감싸 안고, 백호(白虎)가 걸터앉아 서로 영접하는 듯하다."

- 현무(주산): 머리를 드리운 듯 온화하게 감싸는 뒷산
- 주작(안산): 날개를 펴고 춤추듯 생동감 있는 앞산
- 청룡(좌산): 구불구불 명당을 감싸 안는 왼쪽 산줄기
- 백호(우산): 든든하게 걸터앉은 오른쪽 산줄기

하지만 실제 자연의 산을 보면서 이런 형상을 찾아낸다는 것은 대단히 주관적일 수밖에 없다. 도대체 어떤 산이 "주작이 춤추는" 모습이고, 어떤 산이 "백호가 걸터앉은" 모습인가? 이는 예술의 영역에 가까운 해석이다.

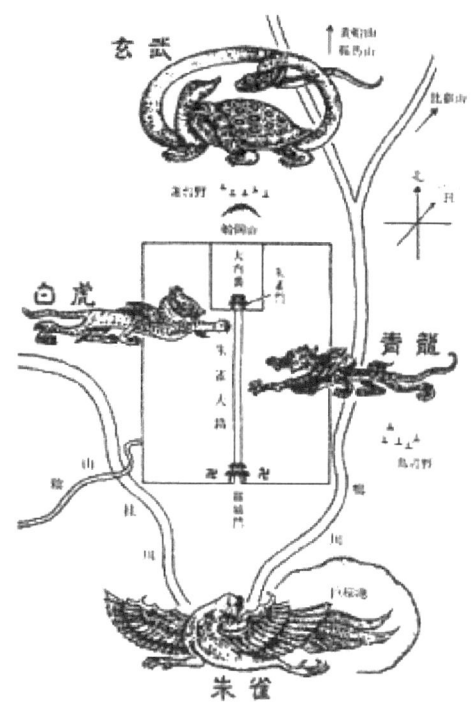

■『풍수, 중국인의 토파스』(三浦國雄. 1995: 195) ■

◈ 용(龍)으로 표현되는 산의 변화

풍수에서 산을 '용'이라 부르는 이유를 『지리인자수지』는 이렇게 설명한다:

"산맥의 형태는 다양하다. 어떤 것은 크고 어떤 것은 작고, 어떤 것은 솟아 있는 듯하고 어떤 것은 기어가는 듯하고... 아주 짧은 거리에서도 지맥 또한 일정하지 않아 끊임없이 변화한다. 그래서 그것을 보고 있으면 마치 용을 보는 듯하다."

산맥의 갈라짐을 분룡(分龍), 일어남을 기룡(起龍), 끝남을 주룡(注龍)이라 부른다. 길흉을 나타내기 위해 '용' 앞에 한 글자를 붙이기도 한다:

- **길한 용**: 생룡(生龍), 복룡(福龍), 응룡(應龍), 읍룡(揖龍)
- **흉한 용**: 살룡(殺龍), 귀룡(鬼龍), 겁룡(劫龍), 병룡(病龍), 사룡(死龍)

◈ 무한한 상상의 형국론

산의 모양을 표현하는 상상력은 무한하다. 머리 빗는 빗, 엎어진 가마솥, 제비집 같은 구체적인 사물부터 '하늘로 올라가는 사다리(天梯)', '만마(萬馬)가 하늘에서 내려온 듯한 형상' 같은 환상적인 표현까지 동원된다.

더 나아가 땅의 길흉에 따라 인간 삶의 모든 영역 — 재산, 장수, 건강, 배움, 명예, 결혼, 인간관계 등 — 이 영향을 받는다고 본다. 하지만 무엇이 진정 길한지는 관점에 따라 다르다. 재산이 많다고 반드시 행복한가? 길한 결혼이란 무엇인가?

결국 풍수가 말하는 '유정(有情)'과 '무정(無情)'처럼, 좋고 나쁨은 보는 이의 마음과 느낌에 달려 있을지도 모른다.

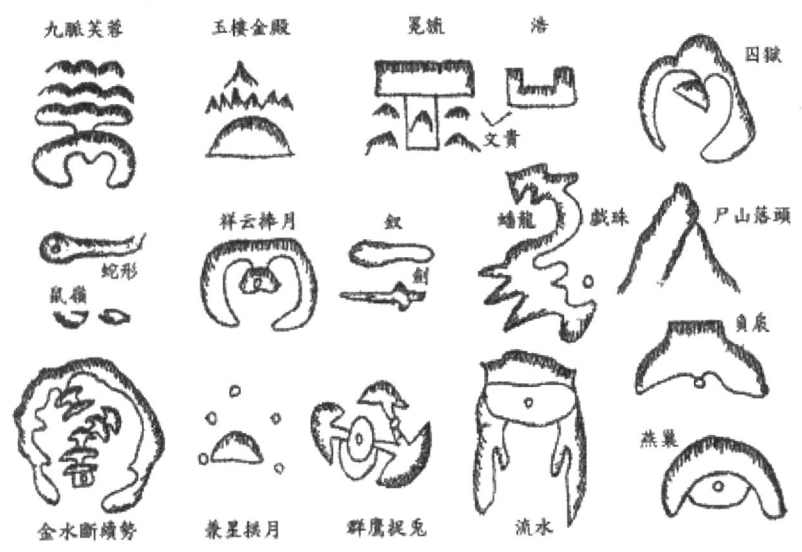

∥ 상상의 형국(何曉所, 2008: 135) ∥

◈ **물의 길흉: 흐르되 머물러야**

『금낭경』은 이상적인 물의 흐름을 시적으로 표현한다:

"꼬리를 감춘 듯 흘러가지만 완전히 흘러가지 않고 회환(回環)해야 하며, 부드럽게 흐르면서 주산을 돌아보며 아쉬워하듯 머물고자 해야 한다."

물은 마치 살아있는 존재처럼 주산을 바라보며 아쉬워하듯 머물러야 한다는 것이다. 너무 빠르게 흘러가도 안 되고, 완전히 고여 있어도 안 된다. 특히 고인 물은 최악의 흉수로 친다.

◈ **물의 다양한 이름들**

산보다 물이 변화가 많아서 '~용수(龍水)'라는 이름으로 물의 길흉을 표현한다:

• 길한 물: 진룡수(進龍水), 승룡수(乘龍水), 수룡수(隨龍水), 조룡수(朝龍水)

• 흉한 물: 사수(死水), 겁수(劫水), 살수(殺水)

◈ 득수와 파구의 원칙

『호순신』은 특히 물의 방위를 중시한다. 가장 중요한 원칙은:

"물은 길한 방향에서 와서 흉한 방향으로 흘러가야 한다."

- 1순위: 길방에서 와서 흉방으로 가는 물
- 2순위: 흉방에서 와서 길방으로 가는 물
- 최악: 길방에서 와서 길방으로 가는 물

또한 이상적인 물길은 "오는 곳은 근원을 알 수 없을 만큼 길어야 하고, 흘러가는 곳은 볼 수 없어야 한다"고 한다. 하지만 실제 현장에서 이를 정확히 판단하기는 매우 어렵다.

◈ 방위: 풍수를 복잡하게 만든 주범

방위는 풍수를 형세파와 이기파로 나누는 중요한 요소다. 특히 송대에 등장한 나경(羅經, 풍수 나침반)은 풍수를 더욱 복잡하게 만들었다.

✤ 나경의 구조

- 중심: 천지(天池)라는 나침반
- 첫 번째 층: 팔괘
- 두 번째 층: 24방위(정음·정양)
- 그 외: 구성(九星), 좌가(坐家) 등 최대 38개 층

각 층은 서로 다른 역사와 전통을 가진 방위 측정법이다. 어떤 것을 선택할지는 측정자의 학맥이나 경험에 달려 있다.

✤ 주요 향법(向法)들

수많은 방위법 중 널리 쓰이는 것들:

- 용상팔살(龍上八殺)
- 팔로사로황천살(八路四路黃泉殺)
- 사국삼합정좌법(四局三合定坐法)
- 정음정양법(淨陰淨陽法)
- 팔십팔향법(八十八向法)

1. **입수(入首)**: 산이 들어오는 방향
2. **좌향(坐向)**: 주산과 안산의 방향
3. **득수(得水)**: 물이 들어오는 방향
4. **파구(破口)**: 물이 나가는 방향

◈ 계룡산 천도 논쟁

조선 초 하륜이 『호순신』 이론으로 계룡산 천도를 반대한 사례는 방위론의 영향력을 보여준다:

"계룡산은 건방(乾方)에서 와서 금산(金山)의 성격을 지닌다. 좌선국(左旋局)의 형국인데, 물길이 손방(巽方)으로 흘러간다. 손방은 금산의 탐랑에 해당되어 길한 방향이다. 결국 물이 길한 방향으로 흘러가므로 계룡은 흉지다."

◈ 모호함의 전략, 풍수의 생존법

풍수의 가장 큰 특징은 '모호함의 전략'이다. 한편으로는 "길흉이 정해져 있으니 풍수 지식으로 판단할 수 있다"고 하면서, 다른 한편으로는 "길흉의 판단은 사람의 마음에 달려 있다"고 한다. 이런 이중성은 풍수가 비판받으면서도 살아남을 수 있었던 비결이다. 명확한 것 같으면서도 모호하고, 과학적인 것 같으면서도 직관적이며, 결정론적인 것 같으면서도 인간의 의지를 인정한다.

◈ 상반된 두 논리의 공존

풍수는 상반된 두 가지 세계관을 동시에 품고 있다:

1. "공간은 하늘로부터 주어진다": 운명론적 관점
2. "공간은 인간이 만들 수 있다": 창조론적 관점

이 모순적인 두 논리가 공존하면서도 수천 년간 이어져 온 것이야말로 풍수의 진정한 힘일지도 모른다. 풍수는 자연의 원리를 인정하면서도 인간의 노력과 지혜로 운명을 개척할 수 있다는 희망을 제시한다.

결국 기(氣)・산(山)・수(水)・방위(方位)라는 풍수의 기본 요소들은 단순한 지리적 조건이 아니다. 그것은 인간과 자연의 관계를 이해하고, 더 나은 삶을 추구하려는 인류의 오랜 지혜가 응축된 상징 체계다. 비록 그 논리가 명확하지 않고 때로는 모순적이지만, 바로 그 모호함과 유연성이 풍수를 살아있는 전통으로 만들었다.

오늘날에도 우리가 풍수에 관심을 갖는 이유는 그것이 단순히 길지를 찾는 기술이 아니라, 인간과 자연의 조화로운 관계를 모색하는 철학이기 때문일 것이다.

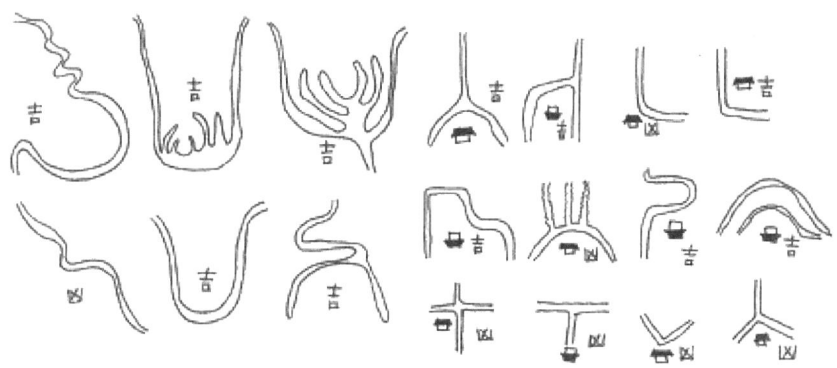

❙ 물길의 길흉(何曉所, 2008: 137 ❙

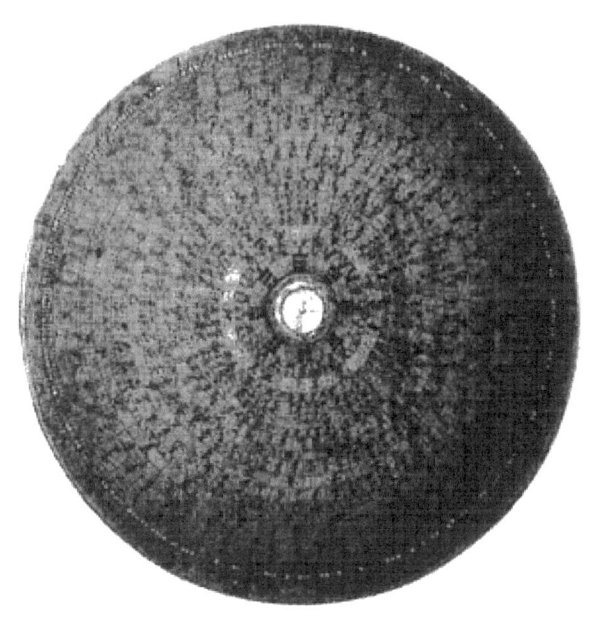

❙ 나경 ❙

풍수
풍수란 무엇인가?

풍수

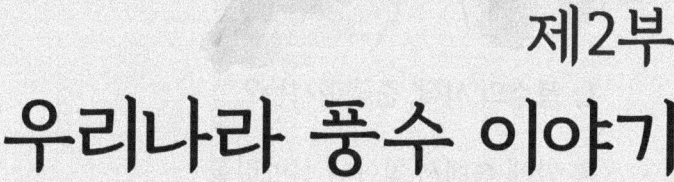

제2부
우리나라 풍수 이야기
- 고려부터 조선까지

風水

제7장

|

풍수의 역사

1. 풍수의 시작, 중국에서는?

◈ 안개 속에서 찾아낸 실마리들

기원전 5세기, 전국시대 말기 어느 날. 위(魏)나라 궁정의 한 방에서 노학자가 밤하늘을 올려다보고 있었다. 그의 옆에서는 젊은 제자가 거북 껍질에 금을 내며 점을 치고 있었다.

"스승님, 별의 운행과 땅의 기운이 정말 연결되어 있을까요?"

노학자가 수염을 쓰다듬으며 답했다.

"하늘의 이치가 땅에 투영되지 않는다면, 어찌 사계절이 바뀌고 만물이 자라겠느냐? 우리가 할 일은 그 이치를 읽어내는 것이다."

이처럼 풍수의 기원을 찾아가는 일은 마치 시간의 안개 속을 헤매는 것과 같다. 네덜란드의 중국학자 드 그릇(J.J.M. de Groot)은 일찍이 "풍수의 역사는 중국 문명의 역사만큼이나 오래되었다"고 했다. 그의 말처럼, 우리는 명확한 시작점을 찾을 수 없다. 하지만 역설적으로 그 모호함이야말로 풍수가 얼마나 오랜 세월에 걸쳐 서서히 형성되었는지를 보여준다.

◈ 은허(殷墟)의 갑골문이 전하는 이야기

1899년, 청나라 말기. 베이징의 한 약재상에서 놀라운 발견이 있었다. '용골(龍骨)'이라는 이름으로 팔리던 뼈 조각에서 고대 문자가 발견된 것이다. 이것이 바로 은나라의 갑골문이었다.

갑골문을 해독한 학자들은 흥미로운 사실을 발견했다. 3,500년 전 은나라 사람들이 이미 도읍을 정하고 집을 지을 때 점을 쳤다는 기록이 있었던 것이다.

"왕이 묻기를, '이곳에 도읍을 정하면 길하겠는가?' 갑골의 균열을 보니, 길하다."

이런 식의 기록이 수없이 발견되었다. '복택(卜宅)': 점을 쳐서 집터를 정한다는 이 개념이 이미 은나라 시대부터 있었던 것이다.

◈ 주나라의 체계화 노력

은나라를 멸망시킨 주나라는 모든 것을 체계화하려 했다. 그들이 남긴『주례(周禮)』를 보면 놀라운 내용들이 나온다.

"대사도(大司徒)는 토규법(土圭法)으로 땅을 측정하여 도읍지를 정한다. 해 그림자의 길이로 방위를 정하고, 물의 흐름으로 지세를 파악한다."

여기서 주목할 것은 '토규법'이다. 이는 막대기를 세워 그림자의 길이를 재는 방법으로, 오늘날로 치면 일종의 과학적 측량법이었다. 주나라 사람들은 단순히 점만 치는 것이 아니라, 실제로 땅을 관찰하고 측정했던 것이다.

또한 '토의법(土宜法)'이라는 것도 있었다. 각 지역의 토질과 기후를 파악하여 그에 맞는 작물을 심는 방법이었다. 이것이 후대 풍수에서 말하는 '지기(地氣)'의 원형이 아닐까?

◈ 전국시대, 사상의 용광로

기원전 770년, 주나라가 동쪽으로 천도하면서 춘추전국시대가 시작된다. 이후 500여 년간 중국은 분열의 시대를 겪는다. 그러나 역설적으로 이 혼란의 시대가 사상의 황금기였다.

제자백가가 등장하고, 음양오행설이 체계화되며, 천문학이 발달했다. 이 모든 것이 풍수 탄생의 토양이 되었다. 특히 추연(鄒衍, 기원전 305~240)이라는 인물에 주목할 필요가 있다. 그는 음양오행설을 집대성한 사람으로, '대구주설(大九州說)'이라는 독특한 지리관을 제시했다.

"천하는 아홉 개의 큰 대륙으로 이루어져 있고, 각 대륙은 또 아홉 개의 작은 주로 나뉜다. 각 지역마다 고유한 기운이 있어, 그곳에 사는 사람들의 성격과 운명에 영향을 미친다."

이것이 바로 풍수에서 말하는 '지기가 인간에게 영향을 미친다'는 사상의 시초였다.

◈ 한나라, 드디어 문헌이 등장하다

　진시황이 중국을 통일하고 얼마 지나지 않아 한나라가 들어선다. 이 시기는 중국 문화사에서 매우 중요한 전환점이었다. 황로학(黃老學)이 유행하고, 음양오행설이 국가 통치 이념으로 자리 잡으며, 천인감응(天人感應) 사상이 확립된다.

　바로 이때, 최초의 풍수 전문서가 등장한다.

　서기 1세기경, 한나라 궁정의 도서관. 사관(史官)이 새로 입수한 책을 정리하고 있었다.

　"이 책의 제목은 무엇인가?" "『청오경(青烏經)』이라 합니다." "저자는?" "청오자(青烏子)라는 분인데... 정확히 누구인지는 알 수 없습니다."

◈ 청오(青烏)의 미스터리

　청오자는 누구였을까? 『한원(翰苑)』이라는 책에는 이런 기록이 있다:

　"청오자는 한나라 때 사람으로, 음양과 지리에 정통했다. 그가 쓴 책은 세상 사람들이 집과 무덤을 정하는 지침이 되었다."

　하지만 더 깊이 파고들면 흥미로운 사실을 발견하게 된다. '청오' 또는 '청조(青鳥)'는 고대 중국 신화에 자주 등장하는 신비한 새다.

　『산해경(山海經)』에는 이런 구절이 있다: "서왕모(西王母)의 곁에는 세 마리의 청조가 있어, 그녀를 위해 음식을 가져다준다."

　서왕모는 중국 신화의 여신으로, 불사의 약을 관장한다. 청조는 그녀의 사자(使者)였던 것이다. 죽음과 삶, 저승과 이승을 오가는 신비한 새. 이것이 풍수와 연결된 것은 우연이 아닐 것이다.

◈ 청조씨(青鳥氏)의 흔적

　『좌전(左傳)』 소공 17년 조를 보면 더욱 구체적인 기록이 나온다:

　"옛날에 청조씨가 있어 역법(曆法)을 담당했다. 그들은 해와 달의 운행을 관찰하고, 절기를 정했다."

　청조씨는 실제로 존재했던 관직이었던 것이다. 천문을 관찰하던 이들이 점차 지리도 함께 다루게 되었고, 그것이 풍수로 발전했을 가능성이 크다.

이후 풍수 관련 서적에는 유독 '청오'라는 이름이 많이 붙는다:

- 『청오경』
- 『청오선생장경』
- 『청오자금낭경』
- 『청오명류총집』

마치 '청오'가 풍수의 대명사가 된 것처럼.

◈ 복택에서 감여까지

한나라 시대를 거치면서 풍수는 다양한 이름으로 불리게 된다:

1. 복택(卜宅): 점을 쳐서 집터를 정함
2. 상지(相地): 땅을 살핌
3. 감여(堪輿): 하늘을 살피고[堪] 땅을 살핌[輿]
4. 청오(靑烏): 신비한 새의 이름에서 유래
5. 청낭(靑囊): 비밀스러운 지식을 담은 푸른 주머니

각각의 이름은 풍수의 서로 다른 측면을 강조한다. 복택은 점술적 측면을, 상지는 관찰의 측면을, 감여는 천문과 지리의 결합을, 청오는 신비적 측면을, 청낭은 비전(祕傳)의 측면을 보여준다.

◈ 왕충의 비판과 풍수의 성장

한나라 말기, 왕충(王充, 27~97)이라는 학자가 『논형(論衡)』이라는 책을 썼다. 그는 당시의 미신을 신랄하게 비판했는데, 흥미롭게도 풍수에 대한 비판도 포함되어 있다.

"요즘 사람들은 집을 지을 때나 장사를 지낼 때 반드시 길일을 택하고 좋은 방위를 찾는다. 그러나 같은 날 같은 방위에 집을 지어도 어떤 집은 흥하고 어떤 집은 망한다. 이것이 어찌 땅의 탓이겠는가?"

왕충의 비판은 역설적으로 한나라 시대에 이미 풍수가 널리 퍼져 있었음을 보여준다. 비판할 만큼 영향력이 있었다는 뜻이기 때문이다.

◈ 삼국시대의 대가, 관로와 곽박

한나라가 멸망하고 삼국시대가 열린다. 이 혼란의 시대에 두 명의 풍수 대가가 등장한다.

첫 번째는 관로(管輅, 209~256)다. 그는 『삼국지』에도 등장하는 실존 인물로, 점술과 풍수에 능했다고 한다.

"관로가 어떤 마을을 지나다가 말했다. '이 마을은 3년 안에 큰 수해를 입을 것이다. 산의 형세가 물을 막고 있기 때문이다.' 과연 그의 예언대로 되었다."

두 번째는 곽박(郭璞, 276~324)이다. 그는 『장서(葬書)』를 저술하여 풍수 이론을 체계화했다. 특히 '풍수(風水)'라는 용어를 처음으로 명확히 정의한 사람이 바로 곽박이다.

"장사는 생기를 타는 것이다. 바람을 만나면 흩어지고, 물을 만나면 멈춘다. 그래서 이를 풍수라 한다."

◈ 당나라, 풍수의 황금기: 제국의 번영과 함께 꽃핀 땅의 학문

서기 880년 늦가을, 당나라 수도 장안(長安)의 흠천감(欽天監) 관청. 금자광록대부(金紫光祿大夫) 양균송이 젊은 관리들 앞에서 강의를 하고 있었다.

"산의 형세를 보는 것은 용의 움직임을 읽는 것과 같다. 용이 꿈틀거리며 나아가다가 멈춘 곳, 바로 그곳이 혈(穴)이다."

한 제자가 물었다. "대인, 그렇다면 어떻게 용이 멈춘 곳을 알 수 있습니까?"

양균송이 미소를 지으며 답했다. "내가 쓴 『감룡경(撼龍經)』을 읽어보게. 거기에 모든 답이 있네."

◈ 당나라, 풍수학의 전성시대

당나라는 중국 역사상 가장 찬란한 문화를 꽃피운 시대였다. 시선(詩仙) 이백과 시성(詩聖) 두보가 활동했고, 불교가 전성기를 맞았으며, 과학기술도 놀라운 발전을 이루었다. 이런 문화적 풍요 속에서 풍수학도 체계적인 학문으로 자리 잡았다.

무엇보다 놀라운 것은 당나라의 과거시험 과목에 풍수가 포함되어 있었다는 사실이다.

"금년 과거에 음양지리과(陰陽地理科)가 신설되었다. 합격자는 흠천감이나 지방의 음양관으로 임명될 것이다."

이는 국가가 공식적으로 풍수를 인정하고, 전문 관료를 양성했다는 의미다. 풍수가 더 이상 민간의 술법이 아니라 국가가 관리하는 전문 지식이 된 것이다.

◈ 양균송, 형세파의 창시자

양균송(楊筠松, 834~900)은 당나라 말기의 인물로, 풍수사에서 가장 중요한 인물 중 하나다. 그에 대한 기록은 『당서(唐書)』에도 나온다.

"양균송은 두주(竇州) 사람으로, 어려서부터 천문지리에 밝았다. 희종 때 금자광록대부에 올랐으나, 황소의 난을 피해 강서로 내려갔다."

그가 남긴 저술들은 오늘날까지 풍수학의 고전으로 읽힌다:

1. 『감룡경(撼龍經)』: "용을 흔든다"는 뜻으로, 산맥의 형세를 파악하는 방법
2. 『의룡경(疑龍經)』: "용을 의심한다"는 뜻으로, 진짜와 가짜 명당을 구별하는 법
3. 『장법도장(葬法倒杖)』: 혈을 찾아 정확히 장사지내는 방법
4. 『청낭오어(靑囊奧語)』: 풍수의 심오한 이치를 담은 비전서

◈ 구빈선생(救貧先生)의 전설

양균송에게는 특별한 별명이 있었다. 바로 '구빈선생(救貧先生)': 가난을 구제하는 선생이라는 뜻이다.

전설에 따르면, 그는 권세가들의 부탁은 거절하고 가난한 백성들을 도왔다고 한다.

어느 날, 한 가난한 농부가 찾아왔다. "선생님, 저희 집안은 대대로 가난합니다. 조상 묘를 잘못 써서 그런 것일까요?"

양균송이 그 농부의 선산을 살펴보고는 말했다. "자네 조상 묘는 나쁘지 않네. 다만 약간 위치를 조정하면 더 좋아질 것이네."

그의 조언대로 했더니, 몇 년 후 그 집안에서 과거 급제자가 나왔다는 이야기가 전해진다.

◈ 일행, 과학과 풍수의 만남

당나라 초기에는 또 다른 거인이 있었다. 바로 일행(一行, 683~727)이다.

일행은 놀라운 인물이었다. 승려이면서 과학자였고, 현종의 국사이면서 천문학자였다. 그가 만든 『대연력(大衍曆)』은 당시 세계에서 가장 정확한 달력이었다.

그런 그가 풍수에도 관심을 가졌다는 것은 의미심장하다. 그가 쓴 것으로 전해지는『오음지리신서(五音地理神書)』는 독특한 접근법을 보여준다.

"사람의 성씨를 궁상각치우(宮商角徵羽) 오음으로 분류하고, 각 음에 맞는 방위와 지형을 배정한다. 예를 들어 김(金)씨는 상(商)음에 속하니 서쪽 방위가 길하다."

이는 음악 이론을 풍수에 접목시킨 창의적인 시도였다. 과학자다운 체계적 사고가 돋보인다.

◈ 『황제택경』의 수수께끼

당대에 민간에서 가장 널리 읽힌 풍수서는『황제택경(黃帝宅經)』이었다. 황제(黃帝)의 이름을 빌린 이 책은 주택의 방위와 구조를 다루는 양택풍수의 고전이다.

그런데 이 책의 내용을 보면 흥미로운 점이 발견된다. 단순히 길흉을 논하는 것이 아니라, 우주론적 사고가 깊이 배어 있다는 것이다.

"천원지방(天圓地方), 하늘은 둥글고 땅은 네모나다. 집은 작은 우주이니, 하늘과 땅의 이치를 담아야 한다."

이런 구절들은 풍수가 단순한 술법이 아니라 당시 지식인들의 우주관을 반영한 종합적 사상 체계였음을 보여준다.

◈ 후장(厚葬) 풍습과 그 폐해

당나라 시대에는 화려한 장례 문화가 절정에 달했다.

특히 유체수음설(遺體受陰說) ― 조상의 유체를 통해 후손이 음덕을 받는다는 믿음 ― 이 널리 퍼지면서 묘지에 막대한 재산을 쏟아붓는 일이 흔했다.

당 현종 때의 재상 장열(張說)은 이를 개탄하며 상소를 올렸다:

"요즘 사람들이 장례에 가산을 탕진하니, 산 사람은 굶주리고 죽은 사람만 호화롭게 모십니다. 이것이 과연 효도입니까?"

그러나 풍수 신앙은 너무 깊이 뿌리내려, 이런 비판도 별 효과가 없었다.

◈ 학파의 탄생: 형세파와 이기파

당나라 시대의 가장 중요한 발전은 풍수에 학파가 생겼다는 것이다.

양균송을 중심으로 한 강서학파(형세파)는 산의 모양과 물의 흐름 등 눈에 보이는 지형을 중시했다. 반면 복건 지방을 중심으로 발달한 이기파는 방위와 이론을 중시했다.

두 학파의 차이를 한 마디로 표현하면:

- 형세파: "용이 어떻게 움직이는가?"
- 이기파: "기가 어떻게 흐르는가?"

이 두 학파는 서로 경쟁하면서도 보완하며 풍수학을 더욱 풍부하게 만들었다.

◈ 혼란스러운 계보, 그러나 의미 있는 혼란

『송사』「예문지」에 기록된 풍수의 계보는 시대적으로 앞뒤가 맞지 않는다. 양균송이 9세기 말 사람인데, 그의 스승이라는 사람들 중에는 7~8세기 사람들이 포함되어 있다.

이런 모순을 어떻게 이해해야 할까?

아마도 이는 '정신적 계보'를 나타낸 것일 수도 있다. 실제 사제 관계가 아니라, 사상적 영향 관계를 표현한 것이다. 마치 공자가 직접 만나지 못한 주공을 스승으로 모신 것처럼.

◈ 당대 풍수의 특징

당나라 시대 풍수의 특징을 정리하면:

1. **국가의 공인**: 과거 과목에 포함, 관직 설치
2. **학문적 체계화**: 이론서 저술, 학파 형성
3. **과학과의 융합**: 일행 같은 과학자의 참여
4. **대중화**: 민간에 널리 보급
5. **국제화**: 신라, 일본 등에 전파

◈ 풍수인가, 우주론인가?

당대의 풍수 문헌들을 읽다 보면 한 가지 의문이 든다. 과연 이것이 오늘날 우리가 아는 '풍수'와 같은 것일까?

『관씨지리지몽』을 보면 기(氣)에 대한 철학적 논의가 주를 이룬다. 『황제택경』의 도표들은 『산해경』의 신화적 우주관을 연상시킨다. 이들은 단순히 길흉을 점치는 술법이 아니라, 우주와 인간의 관계를 탐구하는 심오한 사상 체계였다.

◈ 에필로그: 제국의 영광과 함께

당나라가 동아시아 문화의 중심이었듯이, 당대의 풍수학도 주변국에 큰 영향을 미쳤다. 신라의 도선국사가 당에서 풍수를 배워왔고, 일본의 음양도(陰陽道)도 이 시기에 형성되었다.

907년, 당나라가 멸망하면서 풍수학도 새로운 국면을 맞는다. 그러나 당대에 확립된 기초 — 형세파와 이기파의 이론 체계, 국가 공인 학문으로서의 지위, 동아시아 공통 문화로서의 위상 — 는 후대까지 이어진다.

오늘날 우리가 아는 풍수의 모습이 대부분 이 시기에 갖추어졌다고 해도 과언이 아니다. 그런 의미에서 당나라는 진정 '풍수의 황금기'였다.

황혼이 깃든 장안성을 바라보며 양균송이 남긴 마지막 말이 전해진다:

"산은 변하지 않지만 물은 흐른다. 풍수의 이치도 마찬가지다. 변하지 않는 원리를 지키되, 시대에 따라 유연하게 적용하라."

천 년이 지난 오늘날에도 여전히 귀 기울여야 할 가르침이 아닐까.

◈ 송대 이후, 풍수의 변화와 확산

❖ 송대, 정밀함을 추구하다

11세기 송나라에 이르러 풍수는 새로운 전환점을 맞는다. 이전까지 주로 산과 물의 형세를 보는 데 치중했다면, 이제는 훨씬 더 복잡하고 정교한 체계로 발전한다. 팔괘, 성수(星宿), 간지(干支)에 대한 논의가 풍수 이론으로 대거 유입되면서, 연월일과 계절까지도 방위로 치환하여 길흉을 판단하는 시대가 열린 것이다.

이러한 새로운 조류를 이기론(理氣論)이라 부른다. 형태를 중시하는 형세파와 달리, 이기파는 보이지 않는 이치와 기운의 흐름을 방위와 시간의 복잡한 조합으로 파악하려 했다. 특히 오음성리설(五音姓利說)이라 불리는 이론이 대표적인데, 사람의 성씨를 다섯 가지 음으로 분류하고 그에 따라 길한 방위를 정하는 방식이었다.

흥미롭게도 이 이기론은 푸젠(福建) 지방을 중심으로 발달했다. 그래서 형세파를 장시학파라 부르는 것과 대비하여, 이기파를 푸젠학파라고도 한다. 같은 중국 땅에서도 지역에 따라 풍수를 바라보는 관점이 달랐던 것이다. 장시의 산악 지형에서는 산세를 읽는 것이 중요했다면, 해안 지역인 푸젠에서는 방위와 시간의 정밀한 계산이 더 의미 있었을지도 모른다.

❖ 나경의 시대

이런 정밀한 판단 기준들은 나경(羅經)이라는 도구에 고스란히 담겼다. 나경은 단순한 나침반이 아니다. 중심의 자침을 둘러싸고 수십 개의 동심원이 그려져 있고, 각 원에는 팔 괘, 24방위, 60갑자, 28수 등 온갖 정보가 빼곡히 적혀 있다. 마치 아날로그 컴퓨터처럼, 이 복잡한 정보들을 조합하여 땅의 길흉을 판단하는 것이다.

나경의 등장은 풍수 실천에 혁명적인 변화를 가져왔다. 이제 풍수가는 단순히 산세를 보는 눈만 있으면 되는 것이 아니라, 복잡한 나경을 해독할 수 있는 지식과 기술이 필요하게 되었다. 풍수가 더욱 전문화되고 신비화되는 계기가 된 것이다.

❖ 황실에서 민간까지

송대에 이르러 풍수는 사회 전반에 깊이 뿌리내린다. 가장 먼저 눈에 띄는 변화는 황실의 태도다. 송나라 황제들은 능묘 조성에서부터 풍수를 적극적으로 활용했다. 황제가 앞장서니 신하들이 따르지 않을 수 없었다. 권세가들은 길지를 차지하기 위해 서로 다투기 시작했고, 때로는 땅을 놓고 피비린내 나는 싸움이 벌어지기도 했다.

민간에서도 풍수 열풍이 불었다. 특히 천장(遷葬) — 조상의 묘를 더 좋은 자리로 옮기는 것 — 이 크게 유행했다. 집안에 좋지 않은 일이 생기면 조상 묘자리 때문이라고 생각하고, 더 좋은 자리를 찾아 이장하는 일이 빈번해졌다. 때로는 한 집안에서 여러 번 묘를 옮기는 일도 있었다.

❖ 주자의 균형 잡힌 시각

이런 풍수 열풍 속에서 주목할 만한 것은 주자(朱子)의 태도다. 송대는 물론 중국 역사상 최고의 사상가 중 한 명으로 꼽히는 주자도 풍수를 완전히 부정하지는 않았다. 그는 『산릉의장(山陵議狀)』에서 풍수에 대한 자신의 견해를 밝혔다.

주자가 반대한 것은 풍수 자체가 아니라, 오음성리설처럼 지나치게 복잡한 이론에 매몰되어 인간이 길흉에 휘둘리는 것이었다. 그는 산수의 형세를 보아 좋은 터를 찾는 것은 인정하면서도, 방위와 시간의 복잡한 계산에 목매는 것은 경계했다.

"땅의 이치를 아는 것은 좋으나, 그것에 마음을 빼앗겨서는 안 된다"는 것이 주자의 입장이었다. 이러한 균형 잡힌 시각은 이후 유가 지식인들이 풍수를 받아들이는 중요한 명분이 되었다. 미신이 아닌 합리적 차원에서 풍수를 이해하고 활용할 수 있는 길을 연 것이다.

❖ 명·청대, 혼란과 변질의 시대

명나라와 청나라 시대에 이르러 풍수는 또 다른 국면을 맞는다. 이 시기의 가장 큰 특징은 '혼란'이다.

첫째, 저자와 연대를 알 수 없는 풍수 문헌들이 우후죽순처럼 쏟아져 나왔다. 마치 모두가 풍수 전문가가 된 것처럼, 너도나도 풍수서를 써냈다. 이들 중 상당수는 기존 문헌을 베끼거나 짜깁기한 것들이었지만, 그럼에도 불구하고 새로운 이론이라며 유통되었다.

둘째, 형세파와 이기파의 구분이 모호해졌다. 원래는 산수의 형태를 중시하는 형세파와 방위와 시간을 중시하는 이기파가 명확히 구분되었지만, 이제는 두 이론이 뒤섞여 구분하기 어렵게 되었다. 풍수가들은 형세도 보고 방위도 따지며, 필요에 따라 이론을 취사선택했다.

셋째, 방위학파가 주류가 되면서 풍수는 점점 더 점술적 성격이 강해졌다. 땅을 보는 것이 아니라 땅을 통해 미래를 예언하는 것이 주된 목적이 되어버린 것이다. "이 자리에 묘를 쓰면 3년 안에 과거에 급제할 것이다", "이 방향으로 대문을 내면 5년 안에 부자가 될 것이다"같은 구체적인 예언이 난무했다.

❖ 일본으로 건너간 풍수

이 시기 풍수는 중국을 넘어 주변국으로도 전파되었다. 특히 일본으로 건너간 풍수는 독특한 변화를 겪는다. 일본에 전해진 것은 주로 풍수의 점술적 측면이었다. 방위를 통해 길흉을 점치고, 시간에 따라 운세를 예측하는 요소가 강하게 전달된 것이다.

이는 아마도 당시 중국 풍수의 주류가 방위학파였던 것과 무관하지 않을 것이다. 또한 일본의 음양도(陰陽道)와 결합하면서 더욱 신비주의적 색채를 띠게 되었다.

오늘날 일본에서 풍수가 주로 인테리어나 방위 관련 점술로 인식되는 것도 이런 역사적 배경 때문이다.

❖ 풍수, 변화 속의 지속

송대부터 청대까지 풍수의 역사를 돌아보면, 끊임없는 변화와 발전, 그리고 때로는 변질의 과정이었음을 알 수 있다. 단순했던 이론은 복잡해지고, 명확했던 구분은 모호해지며, 실용적이었던 목적은 점술적으로 변해갔다.

그러나 이런 변화 속에서도 변하지 않은 것이 있다. 바로 더 나은 삶을 향한 인간의 열망이다. 황제든 평민이든, 학자든 상인이든, 모두가 좋은 땅을 통해 행복과 번영을 추구했다. 방법과 이론은 달라졌지만, 그 근본적인 소망은 같았다.

이것이 바로 풍수가 시대와 지역을 넘어 지속될 수 있었던 이유가 아닐까? 인간이 땅 위에 사는 한, 그리고 더 나은 삶을 꿈꾸는 한, 풍수는 어떤 형태로든 계속될 것이다. 비록 그 모습은 시대에 따라 달라질지라도 말이다.

2. 오키나와로 전해진 일본 풍수 약사

◈ 일본 풍수의 두 갈래

일본 풍수의 역사를 이야기할 때, 우리는 흔히 17~18세기 오키나와(류큐 왕국)로 전해진 중국 풍수를 떠올린다. 푸젠(福建)성의 풍수가 바다를 건너 전해졌다는 기록들이 여럿 남아 있기 때문이다.

그런데 과연 그 이전에는 일본에 풍수가 전혀 알려지지 않았을까?

사실은 그렇지 않다. 일본 풍수의 역사는 크게 두 갈래로 나뉜다. 하나는 고대부터 존재했던 음양도(陰陽道)의 전통이고, 다른 하나는 근세에 오키나와를 통해 들어온 중국 풍수다. 이 두 흐름이 만나고 섞이면서 독특한 일본 풍수의 모습이 만들어진 것이다.

◈ 음양사(陰陽師)의 시대

일본 고대국가에는 이미 '음양사'라는 전문가 집단이 활동하고 있었다. 『일본서기』를 펼쳐보면 513년에 오경박사(五經博士)라는 직책이 등장한다. 이들은 『역경』, 『서경』, 『시경』, 『춘추』, 『예기』의 전문가들이었는데, 특히 『역경』과 『시경』은 음양론을, 『서경』은 오행론을 다루고 있었다. 여기서 음양사의 기원을 찾을 수 있다.

더 구체적인 기록도 있다. 덴무(天武) 천황 10년인 681년과 겐메이(元明) 천황 시대인 710년, 새로운 수도를 건설할 때 음양사가 땅을 살폈다는 기록이 남아 있다. 이는 국가의 중대사에 음양사가 깊이 관여했음을 보여준다.

한국과의 관계도 흥미롭다. 602년, 백제의 승려 관륵(觀勒)이 일본으로 건너갔다. 그는 단순한 승려가 아니었다. 역본(曆本), 천문지리서, 둔갑(遁甲), 방술서(方術書) 등을 가지고 갔다는 기록이 있다. 이는 백제를 통해 중국의 음양오행 사상과 관련 기술이 일본에 전해졌음을 의미한다.

676년에는 더욱 체계적인 변화가 일어난다. 일본에 음양료(陰陽寮)라는 정식 관청이 설치된 것이다. 이곳에는:

- 땅을 살피는 음양사 6인
- 음양박사 1인
- 음양생(관련 과목을 공부하는 학생) 10인

이렇게 구성된 전문 인력이 배치되었다. 국가가 나서서 음양 전문가를 양성하는 시스템을 만든 것이다.

◈ 풍수라는 이름의 보편화

중국에서는 풍수를 감여, 청오, 지리, 상묘, 상택술 등 다양한 이름으로 불렀다. 그런데 일본에서는 특이하게도 '풍수'라는 용어가 압도적으로 자연스럽게 사용되었다. 일본의 사상가 메자키 시게카주(目崎茂和)와 미우라 구니오(三浦國雄)는 이 점에 주목한다.

이들의 연구에 따르면, 초기 일본의 음양사와 후대의 풍수사는 사실상 같은 존재였을 가능성이 크다.

다만 시대에 따라 부르는 이름이 달라졌을 뿐이다. 음양사가 하던 일 — 땅을 보고, 방위를 따지고, 길흉을 판단하는 것 — 은 풍수사가 하는 일과 본질적으로 같았다.

◈ 오키나와, 풍수의 새로운 물결

17세기 중반, 일본 풍수사에 새로운 전기가 찾아온다. 바로 오키나와(당시 류큐 왕국)를 통해 중국 풍수가 본격적으로 유입되기 시작한 것이다.

❖ 1650년: 첫 번째 파문

『당송지리기(唐宋地理紀)』라는 중국 풍수서가 오키나와에 전해진다. 이 책은 단순한 이론서가 아니었다. 구메섬(久米島)의 형성에 실제로 영향을 미쳤다고 기록되어 있다. 섬의 마을 배치와 건물 방향이 이 책의 이론에 따라 결정되었다는 뜻이다.

❖ 1667년: 슈코쿠   의 귀환

더 중요한 전환점은 1667년에 찾아온다. 유학생으로 명나라에 갔던 슈코쿠슌(周國俊)이 돌아온 것이다. 그는 중국 저장(浙江)성에서 체계적으로 풍수를 배워왔다.

단순히 배우기만 한 것이 아니라, 그 내용을 정리하여 『쿠요(球陽)』와 『유구국유래기(琉球國由來記)』라는 책을 남겼다. 이 책들은 중국 풍수 이론을 오키나와의 실정에 맞게 적용한 최초의 시도였다. 산의 형세, 물의 흐름, 방위의 길흉을 오키나와의 지형과 문화에 맞춰 해석한 것이다.

◇ 사이온, 풍수 정치의 시대

슈코쿠슌의 학맥은 18세기에 사이온(蔡溫)이라는 걸출한 인물로 이어진다. 사이온은 단순한 풍수가가 아니었다. 그는 류큐 왕국의 재상이 되어 풍수를 국가 통치의 기본 원리로 삼았다.

◇ 푸젠 성과의 연결고리

당시 류큐의 유학생들은 주로 푸젠성으로 유학을 갔다. 이는 우연이 아니었다. 푸젠성은 이기파 풍수의 중심지였고, 류큐와 명나라의 무역 창구인 류큐관(琉球館)도 푸젠성의 성도 푸저우(福州)에 있었다. 지리적, 문화적으로 가장 가까운 곳이었던 것이다.

유학생들은 돌아올 때 풍수서와 나경을 가져왔다. 특히 나경은 당시로서는 최첨단 과학 기기였다. 복잡한 방위를 정확히 측정할 수 있는 이 도구는 풍수 실천에 혁명적인 변화를 가져왔다.

◇ 풍수 국가의 탄생

사이온의 영향력 아래서 류큐는 사실상 '풍수 국가'가 되었다. 그의 풍수 정책은 다음과 같이 전개되었다:

- 1708년: 류큐 왕국 전체 영토의 풍수적 분석 시작
- 1713년: 수도 수리성(首里城)과 왕가 묘소의 풍수 진단 실시
- 1728년: 사이온, 삼사관(三司官, 최고 행정직) 취임
- 1737년: 대규모 토지개혁 실시, 풍수 원리에 따른 농지 개발과 마을 조성

이 시기 풍수는 단순한 미신이나 전통이 아니었다. 그것은 국토 계획의 원리였고, 농업 정책의 기준이었으며, 재해 대책의 지침이었다. 마을의 생산력이 떨어지면 풍수적으로 더 좋은 곳으로 이주시켰고, 하천의 홍수 방지책도 풍수 진단에 따라 결정했다.

◈ 오키나와 풍수의 독특한 융합

✤ 우타키(御嶽)의 변신

오키나와에는 원래 '우타키'라는 성스러운 장소가 있었다. 마을의 수호신이 머무는 곳으로 여겨지던 이곳은 대개 마을 뒤편의 숲이나 바위였다. 조령신(祖靈神)이 있다고 믿어 묘를 조성하기도 했다. 풍수가 전해진 후, 우타키는 새로운 의미를 갖게 되었다. 이제 그것은 풍수적 주산(主山)이 되었고, 풍수림 또는 풍수산으로 불리며 더욱 철저히 보호받게 되었다. 토착 신앙과 중국 풍수가 자연스럽게 융합된 것이다.

✤ 사이온송(蔡溫松)과 구갑묘(龜甲墓)

오늘날 오키나와를 여행하면 독특한 풍경을 만날 수 있다. 마을을 둘러싼 울창한 소나무 숲과 거북 등껍질 모양의 독특한 무덤들이다.

'사이온송'이라 불리는 이 소나무 숲은 일종의 방풍림이자 풍수림이다. 『임정팔서(林政八書)』에 기록된 대로, 마을을 에워싸 보호하는 포호림(抱護林)의 역할을 한다. 단순히 바람을 막는 것이 아니라, 마을의 기운이 흩어지지 않도록 붙잡아두는 풍수적 장치인 것이다.

구갑묘는 더욱 독특하다. 중국 남부 지방의 묘제와 오키나와 전통이 결합된 이 무덤은 거북이 등껍질처럼 둥글게 생겼다. 앞쪽은 넓고 뒤쪽은 좁으며, 입구는 자궁을 상징한다고 한다. 죽은 이가 다시 태어난다는 오키나와의 전통 신앙과 풍수의 형국론이 만나 탄생한 독특한 문화유산이다.

❖ 일본 풍수의 이중 구조

이렇게 일본의 풍수는 이중적 구조를 가지고 있다. 고대부터 이어진 음양도의 전통 위에 근세 오키나와를 통해 들어온 중국 풍수가 덧씌워진 것이다.

본토에서는 음양사의 전통이 변형되어 주로 방위와 시간의 길흉을 점치는 점술적 성격이 강해졌다. 반면 오키나와에서는 중국 풍수의 실용적 측면 — 국토 계획, 마을 조성, 농업 개발 — 이 더 강조되었다.

이 두 흐름은 서로 영향을 주고받으며 오늘날 일본 풍수의 독특한 모습을 만들어냈다. 그것은 중국 풍수도 아니고 한국 풍수도 아닌, 일본만의 독특한 문화로 자리 잡은 것이다. 오키나와의 구갑묘와 사이온송은 이러한 문화 융합의 살아있는 증거다.

3. 한반도 풍수의 시작

◈ 삼국시대의 풍수 흔적

❖ 분명하지 않은 시작점

한반도에 풍수가 언제 들어왔는지 정확히 아는 사람은 없다. 마치 새벽 안개가 언제부터 피어오르기 시작했는지 알 수 없는 것처럼, 풍수의 시작도 역사의 안개 속에 가려져 있다. 다만 우리가 확실히 알 수 있는 것은, 삼국시대에 이미 음양오행 사상과 사신수(四神獸) 신앙이 널리 퍼져 있었다는 사실이다. 고구려와 백제의 고분벽화를 보면 청룡, 백호, 주작, 현무의 사신도가 선명하게 그려져 있다. 무덤의 동서남북을 지키는 이 신령한 동물들은 분명 중국의 사신 신앙에서 온 것이다.

그렇다면 사신도를 그릴 정도로 음양오행에 정통했던 사람들이 왕릉을 정하거나 궁궐을 지을 때 풍수를 고려하지 않았을까? 아마도 그랬을 것이다. 하지만 아쉽게도 그 시대의 분묘나 궁궐 건설 과정에서 풍수설의 영향이 있었는지를 보여주는 직접적인 기록은 어디에도 남아 있지 않다.

❖ 땅을 보는 사람들의 흔적

그러나 생각해보자. 왕릉을 정하든, 관청을 짓든, 집을 짓든, 과연 아무 땅이나 골라서 지었을까? 상식적으로 그럴 리 없다. 비록 '풍수'라는 용어는 사용하지 않았더라도, 좋은 땅을 골라 건물을 짓고자 하는 욕구는 언제나 있었을 것이다.

실제로 삼국시대와 통일신라시대의 기록을 꼼꼼히 들여다보면, 풍수와 관련된 흥미로운 단어들이 눈에 띈다. '상지자(相地者)': 땅을 보는 사람, '술사(術士)': 술법을 아는 사람, '길지(吉地)': 좋은 땅. 이런 표현들이 바로 그것이다.

❖ 탈해왕의 눈

『삼국사기』에 기록된 신라 제4대 왕 탈해 이사금의 이야기는 특히 흥미롭다:

"탈해는... 오로지 학문에만 힘써 지리(地理)까지도 겸하여 알았다. 양산 아래 호공(瓠公)의 집을 바라보고는 길지(吉地)라고 여겨 속임수를 써서 그곳을 빼앗아 살았는데, 그 땅은 후에 월성(月城)이 되었다."

이 기록은 여러 가지를 시사한다. 첫째, 탈해가 '지리'를 알았다는 것. 여기서 지리는 단순한 지형 지식이 아니라 땅의 길흉을 아는 능력을 의미했을 것이다. 둘째, 그가 호공의 집터를 보고 '길지'라고 판단했다는 것. 이는 좋은 땅과 나쁜 땅을 구별하는 기준이 있었음을 암시한다. 셋째, 그 땅이 후에 신라의 왕성인 월성이 되었다는 것. 탈해의 판단이 옳았음을 역사가 증명한 셈이다.

❖ 오대산의 상지자

『삼국유사』에는 더 직접적인 표현이 나온다. 오대산 월정사와 관련된 기록에서 '상지자(相地者)'라는 직업적 전문가가 등장하는 것이다:

"상지자가 가로되, '국내의 명산 중에서도 이곳이 가장 좋은 땅이므로 이곳은 불법이 길이 번창할 것이다.'"

상지자, 즉 땅을 보는 전문가가 있었다는 것은 이미 그 시대에 땅의 좋고 나쁨을 판단하는 체계적인 지식이 존재했음을 의미한다. 그가 오대산을 보고 "불법이 길이 번창할 것"이라고 예언한 것도 단순한 직감이 아니라 어떤 이론에 근거한 판단이었을 가능성이 크다.

❖ 견훤의 술사들

후백제의 견훤과 관련된 기록도 주목할 만하다:

"청태 원년 갑오(934년)에... 견훤의 휘하에 있던 술사 종훈... 등이 태조에게 항복했다."

여기서 '술사'라는 표현이 나온다. 술사는 각종 술법에 능한 사람을 가리키는데, 당시 술법에는 천문, 지리, 점복 등이 포함되었을 것이다. 견훤 같은 영웅이 술사들을 거느렸다는 것은, 국가 경영에 이런 전문가들의 조언이 필요했음을 보여준다.

❖ 풍수인가, 풍수 아닌가

이런 기록들을 종합해보면 분명 삼국시대에도 땅의 길흉을 보는 전문가들이 있었고, 좋은 땅을 찾아 도읍을 정하고 절을 세우는 전통이 있었음을 알 수 있다. 그러나 여기서 우리는 조심스러워야 한다.

첫째, 이 시대의 기록 어디에도 '풍수'라는 용어는 등장하지 않는다. 지리, 상지, 술사 같은 표현은 있지만, 풍수라는 직접적인 표현은 없다.

둘째, 중국의 풍수 이론을 직접 인용하거나 언급한 기록도 없다. 용맥이니 혈이니 하는 풍수 전문용어가 전혀 나타나지 않는다.

셋째, 땅을 보는 구체적인 방법이나 이론에 대한 설명이 없다. 단지 '좋은 땅'이라고만 했을 뿐, 왜 좋은지, 어떤 기준으로 좋다고 했는지는 알 수 없다.

❖ 씨앗은 뿌려졌으나

결론적으로 삼국시대에는 풍수의 씨앗은 뿌려졌으나, 아직 제대로 된 나무로 자라지는 못했다고 봐야 할 것 같다. 음양오행 사상이 들어왔고, 사신 신앙이 있었으며, 땅을 보는 전문가들도 있었다. 하지만 이것들이 하나로 체계화된 '풍수'라는 학문으로 정립되었다고 보기는 어렵다.

마치 요리 재료는 다 갖춰졌지만 아직 제대로 된 요리법을 모르는 상태와 같았다고 할까. 재료들은 있었지만, 그것들을 하나로 버무려 '풍수'라는 요리를 만들어내는 것은 후대의 일이었다. 그렇다면 언제 이 재료들이 하나로 합쳐져 진정한 의미의 풍수가 되었을까? 그 답은 통일신라 말과 고려 초, 도선이라는 한 승려의 등장과 함께 찾을 수 있다. 하지만 그것은 또 다른 이야기다.

◈ 도선과 풍수: 만들어진 신화, 필요했던 역사

❖ 통설과 진실 사이

한반도 풍수의 역사를 이야기할 때, 우리는 늘 도선(道詵, 827~898)이라는 이름에서 시작한다. 삼한이 통일되기 직전, 통일신라 말기에 활동했던 이 승려가 바로 한국 풍수의 시조라는 것이 학계의 통설이다.

이 통설의 근거는 『고려사』 「세가」편에 나오는 기록들이다. 그에 따르면 도선은 왕건 집안과 깊은 인연이 있었고, 왕건의 탄생을 예언하고 고려 건국의 길을 열어준 인물이다.

하지만 여기서 우리는 잠시 멈춰서야 한다. 과연 이것이 역사적 사실일까?

놀랍게도 도선에 대해 역사적으로 확인할 수 있는 '사실'은 단 두 가지뿐이다. 827년에 태어나 898년에 입적했다는 것, 그리고 승려였다는 것. 그게 전부다.

그런데 이상하게도 도선을 언급하는 기록은 무려 20곳이 넘는다. 더 이상한 것은 이 기록들을 자세히 들여다보면 곳곳에 윤색과 과장의 흔적이 역력하다는 점이다.

이 모순을 어떻게 이해해야 할까? 답은 의외로 간단하다. 우리가 아는 도선은 실제 역사적 인물이라기보다는, 고려 왕조가 정치적 필요에 의해 '만들어낸' 인물에 가깝다는 것이다. 따라서 중요한 것은 도선이 실제로 어떤 인물이었는가가 아니라, 왜 고려 왕조가 도선이라는 인물을 만들어내야 했는가, 그리고 어떤 과정을 통해 오늘날 우리가 아는 도선의 이미지가 형성되었는가를 이해하는 일이다.

✣ 동리산문의 독특한 전통

실제 역사 속의 도선은 통일신라 구산선문(九山禪門) 중 하나인 동리산문(桐裏山門)에 속한 선승이었다. 구산선문은 신라 말기에 형성된 아홉 개의 선종 산문으로, 각각 독자적인 전통과 수행법을 가지고 있었다. 도선이 속한 동리산문의 중심에는 그의 스승 혜철(惠哲)이 있었고, 이 산문의 본거지는 전남 곡성의 태안사(泰安寺)였다.

그런데 동리산문은 다른 여덟 산문과 구별되는 독특한 특징이 있었다. 다른 산문들이 주로 좌선과 참구, 그리고 경전 공부에 매진했다면, 동리산문은 '산수 유람'을 선수행의 중요한 과정으로 여겼다는 점이다.

산수 유람. 산과 물을 유람하며 자연의 이치를 깨닫는다는 이 수행법은 언뜻 보면 풍수와 무관해 보인다. 하지만 생각해보면 풍수 또한 산과 물의 형세를 보고 땅의 이치를 읽는 학문이 아닌가. 바로 이 지점에서 도선과 풍수의 첫 번째 연결고리가 만들어진다.

동리산문의 승려들은 수행의 일환으로 전국의 산천을 유람했고, 자연스럽게 각 지역의 지형과 지세에 정통하게 되었을 것이다. 이런 경험은 훗날 도선이 풍수가로 알려지는 데 중요한 밑거름이 되었을 것이다.

✣ 영암, 국제 무역항이자 지식의 창구

도선과 풍수의 연결을 이해하는 두 번째 열쇠는 그의 출생지인 전남 영암에 있다. 오늘날의 영암은 작은 지방 도시에 불과하지만, 통일신라 시대의 영암은 전혀 다른 곳이었다.

당시 영암은 당나라 교역선이 드나들던 국제 무역항이었다. 신라와 당나라를 오가는 배들이 이곳에서 닻을 내리고 물자를 교역했다. 그런데 흥미로운 것은 각 항구마다 주로 거래되는 물품이 달랐다는 점이다. 어떤 항구는 비단이, 어떤 항구는 도자기가, 어떤 항구는 향료가 주요 교역품이었다. 그렇다면 영암의 특산품은 무엇이었을까? 놀랍게도 그것은 '서적'이었다. 당나라의 책들이 유독 영암으로 많이 들어왔던 것이다. 이는 영암에 책을 읽고 이해할 수 있는 지식인 집단이 있었음을 의미한다.

당나라는 이미 8~9세기에 풍수가 크게 유행하던 시기였다. 양균송 같은 풍수 대가들이 활동했고, 『청오경』, 『금낭경』 같은 풍수 고전들이 널리 읽히던 때였다. 이런 풍수 문헌들이 영암으로 들어왔을 가능성은 충분하다. 아니, 거의 확실하다고 봐야 한다. 그렇다면 이 귀한 당나라 서적들을 누가 가장 먼저 읽었을까? 당연히 이 지역의 지식인 집단, 즉 동리산문의 승려들이었을 것이다. 도선도 그중 한 명으로서 자연스럽게 당나라의 풍수 문헌을 접했을 가능성이 크다.

❖ 영암의 또 다른 인물, 최지몽

영암의 중요성은 여기서 그치지 않는다. 이곳은 또 다른 중요 인물을 배출했는데, 바로 최지몽(崔知夢)이다.

최지몽은 고려 건국 과정에서 왕건의 핵심 참모로 활약한 인물이다. 그는 뛰어난 문장가이자 정치가였으며, 특히 꿈을 해석하는 능력으로 유명했다. 왕건이 즉위한 후에도 계속 중용되어 고려 초기 정치에 큰 영향을 미쳤다.

한 지역에서 도선과 최지몽이라는 두 명의 거물이 나왔다는 것은 결코 우연이 아니다. 이는 영암이 단순한 무역항을 넘어 문화와 사상의 중심지였음을 보여준다. 당나라의 선진 문물이 들어오고, 그것을 소화할 수 있는 지식인들이 있었으며, 그들이 새로운 시대를 열어갈 인재로 성장할 수 있는 토양이 있었던 것이다.

❖ 연결의 고리들

이렇게 보면 도선과 풍수의 연결은 단순한 우연이나 후대의 조작만은 아니었음을 알 수 있다.

첫째, 동리산문의 산수 유람 전통은 도선에게 전국의 지형을 관찰하고 이해할 기회를 제공했다.

둘째, 영암이라는 국제 무역항은 당나라의 풍수 문헌을 접할 수 있는 통로였다.

셋째, 동리산문이라는 지식인 집단은 이런 새로운 사상을 받아들이고 연구할 수 있는 지적 기반이었다.

넷째, 최지몽 같은 인물의 존재는 영암 지역과 고려 왕조의 깊은 연결을 보여준다.

이런 요소들이 합쳐져서 도선이 풍수와 연결되는 것은 어찌 보면 자연스러운 일이었다. 문제는 이런 자연스러운 연결이 후대에 어떻게 '신화화'되었는가 하는 점이다. 그리고 그 신화화의 중심에는 고려 왕조의 정치적 필요가 있었다.

하지만 그 이야기는 조금 뒤로 미뤄두자. 지금 중요한 것은 도선과 풍수의 만남이 완전한 허구는 아니었다는 점이다. 거기에는 시대적 배경과 지역적 특성, 그리고 종교적 전통이 만들어낸 필연적인 측면이 있었다.

다만 그것이 후대에 과장되고 신화화되면서 오늘날 우리가 아는 '풍수의 시조 도선'이 탄생한 것뿐이다.

◈ 도선과 일행: 시공을 초월한 만남의 정치학

✿ 풍수 습득의 두 가지 설화

도선이 어떻게 풍수를 배웠는가에 대해서는 두 가지 상반된 이야기가 전한다. 하나는 지리산에서 신비한 이인(異人)을 만나 비법을 전수받았다는 것이고, 다른 하나는 당나라에 유학하여 일행(一行)에게 배웠다는 것이다.

이 두 이야기는 각각 다른 방식으로 도선의 권위를 높이려는 시도였다.

✿ 지리산 이인 설화의 전형성

첫 번째 이야기부터 살펴보자. 도선이 산수를 유람하다가 지리산에서 이름 모를 기인을 만나 풍수의 비법을 전수받았다는 것이다. 이런 류의 이야기는 동양 문화권에서 술법이나 비법의 전수를 설명할 때 흔히 등장하는 전형적인 서사 구조다.

깊은 산중에서 신선 같은 스승을 만나고, 그로부터 세상에 알려지지 않은 비법을 전수받는다... 이런 이야기는 그 자체로 신비감을 자아낸다. 스승의 이름도, 정체도 알 수 없기에 오히려 더 신비롭고, 검증할 수도 없기에 의심할 여지도 없다. 완벽한 신화적 장치인 셈이다.

❖ 일행과의 불가능한 만남

두 번째 이야기는 더 구체적이면서도 더 문제적이다. 도선이 당나라로 건너가[渡唐] 당대 최고의 과학자 일행으로부터 풍수를 배웠다는 것이다. 언뜻 들으면 그럴듯하다. 일행은 실존 인물이고, 실제로 천문지리에 정통했으며, 명성도 자자했다. 도선이 그런 대가에게 배웠다면 그의 실력을 의심할 여지가 없을 것이다.

그런데 여기에는 치명적인 문제가 있다. 일행의 생몰 연대는 683~727년이고, 도선은 827년에 태어났다. 정확히 100년의 시차가 있는 것이다! 도선이 아무리 천재였다 해도 태어나기 100년 전에 죽은 사람에게 배울 수는 없는 일이다.

혹시 도선의 스승 혜철이 일행과 관련이 있지 않을까? 실제로 혜철이 814년에 당나라로 건너가 서당 지장(書堂智藏)에게 배웠다는 기록이 있다. 하지만 이 역시 일행과는 아무런 관련이 없다. 시대가 맞지 않는 것이다.

❖ 왜 하필 일행인가?

그렇다면 후대 사람들은 왜 이런 명백한 시대 착오를 무릅쓰고 도선과 일행을 연결시켰을까? 이를 이해하려면 일행이 어떤 인물이었는지 알아야 한다.

❖ 동양 최고의 과학자

일행에 대한 기록은 『구당서』 「방기전」과 『송고승전』에 상세히 남아 있다. 그는 단순한 승려가 아니라 당대 최고의 과학자였다. 음양오행에 정통했고, 천문학 지식을 집대성하여 『대연력』을 만들었으며, 수학과 점술에도 능통했다.

일행의 집안 배경도 화려했다. 종조부 장공근(張公謹)은 당 태종을 도와 당나라 건국에 공을 세운 개국공신이었고, 숙부 장치(張治)는 당 현종 때 예부시랑을 지내며 황제의 최측근으로 활동한 정치 고문이었다.

❖ 시간을 다시 쓴 사람

일행의 가장 큰 업적은 『대연력』의 편찬이다. 이는 단순한 달력이 아니라 당나라의 시간 체계를 완전히 재편한 혁명적인 작업이었다. 그가 만든 새로운 역법은 이후 동아시아 전체에 영향을 미쳤다. 이런 일행의 명성은 동양을 넘어 서양에까지 알려졌다.

프랑스 파리의 생트 주느비에브 사원 벽에는 뉴턴과 함께 동양의 유일한 과학자로 일행의 초상이 걸려 있다. 이는 그가 단순히 한 시대, 한 지역의 인물이 아니라 인류 과학사에 이름을 남긴 위대한 학자였음을 보여준다.

✤ 필연적인 연결

이런 일행과 도선의 연결은 어쩌면 필연적이었는지도 모른다. 한국 풍수의 시조가 되려면 그에 걸맞은 스승이 필요했고, 일행보다 더 적합한 인물은 없었던 것이다. 시대가 맞지 않는다는 사실쯤은 신화 앞에서는 사소한 문제였다.

더구나 도선의 스승 혜철도 밀교적 성격이 강한 선승이었다. 밀교는 불교, 도교, 민간신앙을 아우르는 종합주의적 성격을 띠고 있었다. 『구당서』「방기전」은 일행을 이렇게 묘사한다:

"술수점상(術數占相)의 법에 능통한 인물은 주로 겸하여 불승, 도사, 방기(方技) 등을 아울러 했고..."

불교 승려이면서 동시에 천문, 지리, 점술에 능통한 것. 이는 당시로서는 전혀 낯설지 않은 모습이었다. 도선 역시 이런 전통 속에서 이해될 수 있었다.

✤ 왕건 신화의 탄생

이렇게 '만들어진' 도선의 이미지가 가장 극적으로 활용된 것은 왕건의 탄생 신화에서다. 『고려사』「세가」첫 부분에 배치된 이 이야기는 고려 왕조의 정당성을 뒷받침하는 핵심 서사였다.

✤ 운명적인 만남

"그때에 동리산 조사 도선이 당나라에 들어가서 일행의 지리법을 배워 돌아와, 백두산에 올라 곡령까지 이르러 세조의 새 집을 보고, '기장을 심을 터에 삼을 심었는가?' 하고 가버렸다."

도선의 첫 등장은 수수께끼 같은 한마디와 함께다. "기장을 심을 터에 삼을 심었다"는 것은 풍수적으로 땅의 기운과 용도가 맞지 않는다는 뜻이다. 명당이지만 제대로 활용하지 못하고 있다는 안타까움의 표현이다.

왕건의 어머니가 이 말을 듣고 남편에게 전하자, 왕건의 아버지는 급히 도선을 쫓아간다. 그리고 놀랍게도 처음 만났는데도 오래된 친구처럼 친해진다. 이는 두 사람 사이에 하늘이 정한 인연이 있음을 암시한다.

✣ 천지의 이치를 논하다

도선은 왕건의 아버지를 데리고 곡령에 올라 천지의 이치를 설명한다:

"이 땅의 지맥은 북방 백두산 수모(水母) 목간(木幹)으로부터 내려와서 마두(馬頭) 명당에 떨어졌다. 당신은 또한 수명(水命)이니 마땅히 수의 대수(大數)를 좇아서 그곳에 육육삼십육 구의 집을 지으면 천지의 대수에 부합하여 명년에는 반드시 슬기로운 아들을 낳을 것이다."

이 설명은 풍수 이론의 정수를 보여준다. 백두산에서 시작된 지맥이 이곳까지 이어졌고, 왕건 아버지의 사주(수명)와 땅의 기운이 조화를 이루려면 36칸의 집을 지어야 한다는 것이다. 모든 것이 우주의 이치에 따라 정확히 계산된 처방이다.

✣ 예언과 증표

더욱 놀라운 것은 도선이 태어날 아이의 이름까지 지어준다는 점이다:

"그에게 왕건이라는 이름을 지어주라."

왕건(王建). '왕'씨 성에 '세울 건(建)'자. 나라를 세울 운명을 타고난 이름이다.

그리고 도선은 봉투를 만들어 겉에 이렇게 적는다:

"삼가 글을 받들어 백번 절하면서 미래에 삼한을 통합할 주인인 군자 당신에게 드리노라."

미래의 통일 군주에게 미리 인사를 드린다는 이 극적인 장면은 왕건이 하늘이 정한 인물임을 확증하는 결정적 증거가 된다.

✣ 신화가 필요했던 시대

이 이야기가 실제로 일어난 일인지는 중요하지 않다. 중요한 것은 고려 왕조가 이런 신화를 필요로 했다는 사실이다.

후삼국의 혼란기에 수많은 호족들이 패권을 다투던 시대, 왕건이 다른 경쟁자들을 제치고 최종 승자가 될 수 있었던 것은 무력만으로는 설명하기 어려웠다. 그에게는 하늘의 뜻, 즉 천명을 받았다는 증거가 필요했다.

도선이라는 신비한 고승이 왕건의 탄생을 예언하고, 당대 최고의 학자 일행에게서 전수받은 풍수 지식으로 그 예언의 정당성을 보증한다면? 이보다 더 완벽한 정당성의 근거가 어디 있겠는가.

시대의 필요가 신화를 만들고, 신화가 역사가 되어 천년을 이어온다. 도선과 일행의 불가능한 만남은 그렇게 '역사적 사실'이 되었다. 그것이 실제로는 불가능한 일이었다는 것쯤은, 신화 앞에서는 아무런 문제가 되지 않았다.

◈ 영웅 신화의 완성: 왕건과 도선, 그리고 풍수

❖ 영웅 탄생의 보편적 문법

왕건 탄생 설화를 자세히 들여다보면, 동서고금의 영웅 신화가 공유하는 보편적 문법을 발견할 수 있다. 마치 잘 짜인 각본처럼, 이 이야기는 영웅 신화의 모든 필수 요소를 하나도 빠짐없이 갖추고 있다.

❖ 영웅 신화의 필수 요소들

첫째, 비범한 예언자의 등장이다. 영웅은 반드시 명성 있는 학자나 신비한 술사로부터 낙점을 받아야 한다. 도선은 이 두 가지를 모두 갖춘 인물이다. 당대 최고 과학자 일행에게 배운 학자이면서, 동시에 천지의 이치를 꿰뚫는 신비한 술사이기도 하다.

둘째, 현재 상태의 결함과 그 교정이다. "기장을 심을 터에 삼을 심었다"는 도선의 지적은 현재 상태가 불완전함을 의미한다. 명당이지만 제대로 활용하지 못하고 있다는 것. 이는 영웅이 태어나기 위해서는 뭔가 바뀌어야 한다는 암시다.

셋째, 부모의 시련과 노력이다. 왕건의 아버지는 도선을 쫓아가 만나고, 그의 지시대로 36칸의 집을 짓는다. 영웅의 탄생은 부모 세대의 헌신과 노력 없이는 불가능하다.

넷째, 현명한 조력자의 존재다. 도선은 단순히 예언만 하는 것이 아니라 구체적인 해결책을 제시한다. 집의 칸수까지 정확히 지정하는 그의 처방은 영웅 탄생을 위한 완벽한 설계도다.

다섯째, 시간의 예고다. "명년에는 반드시"라는 도선의 예언은 영웅 탄생까지 1년이라는 준비 기간이 필요함을 의미한다. 이는 우연이 아닌 필연적 탄생임을 강조한다.

여섯째, 이름의 하사다. 도선은 태어날 아이의 이름까지 지어준다. 왕건(王建), '왕'씨 성에 '나라를 세울 건(建)'자. 이름 자체가 운명이고 예언이다.

일곱째, 증표의 전달이다. 도선이 남긴 봉투는 예언의 물적 증거다. "미래에 삼한을 통합할 주인"이라는 문구가 적힌 이 봉투는 왕건의 정당성을 보증하는 천명문서나 다름없다.

이 모든 요소가 완벽하게 조합된 왕건 탄생 설화는 그야말로 영웅 신화의 교과서적 사례다.

❖ 풍수, 차별화의 전략

그런데 여기서 주목해야 할 것은 왜 하필 '풍수'였느냐는 점이다. 후삼국 시대는 각 지역의 호족들이 치열하게 경쟁하던 시기였다. 견훤의 후백제, 궁예의 후고구려, 그리고 수많은 지방 호족들. 이들은 모두 비슷한 힘을 가지고 있었고, 누가 최종 승자가 될지는 아무도 알 수 없었다.

이런 상황에서 개성의 왕씨 집안이 특별한 존재임을 증명하려면 남다른 무언가가 필요했다. 무력? 모두가 가지고 있었다. 경제력? 다른 호족들도 만만치 않았다. 혈통? 신라 왕실의 후예도 아니었다.

바로 이때 등장한 것이 풍수였다. 하늘이 정한 땅, 천명이 깃든 장소, 그리고 그것을 알아본 도선이라는 신비한 고승. 이것이야말로 왕건만이 가진 차별화된 정당성의 근거였다.

❖ 호족과 선승의 공생관계

당시 지방 호족들과 선승들 사이에는 일종의 공생관계가 형성되어 있었다. 호족들은 사찰을 후원하고 승려들을 보호했다. 반대로 선승들은 호족들의 정신적 후원자가 되어 그들의 권위를 종교적으로 뒷받침했다.

왕건과 도선의 관계도 이런 맥락에서 이해할 수 있다. 다만 다른 호족–선승 관계와 달리, 왕건–도선 관계는 '풍수'라는 특별한 요소로 차별화되었다. 단순한 종교적 후원이 아니라, 천지의 이치를 통해 미래를 예견하고 운명을 결정하는 관계였던 것이다.

❖ 3대에 걸친 서사의 완성

왕건 탄생 설화가 더욱 의미 있는 것은, 이것이 단독으로 존재하는 것이 아니라 3대에 걸친 거대한 서사의 일부라는 점이다. 『고려사』는 왕건의 할아버지, 아버지 이야기를 먼저 배치하고, 그 다음에 왕건 탄생 설화를 놓았다. 이는 왕건의 등장이 우연이 아니라 3대에 걸쳐 준비된 필연임을 보여준다.

할아버지 대에서 가문의 기초가 닦이고, 아버지 대에서 도선을 만나 천명을 확인하며, 왕건 대에 이르러 마침내 그 천명이 실현된다. 이런 장대한 서사 구조는 고려 왕조가 하루아침에 만들어진 것이 아니라, 하늘의 뜻에 따라 오랜 시간 준비된 필연적 결과임을 강조한다.

◈ 도선의 위상: 원효, 의상과 어깨를 나란히

고려 왕조에서 도선의 위상은 실로 대단했다. 그는 신라의 원효, 의상과 같은 반열에 오른 고승으로 인정받았다. 이는 단순히 불교 승려로서가 아니라, 새로운 시대를 연 정신적 지도자로서의 인정이었다.

✤ 훈요십조에 새겨진 흔적

왕건이 후손들에게 남긴 「훈요십조」의 제2조는 도선과 관련된 내용이다. 도선이 세운 사찰들이 풍수적으로 중요한 의미를 가지니 함부로 건드리지 말라는 당부였다. 건국 군주가 직접 유훈으로 남길 정도로 도선의 권위는 절대적이었다.

✤ 위기 때마다 소환되는 이름

더욱 흥미로운 것은 도선에 대한 추시(追諡) 시기다:

- 현종 때 선사(禪師) 추증: 거란의 3차 침입 직후
- 숙종 때 왕사(王師) 추증: 이자의 숙청, 외척 문제로 혼란할 때
- 인종 때 국사(國師) 추증: 이자겸의 난, 묘청의 서경천도 운동 시기

모두 국가적 위기 상황이었다. 외적의 침입이나 내부의 반란으로 왕조가 흔들릴 때마다 도선을 불러냈다. 죽은 도선을 계속 승격시킴으로써 왕조의 정당성을 재확인하고, 위기를 극복하려 했던 것이다.

✤ 천년을 이어온 권위

도선의 권위는 고려를 넘어 조선시대까지 이어졌다. 조선 후기까지도 도선의 이름을 빌린 풍수서들이 계속 만들어졌다. 『도선비기』, 『도선답산가』 등 그의 이름을 단 책들이 민간에서 널리 읽혔다. 비록 위작이었지만, 그만큼 도선의 이름이 가진 권위가 컸음을 보여준다.

✤ 실재와 신화 사이

그런데 정작 『고려사』를 아무리 뒤져봐도 왕건이 즉위한 후 도선을 만났다는 기록은 없다. 왕건의 탄생을 예언하고 고려 건국을 예고한 인물인데, 왕이 된 후에는 만남이 없다

니 이상한 일이다. 다만 간접적인 연결고리는 있다. 왕건은 영암 출신의 최지몽을 중용했고, 도선의 제자이자 도선이 마지막까지 머물렀던 옥룡사 출신의 경보를 왕실로 불러들였다. 이는 왕건이 도선과의 인연을 잊지 않았음을 보여준다.

❖ 필요가 만든 역사

결국 "도선과 풍수"는 왕건이 고려를 창건하는 데 반드시 필요한 장치였다. 그것이 실제 역사인지 만들어진 신화인지는 그리 중요하지 않다. 중요한 것은 이 이야기가 고려 왕조 500년을 지탱하는 정신적 기둥이 되었다는 사실이다.

풍수는 단순한 땅 보는 기술이 아니라, 하늘의 뜻을 읽고 인간의 운명을 결정하는 신성한 지식이었다. 도선은 그 지식의 전수자였고, 왕건은 그 지식에 의해 선택받은 인물이었다. 이 완벽한 조합이 고려라는 새로운 시대를 열었다.

어쩌면 모든 왕조는 이런 신화를 필요로 하는지도 모른다. 힘만으로는 부족하고, 명분만으로도 부족하다. 하늘과 땅과 사람이 하나로 만나는 그 지점에서만 진정한 정당성이 탄생한다. 왕건과 도선, 그리고 풍수의 만남은 바로 그 완벽한 만남이었다.

제8장

고려 시대의 풍수 역사

1. 풍수로 세운 나라, 풍수로 다스린 나라

풍수적 명당에서 태어나 삼한통일의 운명을 타고난 왕건. 그가 세운 고려는 시작부터 풍수와 떼려야 뗄 수 없는 관계였다. 하지만 고려 왕조가 풍수를 중시한 것은 단순히 건국 신화 때문만은 아니었다.

왕실의 안녕과 국가의 번영을 기원하는 불교의 '근본주의적' 지지만으로는 뭔가 부족했다. 정신적 차원의 불교만으로는 왕권의 정통성을 완전히 확보하기 어려웠던 것이다. 이때 등장한 것이 바로 풍수의 '이념적' 논리였다. 의도적이었든 우연이었든, 풍수는 왕권의 정통성을 뒷받침하는 핵심 이데올로기로 자리 잡았다.

그 결과 고려 500년 역사의 중요한 전환점마다 풍수가 등장한다. 마치 정교한 시계의 톱니바퀴처럼, 풍수는 고려사의 핵심 장치로 작동했다.

◈ 도참과 풍수, 그리고 시대정신

고려사 연구의 대가 이병도는 흥미로운 관점을 제시했다. 그는 방대한 『고려 시대의 연구』에서 고려 역사를 세 시기로 나누고, 각 시기마다 도참(圖讖)의 성격이 달랐음을 지적했다:

- 전기: "건국 및 통일 중심의 도참"
- 중기: "연기(延基)·순주(巡駐) 중심의 도참"
- 후기: "이어(移御)·천도(遷都) 중심의 도참"

도참이란 미래를 예언하는 신비한 그림과 글을 뜻한다. 그런데 이병도가 말하는 '도참'은 사실상 '풍수'와 같은 의미였다. 그 자신도 도참 신앙과 풍수(지리)를 구분 없이 혼용했고, 실제로 고려사에 나타나는 도참 관련 사건들은 대부분 풍수와 관련이 있었다.

이런 관점에서 보면 고려의 역사는 "생성-안정-변혁"이라는 거대한 흐름을 따랐고, 각 단계마다 풍수가 시대정신을 반영하는 이념으로 작동했다:

1. 개국 모티브: 왕건의 건국과 통일 과정에서 정당성 부여
2. 삼경(三京) 모티브: 국토의 균형 발전과 통치권 강화
3. 천도(遷都) 모티브: 새로운 세력권 형성과 왕조 중흥

◈ 훈요십조에 새겨진 풍수의 흔적

943년 4월, 죽음을 앞둔 태조 왕건은 측근 박술희를 통해 후손들에게 유훈을 남겼다. 바로 그 유명한 「훈요십조(訓要十條)」다. 열 가지 당부 중에서 무려 세 가지가 풍수와 관련된 내용이었다. 2조, 5조, 8조가 그것이다. (여기서 잠깐, 2·5·8이라는 숫자의 배치가 흥미롭다. 음양(2), 오행(5), 팔괘(8)를 연상시킨다. 과연 우연일까?)

제2조: 도선의 사찰 비보 사상

"우리나라의 모든 사찰은 도선이 산수의 순역을 살펴 정한 것이니, 함부로 더 짓지 말라. 만약 더 지으면 지덕(地德)을 손상시켜 왕업이 오래가지 못할 것이다."

왕건은 도선이 세운 사찰들이 단순한 종교 시설이 아니라 국토의 기운을 보완하는 풍수적 장치임을 분명히 했다. 사찰을 함부로 더 짓는 것은 땅의 기운을 어지럽히는 일이며, 이는 곧 왕조의 운명과 직결된다는 경고였다.

이 조항은 두 가지 의미를 담고 있다. 하나는 도선의 권위를 절대화함으로써 왕조의 정당성을 재확인하는 것이고, 다른 하나는 무분별한 사찰 건립으로 인한 국가 재정 낭비를 막으려는 현실적 고려였다.

제5조: 서경 중시 정책

"서경(평양)은 수덕(水德)이 순조로우니 우리나라 지맥의 근본이다. 만약 사계절마다 백일 이상 머물면 천하를 아우를 수 있을 것이다."

왕건은 개경뿐 아니라 서경의 중요성을 특별히 강조했다. 서경은 고구려의 옛 수도로서 역사적 정통성을 가진 곳이었고, 풍수적으로도 '수덕이 순조로운' 명당이었다. 왕이 정기적으로 서경에 머물러야 한다는 것은 단순한 순행이 아니라, 국토의 기운을 고르게 받아 왕권을 강화하려는 풍수적 처방이었다.

이는 훗날 묘청의 서경천도 운동으로 이어지는 중요한 복선이 된다.

제8조: 차현 이남 배척론

"차현(차령산맥) 이남, 공주강 밖의 산형지세는 모두 거슬러 달리니, 그곳 사람들은 조정에 등용하지 말라. 만약 득세하게 하면 나라를 어지럽힐 것이다."

가장 논란이 많은 조항이다. 왕건은 차령산맥 이남 지역의 산세가 역주(逆走)한다며, 그 지역 출신들을 정치에서 배제하라고 했다. 이는 명백한 지역차별이었지만, 동시에 후백제의 근거지였던 전라도 세력을 견제하려는 정치적 의도가 담겨 있었다.

풍수를 빌미로 한 정치적 배제. 이는 풍수가 단순한 지리 이론이 아니라 강력한 정치적 도구가 될 수 있음을 보여주는 사례다.

◈ 풍수, 통치 이데올로기가 되다

훈요십조에 나타난 풍수 관련 조항들을 종합해보면, 왕건이 풍수를 어떻게 활용했는지 명확해진다:

1. **정당성의 확보**: 도선의 권위를 통해 왕조의 신성함 강조
2. **국토의 통합**: 풍수적 명당들을 연결하여 통치권 강화
3. **정치적 통제**: 풍수 논리로 반대 세력 견제

이렇게 왕건은 풍수를 단순한 미신이나 개인적 신앙의 차원이 아니라, 국가 통치의 핵심 이념으로 승격시켰다. 불교가 정신적 통합을 담당했다면, 풍수는 물리적 공간의 통합을 담당했다.

◈ 시대를 관통하는 풍수의 힘

왕건이 뿌린 풍수의 씨앗은 고려 500년 내내 자라났다. 개국 초기에는 왕조의 정당성을 뒷받침하는 신화로, 안정기에는 국토를 효율적으로 다스리는 통치 원리로, 혼란기에는 새로운 변화를 모색하는 개혁의 논리로 작동했다.

특히 주목할 것은 풍수가 단순히 과거의 유물로 머물지 않고, 시대의 요구에 따라 끊임없이 재해석되고 활용되었다는 점이다. 왕건의 훈요십조는 그 시작점이었고, 이후 고려의 역대 왕들은 각자의 방식으로 풍수를 재해석하며 시대의 과제를 풀어나갔다.

결국 고려에게 풍수는 단순한 땅 보는 기술이 아니었다. 그것은 하늘의 뜻을 읽고, 땅의 이치를 깨달으며, 사람의 길을 찾는 종합적인 세계관이었다. 그리고 그 세계관은 고려라는 왕조를 500년간 지탱하는 정신적, 이념적 기둥이 되었다.

2. 훈요십조에 담긴 풍수의 정치학

제2조: 도선의 이름으로 통제하다

943년, 죽음을 앞둔 왕건이 남긴 훈요 제2조는 고려 불교사와 풍수사에서 매우 중요한 의미를 갖는다:

"모든 사원은 도선의 의견을 따라 국내 산천의 좋고 나쁨을 가려서 창건한 것이다. 도선이 '내가 정한 것 외에 함부로 사원을 짓는다면 지덕(地德)을 훼손시켜 국운이 길지 못할 것이다'라고 했다. 내가 생각하건대 후세의 국왕, 공후, 왕비, 대관이 각기 원당이라는 명칭으로 더 많은 사원을 증축할 것이니 이것이 크게 근심되는 바이다. 신라 말기에 사원들을 야단스럽게 세워서 지덕을 훼손시켰고 결국은 나라가 멸망하였으니 어찌 경계할 일이 아니겠는가?"

◈ 이중의 목적

이 조항은 절묘한 이중 전략을 담고 있다.

첫째, 불교를 통한 민심 통합이다. 왕건은 불교를 부정하지 않는다. 오히려 도선이 세운 사찰들의 신성함을 인정함으로써 불교 세력을 포용한다.

둘째, 풍수를 통한 사찰 건립 통제다. 동시에 무분별한 사찰 건립을 '지덕 훼손'이라는 풍수 논리로 제한한다. 신라 멸망의 원인을 과도한 사찰 건립으로 돌림으로써 경계의 메시지를 분명히 한다.

◈ 도선의 권위를 빌리다

특히 주목할 것은 왕건이 자신의 명령이 아니라 도선의 말을 인용하는 형식을 취했다는 점이다. 일개 호족에서 군왕이 된 왕건으로서는 자신의 권위만으로는 부족했다. 도선이라는 절대적 권위를 빌려 정책의 정당성을 확보한 것이다.

실제로 도선이 건립했다고 전해지는 사찰은 고려 전국에 수백 개가 있었다. 그런데 흥미로운 것은 이 사찰들의 성격이다. 대부분이 승려들의 수행이나 신도들의 신앙 활동을 위한 것이 아니라, 약하거나 거센 지세를 보완하는 '비보(裨補)'의 차원에서 건립된 것들이었다. 즉, 사찰이 종교 시설이기 이전에 풍수적 장치였다는 뜻이다. 땅의 기운이 약한 곳에는 사찰을 세워 보강하고, 너무 강한 곳에는 사찰로 누른다. 이렇게 전국의 사찰들은 거대한 풍수 네트워크를 형성했다.

제5조: 서경, 제2의 수도가 되다

훈요 제5조는 더욱 직접적으로 풍수와 정치를 연결한다:

"내가 삼한 산천신령의 도움을 받아 왕업을 이루었다. 서경은 수덕(水德)이 순조로워 우리나라 지맥의 근본이니 만대 왕업의 기지(基地)이다. 마땅히 사계절의 중간 달에 국왕은 서경에 가서 백일 이상 체류함으로써 왕실의 안녕을 도모해야 할 것이다."

◈ 서경의 특별한 지위

왕건은 서경(평양)을 단순한 지방 도시가 아닌 '우리나라 지맥의 근본'이자 '만대 왕업의 기지'로 규정했다. 이는 개경 중심의 일극 체제가 아닌, 개경-서경의 이원 체제를 구상한 것이다. 특히 왕이 매년 100일 이상 서경에 머물러야 한다는 구체적인 지침은 파격적이다. 1년의 거의 1/3을 제2의 수도에서 보내라는 것이다. 이는 단순한 순행이 아니라 실질적인 '이도(二都)' 체제였다.

◈ 연기(延基)의 개념

이 조항에서 탄생한 것이 '연기(延基)'라는 독특한 개념이다. 왕조의 기운을 연장한다는 뜻으로, 왕이 정기적으로 서경에 머물면서 그 땅의 기운을 받아 왕실과 국가의 안녕을 도모한다는 사상이다. 이는 매우 정교한 풍수 정치학이다. 한 곳에만 머물면 그 땅의 기운이 고갈되고, 여러 명당을 순환하면 각 땅의 기운을 고루 받을 수 있다는 논리다. 마치 농업에서 연작 피해를 막기 위해 윤작을 하듯, 권력도 여러 명당을 순환해야 한다는 것이다.

◈ 500년간 이어진 서경 콤플렉스

왕건의 유훈은 고려 왕조 내내 강력한 영향력을 발휘했다. 역대 왕들의 서경 정책을 살펴보면 그 집착의 정도를 알 수 있다:

❖ 초기: 천도 시도와 좌절

3대 정종: 서경 천도를 결의하고 대규모 궁궐 건설을 명령했으나 백성들의 원성으로 중단

6대 성종: 유교 정책을 추진하면서도 서경에 유수관을 두고 왕족을 파견해 북방 방위 강화

7대 목종: 서경을 '호경(鎬京)'으로 개명하고 네 차례나 순주(巡駐) 실시

❖ 중기: 풍수적 처방의 극대화

11대 문종: 가장 적극적인 서경 정책 추진

- 빈번한 서행(西幸) 실시
- 기존 궁궐 외에 좌우 이궁(離宮) 추가 건설 명령
- 재이(災異)가 빈발하자 "옛 궁의 지덕이 쇠하여 변란이 잦다"며 서경 이궁 건설로 대응

문종 시대의 대응은 특히 흥미롭다. 자연재해나 정치적 혼란을 땅의 기운 문제로 진단하고, 새로운 궁궐 건설로 해결하려 했다. "쇠기(衰氣)를 왕기(旺氣)로 바꾼다"는 풍수적 처방이 국가 정책이 된 것이다.

❖ 격변기: 천도 운동과 반란

16대 예종: 송도(개경) 지쇠설이 대두하자 서경에 용언궁(龍堰宮) 건설하고 이어(移御) 시도

17대 인종: 묘청의 난

- 묘청, 백수한, 정지상 등이 서경 천도 주장
- 풍수 논리를 전면에 내세운 정치 운동
- 실제로는 서경 중심의 새로운 세력권 구축 시도
- 결국 실패로 끝나지만 고려사의 중대 분기점

❖ 후기: 새로운 시도들

19대 명종: 삼소제(三蘇制) 도입

- 기존의 삼경제(서경, 남경, 동경) 대신 개경 근처 세 곳에 궁궐 건설
- 좌소 백악산, 우소 백마산, 북소 기달산
- 쇠락해가는 개경의 지덕을 되살리려는 시도

20대 신종: 최충헌의 산천비보도감 설치

- 산천의 순역(順逆)을 조사하여 국토 전체를 풍수적으로 재정비
- 필요한 것은 세우고 불필요한 것은 제거하는 대대적 국토 개조 사업

31대 공민왕: 신돈의 서경 천도 추진

- 실제로 서경 일대를 정밀하게 풍수 진단
- 구체적인 천도 계획 수립

❖ 풍수, 정치적 도구가 되다

500년간 이어진 서경 문제는 단순한 풍수 신앙의 차원을 넘어선다. 그것은:

1. **정치적 정당성**: 왕권이 약화될 때마다 서경 카드로 정당성 회복 시도
2. **세력 균형**: 개경 중심 기득권에 대항하는 신진 세력의 거점
3. **위기 관리**: 자연재해나 정치적 혼란을 풍수로 설명하고 해결 모색
4. **국토 통합**: 고구려 故土인 평양을 중시함으로써 역사적 정통성 확보

결국 왕건이 남긴 훈요십조의 풍수 조항들은 단순한 미신이나 개인적 신념이 아니었다. 그것은 500년 왕조를 관통하는 통치 이념이자, 정치적 도구였으며, 국가 운영의 기본 원리였다.

서경은 언제나 '가능성의 공간'이었다. 현실이 어려울 때마다 사람들은 서경을 바라보았고, 그곳에서 새로운 희망을 찾으려 했다. 비록 실제 천도는 이루어지지 않았지만, 서경은 고려인들의 마음속에서 영원한 '제2의 수도'로 남았다. 그리고 이 모든 것의 시작에는 왕건이 있었고, 그가 남긴 풍수의 유산이 있었다.

◈ 훈요 제8조: 천년을 넘어온 오해와 진실

❖ 가장 논란이 된 유훈

943년 봄, 죽음을 앞둔 태조 왕건이 마지막 힘을 짜내어 후손들에게 남긴 열 가지 당부 중에서도 제8조는 유독 파장이 컸다. 그 내용이 너무나 충격적이었기 때문이다.

"차현 이남, 공주강 밖은 산의 형세와 땅의 기운이 모두 거스르고 있으며, 그곳 사람들의 마음 또한 그러하다."

왕건은 단호했다. 이 지역 사람들이 권력을 잡으면 반드시 나라에 변란을 일으킬 것이라 했다. 왕족이나 권문세가와 혼인하는 것도 막아야 하고, 심지어 노비나 천민 출신들이 신분 상승을 꾀하며 권력에 빌붙어 나라를 어지럽힐 것이니, 양민이라 해도 절대 관직에 등용하지 말라고 못을 박았다.

대체 무슨 일이 있었기에 건국 군주가 특정 지역을 이토록 저주했을까?

차현[차령산맥] 이남以南 공주강[금강] 외外는 산형과 지세가 모두 배역하였고 인심도 역시 그러하다. 그 아래 있는 주군 사람들이 국사에 참여하거나 왕후·국척들과 혼인을 하여 나라의 정권을 잡게 되면 혹은 국가에 변란을 일으키거나 혹은 통합당한 원망을 품고 왕실을 침범하여 난을 일으킬 것이다. 그뿐만 아니라 이 지방 사람들로서 일찍이 관가의 노비나 진역의 잡척에 속했던 자들이 혹은 세력가들에 투탁하여 자기 신분을 고치거나 혹은 왕후 궁중에 아부하여 간교한 말로써 정치를 어지럽게 하고 그렇게 함으로써 재변을 초래하는 자가 반드시 있을 것이다. 그러므로 이 지방 사람들은 비록 양민일지라도 관직을 주어 정치에 참여시키는 일이 없도록 하라.

車峴以南公州江外, 山形地變並趨背逆人心亦然, 彼下州郡人參與朝廷與王候國戚婚姻, 得秉國政則, 或變亂國家, 或嗛統合之怨犯蹕生亂, 且其僧屬宮寺奴婢津驛雜尺, 或投勢移免, 或附王候宮院, 奸巧言語, 弄權亂政, 以致變者, 必有之矣. 雖其良民不宜使位用事.

❖ 오해의 시작, 일제강점기

이 조항은 오랫동안 한국사의 뜨거운 감자였다. 특히 일제강점기, 식민사학자들의 손을 거치면서 더욱 왜곡되었다.

일본인 학자 이마니시 류(今西龍)는 '차현 이남'을 차령산맥 이남 전 지역, 즉 충청도 일부와 전라도 전체로 해석했다. 이 해석을 한국인 학자 이병도가 그대로 이어받으면서, 마치 왕건이 호남 전체를 배척했다는 것이 정설처럼 굳어졌다.

식민사학자들에게 이것은 절호의 기회였다. 한국인들이 고대부터 지역차별을 해왔다는 '증거'를 찾은 것이다. 분열과 갈등이 한민족의 본성이라는 그들의 주장에 딱 맞아떨어지는 사료였다.

하지만 정말 왕건이 전라도 전체를 배척했을까?

❖ 문법이 밝혀준 진실

원문을 찬찬히 들여다보면 이상한 점이 발견된다. '차현 이남 공주강 외(車峴以南 公州 江外)'라는 구절에서 '외(外)'를 어떻게 해석하느냐가 관건이다.

한문에서 경계를 표현할 때는 반드시 양쪽 경계를 명시한다. '이남(以南)'이 있으면 그에 대응하는 반대 경계가 있어야 한다. 여기서 '외(外)'는 단순히 '바깥'이 아니라 '위쪽'을 의미한다. 금강의 위쪽, 즉 북쪽이다.

따라서 이 구절의 정확한 해석은:

• **북쪽 경계**: 차령산맥 이남으로
• **남쪽 경계**: 금강 이북까지

결국 차령산맥과 금강 사이의 좁은 지역을 가리킨다. 오늘날의 홍성, 보령, 부여, 공주, 연기, 청주 일대. 전라도는 애초에 포함되지도 않았던 것이다.

❖ 왕건의 트라우마, 즉위 4개월의 악몽

그렇다면 왕건은 왜 이 좁은 지역을 그토록 미워했을까? 답은 그가 왕이 된 직후의 기록에 있다. 918년 6월, 궁예를 몰아내고 왕위에 오른 왕건. 하지만 꿈에 그리던 왕좌는 가시 방석이었다. 즉위한 지 불과 4개월 사이에 연이어 반란이 일어났는데, 공교롭게도 모두 같은 지역에서였다. 먼저 공주의 장군 환선길과 홍성의 이흔암이 모반을 꾸몄다. 겨우 진압했다 싶으니 이번엔 공주, 홍성 등 10여 개 고을이 통째로 후백제에 투항하려 했다. 그것도 막아냈더니 임춘길과 진선이 또다시 반란을 일으켰다.

모두 차령산맥 이남, 금강 이북 지역에서 일어난 일이었다. 신생 왕조가 뿌리째 흔들렸다. 결국 왕건은 수도를 철원에서 자신의 근거지인 송악(개성)으로 옮길 수밖에 없었다. 건국 군주가 즉위하자마자 도망치듯 수도를 옮긴 것이다.

이 치욕적인 기억이 왕건의 가슴에 평생 응어리로 남았다. 죽음을 앞두고도 그 지역에 대한 원한을 잊지 못했던 것이다.

❖ 짐승의 성씨, 극단적 보복

왕건의 분노는 여기서 그치지 않았다. 그는 반란 지역 사람들에게 전무후무한 모욕을 가했다. 바로 짐승 이름을 성씨로 하사한 것이다.

- 우(牛): 소
- 상(象): 코끼리
- 돈(豚): 돼지
- 장(獐): 노루

사람을 짐승과 동일시한 이 조치는 왕건의 분노가 얼마나 깊었는지를 보여준다. 성씨는 단순한 이름이 아니라 가문의 정체성이고 자존심이다. 그것을 짐승 이름으로 만들어버린 것이다.

✤ 모순된 현실, 전라도 출신 공신들

그런데 이상한 일이 있다. 왕건이 정말로 금강 이남 전체를 배척했다면, 어떻게 그의 핵심 인물 중에 전라도 출신이 그렇게 많을 수 있을까?

왕건의 정신적 지주였던 도선은 전남 영암 사람이다. 평생 왕건의 그림자처럼 따라다니며 조언을 아끼지 않았던 최지몽도 영암 출신이다. 왕건을 대신해 화살을 맞고 장렬히 전사한 신숭겸은 전남 곡성 사람이다.

개국공신 명단을 보면 더욱 놀랍다. 박영규는 순천, 유방헌은 전주 출신이다. 왕실에서 특별한 예우를 받았던 승려들도 — 형미, 윤다, 경보, 경유, 현휘 — 모두 전라도 출신이다. 만약 왕건이 진짜로 전라도를 배척했다면, 이들이 어떻게 최고위직에 오를 수 있었겠는가?

✤ 풍수의 눈으로 본 배역지세

왕건이 차령-금강 사이 지역을 '배역지세'라 부른 것은 나름의 풍수적 근거가 있었다.

개성에서 바라보면 차령산맥은 남서쪽으로 뻗어가며 왕도를 외면한다. 금강 역시 처음엔 북쪽으로 흐르다가 청주와 공주를 지나면서 갑자기 방향을 틀어 남서쪽으로 흘러간다. 산과 물이 모두 개성에 등을 돌린 형국이다.

풍수에서는 산과 물이 안아주고 감싸는 형세를 길하다 하고, 등지고 흩어지는 형세를 흉하다 한다. 왕건의 눈에는 이 지역이 왕도에 반역하는 땅의 기운을 가진 것으로 보였을 것이다. 하지만 이것은 어디까지나 개성을 중심으로 본 해석이다. 만약 공주나 부여를 중심으로 본다면 전혀 다른 해석이 가능하다. 결국 풍수도 보는 사람의 입장에 따라 달라질 수 있는 것이다.

❖ 차별의 종말

왕건이 만든 이 극단적인 차별은 그리 오래가지 못했다.

문종 때에 이르러 짐승 성씨는 모두 정상적인 성씨로 바뀌었다:

- 우(牛) → 우(于)
- 상(象) → 상(尙)
- 돈(豚) → 돈(頓)
- 장(獐) → 장(張)

글자 하나가 바뀌면서 모욕은 사라졌다. 지역 차별도 자연스럽게 해소되었다. 왕건이 그토록 경계했던 '배역의 땅'은 결국 고려의 평범한 영토가 되었다.

❖ 천년을 넘어온 교훈

훈요 제8조를 둘러싼 이 긴 이야기가 우리에게 주는 교훈은 무엇일까?

첫째, 권력자의 사적인 감정이 얼마나 위험할 수 있는지를 보여준다. 왕건은 즉위 초의 반란 경험을 평생 잊지 못했고, 그 트라우마를 풍수라는 그럴듯한 이론으로 포장해 특정 지역을 배척했다.

둘째, 잘못된 해석이 얼마나 오래 갈 수 있는지를 증명한다. 일제 식민사학자의 왜곡된 해석이 해방 후에도 수십 년간 정설로 받아들여졌다. 그 결과 없어야 할 지역감정의 빌미가 되기도 했다.

셋째, 어떤 사상이나 이론도 정치적으로 악용될 수 있음을 경고한다. 자연과의 조화를 추구하는 풍수조차 권력의 손에 들어가면 차별과 배제의 도구가 된다.

넷째, 그럼에도 불구하고 진실은 결국 드러난다는 희망을 준다. 왕건이 만든 차별은 오래가지 못했고, 천년이 지난 오늘날 우리는 그 진실을 마주할 수 있게 되었다.

왕건은 특정 지역을 '배역의 땅'이라 저주했지만, 역사가 증명한 것은 그런 땅은 애초에 존재하지 않았다는 사실이다. 존재했던 것은 권력을 위협하는 정치 세력뿐이었고, 풍수는 그것을 합리화하는 명분에 불과했다.

이것이 바로 훈요십조가 천년의 세월을 넘어 우리에게 전하는 진정한 메시지다. 과거를 기억하되 맹신하지 말 것. 전통을 존중하되 비판적으로 볼 것. 그리고 무엇보다, 권력이 만든 '진실'을 의심할 것. 역사의 아이러니랄까. 왕건이 가장 미워했던 지역에서 나온 도선이 그의 정신적 스승이었고, 그가 가장 믿었던 신하들 중 다수가 금강 이남 출신이었다. 결국 왕건 자신이 훈요 제8조의 허구성을 증명한 셈이다.

3. 고려, 풍수로 통치하다

◈ 풍수 모티브의 정치학

고려 시대를 관통하는 키워드를 꼽으라면 단연 '풍수'다. 흥미로운 것은 고려가 다양한 정치적 욕구를 풍수의 언어로 표현하고 실현했다는 점이다. 복잡한 정치 현안들이 '비보(裨補)', '연기(延基)', '순주(巡住)'라는 풍수 용어로 포장되어 나타났다.

비보는 부족한 것을 보충하고 넘치는 것을 억제한다는 뜻이다. 국운이 기울 때마다 어딘가에 절을 짓거나 탑을 세워 땅의 기운을 보완하려 했다. 연기는 왕조의 기운을 연장한다는 의미로, 왕이 여러 명당을 순회하며 각 땅의 기운을 받아 국운을 이어가는 것이다. 순주는 정해진 기간 동안 다른 도시에 머물며 정사를 보는 것으로, 단순한 행정적 순행이 아니라 풍수적 처방이었다.

이 모든 것이 '도선 풍수'라는 거대한 우산 아래서 정당화되었다. 정치가들은 입만 열면 『도선비기』나 『송악명당기』를 들먹였다. 실제로 도선이 그런 책을 썼는지는 알 수 없다. 중요한 것은 도선의 이름이 곧 권위였고, 그 권위 아래서는 어떤 정치적 주장도 가능했다는 사실이다.

◈ 지기쇠왕론: 땅의 운명, 나라의 운명

고려인들에게 땅은 살아있는 유기체였다. 사람이 늙고 병들듯, 땅도 늙고 쇠약해진다고 믿었다. 이것이 바로 '지기쇠왕(地氣衰旺)'의 사상이다.

국가에 재난이 닥칠 때마다 사람들은 땅의 기운을 의심했다. "개경의 지기가 쇠했다", "서경으로 옮겨야 한다", "남경에 새 궁궐을 지어야 한다"... 이런 주장들이 끊이지 않았다. 단순히 수도를 옮기자는 것이 아니라, 쇠한 땅을 버리고 왕성한 땅으로 가야 한다는 절박한 외침이었다.

이것이 고려사를 수놓은 수많은 이어(移御)와 천도(遷都) 논의의 본질이다. 왕이 궁을 옮겨 정치하는 것도, 아예 수도를 옮기자는 주장도 모두 지기의 쇠왕에 대한 풍수적 처방이었다.

◈ 풍수, 비판할 수 없는 성역

놀라운 것은 『고려사』 어디를 뒤져봐도 풍수의 진위를 따지는 논쟁을 찾을 수 없다는 점이다. 유교, 불교, 심지어 왕권에 대해서도 비판이 있었지만, 풍수만은 예외였다.

왜일까? 답은 간단하다. 고려 왕조 자체가 풍수 위에 세워졌기 때문이다. 왕건이 도선의 예언대로 태어났고, 풍수 명당인 개경에 도읍을 정했으며, 풍수의 논리로 나라를 다스렸다. 풍수를 부정하는 것은 곧 고려 왕조의 정당성을 부정하는 것이었다.

그래서 고려에서 풍수는 종교나 학문이 아니라 '신념'이었다. 토론의 대상이 아니라 믿음의 대상이었다. 마치 현대인이 중력의 법칙을 의심하지 않듯, 고려인은 풍수의 원리를 의심하지 않았다. 이런 분위기에서 풍수를 비판하는 것은 지적 논쟁이 아니라 정치적 반역이었다. 감히 풍수를 의심하는 자는 나라의 근본을 흔드는 역적으로 간주되었을 것이다.

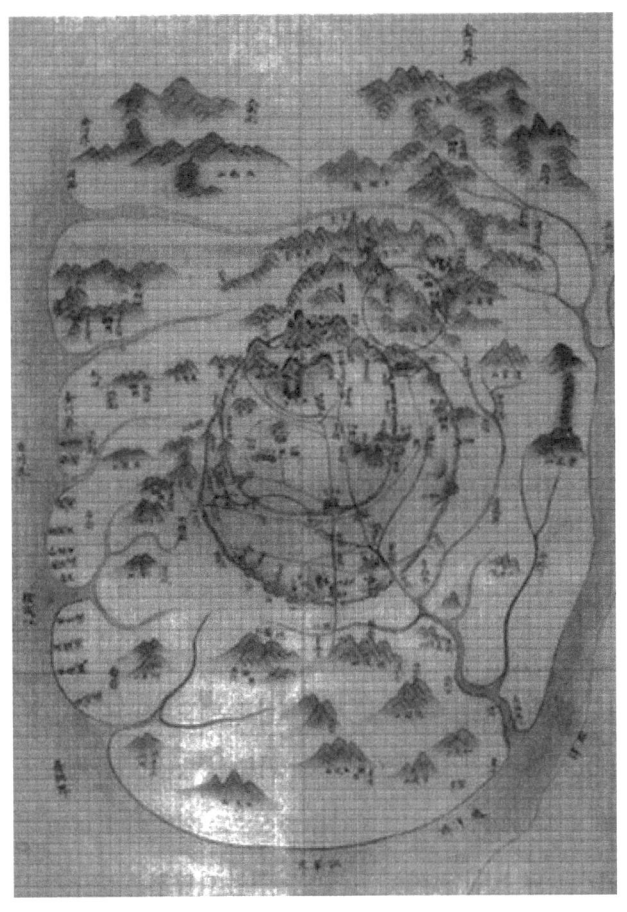

▌ 광여도(고려의 수도 개성, 주산 송악산이 도성을 감싸고 있다) ▌

◈ 풍수 전문가, 어떻게 만들어졌나

그렇다면 이토록 중요한 풍수를 다루는 전문가들은 어떻게 양성되었을까? 고려는 놀랍도록 체계적인 풍수 교육 시스템을 갖추고 있었다.

✤ 입학에서 졸업까지

풍수 전문가가 되는 길은 멀고도 험했다.

1단계: 태사국 입학

- 자격: 양인 이상(지방 향리 포함)의 자제

- 나이: 15~16세부터 30세까지

- 1차 시험을 통과해야 입학 가능

2단계: 수련 과정

- 지리사, 지리박사, 지리정이라는 교수진 아래서 수학

- 이론 공부와 실습을 병행

- 교수의 추천을 받아야 본시험 응시 자격 획득

3단계: 지리업 과거

- 과거 시험의 잡업(雜業) 중 하나

- 2차, 3차 시험으로 구성

- 이틀간 문리 해석, 사흘째 경전 암송

- 매년 단 2명만 선발

✤ 9권의 신비한 교과서

시험 과목은 다음 9권의 책이었다:

1. 『신집지리경』

2. 『유씨서』

3. 『지리결경』

4. 『경위령』

5. 『지경경』

6. 『구시결』

7. 『태장경』

8. 『가결』

9. 『소씨서』

안타깝게도 이 책들은 현재 단 한 권도 남아있지 않다. 조선 태종 때 풍수서 통제 정책으로 대부분 불태워졌을 것으로 추정된다. 천년 전 풍수 교육의 실체를 알 수 있는 귀중한 자료들이 정치적 이유로 사라진 것이다.

◈ 풍수서 전쟁

고려 시대에는 풍수서를 둘러싼 치열한 전쟁이 있었다.

❖ 풍수서의 범람

현종 때 송나라에 갔던 사신들이 중국의 풍수서를 대량으로 들여왔다. 문종과 숙종 시대에는 도선의 이름을 붙인 위작들이 난무했다. 『도선비기』, 『도선답산가』, 『송악명당기』... 도선이 죽은 지 200년이 지났는데도 그의 '새로운' 저작들이 계속 나타났다.

누구나 정치적 주장을 하고 싶으면 도선의 이름을 빌렸다. "도선이 말하기를..." 하면 무슨 말이든 권위를 가질 수 있었다.

❖ 예종의 풍수서 정리 사업

이런 혼란을 더 이상 방치할 수 없었던 예종은 대대적인 정리 작업을 명령했다. 유신 10명과 태사관 관원들이 장령전에 모여 수개월간 작업한 끝에 『해동비록』이라는 방대한 풍수서를 편찬했다.

이 책은 난립하던 풍수 이론을 통일하고, 진위를 가려낸 국가 공인 풍수서였다. 완성된 『해동비록』은 사고(史庫)에 보관될 정도로 중요하게 다뤄졌다. 하지만 안타깝게도 이 책 역시 현존하지 않는다.

◈ 풍수, 통제해야 할 위험한 지식

고려 예종이나 조선 태종이 풍수서를 통제하려 한 이유는 명확했다. 풍수는 단순한 학문이 아니라 국가를 세우고 무너뜨릴 수 있는 강력한 이데올로기였기 때문이다.

생각해보라. 누군가 "이 땅의 기운이 다했다"고 주장하면 천도 논의가 일어나고, "저곳에 절을 세워야 한다"고 하면 막대한 국가 재정이 투입된다. 풍수를 빌미로 정권을 흔들 수도, 민심을 선동할 수도 있었다.

그래서 국가는 풍수 지식을 독점하려 했다. 공인된 교육 기관에서만 가르치고, 정해진 교과서만 사용하며, 국가가 인정한 전문가만 양성했다. 풍수서의 출판과 유통도 철저히 통제했다.

◆ 풍수 국가의 명과 암

고려가 보여준 풍수 정치는 양날의 검이었다.

한편으로는 국가 통합의 강력한 이념이 되었다. 왕조의 정당성을 뒷받침하고, 백성들에게 희망을 주며, 위기 상황에서 돌파구를 제시했다. 풍수는 고려를 하나로 묶는 정신적 접착제였다.

다른 한편으로는 비합리적 결정의 온상이 되었다. 과학적 분석보다 풍수적 해석이 우선했고, 현실적 대안보다 풍수적 처방이 선호되었다. 막대한 국가 재정이 풍수를 위해 낭비되기도 했다.

하지만 그 시대의 관점에서 보면, 풍수는 가장 과학적이고 합리적인 지식 체계였다. 오늘날 우리가 통계와 데이터를 신뢰하듯, 그들은 풍수의 원리를 신뢰했다. 시대가 다르고 패러다임이 다를 뿐, 진리를 추구하는 인간의 노력은 같았던 것이다.

고려의 풍수 정치는 우리에게 묻는다. 우리 시대의 '풍수'는 무엇인가? 우리가 맹신하는 이념은 없는가? 500년 후 후손들이 우리를 보면 어떤 평가를 내릴까?

역사는 거울이다. 고려의 풍수를 통해 우리는 우리 자신을 본다.

4. 고려, 풍수가 꽃피운 시대

◆ 왕건의 선택: 포용의 정치학

918년, 궁예를 몰아내고 왕위에 오른 왕건. 하지만 그의 출발점은 초라했다. 개성 왕씨는 수많은 호족 중 하나일 뿐이었고, 다른 호족들과 비교해 특별히 우월한 것도 없었다. 신라 왕실의 후예도 아니었고, 압도적인 무력을 가진 것도 아니었다.

이런 상황에서 왕건이 택한 전략은 '포용'이었다. 그는 무려 29명의 부인을 맞았는데, 대부분이 각 지역 호족의 딸들이었다. 정략결혼을 통해 전국의 호족들을 왕실의 인척으로 만든 것이다.

하지만 왕건의 포용은 여기서 그치지 않았다. 그는 각 호족들이 가진 문화와 신앙까지도 그대로 받아들였다. 불교를 믿는 호족, 도교를 신봉하는 호족, 토착 신앙을 중시하는 호족... 왕건은 이 모든 것을 부정하지 않고 공존하게 했다.

이것이 바로 고려가 조선과 근본적으로 달랐던 점이다. 조선이 성리학이라는 단일 이념으로 통치했다면, 고려는 다양한 사상과 신앙이 공존하는 다원주의 사회였다. 이념의 순수성보다는 정치적 실용성을 택한 것이다.

◆ 풍수가 번성할 수밖에 없었던 이유

이런 문화적 토양에서 풍수가 번성한 것은 당연한 일이었다. 풍수는 그 자체로 복합적인 성격을 가지고 있었기 때문이다.

풍수는 유교적이면서도 도교적이고, 과학적이면서도 주술적이며, 보수적이면서도 혁명적이다. 산천의 형세를 보는 것은 과학이지만, 그것이 인간의 운명을 좌우한다고 믿는 것은 주술이다. 왕조의 정당성을 뒷받침하는 것은 보수적이지만, 천도를 주장하며 변혁을 꿈꾸는 것은 혁명적이다. 이런 풍수의 다면성은 고려의 다원주의 문화와 완벽하게 맞아떨어졌다. 어떤 입장에서든 풍수를 활용할 수 있었고, 어떤 목적으로든 풍수를 동원할 수 있었다.

◆ "자유롭게 놓아두기"의 문화 정책

고려의 문화 정책을 한마디로 표현하면 "자유롭게 놓아두기"였다. 통제하고 규제하기보다는 각자의 영역에서 자유롭게 발전하도록 놓아두었다.

✤ 불교: 대립 속의 조화

불교 내부에서는 교종과 선종이 치열하게 대립했다. 경전 공부를 중시하는 교종과 참선 수행을 강조하는 선종은 서로를 이단시했다. 하지만 고려는 이를 억압하지 않았다.

오히려 이런 경쟁 속에서 의천과 지눌 같은 위대한 승려들이 나타났다. 그들은 교종과 선종의 합일을 주장하며 한국 불교의 독특한 전통을 만들어갔다. 대립이 창조적 긴장이 되어 더 높은 차원의 통합을 낳은 것이다.

❖ 유교: 조용한 성장

유교는 처음에는 그저 행정 체제를 만드는 도구였다. 과거제도를 운영하고 관료 체계를 정비하는 실무적 역할에 머물렀다. 하지만 고려는 꾸준히 유교 교육에 투자했다.

국자감을 세우고, 향교를 설치하며, 서적을 수입했다. 당장의 성과는 없었지만, 이 "장기 프로젝트"는 고려 말에 이르러 놀라운 결실을 맺었다. 정도전, 정몽주 같은 걸출한 유학자들이 대거 등장하여 새로운 시대를 준비할 수 있었던 것이다.

❖ 도교: 틈새의 미학

도교는 독특한 위치를 차지했다. 불교처럼 거대한 교단을 이루지도, 유교처럼 국가 체제의 중심이 되지도 못했다. 대신 도교는 다른 종교들이 채우지 못하는 빈틈을 메웠다.

특히 '과의도교(科儀道教)'라 불리는 의례 중심의 도교가 발달했다. 하늘에 제사 지내는 초제(醮祭), 별자리에 기원하는 성신제(星辰祭) 등이 국가 의례로 자리 잡았다. 왕실의 안녕을 비는 도교 의례는 불교나 유교가 할 수 없는 독특한 역할을 담당했다.

❖ 토착 신앙: 민중과 함께

고려가 진정으로 포용적이었던 것은 토착 신앙까지 인정했다는 점이다.

팔관회는 불교 행사인 듯하면서도 실은 고대부터 내려온 추수감사제의 성격을 가지고 있었다. 왕건은 훈요십조에서 이를 특별히 언급하며 계속 지킬 것을 당부했다. 매년 11월에 열리는 팔관회는 전 국민이 함께하는 대축제로, 신분의 귀천을 막론하고 모두가 하나 되는 화합의 장이었다.

성황제는 각 지역의 명산대천에서 지내는 제사였다. 산신, 용왕, 토지신 등 토착 신들에게 마을의 안녕을 비는 이 의례는 민중의 삶에 깊이 뿌리내렸다. 고려는 이를 금지하기는커녕 오히려 국가가 나서서 지원하기도 했다.

◈ 풍수, 모든 것을 아우르다

이런 다원주의 문화 속에서 풍수는 물 만난 고기처럼 자유롭게 헤엄칠 수 있었다.

풍수가 주술적이라고 비판하는 사람이 있을까? 도교 의례는 더 주술적이었고, 성황제나 팔관회도 마찬가지였다. 오히려 산천의 형세를 체계적으로 분석하는 풍수가 더 '과학적'으로 보일 정도였다.

풍수가 정권에 이용된다고 비판하는 사람이 있을까? 불교도 왕실의 후원을 받았고, 유교도 관료 체제의 일부였다. 모든 사상과 종교가 어느 정도는 정치와 연결되어 있었다.

◈ 풍수의 다면성: 약점이 아닌 강점

풍수의 복합적 성격은 고려 시대에 오히려 강점이 되었다.

✤ 지속의 논리

국가가 안정되고 왕권이 공고할 때, 풍수는 현 체제를 정당화하는 이념이 되었다. "이 땅은 왕기가 서린 명당이다", "도선 대사가 예언한 그대로다"... 이런 주장들은 고려 왕조의 정당성을 끊임없이 재확인시켰다.

✤ 변혁의 논리

반대로 위기 상황에서 풍수는 변화의 명분이 되었다. "개경의 지기가 쇠했다", "새로운 명당을 찾아야 한다"... 묘청의 서경 천도 운동처럼, 풍수는 기존 질서에 도전하는 혁명의 언어가 되기도 했다.

✤ 주술적 힘

때로 풍수는 순수한 주술로 기능을 했다. 국가에 재난이 닥쳤을 때, 적이 침입했을 때, 왕실에 우환이 생겼을 때... 사람들은 풍수적 처방에서 위안과 희망을 찾았다. 비보사찰을 짓고, 명당을 찾아 이장하고, 새로운 궁궐을 지었다.

합리적인가? 그렇지 않을 수도 있다. 하지만 불안한 시대를 살아가는 사람들에게는 그것이 유일한 희망이었다.

✤ 다원주의의 유산

고려의 다원주의 문화와 그 속에서 꽃핀 풍수 문화는 우리에게 무엇을 남겼을까?

첫째, 다양성의 가치다. 하나의 이념으로 통일하는 것이 능사가 아니다. 서로 다른 사상과 문화가 공존하고 경쟁하면서 더 풍요로운 문명이 만들어질 수 있다.

둘째, 포용의 지혜다. 왕건이 29명의 부인을 맞은 것은 단순한 호색이 아니었다. 그것은 분열된 나라를 하나로 묶는 정치적 지혜였다. 배제보다는 포용이, 통제보다는 자유가 더 강한 통합력을 만들어낸다.

셋째, 실용의 정신이다. 고려는 이념의 순수성에 매달리지 않았다. 필요하면 불교를, 필요하면 유교를, 필요하면 도교를 활용했다. 그리고 그 모든 것을 아우르는 풍수를 통해 국가를 운영했다.

오늘날 우리는 종종 하나의 정답, 하나의 진리를 찾으려 한다. 하지만 고려의 역사는 말한다. 진리는 하나가 아닐 수도 있다고. 서로 다른 진리들이 공존하고 대화하면서 더 큰 진리가 만들어질 수 있다.

고려가 500년간 지속될 수 있었던 비결은 어쩌면 여기에 있었는지도 모른다. 풍수를 믿되 풍수만 믿지 않았고, 불교를 숭상하되 불교만 숭상하지 않았으며, 유교를 존중하되 유교만 존중하지 않았다.

그 균형과 조화의 중심에 풍수가 있었다. 모든 것을 아우르고 모든 것과 소통하는 풍수. 그것이 고려가 만들어낸 독특한 문화였고, 우리가 기억해야 할 역사의 지혜다.

제9장

조선 시대의 풍수 역사

1. 예(禮)의 나라에서 풍수는 어떻게 살아남았나

조선은 스스로를 '예의 나라'라 불렀다. 유교적 합리주의를 국가 이념으로 삼고, 예법과 도덕으로 나라를 다스리겠다고 선언한 왕조였다. 그런 조선에서 주술적이고 신비주의적인 풍수는 과연 어떤 운명을 맞았을까?

놀랍게도 풍수는 살아남았다. 아니, 단순히 살아남은 정도가 아니라 국가의 중대사를 결정하는 핵심 도구가 되었다. 조선의 수도를 정하는 일부터 왕릉을 조성하는 일까지, 풍수 없이는 아무것도 결정할 수 없었다. 유교의 나라 조선이 풍수를 어떻게 이해하고 활용했는지, 그 흥미진진한 역사를 들여다보자.

◈ "여기가 도읍지로 적합하다": 한양 천도의 비화

✤ 잘못 알려진 역사

우리가 알고 있는 조선의 수도 결정 과정은 대체로 이렇다. 태조 이성계가 무학대사와 함께 전국을 돌아다니며 명당을 찾았고, 마침내 한양을 새 왕조의 도읍으로 정했다. 하지만 실제 역사는 훨씬 복잡하고 드라마틱했다. 놀랍게도 조선의 수도가 한양으로 최종 결정된 것은 태조가 아닌 3대 태종 때의 일이었다. 그것도 무려 11년이나 걸린 긴 논쟁 끝에 내려진 결정이었다.

✤ 계룡산의 꿈과 좌절

1393년(태조 2년) 정월, 태조는 새 왕조의 수도를 정했다. 바로 계룡산 신도안(新都內)이었다. 지금의 충청남도 계룡시 일대다.

태조는 이곳이 명당 중의 명당이라 확신했다. 즉시 도읍 건설을 명령했고, 궁궐의 주춧돌까지 놓았다. 신도안은 '새로운 도읍의 안쪽'이라는 뜻으로, 이름부터가 새 왕조의 야심을 담고 있었다. 그런데 이상한 일이 벌어졌다. 한창 공사가 진행되던 중 갑자기 모든 것이 중단되었다. 태조는 아무런 설명 없이 신도안을 포기했다. 대체 무슨 일이 있었던 것일까?

✛ 아버지와 아들의 대립

비밀은 태종 시대에 가서야 밝혀진다. 1402년 즉위한 태종은 아버지가 정한 신도안을 마음에 들어 하지 않았다. 아니, 정확히 말하면 아버지가 정한 모든 것이 마음에 들지 않았다. 태종은 두 차례의 왕자의 난을 일으켜 형제들을 제거하고 왕위에 올랐다. 이 과정에서 아버지 태조와의 관계는 돌이킬 수 없을 정도로 악화되었다. 태조는 함흥으로 은거했고, 부자간의 대면은 극도로 제한되었다.

이런 상황에서 태종이 아버지가 정한 수도를 그대로 받아들일 리 없었다. 정치적으로도, 감정적으로도 새로운 출발이 필요했다.

✛ 하륜과 『지리신법』의 등장

태종 2년(1402) 12월, 태종의 측근 하륜(河崙)이 폭탄선언을 한다.

"전하, 호순신의 『지리신법』에 의하면 신도안은 흉한 땅입니다."

하륜이 들고 나온 『지리신법』은 당시로서는 최신 풍수 이론서였다. 중국의 풍수가 호순신이 쓴 이 책은 특히 물의 방위를 중시하는 이기풍수설의 대표작이었다.

하륜의 주장은 명확했다. 신도안은 물이 빠져나가는 방위가 길한 방위여서, 오히려 땅의 기운이 모두 흘러나간다는 것이다. 좋은 기운이 머물지 못하고 빠져나가는 땅에 어떻게 왕조의 수도를 세울 수 있겠는가?

조정은 발칵 뒤집혔다. 태조가 심혈을 기울여 정한 명당이 사실은 흉지였다니! 하지만 아무도 하륜의 주장을 쉽게 반박하지 못했다. 『지리신법』은 그만큼 권위 있는 책이었고, 하륜의 논리는 정교했다.

✛ 새로운 후보지들

신도안이 부적합하다면 어디로 가야 할까? 태종은 전국에서 새로운 도읍 후보지를 추천받았다. 수많은 후보지 중에서 최종적으로 두 곳이 남았다.

첫 번째는 모악(母岳)이었다. 지금의 서울 무악재 부근, 연희동 서쪽 일대다. 안산을 주산으로 삼고 연희동, 신촌동 일대를 도읍으로 삼자는 안이었다.

두 번째는 한양이었다. 고려시대 남경이 있던 곳으로, 지금의 서울 사대문 안 지역이다.

❖ 2년간의 대논쟁

태종 3년부터 4년까지 만 2년간, 조정에서는 치열한 논쟁이 벌어졌다. 풍수 전문가들이 동원되어 두 지역을 정밀하게 조사했다.

모악파는 이렇게 주장했다:

- 주산이 든든하고 좌청룡 우백호가 명확하다
- 물의 흐름이 순조롭고 명당수가 모인다
- 새로운 터전에서 새로운 출발을 할 수 있다

한양파는 이렇게 반박했다:

- 이미 고려시대부터 검증된 명당이다
- 삼각산(북한산)을 진산으로 한 천하의 명당이다
- 기존 시설을 활용할 수 있어 경제적이다

논쟁은 끝이 없었다. 각자의 풍수 이론을 들어 상대방을 공격했고, 정치적 이해관계까지 얽히면서 결론이 나지 않았다.

❖ 동전이 결정한 운명

1404년(태종 4년) 10월, 태종은 극단적인 결정을 내린다.

"더 이상의 논쟁은 무의미하다. 종묘에 들어가 돈점을 쳐서 하늘의 뜻을 물어보자."

돈점(擲占)은 동전을 던져 그 결과로 길흉을 판단하는 점술이다. 일제 식민사학자들은 이를 두고 "동전 던지기로 수도를 정한 미개한 나라"라고 조롱했다.

하지만 이는 무지의 소치다. 돈점은 『주역』에 나오는 3대 신성한 점법 중 하나다. 거북점, 시초점과 함께 천명을 묻는 성스러운 의식이었다. 인간의 지혜가 한계에 다다랐을 때, 하늘의 뜻에 맡기는 것은 오히려 겸손하고 지혜로운 선택이었다.

종묘의 엄숙한 분위기 속에서 동전이 던져졌다. 결과는 한양이 "호(好)"가 하나 더 나왔다. 이렇게 해서 한양이 조선의 수도로 최종 결정되었다.

◈ 하륜, 수수께끼의 풍수가

❖ 갑자기 나타난 풍수 전문가

그런데 여기서 한 가지 의문이 든다. 하륜은 대체 언제 풍수를 배웠을까?

하륜은 고려 말의 문신으로, 조선 개국에 참여한 공신이다. 그의 문집 『호정집』을 아무리 뒤져봐도 풍수를 공부했다는 기록은 없다. 그런데 어떻게 갑자기 『지리신법』을 들고 나와 태조가 정한 명당을 뒤집을 수 있었을까?

❖ 정치적 계산

여기에는 아마도 정치적 계산이 숨어 있었을 것이다.

태종은 아버지의 그늘에서 벗어나고 싶었다. 계룡산은 태조의 땅이었고, 태종은 자신만의 땅이 필요했다. 하륜은 이런 태종의 마음을 정확히 읽었다.

마침 하륜은 1393년에 편찬된 『지리비록촬요』의 편찬에 참여한 경력이 있었다. 권중화, 정도전, 권근 등과 함께 작업하면서 풍수에 대한 기본 지식을 쌓았을 것이다. 특히 하륜과 이직이 이 책을 왕에게 직접 강의했다는 기록이 있다.

하륜은 이 지식을 바탕으로 『지리신법』이라는 새로운 이론을 들고 나왔다. 구식 풍수로는 신도안이 명당이지만, 신식 풍수로는 흉지라는 논리였다. 태종이 원하는 답을 풍수의 언어로 제시한 것이다.

◈ 한양, 천년의 준비

❖ 고려시대부터 시작된 한양의 꿈

사실 한양이 명당이라는 주장은 조선시대에 갑자기 나온 것이 아니다. 이미 고려시대부터 꾸준히 제기되어 왔다.

❖ 1096년, 김위제의 상소

고려 숙종 때 풍수 전문가 김위제가 획기적인 상소를 올린다. 그는 도선의 비기들 ― 『도선밀기』, 『도선기』, 『도선답산가』, 『삼각산명당기』 ― 을 근거로 남경(한양)으로 순주할 것을 주장했다.

숙종은 직접 남경에 가서 지세를 살펴보았고, 깊은 인상을 받았다. 1104년에는 아예 남경에 궁궐을 완성했다.

❖ 예종 시대, 은원중의 주장

고려 예종 때의 풍수사 은원중도 역시 도선의 설을 빌려 한양 천도를 주장했다.

❖ 고려 말, 권중화의 선견지명

고려 말에 태어나 조선 초에 활동한 권중화는 일찍부터 한양의 가치를 알아보았다. 그는 도선의 풍수설을 근거로 한양이 새 왕조의 수도가 될 것임을 예견했다.

❖ 300년의 준비, 500년의 영광

이렇게 보면 한양이 조선의 수도가 된 것은 우연이 아니었다. 고려시대부터 300년 동안 준비되어 온 필연이었다.

도선이 예언했고, 김위제가 발견했으며, 숙종이 확인했고, 은원중이 재확인했으며, 권중화가 다시 한 번 강조했다. 그리고 마침내 태종 시대에 이르러 한양은 조선의 수도가 되었다. 한양은 이후 500년 동안 조선의 심장이 되었고, 오늘날까지도 대한민국의 수도로 남아있다.

◈ 풍수, 조선을 설계하다

조선의 수도 결정 과정은 여러 가지를 시사한다.

첫째, 조선이 유교 국가였지만 중요한 결정에서는 여전히 풍수에 의존했다는 점이다. 합리주의를 표방하면서도 초월적 지혜를 무시하지 않았다.

둘째, 풍수가 정치적 도구로 활용되었다는 점이다. 하륜은 풍수를 통해 태종의 정치적 목적을 달성했다.

셋째, 하나의 결정을 위해 신중에 신중을 기했다는 점이다. 11년의 논쟁, 2년의 집중 토론, 그리고 최종적으로는 하늘의 뜻까지 물었다.

넷째, 전통과 혁신을 조화시켰다는 점이다. 도선의 전통적 풍수와 호순신의 새로운 이론을 모두 검토했다.

조선의 시작은 이렇게 풍수와 함께했다. 그리고 이후 500년 동안 풍수는 조선의 정치, 문화, 일상생활 곳곳에 스며들어 있었다.

유교의 나라 조선, 그러나 그 이면에는 여전히 땅의 신비를 믿고 하늘의 뜻을 묻는 전통이 살아 숨 쉬고 있었다.

2. 과거제도에 포함된 풍수학

◈ 풍수, 국가가 인정한 전문 학문이 되다

조선이 유교 국가를 표방했다고 해서 풍수를 버린 것은 아니었다. 오히려 더욱 체계적으로 관리하고 제도화했다. 그 증거가 바로 과거제도에 풍수학이 포함되었다는 사실이다.

❖ 태종의 십학(十學) 설치

1408년(태종 8년) 11월, 한양 천도를 성공적으로 마무리한 태종은 획기적인 인재 등용 제도를 발표한다. 바로 '십학(十學)' 제도였다.

이는 좌정승 하륜의 건의로 시작되었다. 한양 천도에서 큰 공을 세운 하륜은 이제 새로운 수도에 걸맞은 인재 양성 시스템을 제안했다.

그가 제시한 십학의 구성은 다음과 같았다:

1. 유학(儒學): 나라의 근본 이념
2. 무학(武學): 국방의 기초
3. 이학(吏學): 행정 실무
4. 역학(譯學): 외교와 통역
5. 음양풍수학(陰陽風水學): 천문과 지리
6. 의학(醫學): 백성의 건강
7. 자학(字學): 문자 연구
8. 율학(律學): 법률
9. 산학(算學): 수학과 회계
10. 악학(樂學): 음악과 의례

주목할 점은 음양풍수학이 5번째로 배치되어 있다는 것이다. 이는 단순한 순서가 아니라 중요도를 반영한 것이었다. 유교와 무예, 행정과 외교 다음으로 중요한 학문이 바로 풍수였던 것이다.

❖ 고려에서 조선으로, 이어진 전통

사실 십학 제도는 조선의 독창적인 발명품이 아니었다. 이미 고려 말기인 공양왕 원년(1389)에도 비슷한 제도가 있었다.

고려의 십학은 다음과 같이 구성되었다:

- 성균관: 예학(禮學)
- 전의시: 약학
- 군후소: 병학(兵學)
- 전법시: 율학
- 전교시: 자학
- 서운관: **풍수음양학**
- 사역원: 이학

특히 서운관에서 풍수음양학을 담당했다는 점이 눈에 띈다. 서운관은 후에 조선의 관상감이 되는 기관으로, 천문과 지리를 함께 다루는 국가 최고의 과학 기술 기관이었다.

이는 풍수가 단순한 미신이 아니라 국가 운영에 필요한 전문 지식으로 인정받았음을 보여준다. 고려에서 조선으로 왕조가 바뀌었지만, 풍수의 중요성은 변하지 않았던 것이다.

◈ 과거제도 속의 풍수학

❖ 초창기의 음양과

조선 초기의 과거제도는 아직 체계가 완전히 잡히지 않은 상태였다. 우리가 아는 과거제도는 『경국대전』에 정리된 것인데, 이는 성종 때(1485)에야 완성된다. 그 이전에는 임시 제도들이 운영되었다.

태조 즉위년(1392) 8월, 조선은 긴급히 인재를 등용하기 위해 7과(科)를 설치했다:

- 문과(文科): 문신 선발
- 이과(吏科): 서리 선발
- 역과(譯科): 역관 선발
- 의과(醫科): 의원 선발
- **음양과(陰陽科)**: 천문지리 전문가 선발

여기서 음양과가 순전히 풍수만을 다루지는 않았겠지만, 태종 때 '음양풍수학'이라고 명시한 것을 보면 풍수가 핵심 과목이었음은 분명하다.

❖ 『경국대전』 체제하의 지리학

성종 때 완성된 『경국대전』에서는 과거제도가 더욱 정교해진다. 풍수 전문가는 잡과(雜科) 중 음양과로 분류되었고, 다시 세 분야로 나뉘었다:

- 천문학
- 지리학 (풍수)
- 명과학(命課學)

선발 인원과 절차:

- 초시(初試): 4명 선발
- 복시(覆試): 최종 2명 선발
- 연간 선발 인원: 단 2명

이는 매우 적은 숫자였다. 문과가 한 번에 33명을 선발한 것과 비교하면 얼마나 소수 정예였는지 알 수 있다.

◈ 대우와 승진: 풍수 전문가들의 파격적인 신분 상승

조선시대 음양과에 합격한 풍수 전문가들의 대우는 실로 파격적이었다. 합격과 동시에 그들은 '입격자(入格者)'라는 영예로운 호칭을 받았는데, 이는 단순히 시험에 통과했다는 의미를 넘어 국가가 인정하는 전문가 집단의 일원이 되었음을 뜻했다.

더욱 놀라운 것은 첫 임용 시 받는 품계였다. 종8품: 이는 갓 과거에 합격한 신입 관료로서는 상당히 높은 출발점이었다. 문과 급제자들이 종9품 말단직부터 시작하는 것과 비교하면, 풍수 전문가들이 얼마나 우대받았는지 알 수 있다.

하지만 진정한 특혜는 승진 가능성에 있었다. 이들은 최고 정3품 당하관까지 오를 수 있었다. 정3품이라면 오늘날로 치면 차관급에 해당하는 고위직이다. 조선의 엄격한 신분제 사회에서 기술직 출신이 이런 고위직에 오른다는 것은 거의 기적에 가까운 일이었다.

실제로 조정에서는 "잡과 출신이 어찌 정3품까지 오를 수 있단 말인가"라는 비판이 끊이지 않았다. 문과 출신 사대부들은 이를 '지나치게 높은 품계'라며 못마땅하게 여겼다. 그들이 보기에 풍수는 아무리 중요해도 기술에 불과했고, 기술자가 정책 결정권자와 같은 품계를 받는다는 것은 있을 수 없는 일이었다.

그럼에도 불구하고 이런 파격적인 대우가 계속 유지된 데에는 이유가 있었다. 풍수 전문가들이 담당하는 일들이 그만큼 중요했기 때문이다. 도읍을 정하고, 왕릉을 조성하며, 국가의 중요한 건축물 터를 잡는 일: 이 모든 것이 왕조의 운명과 직결된다고 믿어졌다. 따라서 이들에게는 그에 걸맞은 권위와 대우가 필요했던 것이다.

이런 높은 대우는 또 다른 효과를 낳았다. 바로 우수한 인재들이 풍수학에 뛰어들게 만든 것이다. 안정적인 직업, 높은 사회적 지위, 출세의 가능성: 이 모든 것이 보장되는 풍수 전문가의 길은 많은 이들에게 매력적인 선택지였다. 특히 문과에 도전하기 어려운 중인 계층이나 지방 양반들에게는 더할 나위 없는 기회였다.

결과적으로 조선은 파격적인 대우를 통해 최고 수준의 풍수 전문가 집단을 확보할 수 있었다. 비록 사대부들의 시기와 질투를 받았지만, 이들은 500년 내내 조선 왕조를 떠받치는 든든한 기술 관료 집단으로 자리매김했다. 그들이 없었다면 한양도, 종묘도, 왕릉도 지금과는 전혀 다른 모습이었을 것이다.

◈ 관상감, 풍수 전문가들의 직장

음양과의 좁은 문을 통과한 입격자들이 발을 들이게 되는 곳은 바로 관상감(觀象監)이었다. 이곳은 단순한 관청이 아니었다. 조선의 천문, 지리, 기상을 총괄하는 국가 최고의 과학 기술 기관이자, 하늘과 땅의 비밀을 다루는 신비로운 공간이었다.

✤ 거대한 조직, 관상감

관상감의 규모는 실로 방대했다. 최고위직인 정3품 정(正)부터 최하위직인 종9품 참봉(參奉)까지, 무려 30여 개의 직급이 촘촘히 배치되어 있었다. 이는 육조(六曹)의 하급 관청들보다도 훨씬 세분화된 조직이었다.

왜 이렇게 많은 직급이 필요했을까? 그것은 관상감이 담당하는 업무의 전문성과 다양성 때문이었다. 천문을 관측하는 사람, 역법을 계산하는 사람, 기상을 예측하는 사람, 그리고 풍수를 보는 사람까지 각자의 전문 영역에서 최고의 실력을 갖춘 이들이 한 곳에 모여 있었다.

관상감은 그야말로 조선 최고의 '싱크탱크'였다. 오늘날로 치면 국립과학원, 기상청, 국토연구원을 합친 것과 같은 곳이었다. 그중에서도 풍수 전문가들은 특별한 위치를 차지했다.

❖ 풍수 전문가들의 핵심 업무

관상감에 배치된 풍수 전문가들이 맡은 일은 국가의 운명과 직결되는 중대한 것들이었다.

첫째, 도읍과 궁궐 터 선정이었다. 한양 천도 이후에도 궁궐 증축, 별궁 건설, 행궁 조성 등 왕실 관련 건축은 끊이지 않았다. 이때마다 풍수 전문가들은 현장에 파견되어 지형을 살피고, 최적의 터를 찾아냈다. 경복궁의 확장, 창덕궁의 조성, 창경궁의 건립 이 모든 과정에 그들의 손길이 닿지 않은 곳이 없었다.

둘째, 왕릉 조성은 풍수 전문가들의 가장 중요한 임무였다. 왕이나 왕비가 승하하면, 관상감의 풍수 전문가들은 비상 체제에 돌입했다. 전국을 샅샅이 뒤져 최고의 명당을 찾아야 했다. 선정 과정은 매우 신중했다. 여러 후보지를 물색하고, 각각의 장단점을 분석한 뒤, 최종적으로 왕과 대신들 앞에서 프레젠테이션을 해야 했다.

동구릉, 서오릉, 서삼릉... 오늘날 우리가 보는 조선 왕릉들은 모두 이들의 정밀한 풍수 분석을 거쳐 조성된 것이다. 특히 태조 이성계의 건원릉을 조성할 때는 전국에서 가장 뛰어난 풍수가들이 총동원되어 6개월 넘게 답사를 다녔다고 한다.

셋째, 지방 고을의 치소 이전도 중요한 업무였다. 조선시대에는 고을의 중심지를 옮기는 일이 종종 있었다. 홍수나 화재 같은 재해가 반복되거나, 인구 변동으로 중심지 이동이 필요하거나, 혹은 '지기가 쇠했다'는 풍수적 진단이 내려질 때였다.

이런 경우 관상감의 풍수 전문가가 현지에 파견되었다. 그들은 몇 달씩 머물며 지형을 조사하고, 주민들의 의견을 수렴하며, 새로운 치소의 최적지를 찾았다. 오늘날 많은 도시들의 구도심과 신도심이 떨어져 있는 것도 이런 역사의 흔적이다.

넷째, 국방상 중요한 지형 분석은 풍수 전문가들의 숨겨진 임무였다. 산성을 쌓을 때, 진지를 구축할 때, 관문을 설치할 때 이 모든 과정에 풍수적 분석이 동원되었다.

특히 임진왜란과 병자호란을 겪은 후에는 이런 군사 풍수의 중요성이 더욱 커졌다. 북한산성, 남한산성의 축조 과정에도 관상감의 풍수 전문가들이 깊이 관여했다. 그들은 단순히 지형의 이점만 본 것이 아니라, '왕기를 보호하는' 풍수적 관점에서 최적의 방어선을 설계했다.

❖ 연구소이자 아카데미

관상감은 단순히 실무만 담당하는 곳이 아니었다. 이곳은 동시에 거대한 연구소이자 교육 기관이기도 했다.

선배 풍수가들은 후배들에게 현장 경험을 전수했다. 고전 풍수서를 함께 읽고 토론했으며, 새로운 이론을 연구하고 개발했다. 때로는 중국에서 들어온 최신 풍수서를 번역하고 주석을 다는 작업도 했다.

특히 주목할 만한 것은 관상감이 보유한 방대한 자료들이었다. 역대 왕릉의 풍수 도면, 전국 각지의 지형도, 명당으로 알려진 곳들의 상세한 기록, 이런 자료들은 관상감의 보물이었고, 풍수 전문가들은 이를 바탕으로 더욱 정교한 이론을 발전시켜 나갔다.

❖ 엘리트 집단의 자부심

관상감에서 일하는 풍수 전문가들은 강한 자부심을 가지고 있었다. 그들은 단순한 기술자가 아니라 '왕조의 운명을 좌우하는' 특별한 사람들이었다.

실제로 이들의 영향력은 대단했다. 왕릉 터를 잘못 잡으면 왕조가 위태로워진다고 믿어졌고, 도성의 풍수가 나쁘면 나라에 재앙이 닥친다고 여겨졌다. 따라서 이들의 의견은 때로 정승들의 의견보다도 중요하게 다뤄졌다.

물론 이런 영향력은 책임감으로 이어졌다. 만약 자신이 추천한 터에서 불길한 일이 생기면, 그 책임을 져야 했다. 실제로 어느 왕릉에서 이상한 일이 생기자, 당시 터를 잡은 풍수가가 파직되고 유배를 간 일도 있었다.

❖ 현대적 의미

오늘날의 시각으로 보면 관상감은 매우 독특한 조직이었다. 과학과 미신, 기술과 철학이 한데 어우러진 곳이었다. 천문 관측이라는 최첨단 과학을 하면서도, 동시에 땅의 기운을 읽는 신비주의적 작업도 병행했다.

하지만 그들 나름대로는 모든 것이 하나로 연결되어 있었다. 하늘의 별자리가 땅의 형세와 호응하고, 그것이 다시 인간의 운명과 연결된다는 것이 그들의 세계관이었다.

관상감의 풍수 전문가들은 이런 거대한 우주적 질서 속에서 최적의 조화점을 찾는 사람들이었다. 비록 그들의 이론이 현대 과학으로는 증명되지 않지만, 적어도 그들이 남긴 유산

— 한양의 도시 구조, 조선 왕릉의 아름다움, 전국 각지의 전통 도시들 — 은 여전히 우리 곁에 살아 숨 쉬고 있다. 그런 의미에서 관상감은 단순한 관청이 아니라, 조선이라는 문명이 하늘과 땅과 인간의 조화를 추구한 독특한 실험실이었다고 할 수 있을 것이다.

◈ 세습되는 전문 지식

✦ 가문의 전통이 만든 전문가 집단

조선시대 음양과 합격자들의 명단인 '방목(榜目)'을 펼쳐보면, 문과나 무과의 그것과는 확연히 다른 특징이 눈에 띈다. 다른 과거 급제자들의 명단이 간단한 인적사항만 기록한 것과 달리, 음양과 방목은 마치 족보를 보는 것처럼 상세하다.

4조(四祖)의 기록이 빼곡하다. 부친은 물론이고 조부, 증조, 심지어 외조부까지 꼼꼼히 적혀있다. 처가 쪽 인물들도 빠지지 않는다. 처부, 처조부의 이름과 관직이 나열되고, 형제와 친척들의 이력까지 세세히 기재되어 있다.

그런데 정말 놀라운 것은 다음 대목이다. 이들 친인척 대부분이 음양학과 관련된 경력을 가지고 있다는 사실이다.

예를 들어 어느 합격자의 가계를 보면, 증조부는 관상감 판관을 지냈고, 조부는 지리학 훈도였으며, 부친은 현직 관상감 관원이었다. 외가 쪽도 만만치 않아서 외조부는 음양과 출신이었고, 처부 역시 천문학 교수직에 있었다. 형제들을 봐도 큰형은 이미 음양과에 합격해 관상감에서 일하고 있었고, 작은 동생은 현재 음양학을 공부하는 중이었다.

이는 우연이 아니었다. 음양과 합격자의 70% 이상이 이런 '음양학 가문' 출신이었다. 3대, 4대에 걸쳐 대를 이어 음양학을 전공하는 가문들이 존재했던 것이다.

✦ 전문 지식의 벽, 그리고 해답

왜 이런 현상이 나타났을까? 답은 간단하다. 풍수학이 그만큼 어렵고 방대한 학문이었기 때문이다.

첫째, 이론 공부의 방대함이 있었다. 음양과 시험을 위해 암기해야 할 풍수 경전만 9권이었다. 각 책이 수백 페이지에 달했으니, 전체 분량은 어마어마했다. 게다가 단순 암기가 아니라 깊은 이해가 필요했다. 음양오행의 원리, 팔괘의 변화, 24방위의 의미, 이 모든 것이 유기적으로 연결되어 있어서 하나라도 제대로 이해하지 못하면 전체를 알 수 없었다.

둘째, 실습 훈련의 필수성이다. 책으로만 배운 풍수는 죽은 지식이었다. 실제 산과 물을 보고 지형을 분석할 수 있어야 했다. 어느 산이 청룡이고 어느 산이 백호인지, 물이 어디서 와서 어디로 빠져나가는지, 혈은 어디에 맺혔는지... 이런 것들은 오직 현장에서만 배울 수 있었다.

셋째, 천문 지식의 복잡성이었다. 풍수는 단순히 땅만 보는 학문이 아니었다. 하늘의 별자리와 땅의 형세를 연결시켜야 했고, 정확한 방위를 측정하려면 천문 계산이 필수였다. 28수(宿)의 위치, 북극성의 고도, 절기에 따른 태양의 움직임... 이 모든 것을 알아야 제대로 된 풍수 분석이 가능했다.

넷째, 역학적 사고의 깊이가 요구되었다. 풍수의 기초는 『주역』이었다. 64괘의 변화 원리를 이해하지 못하면 풍수의 깊은 뜻을 알 수 없었다. 음양의 조화, 오행의 상생상극, 팔괘의 방위 배치... 이런 철학적 기초 없이는 단순한 기술자에 머물 수밖에 없었다.

다섯째, 도면 작성 능력이 필수였다. 풍수 분석 결과를 그림으로 표현할 수 있어야 했다. 산세도, 수세도, 혈장도, 각종 도면을 정확하고 아름답게 그리는 것도 중요한 능력이었다.

❖ 가문이라는 최고의 교육 시스템

이 모든 것을 마스터하려면 최소한 10년 이상의 집중적인 교육이 필요했다. 그런데 당시에는 오늘날 같은 공교육 시스템이 없었다. 그렇다면 어디서 이런 전문 교육을 받을 수 있었을까?

바로 가문이었다. 음양학 가문은 그 자체로 최고의 교육 기관이었다.

아이가 글을 깨치면 할아버지가 『청오경』을 가르쳤다. 좀 더 크면 아버지가 나경(羅經) 사용법을 알려주었다. 삼촌은 주말마다 산으로 데리고 나가 실제 지형을 보며 용맥을 찾는 법을 가르쳤다. 저녁이면 온 가족이 모여 앉아 그날 본 지형에 대해 토론했다.

집안 곳곳이 교실이었다. 서재에는 대대로 내려온 풍수서들이 가득했고, 벽에는 역대 선조들이 그린 명당도가 걸려 있었다. 마당 한구석에는 천문 관측 도구들이 놓여 있었고, 사랑방에는 전국의 지도가 펼쳐져 있었다.

무엇보다 중요한 것은 '현장 경험의 전수'였다. 관상감에서 일하는 아버지나 삼촌이 중요한 프로젝트를 맡으면, 아이들을 데리고 갔다. 왕릉 터를 잡으러 갈 때, 새로운 고을의 치소를 정하러 갈 때, 아이들은 어른들을 따라다니며 살아있는 지식을 흡수했다.

이런 환경에서 자란 아이들에게 음양학은 특별히 배워야 할 학문이 아니라 일상 그 자체였다. 마치 목수의 아들이 자연스럽게 나무 다루는 법을 익히듯, 음양학 가문의 아이들은 자연스럽게 땅을 읽는 법을 배웠다.

◈ 사라진 교과서들의 미스터리

✤ 완전히 다른 두 시대의 교과서

고려시대와 조선시대의 풍수 시험 과목을 비교해보면 놀라운 사실을 발견하게 된다.

고려시대에는 『신집지리경』, 『유씨서』, 『지리결경』, 『경위령』, 『지경경』, 『구시결』, 『태장경』, 『가결』, 『소씨서』 등 9권이 시험 과목이었다. 그런데 이 책들은 현재 단 한 권도 남아있지 않다. 제목만 전해질 뿐, 내용은 물론이고 저자가 누구인지조차 알 수 없다.

반면 조선시대의 시험 과목 9권 중에는 6권이 현존한다. 『청오경』, 『금낭경』, 『호순신』, 『명산론』, 『지리신법』, 『의룡경』은 지금도 읽을 수 있다. 물론 3권은 사라졌지만, 그래도 고려시대와는 확연히 다른 보존율이다.

왜 이런 차이가 생겼을까? 시대가 더 오래된 고려의 책들이 모두 사라지고, 상대적으로 후대인 조선의 책들이 남아있다는 것은 자연스러운 현상으로 보기 어렵다.

✤ 태종의 대대적인 풍수서 정리

이 미스터리의 답은 조선 초기, 정확히는 태종 시대에 있었다.

1404년 한양 천도를 완료한 태종은 이듬해 파격적인 명령을 내렸다. 전국의 모든 풍수서를 수집하여 검토하라는 것이었다. 표면적인 이유는 '혼란스러운 풍수 이론을 정리하여 표준을 만들기 위함'이었다.

하지만 실제 목적은 달랐다. 태종은 풍수를 빌미로 한 정치적 선동을 원천 차단하려 했던 것이다. 실제로 고려 말부터 조선 초까지, 도선의 이름을 빌린 각종 비기(祕記)와 도참서들이 난무했다. "언젠가 왕씨가 다시 일어난다", "한양은 500년을 넘기지 못한다" 같은 불온한 예언들이 담긴 책들이었다.

태종의 명령에 따라 전국에서 풍수서들이 수거되었다. 관상감의 전문가들이 동원되어 책들을 분류하고 검토했다. 그 결과는 충격적이었다. 수집된 책의 절반 이상이 '불온서적'으로 분류되었다.

첫째, 정치적으로 위험한 책들이었다. 왕조 교체를 예언하거나, 특정 지역의 인물이 왕이 될 것이라는 내용이 담긴 책들이다. 이런 책들은 즉시 불태워졌다.

둘째, 이론적으로 혼란스러운 책들이었다. 같은 지형을 놓고 정반대의 해석을 하거나, 근거 없는 주장을 펼치는 책들이다. 이들도 폐기 대상이 되었다.

셋째, 미신적 요소가 강한 책들이었다. 풍수를 빙자한 무속 서적이나, 터무니없는 술법을 담은 책들이다. 유교적 합리주의를 추구하던 조선으로서는 용납할 수 없는 내용이었다.

이 대대적인 정리 작업에서 고려시대의 풍수서들이 집중적으로 표적이 되었다. 새 왕조의 입장에서 구 왕조의 책들은 그 자체로 위험했다. 특히 고려 왕실과 관련된 풍수 기록들은 철저히 제거되었다.

❖ 새로운 표준의 탄생

태종은 단순히 책을 없애는 데 그치지 않았다. 그는 새로운 풍수 교과서를 선정했다.

가장 중요한 변화는 『지리신법』의 채택이었다. 하륜이 한양 천도의 근거로 삼았던 이 책은 이제 조선 풍수의 새로운 표준이 되었다. 이기론(理氣論)에 기반한 이 책은 기존의 형세론 중심 풍수와는 확연히 달랐다. 보다 논리적이고 체계적이며, 무엇보다 정치적으로 안전했다.

『청오경』과 『금낭경』 같은 고전은 그 권위를 인정받아 살아남았다. 하지만 이들도 새로운 주석과 해석을 거쳐 '조선화'되었다. 왕조 교체나 반란을 암시하는 구절들은 다르게 해석되거나 아예 삭제되었다.

이는 단순한 교과서 교체가 아니었다. 풍수 패러다임 자체의 전환이었다. 신비주의적이고 예언적인 고려 풍수는 사라지고, 기술적이고 실용적인 조선 풍수가 그 자리를 대신했다.

미래를 예언하는 풍수에서 현재를 분석하는 풍수로, 운명을 결정하는 풍수에서 환경을 개선하는 풍수로, 신비의 영역에서 기술의 영역으로 이것이 조선이 추구한 새로운 풍수였다.

결과적으로 태종의 풍수서 정리는 성공적이었다. 조선 시대 내내 풍수를 빌미로 한 대규모 반란은 일어나지 않았다. 풍수는 여전히 중요했지만, 그것은 국가의 통제 아래 있는 '안전한' 풍수였다.

오늘날 우리가 고려시대 풍수에 대해 잘 알지 못하는 것도 이 때문이다. 태종의 불길 속에서 한 시대의 지식이 사라진 것이다. 역사의 아이러니랄까. 풍수를 지키려던 노력이 오히려 풍수의 한 갈래를 영원히 지워버린 셈이 되었다.

3. 태종의 풍수서 통제: 지식의 대숙청

◈ 한양 천도 그 이후의 과제

1404년, 마침내 한양이 조선의 수도로 확정되었다. 태종은 안도의 한숨을 내쉬었지만, 동시에 새로운 걱정이 시작되었다. 전국 각지에서 이상한 소문들이 들려왔다.

"도선의 비기에 따르면 한양은 500년을 넘기지 못한다더라." "왕씨가 다시 일어날 징조가 보인다는데..." "어느 산 아래서 신비한 책이 발견되었다더라."

태종은 직감했다. 풍수가 정치적 무기가 될 수 있다는 것을. 자신이 한양 천도에 풍수를 활용했듯이, 반대 세력도 얼마든지 풍수를 빌미로 반란을 일으킬 수 있었다.

1405년 봄, 태종은 역사적인 명령을 내렸다.

"전국의 모든 풍수서를 수집하여 대궐로 가져오라. 단 한 권도 빠짐없이."

◈ 전국적인 수거 작전

명령이 떨어지자 전국이 들썩였다. 각 도의 관찰사들은 군현에 긴급 공문을 보냈고, 수령들은 이정들을 동원해 집집마다 풍수서를 수색했다.

"풍수서를 숨기는 자는 역모와 같은 죄로 다스릴 것이다!"

엄포에 놀란 백성들은 집안에 보관하던 책들을 내놓기 시작했다. 서당의 훈장들, 절간의 승려들, 시골의 풍수꾼들... 모두가 자신이 가진 풍수서를 관아로 가져왔다.

불과 석 달 만에 한양으로 모여든 책은 무려 3,000여 권. 창덕궁 후원에 임시 서고를 마련해야 할 정도였다. 책들의 종류도 다양했다. 정식으로 간행된 책부터 손으로 베낀 필사본, 심지어 거적에 쓴 비기까지 있었다.

◈ 분류와 심사, 그리고 선별

태종은 관상감의 최고 전문가들을 소집했다. 그리고 특별 심사단을 구성해 모든 책을 검토하도록 했다. 심사 기준은 명확했다:

첫째, 정치적 위험성

- 왕조 교체를 예언하는가?
- 특정 지역이나 가문을 띄우는가?
- 반란을 선동할 소지가 있는가?

둘째, 이론적 타당성

• 논리적 일관성이 있는가?

• 기존 이론과 지나치게 상충하는가?

• 검증 가능한 내용인가?

셋째, 미신적 요소

• 술법이나 주술이 포함되어 있는가?

• 괴력난신을 조장하는가?

• 유교적 합리주의에 반하는가?

심사단은 밤낮없이 책을 읽고 분류했다. 그 결과는 충격적이었다:

• 즉시 폐기: 1,800권 (60%)

• 수정 후 보존: 900권 (30%)

• 원본 보존: 300권 (10%)

◈ 불타는 지식, 사라지는 시대

1405년 가을, 창덕궁 후원에서 거대한 불길이 솟아올랐다. 3일 밤낮으로 이어진 분서(焚書)였다.

불길 속으로 사라진 책들 중에는 고려시대의 귀중한 문헌들이 대거 포함되어 있었다. 『도선비기』, 『삼각산명당기』, 『고려왕릉풍수도』, 한 시대의 지적 유산이 재가 되어 흩어졌다.

특히 고려 왕실과 관련된 풍수 기록은 철저히 제거되었다. 개경의 풍수, 고려 왕릉의 비밀, 왕씨 가문의 명당, 이 모든 것이 역사에서 지워졌다. 새 왕조에게 구 왕조의 신성함은 위험한 것이었다.

태종은 불타는 책들을 바라보며 만족스러운 미소를 지었다. 하지만 관상감의 노학자들은 안타까운 표정을 감추지 못했다. 비록 정치적으로 위험할지라도, 그것들은 모두 선조들의 지혜가 담긴 귀중한 유산이었기 때문이다.

◈ 새로운 교과서의 등장: 조선 풍수의 탄생

❖ 파괴 뒤의 건설

태종은 단순한 파괴자가 아니었다. 그는 낡은 것을 부수고 새로운 것을 세우려 했다.

1406년, 대대적인 분서가 끝난 뒤 태종은 새로운 프로젝트를 발표했다.

"이제 혼란은 정리되었다. 새로운 표준을 만들 때다."

관상감에 특별 편찬위원회가 구성되었다. 임무는 명확했다. 조선의 새로운 풍수 교과서를 선정하고, 필요하다면 새로 편찬하는 것이었다.

❖ 『지리신법』, 새 시대의 표준

위원회가 가장 먼저 주목한 것은 『지리신법』이었다. 하륜이 한양 천도의 근거로 삼았던 바로 그 책이다.

이 책이 선택된 이유는 분명했다:

- 정치적 안전성: 예언이나 도참이 없음
- 이론적 체계성: 논리적이고 일관된 구성
- 실용적 가치: 실제 적용 가능한 기술

무엇보다 이 책은 '이기론(理氣論)'에 기반하고 있었다. 형세만 보는 것이 아니라 방위와 시간을 계산하는 보다 '과학적'인 방법론이었다. 신비주의보다는 기술을, 직관보다는 계산을 중시하는 조선의 정신과 잘 맞았다.

❖ 고전의 재해석

『청오경』과 『금낭경』 같은 고전들도 살아남았다. 하지만 이들은 철저한 검열과 재해석을 거쳐야 했다.

예를 들어 『청오경』의 한 구절: "왕기(王氣)는 500년마다 옮겨간다"

이런 구절은 위험했다. 조선이 500년 뒤 망한다고 해석될 수 있었기 때문이다. 편찬위원회는 이를 다르게 해석했다: "왕기는 적절한 비보(裨補)를 통해 연장될 수 있다"

이런 식으로 모든 위험한 구절들이 순화되거나 재해석되었다. 왕조 교체의 필연성은 왕조 유지의 가능성으로, 운명론은 노력론으로 바뀌었다.

❖ 새로운 커리큘럼의 완성

1407년, 마침내 조선의 새로운 풍수 교과서 9권이 확정되었다:

1. 『청오경』: 풍수의 기본 원리
2. 『금낭경』: 음택 풍수의 정수

3. 『호순신』: 이기론의 기초

4. 『명산론』: 산세 분석법

5. 『지리신법』: 방위 계산법

6. 『의룡경』: 용맥 찾기

7. 『지리인자수지』: 종합 이론서

8. 『명산정의』: 사례 연구

9. 『팔택명경』: 양택 풍수

이 중 6권이 오늘날까지 전해지는 것은 결코 우연이 아니다. 조선이 선택한 책들은 그만큼 '생존력'이 강했던 것이다.

◆ 전문가 집단의 형성: 새로운 엘리트의 탄생

❖ 통제된 지식, 특권이 된 전문성

태종의 풍수서 통제는 의외의 결과를 낳았다. 풍수 지식이 희소해지면서 오히려 풍수 전문가의 가치가 올라간 것이다.

이제 풍수는 아무나 할 수 있는 것이 아니었다. 국가가 인정한 교육을 받고, 국가가 주관하는 시험을 통과한 사람만이 풍수를 할 수 있었다. 불법 풍수는 엄하게 처벌되었다.

❖ 엘리트 집단의 특성

조선의 풍수 전문가들은 독특한 위치를 차지했다:

학문적 권위를 가졌다. 그들은 어려운 시험을 통과한 인정받은 전문가였다. 9권의 경전을 모두 암기하고, 복잡한 계산을 해낼 수 있는 지적 엘리트였다.

사회적 지위가 보장되었다. 종8품으로 시작해 정3품까지 오를 수 있었다. 이는 문과 급제자에 버금가는 대우였다.

경제적 안정을 누렸다. 관상감 소속으로 평생직장이 보장되었고, 왕실 프로젝트에 참여하면 특별 수당도 받았다.

문화적 영향력을 행사했다. 도읍 선정, 왕릉 조성, 관아 이전 등 국가 중대사에 그들의 의견이 반영되었다.

❖ 견제와 균형의 묘

흥미로운 것은 유교 지식인과 풍수 전문가의 관계였다.

유교 지식인들은 풍수를 무시하면서도 무시할 수 없었다. 왕이 풍수를 중시하는 한, 그들도 풍수의 영향력을 인정해야 했다. 하지만 동시에 풍수가 지나치게 영향력을 행사하는 것은 경계했다.

풍수 전문가들은 유교 지식인들의 비판을 의식하면서도 자신들의 전문성을 지켜나갔다. 그들은 점점 더 '과학적'이고 '합리적'인 풍수를 추구했다. 신비주의를 벗어던지고 기술로서의 풍수를 강조했다.

이런 긴장 관계는 오히려 건전했다. 양측이 서로를 견제하면서도 보완했기 때문이다. 유교가 이념을, 풍수가 기술을 담당하는 분업 체계가 만들어진 것이다.

◈ 조선 풍수의 특징: 길들여진 야생마

✤ 네 가지 특성

태종의 개혁을 거쳐 탄생한 조선 풍수는 고려 풍수와 확연히 달랐다:

제도화되었다. 더 이상 떠돌이 지관이나 산속의 도사가 하는 것이 아니었다. 국가가 인정하는 공식 학문이 되었다.

전문화되었다. 체계적인 교육 과정과 엄격한 시험 제도가 만들어졌다. 아마추어와 프로의 경계가 명확해졌다.

세속화되었다. 신비주의적 요소는 최대한 배제되었다. 대신 측량, 계산, 도면 작성 같은 기술적 측면이 강조되었다.

실용화되었다. 미래를 예언하는 것이 아니라 현재를 개선하는 도구가 되었다. 국토 계획과 도시 설계에 활용되었다.

◈ 야생의 풍수, 제도의 품에 안기다

태종이 한 일은 결국 '길들이기'였다.

고려시대의 풍수는 야생마 같았다. 자유롭고 강력했지만, 언제 어디로 튈지 알 수 없었다. 도선의 이름을 빌려 누구나 예언을 하고, 누구나 명당을 점지했다. 그것은 때로 왕조를 위협하는 무기가 되었다. 태종은 이 야생마를 길들였다. 우선 위험한 놈들은 도태시켰다. 그리고 남은 놈들은 마구간에 가두고 고삐를 채웠다. 먹이는 국가가 주고, 달리는 방향도 국가가 정했다.

어떤 이는 이를 풍수의 거세라고 비판할지 모른다. 하지만 다르게 보면 풍수의 생존 전략이기도 했다. 만약 태종이 풍수를 통제하지 않았다면, 풍수는 아예 폐지되었을지도 모른다. 통제는 곧 인정이었다. 국가가 관리할 만큼 중요하다는 뜻이었다. 그래서 풍수는 조선 500년을 살아남을 수 있었다.

◈ 오늘날의 교훈

태종의 풍수 개혁은 오늘날에도 시사하는 바가 크다.

새로운 것을 만들려면 때로는 낡은 것을 부숴야 한다. 하지만 무작정 부수기만 해서는 안 된다. 가치 있는 것은 보존하고, 위험한 것은 제거하며, 애매한 것은 개조해야 한다.

또한 통제와 자유의 균형이 중요하다. 너무 통제하면 창의성이 죽고, 너무 자유롭게 두면 혼란이 온다. 적절한 긴장이 발전을 낳는다.

태종은 이 균형을 잘 잡았다. 그 결과 조선은 독특한 풍수 문화를 꽃피울 수 있었다. 비록 야생의 활력은 잃었을지언정, 세련되고 체계적인 새로운 전통을 만들어낸 것이다. 이것이 바로 조선식 개혁의 지혜였다. 버릴 수 없으면 품어 안되, 품어 안으려면 먼저 길들여라. 그렇게 풍수는 조선이라는 집에서 500년을 함께 살게 되었다.

4. 풍수서를 통제하라: 태종의 마지막 전쟁

◈ 재위 마지막 해의 대대적인 정리

1418년, 태종 18년. 왕위에 오른 지 18년째 되는 해, 이미 세자(후의 세종)에게 왕위를 물려줄 준비를 하고 있던 태종은 마지막으로 해야 할 일이 있었다. 바로 고려의 잔재를 완전히 청산하는 것이었다.

어느 날 대신들을 불러 모은 태종의 표정은 단호했다.

"아직도 민간에는 온갖 풍수서들이 떠돌고 있다. 도선의 이름을 빌린 위서들, 왕조의 운명을 함부로 점치는 불온서적들... 이제 이 모든 것을 끝낼 때가 되었다."

태종의 명령은 간단명료했다. 전국에 남아있는 모든 풍수서를 수거하여 불태우라는 것이었다. 13년 전인 1405년에도 대대적인 풍수서 정리가 있었지만, 이번에는 더욱 철저했다.

"단 한 권도 남기지 마라. 집에 풍수서를 숨기는 자가 있다면, 그가 누구든 엄벌에 처하라."

◈ 최고형: 태형 백 대, 유배 삼천 리

태종이 정한 처벌은 가혹했다. '태형 백 대, 유배 삼천 리' 이는 당시 사형 다음으로 무거운 형벌이었다.

태형 백 대는 사실상 죽음을 의미했다. 건장한 사람도 50대를 맞으면 반죽음이 되는데, 100대라면 목숨을 부지하기 어려웠다. 설령 살아남는다 해도 평생 불구가 되기 십상이었다.

그리고 유배 삼천 리. 한양에서 3천 리면 거의 국경 끝자락이었다. 함경도 최북단이나 제주도처럼 극한의 오지로 보내져 평생 돌아올 수 없게 되는 것이었다.

이렇게 무거운 형벌을 정한 것은 그만큼 풍수서를 위험하게 봤다는 뜻이다. 실제로 풍수서는 당시로서는 가장 위험한 '사상서'였다.

"언젠가 이씨 왕조는 망하고 새로운 성씨가 등장한다" "한양의 왕기는 500년을 넘지 못한다" "진인(眞人)이 남쪽에서 일어날 것이다"

이런 예언들이 담긴 책들이 민간에 퍼지면, 그것은 곧 반란의 불씨가 될 수 있었다. 마치 오늘날의 급진 사상서가 체제를 위협하듯, 풍수서는 왕조의 정통성 자체를 흔들 수 있는 무기였다.

◈ 불타는 책들, 사라지는 시대

전국에서 수거된 풍수서들이 다시 한양으로 모여들었다. 이번에는 13년 전보다 훨씬 많았다. 그동안 숨겨두었던 책들까지 모두 나온 것이다.

경복궁 앞마당에 거대한 화톳불이 피어올랐다. 수천 권의 책이 불길 속으로 던져졌다.

『도선밀기』, 『옥룡기』, 『감룡경』, 『명산기』…

고려 500년의 지혜가 담긴 책들이 잿더미로 변했다. 특히 도선의 이름이 들어간 책은 내용을 불문하고 모두 불태워졌다. 도선은 고려의 상징이었고, 새 왕조에게 고려의 상징은 위험한 것이었다.

노학자들은 안타까운 표정을 감추지 못했다. 비록 정치적으로 위험할지라도, 그것들은 모두 조상들의 지혜가 담긴 소중한 유산이었다. 하지만 감히 반대할 수는 없었다. 태종의 의지는 확고했다.

◈ 『장일통요』: 유일하게 허락된 풍수서

❖ 파괴 후의 건설

하지만 태종은 무작정 파괴만 한 것은 아니었다. 그는 명령했다.

"비록 풍수서들을 없애지만, 그 중 유용한 내용들은 따로 정리하라. 장례와 묘지에 관한 기본적인 지식은 백성들에게 필요하니, 이를 한 권의 책으로 만들어라."

이렇게 해서 편찬된 것이 『장일통요(葬日通要)』였다. '장사 날짜를 정하는 요령'이라는 뜻의 이 책은, 수천 권의 풍수서에서 추려낸 핵심만을 담은 일종의 '공인 매뉴얼'이었다.

❖ 현실적 필요성

태종이 이런 책을 만들게 한 데는 현실적인 이유가 있었다.

첫째, 태종 자신이 부왕 태조의 장례를 치르면서 겪은 어려움이었다. 5개월이나 걸린 긴 장례 과정에서 풍수설을 둘러싼 논란이 끊이지 않았다. 명당을 찾는다며 시신을 모신 채 전국을 떠돌아야 했고, 이런 날은 안 되고 저런 방위는 피해야 한다는 금기들 때문에 진이 빠질 지경이었다.

둘째, 민간의 폐습이 심각했다. 자손이 많은 집안일수록 금기가 많아서, 심한 경우 10년이 넘도록 장사를 치르지 못하는 일도 있었다. 시신을 임시로 묻어두고 '좋은 날'을 기다리다가 결국 제대로 된 장례도 치르지 못하는 경우가 빈번했다.

셋째, 계급에 따른 묘지 면적 규정이 필요했다. 태종은 이미 재위 4년에 신분에 따라 분묘 면적을 제한하는 법령을 내렸었다. 하지만 풍수를 핑계로 이를 어기는 일이 많았다. "이곳은 명당이니 넓게 써야 한다"는 식이었다.

❖ 통제된 지식의 표준화

『장일통요』는 이런 문제들을 해결하기 위한 표준 지침서였다.

• 장례 날짜를 정하는 간단한 원칙
• 묘지 방향을 정하는 기본 방법
• 신분에 따른 묘지 규모 규정
• 금기 사항의 최소화

복잡하고 신비로운 풍수 이론은 모두 빠졌다. 대신 실용적이고 간단한 원칙만 남았다. 이는 풍수의 '대중화'인 동시에 '거세'이기도 했다.

❖ 사라진 책의 미스터리

아이러니하게도 이렇게 중요한 『장일통요』마저 현재는 전하지 않는다. 세종 1년(1419)에 간행되었다는 기록만 남아있을 뿐, 책 자체는 사라졌다.

왜 사라졌을까? 여러 추측이 가능하다. 임진왜란 때 불탔을 수도 있고, 시대가 바뀌면서 더 이상 필요 없어져 자연스럽게 사라졌을 수도 있다. 혹은 후대에 또 다른 금서 정책이 있었을지도 모른다.

◈ 풍수 지식의 통제, 그 의미와 결과

❖ 새 왕조의 생존 전략

태종의 풍수서 통제는 단순한 미신 타파가 아니었다. 그것은 새 왕조의 생존 전략이었다. 고려는 도선의 풍수설에 힘입어 건국되었고, 500년 내내 풍수를 국가 이데올로기로 삼았다.

그런데 조선이 똑같은 풍수를 그대로 받아들인다면? 그것은 고려의 정통성을 인정하는 것이나 마찬가지였다.

조선은 다른 풍수가 필요했다. 고려의 풍수가 신비주의적이고 예언적이었다면, 조선의 풍수는 실용적이고 기술적이어야 했다. 왕조의 운명을 점치는 풍수가 아니라, 국토를 관리하는 풍수여야 했다.

❖ 엄청난 문화적 손실

하지만 이 과정에서 잃은 것도 많았다.

오늘날 우리가 고려시대 풍수서를 단 한 권도 볼 수 없는 것은 바로 이 때문이다. 『신집지리경』, 『유씨서』, 『지리결경』, 고려시대 풍수 시험 과목이었던 9권의 책들이 모두 사라진 것도 이때의 일로 추정된다.

이는 단순히 책 몇 권이 사라진 것이 아니다. 한 시대의 사상과 문화, 지혜와 전통이 통째로 사라진 것이다. 마치 진시황의 분서갱유처럼, 역사의 한 부분이 지워진 것이다.

흥미롭게도 중국도 사정이 비슷하다. 중국의 고대 풍수서들도 대부분 원문은 사라지고 후대 책에 인용된 구절만 남아있다. 이는 중국에서도 비슷한 통제가 있었음을 시사한다.

❖ 통제의 역설

그런데 여기에는 역설이 있다.

태종이 풍수서를 그토록 엄격히 통제했다는 것은, 그만큼 풍수의 영향력이 컸다는 반증이다. 만약 풍수가 단순한 미신에 불과했다면, 굳이 그렇게까지 할 필요가 있었을까?

'태형 백 대, 유배 삼천 리'라는 극형을 정한 것도 마찬가지다. 그만큼 사람들이 풍수서를 찾고, 읽고, 믿었다는 뜻이다. 금지할수록 더 찾게 되는 것이 인간의 심리라면, 어쩌면 태종의 금서 정책은 오히려 풍수에 대한 신비감을 더했을지도 모른다.

❖ 500년 후의 평가

태종의 풍수서 통제 정책을 어떻게 평가해야 할까?

한편으로는 필요악이었다고 볼 수 있다. 새 왕조를 안정시키고, 무분별한 미신을 막으며, 사회 질서를 확립하기 위해서는 어쩔 수 없는 선택이었다.

다른 한편으로는 문화적 야만이었다고도 할 수 있다. 아무리 정치적 이유가 있다 해도, 한 민족의 정신적 유산을 불태운 것은 돌이킬 수 없는 손실이다.

◈ 오늘날의 교훈

태종의 풍수서 통제는 오늘날에도 중요한 질문을 던진다.

국가는 사상과 지식을 통제할 권리가 있는가? 안정을 위해 자유를 제한하는 것은 정당한가? 위험한 사상이라는 이유로 책을 불태우는 것은 옳은가?

이런 질문들은 21세기에도 여전히 유효하다. 인터넷 검열, 가짜뉴스 규제, 극단주의 콘텐츠 차단, 형태는 바뀌었지만 본질은 같다.

태종이 풍수서를 불태운 지 600년이 지났다. 하지만 지식과 권력, 자유와 통제 사이의 긴장은 여전히 계속되고 있다.

역사는 반복된다고 했던가. 오늘날 우리가 '위험하다'고 금지하는 것들이, 먼 훗날에는 어떻게 평가받을까? 우리도 후손들에게 '문화적 손실'을 물려주고 있는 것은 아닐까?

태종의 풍수서 통제는 그래서 단순한 옛이야기가 아니다. 그것은 오늘을 사는 우리에게도 여전히 살아있는 질문이다.

5. 헌릉 봉요산맥의 통행을 금하라! 아니 허하라!

◆ 34년간의 대논쟁, 그 시작

세종 12년(1430) 봄, 조정이 발칵 뒤집혔다. 평범해 보이는 한 통의 상소가 올라왔는데, 그것이 무려 34년간 이어질 대논쟁의 시작이 될 줄은 아무도 몰랐다.

"전하, 헌릉의 봉요산맥을 백성들이 함부로 넘나들고 있습니다. 이는 왕릉의 지기를 손상시키는 중대한 일이옵니다."

상소를 올린 사람은 관상감의 풍수 전문가 최양선(崔揚善)이었다. 그가 문제 삼은 곳은 태종과 원경왕후의 능인 헌릉 뒤편 산맥이었다. 지금의 서울 양재에서 분당으로 가는 길 왼쪽, 내곡동에 위치한 이 능은 대모산과 구룡산 사이의 고개를 뒤로 하고 있었다.

✤ 봉요(蜂腰): 벌의 허리

최양선이 특별히 주목한 것은 이 고개의 형상이었다.

"저 고개를 보십시오. 마치 벌의 가느다란 허리처럼 잘록한 모습입니다. 이것이 바로 풍수에서 말하는 봉요(蜂腰)입니다."

봉요학슬지처(蜂腰鶴膝之處): 벌의 허리와 학의 무릎 같은 곳. 이는 풍수에서 '묻지도 따지지도 말고 명당'이라고 부르는 최고의 길지를 가리키는 말이었다. 가느다란 허리처럼 잘록한 산맥을 통해 천지의 기운이 모이고, 그 기운이 아래 혈처로 응축된다는 것이다.

"이렇게 귀한 곳을 백성들이 마구 밟고 다닌다면, 그 정기가 흩어질 것입니다. 마땅히 통행을 금해야 합니다."

✤ 생활의 불편 vs 왕릉의 존엄

하지만 문제는 간단하지 않았다. 이 봉요 고개는 단순한 산길이 아니었다. 고개 양쪽에 사는 백성들에게는 생활의 젖줄이었다.

오늘날로 치면 강남구 개포동과 세곡동 지역 주민들이 서로 왕래하려면 반드시 이 고개를 넘어야 했다. 시장을 가려면, 친척을 만나려면, 관아에 볼일을 보려면 모두 이 길을 통해야 했다. 만약 이 길이 막힌다면 멀리 돌아가야 했는데, 그 거리가 수십 리나 되었다.

세종은 고민에 빠졌다. 부왕의 능을 보호하는 것도 중요했지만, 백성들의 불편을 외면할 수도 없었다.

"백성이 편해야 나라가 편하다 하지 않았는가. 다른 의견은 없는가?"

❖ 고중안의 반박: 밟아야 복이 된다

이때 관상감의 또 다른 풍수 전문가 고중안(高仲安)이 나섰다.

"전하, 최양선의 말은 일리가 있으나 전부는 아닙니다. 오히려 사람들이 다니는 것이 땅에 복이 될 수 있습니다."

좌중이 술렁였다. 같은 관상감 내에서 정반대의 의견이 나온 것이다.

고중안의 논리는 이랬다:

"땅의 기운이란 고여 있으면 썩습니다. 물이 흐르지 않으면 썩듯이 말입니다. 적당한 인기(人氣)가 더해져야 땅의 기운도 활성화됩니다. 게다가 백성들이 다니면서 자연스럽게 왕릉을 우러러보고 선왕을 기리게 되니, 이것이야말로 진정한 추모가 아니겠습니까?"

❖ 팽팽한 논쟁

두 전문가의 대립은 조정 전체로 확산되었다.

통행 금지파 (최양선 지지)

• 봉요는 천하의 명당, 함부로 훼손해서는 안 됨

• 사람의 발길이 지맥을 끊을 수 있음

• 왕릉의 존엄성 훼손

• 불편하더라도 우회해야 함

통행 허가파 (고중안 지지)

• 인기가 더해져야 땅도 살아남

• 막힌 기운은 오히려 해로움

• 백성의 생활권 보장이 우선

• 선왕도 백성의 불편을 원치 않을 것

세종은 이 논쟁을 지켜보며 깊은 고민에 빠졌다. 두 주장 모두 나름의 논리가 있었다. 게다가 두 사람 모두 관상감의 정식 풍수 전문가였으니, 누구의 말이 맞는지 판단하기 어려웠다.

✤ 세종의 갈팡질팡

세종의 결정은 오락가락했다.

처음에는 최양선의 주장을 받아들여 통행을 금지했다. 그러자 백성들의 원성이 자자했다. 몇 리 길을 수십 리 돌아가야 하니 고통이 이만저만이 아니었다.

"전하, 저희가 무슨 죄가 있다고 이런 고통을 받아야 합니까?"

백성들의 호소에 마음이 약해진 세종은 다시 통행을 허가했다. 그러자 이번에는 최양선이 상소를 올렸다.

"전하, 당장의 불편보다 왕조의 천년 대계를 생각하소서. 지금 잠시 막지 않으면 후손들이 천년을 후회할 것입니다."

이런 식으로 세종은 재위 기간 내내 결정을 번복했다. 어떤 해는 통행을 금지했다가, 다음 해에는 다시 허가하는 일이 반복되었다.

신하들도 갈팡질팡하는 왕을 보며 답답해했지만, 세종의 고민을 이해하지 못하는 바는 아니었다. 과학을 중시하는 세종이었지만, 선왕의 능에 관한 일이라 함부로 결정할 수도 없었던 것이다.

✤ 문종의 절충안: 박석을 깔자

세종 32년(1450), 왕위를 이은 문종은 이 골치 아픈 문제를 물려받았다. 총명한 문종은 새로운 해결책을 모색했다.

"두 주장이 모두 일리가 있다. 그렇다면 절충안을 찾아보자."

고민 끝에 나온 아이디어가 바로 '박석(薄石) 포장'이었다.

"봉요 고개에 얇은 돌을 깔아 포장하면 어떻겠는가? 그러면 사람들이 다녀도 직접 땅을 밟지 않으니 지맥이 보호될 것이고, 백성들도 편하게 다닐 수 있을 것이다."

신하들은 감탄했다. 과연 명민한 해결책이었다.

공사가 시작되었다. 정성껏 다듬은 박석들이 고개 길을 따라 깔렸다. 마치 오늘날의 보도블록처럼, 땅과 사람 사이에 완충 역할을 하는 돌길이 만들어진 것이다.

한동안 모두가 만족했다. 백성들은 편하게 다닐 수 있었고, 풍수가들도 지맥이 보호된다며 안심했다.

❖ 세조의 등장과 최종 결정

하지만 평화는 오래가지 못했다.

세조가 즉위하자 최양선이 다시 나섰다. 그는 더욱 강경한 주장을 펼쳤다.

"박석을 깔았다 한들, 수많은 사람이 밟으면 그 무게와 진동이 땅속까지 전해집니다. 이는 마치 바늘로 혈을 찌르는 것과 같습니다. 당장은 모르지만 세월이 지나면 반드시 화가 될 것입니다."

최양선은 준비해온 자료를 펼쳤다. 중국의 사례, 고려시대의 기록, 각종 풍수서의 구절들, 그의 주장은 이전보다 훨씬 체계적이고 논리적이었다.

반면 고중안은 이미 나이가 들어 예전 같은 열정이 없었다. 게다가 세조는 즉위 과정에서 많은 피를 흘린 터라, 조상의 음덕을 더욱 중시하는 분위기였다.

❖ 풍수설 자체에 대한 의문

흥미롭게도 이 시기에 일부 유학자들 사이에서는 풍수설 자체에 대한 의문이 제기되기 시작했다.

"땅의 기운이 사람의 운명을 좌우한다는 것이 과연 이치에 맞는가?" "공자께서는 괴력난신을 말하지 않으셨는데..."

하지만 이런 근본적인 의문은 아직 소수 의견에 불과했다. 대부분의 사람들은 여전히 풍수의 영향력을 믿었고, 특히 왕릉과 관련된 일에서는 더욱 그랬다.

❖ 최종 결정: 통행 금지

세조 10년(1464), 마침내 34년에 걸친 대논쟁이 끝났다.

"과인이 결정했다. 헌릉 봉요산맥의 통행을 영구히 금지한다. 위반하는 자는 엄벌에 처할 것이다."

세조의 결정은 단호했다. 그리고 그 이유를 밝혔다.

"비록 백성의 불편이 있으나, 선왕의 능을 보호하는 것이 후손의 도리다. 만에 하나라도 화가 생긴다면 어찌 그 죄를 감당하겠는가. 차라리 지나치게 조심하는 것이 낫다."

결국 최양선의 승리였다. 고중안은 쓸쓸히 관직에서 물러났고, 봉요 고개는 굳게 닫혔다.

◈ 오늘날의 흔적과 교훈

✦ 역사의 아이러니

재미있는 것은 오늘날 그 '봉요 고개'가 어디인지 정확히 아는 사람이 거의 없다는 점이다.

대모산과 구룡산 사이 어딘가... 아마도 지금의 분당-수서 고속화도로가 지나는 그 즈음일 것으로 추정될 뿐이다. 34년간 조정을 들썩이게 했던 그 중요한 고개가, 이제는 아스팔트 도로 아래 묻혀 있을 것이다.

당시 그토록 신성시했던 지맥은 이미 숱한 개발로 끊어진 지 오래다. 아파트가 들어서고, 도로가 뚫리고, 지하철이 지나간다. 최양선이 그토록 걱정했던 '지맥 손상'은 상상도 못 할 수준으로 일어났다.

그런데도 헌릉은 여전히 그 자리에 있다. 나라가 망하지도 않았고, 특별한 재앙이 일어나지도 않았다.

✦ 전문가 논쟁의 전형

헌릉 봉요산맥 논쟁은 여러 면에서 시사점을 준다.

첫째, 전문가들 사이에서도 의견이 갈릴 수 있다는 점이다. 최양선과 고중안은 모두 국가가 인정한 풍수 전문가였다. 같은 교육을 받고 같은 시험을 통과했지만, 정반대의 결론에 도달했다.

둘째, 권력자의 성향이 결정에 미치는 영향이다. 세종은 백성을 생각해 고민했고, 문종은 절충을 시도했으며, 세조는 조상 숭배를 택했다. 같은 문제도 누가 결정하느냐에 따라 결과가 달라진다.

셋째, 시대정신의 변화다. 조선 초기에는 그토록 중요했던 풍수 논쟁이, 오늘날에는 그저 흥미로운 옛이야기가 되었다. 무엇이 진리인지는 시대에 따라 달라진다.

✦ 현대적 의미

하지만 이 논쟁이 단순히 옛날이야기만은 아니다. 형태만 바뀌었을 뿐, 비슷한 논쟁은 오늘날도 계속되고 있다.

환경 보호 vs 개발문화재 보존 vs 주민 편의전문가 의견 vs 민주적 결정

34년 전 헌릉 봉요산맥을 둘러싼 논쟁은, 오늘날 우리가 매일 부딪히는 딜레마의 원형이었던 셈이다.

결국 정답은 없다. 다만 그 시대 사람들이 최선을 다해 고민하고 결정할 뿐이다. 세종이 그랬고, 문종이 그랬으며, 세조가 그랬듯이. 그리고 훗날 역사는 그 결정을 평가할 것이다. 때로는 현명했다고, 때로는 어리석었다고. 하지만 적어도 그들이 진지하게 고민했다는 사실만은 인정해야 할 것이다.

오늘날 우리의 결정도 마찬가지다. 500년 후 후손들이 우리를 어떻게 평가할지는 알 수 없다. 다만 우리도 최선을 다해 고민하고 결정할 뿐이다.

헌릉 봉요산맥의 34년 논쟁이 우리에게 주는 가장 큰 교훈은 바로 이것이 아닐까.

6. 명당이 아니라면 대안은?: 세종시대 경복궁 논쟁의 전말

◆ 평화로운 아침을 깨운 폭탄선언

1433년 세종 15년, 이른 봄날의 조회는 여느 때와 다름없이 시작되었다. 백관들이 정렬하고, 왕이 어좌에 앉아 국사를 논하는 일상적인 풍경이었다. 그런데 관상감의 한 관리가 앞으로 나서며 상소를 올렸다. 풍수 전문가 최양선이었다.

"전하, 소신이 아뢰올 말씀이 있사옵니다."

세종은 고개를 끄덕였다. 관상감에서 올리는 보고는 대개 천문 현상이나 절기에 관한 것이었다. 그런데 최양선의 다음 말은 조정을 충격에 빠뜨렸다.

"전하께서 계신 경복궁은... 명당이 아니옵니다."

순간 대전 안이 얼어붙었다. 경복궁은 조선의 법궁이었다. 태조 이성계가 한양 천도와 함께 가장 먼저 지은 궁궐이며, 이미 40년 넘게 역대 왕들이 정사를 돌본 곳이었다. 그런 경복궁이 명당이 아니라니? 이는 조선 왕조의 정당성 자체를 흔드는 발언이었다.

좌의정 황희가 벌떡 일어났다. 70세가 넘은 노재상의 얼굴에 분노가 어렸다.

"무엄하도다! 감히 태조께서 정하신 왕궁을 폄하하는가!"

이조판서 신상도 목소리를 높였다.

"그대가 무슨 자격으로 선왕의 결정을 뒤집으려 하는가? 경복궁은 무학대사께서도 인정하신 천하의 명당이 아니던가!"

하지만 최양선은 물러서지 않았다. 오히려 준비해온 도면을 펼치며 차분하게 설명하기 시작했다.

"소신이 어찌 감히 근거 없이 이런 말씀을 드리겠습니까. 여기 한양의 지세도를 보십시오. 경복궁은 분명 좋은 터이지만, 완벽한 명당은 아니옵니다. 백악산의 기운이 너무 강하여 오히려 왕기를 누르고 있으며, 청계천의 물길이 너무 급하여 재물이 모이지 않습니다."

◈ 뜻밖의 동조자, 이양달의 등장

최양선의 주장이 일단락되자, 또 다른 인물이 나섰다. 관상감에서 천문학을 겸하고 있던 이양달이었다. 그는 평소 신중하기로 유명한 인물이었는데, 이번에는 최양선의 편에 섰다.

"신도 한 말씀 올리겠습니다. 최양선의 말이 전적으로 틀린 것은 아니옵니다. 경복궁도 물론 훌륭한 터이지만, 신이 최근 살펴본 바로는 승문원 자리의 내맥이 예사롭지 않습니다."

승문원은 외교 문서를 다루는 관청으로, 지금의 종로구 운현궁 자리에 있었다. 경복궁에서 그리 멀지 않은 곳이었다. 이양달은 직접 그린 상세한 풍수도를 펼쳐 보였다.

"이곳을 보십시오. 북한산의 정기가 한 줄기도 흐트러짐 없이 곧바로 내려오는 곳입니다. 좌측의 낙산이 청룡이 되고, 우측의 인왕산 지맥이 백호가 되어 완벽하게 감싸 안고 있습니다. 게다가 청계천과 중학천이 만나는 지점이라 명당수가 저절로 모여듭니다."

그는 잠시 숨을 고른 뒤 신중하게 덧붙였다.

"다만 몇 가지 흠이 있다면, 터가 경복궁보다 다소 낮고, 산수가 너무 곧게 뻗어 있으며, 정면으로 바라보는 남산이 지나치게 높아 압박감을 준다는 점입니다. 하지만 이는 인공으로 충분히 보완할 수 있는 부분입니다."

◈ 조정을 양분한 대논쟁

이제 조정은 완전히 두 파로 갈라졌다. 한쪽에는 경복궁을 옹호하는 문신들이, 다른 한쪽에는 새로운 가능성을 제시하는 풍수 전문가들이 섰다. 경복궁 옹호파의 수장은 단연 황희였다. 그는 오랜 정치 경험과 학식을 바탕으로 차분하면서도 단호하게 반박했다.

"경복궁은 백악산을 주산으로 하여 내외사산이 겹겹이 둘러싸고 있으며, 한강이 금대처럼 감아 도는 천하의 명당입니다. 『청오경』에 이르기를, '군왕의 터는 만민이 우러러보는 곳이어야 한다' 했는데, 경복궁이야말로 그런 곳이 아니고 무엇이겠습니까?"

집현전 부제학 정인지도 경전을 인용하며 가세했다.

"『금낭경』에 이르되, '산이 높으면 그 기운도 웅장하고, 물이 깊으면 그 덕도 깊다' 했습니다. 백악산의 높음과 한강의 깊음을 갖춘 경복궁보다 나은 곳이 어디 있겠습니까?"

하지만 풍수가들도 만만치 않았다. 지리학 훈도 고중안이 기술적인 분석으로 맞섰다.

"경복궁의 왕기가 강한 것은 사실입니다. 하지만 너무 강한 것이 문제입니다.『지리신법』에 이르기를, '과유불급이라, 지나친 것은 모자람만 못하다' 했습니다. 왕기가 지나치면 오히려 왕실에 화를 부를 수 있습니다. 반면 승문원 터는 온화하면서도 충실한 기운을 품고 있어, 왕조의 안정적인 지속에 더 적합합니다."

음양과 출신의 정앙도 독특한 시각을 제시했다.

"하늘의 이치를 땅에서 찾는 것이 풍수의 도리입니다. 경복궁은 양기가 너무 강해 음양의 조화가 깨져 있습니다. 이는 마치 한여름의 뜨거운 태양과 같아서, 잠시는 좋을지 몰라도 오래 견디기 어렵습니다."

◈ 세종의 고뇌와 파격적 결정

논쟁을 지켜보던 세종의 마음은 복잡했다. 그는 과학적 사고를 중시하는 군주였지만, 동시에 민심과 전통의 중요성도 잘 알고 있었다. 무엇보다 만약 정말로 경복궁이 명당이 아니라면? 그것은 단순한 학술 논쟁을 넘어 왕조의 미래와 직결되는 문제였다.

며칠 밤을 고민한 끝에 세종은 전례 없는 결정을 내렸다.

"짐이 보기에 양측의 주장이 모두 일리가 있다. 하지만 어느 쪽이 옳은지는 더 깊은 연구가 필요하다. 그러므로 영의정과 예조판서의 감독 아래, 양측이 공개적으로 대론하도록 하라. 진실은 반드시 토론을 통해 밝혀질 것이다."

신하들은 놀라움을 감추지 못했다. 왕궁의 풍수를 놓고 공개 토론을 한다는 것은 전례가 없는 일이었다. 하지만 세종의 결심은 확고했다.

"또한 이 논쟁이 진행되는 동안, 관상감은 창덕궁, 문소전, 강녕전 등 한양 내 주요 건물들의 풍수를 전면 재조사하라. 우리가 미처 알지 못했던 것이 있을지도 모른다."

이렇게 시작된 대토론은 무려 9년이라는 긴 세월 동안 간헐적으로 이어졌다. 때로는 대전에서, 때로는 집현전에서, 때로는 현장 답사를 통해 치열한 논쟁이 벌어졌다.

◈ 논쟁의 변질: 학술에서 정치로

처음에는 순수한 학술 토론이었다. 양측은 경전을 인용하고, 지형을 분석하며, 역사적 사례를 들어가며 자신들의 주장을 펼쳤다. 하지만 시간이 지나면서 논쟁의 성격이 서서히 변하기 시작했다. 문제의 핵심은 계급 갈등이었다. 문과 출신 사대부들에게 잡과 출신 기술 관들은 여전히 하위 계층이었다. 그런 그들이 감히 왕궁의 터를 논하고, 심지어 잘못되었다고 주장하는 것은 참을 수 없는 일이었다.

정인지가 어느 날 토론 중에 날카롭게 지적했다.

"풍수를 아는 것과 국가를 운영하는 것은 전혀 다른 문제다. 산천의 형세를 보는 기술자들이 감히 국가 대사에 이래라저래라 하는 것이 과연 온당한가? 이는 마치 목수가 집주인에게 어떻게 살아야 한다고 가르치려 드는 것과 같다."

이 발언은 풍수가들의 자존심을 크게 상하게 했다. 최양선이 붉으락푸르락하며 반박했다.

"그렇다면 대감께서는 의원의 처방도 듣지 않으시겠습니까? 병을 아는 것은 의원이요, 땅을 아는 것은 풍수가입니다. 전문가의 조언을 무시하고 어찌 올바른 결정을 내릴 수 있겠습니까?"

◈ 목효지 사건: 희생양의 등장

이런 팽팽한 분위기 속에서 비극이 일어났다. 목효지라는 민간 풍수가가 논쟁에 끼어든 것이다. 목효지는 원래 한양 근교에서 활동하던 풍수가로, 실력은 있었지만 정식 교육을 받지 못해 관직에 오르지 못한 인물이었다. 그는 경복궁 논쟁 소식을 듣고 자신도 의견을 내고 싶어 상소를 올렸다.

그의 주장은 과격했다. 경복궁은 명당이 아닐 뿐만 아니라, 오히려 '흉지'에 가깝다는 것이었다. 그는 최근 일어난 가뭄과 홍수, 그리고 왕실의 우환들이 모두 경복궁의 나쁜 기운 때문이라고 주장했다.

"백악산은 마치 성난 호랑이가 왕궁을 노려보는 형상이며, 청계천은 독사가 몸을 비트는 모습입니다. 이런 곳에 왕궁을 두었으니 어찌 나라가 편안하겠습니까?"

이는 명백히 선을 넘은 발언이었다. 대신들이 일제히 들고일어났다.

"감히 왕궁을 저주하는가!" "불온한 사상을 퍼뜨려 민심을 어지럽히는 자다!" "당장 잡아들여 국문해야 한다!"

세종도 이번에는 목효지를 두둔할 수 없었다. 비판에도 정도가 있는 법이었다. 결국 목효지는 직첩을 회수당하고 제주도로 귀양을 가게 되었다.

이 사건은 다른 풍수가들에게 분명한 경고가 되었다. 아무리 학문적 토론이라 해도, 왕실의 권위를 정면으로 부정하는 것은 위험하다는 것이다. 이후 풍수가들의 주장은 한결 온건해졌다.

◈ 세종의 은밀한 행보

표면적으로는 중립을 지켰지만, 세종도 나름의 확인 작업을 진행하고 있었다. 그는 신뢰할 만한 풍수 전문가들을 은밀히 불러 특별 임무를 부여했다. 어느 날 밤, 최양선과 이양달이 비밀리에 대궐로 들어갔다. 세종은 그들에게 직접 명령했다.

"그대들의 주장이 옳은지 그른지는 차치하고, 짐은 진실을 알고 싶다. 한양 전체를 다시 살펴보라. 창덕궁의 주맥은 어떠한지, 문소전의 지세는 온전한지, 강녕전 일대의 기운은 어떠한지 낱낱이 조사하여 보고하라. 단, 이 일은 극비에 부쳐야 한다."

두 사람은 몇 달에 걸쳐 한양 곳곳을 답사했다. 새벽의 산세를 관찰하고, 한낮의 물길을 측정하며, 밤의 별자리와 땅의 기운을 대조했다. 그들이 작성한 보고서는 수백 장에 달했다.

흥미롭게도 세종은 이 보고서를 받고도 아무런 결정을 내리지 않았다. 다만 깊은 생각에 잠길 뿐이었다. 어쩌면 그는 이미 답을 알고 있었는지도 모른다. 경복궁이 완벽한 명당은 아닐지라도, 충분히 좋은 터라는 것을. 그리고 무엇보다 이미 자리 잡은 왕궁을 옮기는 것이 얼마나 큰 혼란을 가져올지를 말이다.

◈ 세조 시대의 재점화

세종의 뒤를 이은 문종은 재위 기간이 짧아 이 문제에 깊이 관여하지 못했다. 하지만 세조가 즉위하자 논쟁이 다시 불붙었다.

세조 10년(1464), 문맹검이라는 인물이 나타났다. 그는 특별한 이력의 소유자였다. 세종 때 목효지처럼 과격한 주장을 했다가 직첩을 빼앗겼지만, 계유정난 때 세조를 도운 공으로 원종공신 3등에 책봉되어 복권된 것이다.

문맹검은 복권의 기회를 놓치지 않았다. 그는 세조를 독대하여 열정적으로 설득했다.

"전하, 신이 수십 년간 연구한 결과, 승문원 터야말로 진정한 용혈입니다. 이곳은 왕기가 응축되는 곳으로, 만약 전하께서 이곳으로 이어하신다면 왕조가 천년만년 이어질 것입니다."

그는 구체적인 이전 계획까지 제시했다. 승문원 자리에 새 궁궐을 짓는 데 필요한 비용, 기간, 인력, 그리고 이전 후의 경복궁 활용 방안까지 상세히 준비해왔다.

하지만 세조의 반응은 냉담했다.

"과인은 이미 경복궁에서 즉위했고, 여기서 왕업을 이어가고 있다. 선왕들께서 40년 넘게 계셨던 곳을 어찌 함부로 버리겠는가? 더구나..."

세조는 잠시 말을 멈추었다가 낮은 목소리로 말했다.

"과인이 이 자리에 오르기까지 많은 일이 있었다. 경복궁은 그 모든 것의 증인이다. 이곳을 떠난다는 것은 과거를 부정하는 것과 같다."

세조는 즉위 과정에서 조카인 단종을 폐위시키고 많은 피를 흘렸다. 그런 그에게 경복궁은 단순한 궁궐이 아니라 정통성의 상징이었다. 경복궁에 머물러야만 자신이 정당한 왕이라는 것을 증명할 수 있었다. 결국 문맹검의 주장도 받아들여지지 않았다. 그는 실망했지만, 이번에는 목효지처럼 무리하지 않았다. 시대가 바뀌었음을 알았기 때문이다.

◈ 논쟁이 남긴 것들

세조 이후로 경복궁 명당 논쟁은 더 이상 공론화되지 않았다. 하지만 이 논쟁이 조선 사회에 남긴 흔적은 적지 않았다.

첫째, 풍수에 대한 인식이 변화했다. 이전까지 절대적 진리로 받아들여지던 풍수 이론에 대해 의문을 제기할 수 있다는 것을 보여주었다. 비록 그 의문이 완전히 해결되지는 않았지만, 적어도 토론이 가능하다는 것을 증명했다.

둘째, 전문가와 정치권력의 관계를 재정립했다. 기술관들도 국가 대사에 의견을 낼 수 있지만, 그것이 정치적 결정을 넘어서는 안 된다는 암묵적 합의가 만들어졌다.

셋째, 실용주의적 사고가 자리 잡았다. 설령 더 나은 대안이 있더라도, 현실적 여건을 고려해야 한다는 인식이 확산되었다. 이상과 현실 사이에서 균형을 잡는 것이 중요하다는 교훈을 얻은 것이다.

오늘날 경복궁은 여전히 그 자리에 있다. 600년이 넘는 세월 동안 수많은 시련을 겪었지만, 결국 살아남아 대한민국의 상징이 되었다. 최양선과 이양달이 그토록 우려했던 '명당이 아님'에도 불구하고 말이다.

그렇다면 그들이 그토록 칭송했던 승문원 터는 어떻게 되었을까? 지금의 운현궁 자리, 그곳에는 흥선대원군의 사저가 들어섰다가 지금은 문화재로 보존되고 있다. 만약 그곳에 왕궁이 들어섰다면 서울의 모습은 지금과는 완전히 달랐을 것이다.

하지만 역사에 만약은 없다. 우리가 알 수 있는 것은 오직 실제로 일어난 일뿐이다. 그리고 그 역사는 우리에게 말한다. 때로는 완벽하지 않은 선택이 최선일 수 있다고. 중요한 것은 그 선택을 어떻게 발전시켜 나가느냐라고.

경복궁 명당 논쟁은 그래서 단순한 옛이야기가 아니다. 그것은 오늘을 사는 우리에게도 여전히 유효한 질문을 던진다. 전문가의 의견을 어디까지 수용할 것인가? 이상과 현실 사이에서 어떻게 균형을 잡을 것인가? 전통과 혁신을 어떻게 조화시킬 것인가?

세종이 9년간 고민했듯이, 우리도 이런 질문들 앞에서 깊이 생각해야 한다. 성급한 결정보다는 신중한 검토가, 독단적 판단보다는 열린 토론이 필요하다. 그것이 경복궁 명당 논쟁이 우리에게 남긴 가장 큰 교훈일 것이다.

7. 목효지 상소 사건: 미천한 신분으로 왕실의 풍수를 논하다

세종 23년(1441) 8월, 조선 왕실에 비극이 찾아왔다. 세자빈 권씨가 훗날의 단종을 낳은 지 불과 사흘 만에 세상을 떠난 것이다. 세종은 깊은 슬픔 속에서도 며느리의 장지를 정하는 일을 서둘러야 했고, 이 중대한 임무를 신하 최양선에게 맡겼다.

그런데 최양선이 선정한 장지는 뜻밖에도 안산의 고읍, 바닷가 근처의 땅이었다. 왕실의 능묘를 바닷가에 조성한다는 것은 당시로서는 매우 이례적인 일이었다. 바로 이때, 전농시의 미천한 종이었던 목효지가 역사의 전면에 등장한다.

목효지는 감히 왕에게 직접 상소를 올려 이 장지의 문제점을 조목조목 지적했다. 그의 상소문은 풍수지리에 대한 해박한 지식으로 가득했다:

"이제 빈궁의 능소인 안산 고읍 땅을 살펴보니, 그 산의 내룡이 얕고 약하며, 길로 끊어진 곳이 무려 10여 군데나 됩니다. 『동림조담』에 이르기를, '내룡이 악하고 약하면 낮은 아이가 녹아버린다' 하였고... 『지리신서』에 이르기를, '도로가 가로 파인 것은 기맥을 끊어지게 하는 것이라' 하였습니다..."

목효지는 『지리문정』, 『낙도가』 등 여러 풍수서를 인용하며, 이곳에 능을 조성하면 왕실의 후손들, 특히 장자와 장손에게 화가 미칠 것이라고 경고했다. 미천한 신분의 그가 이토록 정연한 논리로 왕실의 중대사를 논한다는 것은 실로 놀라운 일이었다.

세종은 이 상소문을 읽고 크게 감동했다. 왕실의 안위를 진심으로 걱정하는 충정에 감복한 세종은 즉시 목효지의 본역을 면제해 주었다. 이는 당시로서는 파격적인 은전이었다.

그러나 목효지의 활약은 곧 조정에 큰 파문을 일으켰다. 그가 풍수 문제에 계속 관여하자, 유신들과 풍수 전문가들 사이에서 원성이 자자했다. 급기야 세종 30년, 목효지는 당시 상지관이었던 문맹검의 풍수 실력을 거론하는 상서를 올리면서 치명적인 실수를 저지르고 만다.

"신이 알기로는..."

바로 이 한 마디가 문제였다. '신'이라는 표현은 오직 사대부만이 쓸 수 있는 것이었는데, 미천한 신분의 목효지가 감히 이 표현을 사용한 것이다. 격분한 유신들은 그를 즉시 처형할 것을 주청했다. 세종은 인정상 그를 다시 본역으로 돌려보내는 선에서 사태를 수습하려 했지만, 신분 질서의 엄격함은 그 누구도 넘을 수 없는 벽이었다.

그럼에도 목효지는 굴하지 않았다. 단종 원년에는 헌릉의 풍수에 문제가 있다는 쪽지를 단종에게 전달하기도 했다. 이후 그의 운명은 급전직하했다. 단종 원년 수양대군(훗날의 세조)에 의해 황해도로 유배되었다가 3개월 만에 석방되었지만, 단종 3년에는 다시 극변의 관노로 영속되었다.

결국 세조 1년, 목효지는 "조정을 경멸하고 국정에 간여했다"는 죄목으로 교수형에 처해진다. 미천한 신분으로 태어나 왕실의 안위를 걱정하며 직언을 서슴지 않았던 그의 삶은 그렇게 비극적으로 막을 내렸다.

그러나 역사는 그를 잊지 않았다. 정조 15년, 단종의 능인 장릉에 배향할 인물을 선정할 때, 그 명단에 "전농시 노비 목효지"의 이름이 당당히 올랐다. 신분의 한계를 넘어 충성을 다했던 한 미천한 이의 넋은, 그가 그토록 아꼈던 단종의 곁에서 영원한 안식을 찾게 되었다.

목효지의 삶은 조선시대 엄격한 신분제 사회에서도 진정한 충성과 학식은 그 빛을 발할 수 있음을 보여주는 동시에, 그 한계 또한 명확히 드러내는 역사의 한 장면이었다.

이제 빈궁嬪宮의 능소陵所인 안산 고읍 땅을 보니, 그 산의 내룡이 얕고 약하며, 길[路]로 끊어진 곳이 많아서 10여 군데나 되옵니다.『동림조담洞林照膽』에 이르기를, "내룡이 악惡하고 약弱하면 낳은 아이[兒]가 녹아버린다."하였고, ……『지리신서 地理新書』에 이르기를, "도로道路가 가로 파인 것은 기맥氣脈을 끊어지게 하는 것이라."하였고, ……그 크고 작은 것은 비록 다르나, 이치인즉 하나이옵니다. ……또 혈穴이 천관天關에 있사온데, 『지리문정 地理門庭』에 이르기를, "천관혈天關穴은 범犯하지 못할 것이니, 범하면 사내[男]를 죽이고 어른[長]을 죽인다."하였고, ……『낙도가樂道歌』에 이르기를, "동궁東宮이 달려가서 서궁 西宮을 지나[竄過]면, 장자長子·장손長孫이 일찍 죽는다."고 하였사옵니다. …… 이것으로서 보옵건대, 바로 그곳이 흉악한 땅이옵니다(『세종실록』권93, 세종 23년 8월 25일 기축).

8. 경연 과목에 풍수학을?: 세종과 유신들의 첨예한 대립

세종 15년(1433), 조선 역사상 가장 학구적인 군주였던 세종이 파격적인 제안을 내놓았다. 경연의 과목으로 풍수서를 공부하겠다는 것이었다. 때마침 조정에서는 태종의 능인 헌릉의 위치를 둘러싼 '헌릉봉요 논쟁'과 경복궁의 명당 여부를 놓고 벌이는 '경복궁 명당 논쟁'이 뜨겁게 진행되고 있었다. 이러한 상황에서 세종이 풍수학에 깊은 관심을 보인 것은 어찌 보면 당연한 일이었다.

그러나 세종의 이 제안은 유신들의 즉각적이고도 격렬한 반발에 부딪혔다.

"전하, 어찌 성스러운 경연의 자리에서 잡스러운 술수를 논하려 하십니까!"

유신들은 경전을 읽고 성리학을 논하는 신성한 경연의 장에서 풍수라는 '잡술'을 다룬다는 것은 있을 수 없는 일이라고 목소리를 높였다. 더 나아가 그들은 역사적 선례까지 들어가며 세종을 압박했다.

"한나라 무제께서는 백가를 물리치고 오직 유술만을 숭상하셨습니다. 전하께서 어찌한 무제만 못하시겠습니까?"

이는 세종의 자존심을 건드리는 발언이었다. 유신들의 반박은 너무나 거세어 세종조차 무안할 지경이었다. 결국 세종은 경연에서 풍수학을 공부하겠다는 뜻을 접을 수밖에 없었다. 하지만 이 논쟁은 단순히 세종의 패배로 끝나지 않았다. 오히려 조선 풍수사에 길이 남을 중요한 담론을 탄생시켰다. 세종은 풍수에 대한 자신의 입장을 명확히 정리했다.

"위국용爲國用": 풍수는 국가를 위해 쓰일 바가 있다.

"불가신 불가폐不可信 不可廢": 믿을 수는 없으나, 버릴 수도 없다.

이 두 구절은 풍수에 대한 세종의 현실적이면서도 균형 잡힌 시각을 보여준다. 그는 풍수를 맹신하지는 않았지만, 그렇다고 완전히 무시할 수도 없는 것으로 보았다. 국가 운영에 필요하다면 활용할 수 있지만, 절대적으로 의존해서는 안 된다는 실용적 입장이었다.

세종의 이러한 관점은 이후 조선시대 내내 풍수를 대하는 기본 원칙이 되었다. "위국용"과 "불가신 불가폐"라는 이 두 가지 명제는 마치 불문율처럼 조선 왕조 내내 회자되었다. 수많은 풍수 논쟁이 일어날 때마다, 왕실과 사대부들은 세종의 이 말을 인용하며 극단으로 치우치지 않는 중도적 입장을 견지하려 했다.

이 사건은 조선시대 지배층의 이중적 태도를 잘 보여준다. 겉으로는 유교적 합리주의를 표방하면서도, 내심으로는 풍수의 영향력을 완전히 부정할 수 없었던 것이다. 세종조차도 경연에서 공식적으로 다루지는 못했지만, 풍수가 국가 운영에 미치는 영향을 인정하지 않을 수 없었다.

결국 이 논쟁은 조선이라는 유교 국가가 전통적인 풍수 사상을 어떻게 수용하고 절충했는지를 보여주는 상징적인 사건이 되었다. 세종의 "위국용", "불가신 불가폐"는 이후 500년간 조선의 풍수 정책을 관통하는 기본 원칙으로 자리 잡았던 것이다.

◈ **세종의 풍수학 경연 시도와 유신들의 반발**

세종이 승정원에 내린 전교는 그의 학문적 포부와 현실적 고민을 동시에 드러내고 있었다.

"역대의 거룩한 임금들을 보건대 통하지 않는 학문이 없었다. 그러므로 천문과 지리에 이르기까지 그 이치를 모르는 것이 없었고, 설령 그에 못 미치는 임금이라 하더라도 천문지리의 이치를 몸소 알지는 못했을지언정, 아래에서 그 직무를 맡은 이들이 있어 한 가문이 대대로 전문 인재를 배출했으니, 진나라의 곽박郭璞과 원나라의 순신順申이 그러했다."

세종은 역사적 선례를 들며 자신의 논리를 펼쳤다. 특히 조선의 현실을 직시하며 말을 이어갔다.

"우리나라의 일만 말하더라도 도읍을 건설하고 능 자리를 정하는 데에 모두 술수 전문가의 말을 채용해 왔다. 그런데 지금 헌릉의 내맥을 막는 일에 있어서 이양달과 최양선 등이 각기 자신이 옳다고 고집하여 의견이 분분하니 결정을 내리지 못하겠다. 나 역시 그런 이치를 알지 못하기에 그 옳고 그름을 판단할 수 없다."

세종의 고백은 솔직했다. 최고 권력자임에도 불구하고 자신의 무지를 인정하는 겸손함이 돋보였다. 그리고 그는 파격적인 해결책을 제시했다.

"그러므로 장차 집현전의 유신들을 데리고 이양달과 함께 날마다 그 이치를 강론하겠다. 지리에 밝은 자를 널리 선발하여 보고하도록 하라."

이는 곧 경연의 장에서 풍수학을 정식 과목으로 다루겠다는 선언이었다. 성리학 경전만을 다루던 신성한 학문의 전당에 '잡술'을 끌어들이겠다는 세종의 구상은 즉각적인 반발을 불러일으켰다.

지신사 안숭선을 비롯한 유신들의 반응은 단호했다.

"전하, 경연은 오로지 성현의 학문을 강론하고 구명하여 정치 실시의 근원을 밝히는 곳입니다. 풍수학이란 것은 그것이 잡된 술수 중에서도 가장 황당하고 난잡한 것이니, 어찌 경연의 강론에 참여시킬 수 있겠습니까?"

'황당하고 난잡하다'는 표현에는 유신들의 경멸이 고스란히 담겨 있었다. 그들에게 풍수는 미신이요, 유교적 합리주의에 반하는 저급한 술수에 불과했다. 이 대목은 조선시대 지식인 사회의 이중성을 잘 보여준다. 실제로는 도읍 건설이나 왕릉 조성 등 국가 중대사에 풍수를 활용하면서도, 공식적으로는 이를 '잡술'로 폄하했던 것이다. 세종은 이러한 모순을 정면으로 돌파하려 했지만, 유교적 명분론의 벽은 너무나 높고 견고했다.

흥미로운 것은 세종이 단순히 풍수를 맹신한 것이 아니라, 전문가들 간의 의견 충돌을 해결하기 위한 학문적 접근을 시도했다는 점이다. 그는 집현전 학자들과 풍수 전문가들이 함께 토론하며 합리적인 결론을 도출하기를 원했다. 이는 오늘날의 학제간 연구나 융합 학문의 개념과도 맞닿아 있는 선구적인 시도였다.

결국 이 시도는 유신들의 강력한 반대로 좌절되었지만, 세종의 실용적이고 개방적인 학문 태도는 후대에 깊은 인상을 남겼다. 그가 남긴 "위국용", "불가신 불가폐"라는 풍수관은 이러한 논쟁 속에서 탄생한 절충적 지혜의 산물이었던 것이다.

임금이 "비록 그러하더라도 그 근원을 캐보아야 하겠다."하니, 숭선 승이 다시 아뢰기를, "전부터 이미 경전의 학문만을 한결같이 해왔는데, 이제 만일 잡된 학문을 강론한다면

오랜 적공이 한번 실수로 헛되이 될까 두렵습니다. 하물며 한나라의 무제는 《육경》을 높이 장려하고 백가百家를 물리쳐내었사온데, 그러면 우리 전하의 성스러운 학문이 도리어 한 무제만 못하다 해서야 되겠습니까. 그러나 그 학문도 역시 국가를 위하는 한 가지 소용되는 것이라 폐해버릴 수는 없사오니, 원컨대 경학에 밝은 신하를 선택하여 강습하게 하시되, 제조提調를 두어서 그 부지런하고 태만함을 조사하며, 그 잘하고 못함을 살피게 하옵소서."라고 하니, 임금이 집현전 부교리 이명겸李鳴謙·유의손柳義孫·박사 이사철 李思哲·저작랑 김예몽金禮蒙으로 학관을 삼고, 예문 제학 정인지로 제조를 삼았다(『세종실록』권61, 세종 15년 7월 무오).

임금이 대언들에게 말하기를, "지난번 지리서를 보려고 하였으나 그다지 내키는 마음이 있지 않았고, 또 경들의 말을 듣기만 하고 말았다. 그러나 지리의 설은 비록 다 믿을 수는 없지만 또한 다 없앨 수도 없는 것인데 …… 지리에 있어서는 맥과 형세가 심히 복잡하여서 진실로 정밀하게 살피지 아니하면 그 요령을 알기 어려운지라, 옛날 곽박은 전문으로 술수를 숭상하였으나 제 목숨도 좋게 마치지 못하였으매, 후세에서 허황하다고 지칭하지마는, 소자첨蘇子瞻은 그 어머니를 숭산崇山에 장사 지냈고, 주원희朱元晦는 자기의 묻힐 땅을 미리 정하였으니, 하물며 우리 조종께서도 도읍을 건설하고 능소를 정하는 데에 모두 지리서를 이용하셨음에랴. 그러므로 내가 유신으로 하여금 그 요령을 강구하여 밝히게 하겠다." 하였다(『세종실록』권61, 세종 15년 7월 신유).

9. 어효첨의 반풍수 상소: 유교 지식인의 정면 도전

◆ 조선 시대 가장 긴 상소

세종 26년(1444) 12월, 집현전 교리 어효첨이 조선왕조실록 역사상 가장 길다는 기록을 세운 상소를 올렸다. 이 방대한 상소의 핵심은 단 하나, 풍수의 허구성을 낱낱이 밝히고 선현들이 풍수를 배척했음을 증명하는 것이었다.

어효첨이 이토록 긴 상소를 올린 배경에는 당시 조선의 분위기가 있었다. 세종의 관용적인 풍수관 아래에서 풍수 논쟁은 날로 뜨거워지고 있었다. 풍수가들은 궁성 북쪽 길을 막아 지맥을 보호하자고 주장했고, 성안에 가산을 만들어야 한다고 목소리를 높였으며, 심지어 서울의 하천과 도랑에 더러운 물건을 버리는 것을 금하여 명당의 물을 맑게 해야 한다고까지 주장했다. 헌릉 봉요 논쟁, 목효지 상소 사건 등 끊임없는 풍수 논란은 유학자 어효첨으로 하여금 더 이상 참을 수 없게 만들었다.

어효첨은 역사적 근거부터 제시했다.

"지리의 설은 중국의 삼대 이전에는 없었던 것입니다. 주공이 지은 『의례』에서도 오직 묏자리를 점치고 날짜를 택할 뿐이었고, 공자께서도 '묏자리를 점쳐서 편안히 장사한다'고만 하셨습니다. 양한 시대에 내려와서야 비로소 풍수술이 생겨나 각기 제 나름대로 길흉화복의 설을 만들어 백성을 미혹케 한 것입니다."

그는 송나라의 대유들을 인용하며 논리를 강화했다. 사마온공은 "어찌 차마 자기 어버이의 시체를 폭로해놓고 스스로 복리를 구할 것인가"라며 풍수를 맹신하는 이들을 꾸짖었고, 정자는 "묏자리를 택함은 땅이 아름다운가를 보는 것이지 음양가가 말하는 화복이 아니다"라고 못박았다. 주자 역시 "땅의 형세가 서로 감싸 안아 허술한 데가 없으면 족하다"며 풍수의 복잡한 이론을 일축했다.

어효첨은 결론적으로 단언했다.

"무릇 운수의 길고 짧음과 국가의 화복은 다 천명과 인심이 있고 없음에 달린 것이고, 실로 지리와는 관계가 없는 것입니다. 천명으로 주맥을 삼고 민심으로 안대를 삼는다면, 구구한 지리 화복의 사설을 어찌 말할 것이 있겠습니까."

세종의 반응은 미온적이었다. 그는 이 장문의 상소를 읽고도 단지 "해당 부서로 내려보내라"는 지시만 내렸을 뿐이었다. 하지만 세종의 마음속에는 어효첨에 대한 의구심이 남아 있었던 듯하다.

얼마 후 어효첨의 아버지가 세상을 떠났을 때, 세종은 은밀히 정인지를 불렀다.

"그대가 직접 가서 어효첨이 과연 그 아버지의 묘를 어떻게 조성했는지 살펴보고 오라."

정인지가 한 달여에 걸쳐 지리산 자락 함안까지 답사하고 돌아와 보고한 내용은 흥미로웠다.

"과연 어효첨은 풍수를 믿지 않는 듯합니다. 풍수에서는 집 안에 분묘를 설치하는 것을 극히 꺼리는데, 그는 집 뒤뜰에 아버지의 묘를 만들어 놓았습니다. 그러나..."

정인지는 잠시 말을 멈추었다가 이어갔다.

"집 자체는 청룡백호를 완벽히 갖추고 있었습니다."

이 보고를 들은 세종은 의미심장한 미소를 지었다고 전해진다.

어효첨의 상소는 조선 풍수사에 독특한 위치를 차지하게 되었다. 그가 의도한 것은 풍수의 완전한 배척이었지만, 아이러니하게도 그가 인용한 선현들의 "제한적 수용"이라는 태도만이 후대 사대부들에게 전해졌다. 세종의 "불가신 불가폐"와 맞물려, 어효첨의 상소는 오히려 풍수를 '적당히' 활용할 수 있는 명분을 제공하는 결과를 낳았다.

이는 조선이라는 사회가 가진 독특한 절충주의를 보여준다. 극단적인 배척도, 맹목적인 수용도 아닌, 실용적 활용이라는 제3의 길을 택한 것이다. 어효첨은 분명 풍수를 완전히 몰아내고자 했지만, 그의 노력은 오히려 풍수가 조선 사회에 더욱 교묘하게 스며들 수 있는 논리적 토대를 제공하고 만 셈이었다.

세종 26년 12월 병인일에 집현전 교리 어효첨魚孝瞻은 『조선왕조실록』에 올라와 있는 가장 긴 상소를 세종에게 올린다. 그 내용은 풍수서를 분석하여 그 허구를 밝히고, 선현들이 풍수에 대한 태도가 대단히 제한적이었음을 강조한 것이다. 어효첨이 풍수를 비판하는 상소를 올리게 된 맥락은 당시 풍수에 대해 관용적인 태도를 가진 세종의 치세하에 활발한 풍수 논쟁이 일어난 데에 있었다. 풍수 전문가가 궁성 북쪽 길을 막고 성안에 가산을 만들어 지맥을 보호하며 서울 안의 하천과 도랑에 더러운 물건을 버리는 것을 금하여 명당의 물을 맑게 할 것을 청하는 그런 일이 있었다. 또한 헌릉 봉요 논쟁부터 목효지 상소 사건을 비롯하여 이미 세종 때에 일어난 많은 풍수 논쟁이 유자 어효첨의 상소가 있게 한 원인이었을 것이다. 그 상소의 내용을 대폭 간추리면 다음과 같다.(상소문 전문은 「부록 3 참조」.

지리의 설은 중국의 삼대三代 이전에는 없었던 것이므로, 의례儀禮는 주공周公이 지은 것으로서 오직 묏자리를 점쳐보고 날짜를 점쳐볼 따름이었고, 공자孔子도 말하기를, "묏자리[宅兆]를 점쳐서 편안히 장사한다." 하였는데, 양한兩漢[서한과 동한]으로 내려오면서 처음으로 풍수술이 있게 되어 각기 제 나름대로 길흉화복의 설을 세워서 미혹하게 하고 백성을 속이는 것이 심화하였나이다. …… 송宋나라 때에 와서는 사마온공司馬溫公의 장론葬論에 이르기를, "세속이 풍수업자의 말을 믿고서 연월일시를 택하고 또 산수의 형세를 가리어서 그만 그리하는 사실로서 사람의 화복을 이룰 수 있는 것으로 여기지만, 그래도 어찌 차마 자기 어버이의 시체를 폭로暴露해놓고야[시체가 드러날 정도로 묘를 조성하는

데 정성을 들이지 않고] 스스로 복리福利를 구할 것인가. 그러나 효자孝子의 마음은 염려와 걱정이 깊고 멀어서 반드시 흙이 두텁고 물이 턱이 깊은 곳을 구하여 장사한다." 하였고, 정자程子의 장설葬設에 이르기를, "묏자리를 택함은 땅이 아름다운가 아니한가를 택하는 것이지 음양가가 말하는 화복이 아니라고 한 것은, 땅이 아름다운 것은 흙빛이 윤택하고 초목이 무성한 것으로 징험이 되는 것이며, 구애하고 금기한다는 것은 어떤 이는 묏자리의 방위를 가리고 날짜의 길흉吉凶을 결정하는 것이라 하나, 너무 고집스럽지 아니한가. 오직 오환五患[풍風·수水·화火·충蟲·목木의 침해]은 삼가야 한다." 하였고, ……주자가 대답하기를, "땅의 형세가 모름지기 서로 곱게 대하고[拱揖] 감싸주어서 허술하고 벌어진 데가 없으면 쓸 만한 것이고, 다만 어느 산이니 어느 물이니 하는 말은 쓸 수 없는 것이다." 하였으니, 이로 보면 지리 화복 地理禍福의 설은 송나라 명유名儒들도 다 취하지 아니한 것입니다. …… 무릇 운수의 길고 짧음과 국가의 화복은 다 천명天命과 인심人心이 있고 없음에 달린 것이고, 실로 지리와는 관계가 없는 것입니다. ……천명天命으로 주맥主脈을 삼고 민심民心으로 안대案對를 삼아서 ……구구한 지리 화복의 사설邪說을 어찌 말할 것이 있나이까. ……(『세종실록』권106, 세종 26년 12월 21일 병인)

10. 목숨을 건 금기의 도전: 도선 비보설 부활을 주장했던 최호원

성종 16년(1485), 병조의 요직을 두루 거친 최호원이 조정을 발칵 뒤집어놓을 발언을 했다. 여제 헌관으로서 아홉 가지 건의사항을 진언하던 중, 그는 누구도 감히 입에 담지 못했던 이름을 꺼낸 것이다.

"전하, 요즘 전국에 역병이 도는 것은 산천에 독기가 흐르기 때문입니다. 단지 여제만 지낼 것이 아니라, 도선 국사의 비보설과 진양법으로 다스려야 합니다."

'도선'이라는 두 글자가 나오는 순간, 조정은 얼어붙었다. 고려 태조 왕건의 스승이자 고려 건국의 정신적 지주였던 도선은 조선에서는 절대 금기의 인물이었다. 고려의 '영웅' 도선을 거론한다는 것은 곧 조선 건국의 정당성에 의문을 제기하는 것과 다름없었기 때문이다.

최호원의 주장은 단순했지만 위험했다. 산천의 기운이 손상되면 나라에 재앙이 닥치므로, 도선이 제시한 비보 즉 부족한 곳을 보완하고 넘치는 곳을 억누르는 방법으로 국토의 기운을 조절해야 한다는 것이었다. 이는 조선 초기부터 철저히 배척되어 온 고려적 풍수 사상의 부활을 의미했다.

결과는 예상대로였다. 최호원은 즉시 3년 유배형에 처해졌다. 그가 아무리 병조의 중신이었다 해도, 도선을 거론한 대가는 혹독했다.

흥미로운 것은 최호원이 단순한 풍수 신봉자가 아니었다는 점이다. 그는 관상감 제조 안효례와 격렬한 풍수 논쟁을 벌일 정도로 깊은 풍수 지식을 갖추고 있었다. 두 사람의 논쟁은 때로 욕설이 오갈 정도로 치열했다고 전해진다.

3년의 유배를 마치고 돌아온 최호원은 성종 19년, 다시 왕실의 풍수 상지 업무에 참여하게 된다. 그의 풍수 실력은 부정할 수 없었던 것이다. 하지만 동료 사대부들의 시선은 차가웠다.

예종 원년의 실록은 이렇게 기록하고 있다:

"최호원은 유학으로 업을 삼고 겸하여 잡기를 배웠는데, 매양 안효례와 더불어 능함을 다투어 욕설을 서로 더하기까지 하여 스스로 계책을 얻었다고 한다. 그래서 사림이 비루하게 여겼다."

'비루하다'는 표현에는 당시 사대부들의 복잡한 심리가 담겨 있다. 유학자로서 풍수에 정통한 것은 체면을 깎는 일이었지만, 동시에 그들도 풍수 지식 없이는 조정의 중요한 논의에 참여할 수 없다는 현실적 딜레마에 직면해 있었다.

이는 조선 시대 지식인들의 전형적인 이중성을 보여준다. 그들은 공식적으로는 "나는 풍수와 같은 잡술을 알지 못한다"고 겸손을 가장했지만, 정작 그들의 행장에는 "천문과 지리에도 능했다"는 구절이 빠지지 않았다. 풍수를 드러내놓고 공부하는 것은 부끄러운 일이었지만, 조정의 풍수 논쟁에 참여할 만큼의 지식은 반드시 갖추어야 했던 것이다.

최호원의 사례는 이러한 모순을 극명하게 보여준다. 그는 풍수 지식으로 인해 동료들의 경멸을 받았지만, 동시에 그 전문성 때문에 유배에서 돌아온 후에도 다시 중용될 수 있었다. 심지어 금기시되던 도선의 이름을 꺼낸 '죄'를 범했음에도 불구하고 말이다.

결국 최호원은 조선이라는 유교 국가가 풍수를 대하는 복잡한 태도를 온몸으로 보여준 인물이었다. 배척하면서도 필요로 하고, 경멸하면서도 의존하는 바로 이것이 조선 풍수의 아이러니였던 것이다.

11. 폐비 윤씨의 묘는 길한가, 흉한가?

◈ 폐비 윤씨의 묘는 길한가, 흉한가? : 풍수가 불러온 피의 숙청

성종 19년(1488), 이미 사사되어 땅에 묻힌 지 여러 해가 지난 폐비 윤씨의 묘를 둘러싸고 불길한 논란이 일었다. 지리학 제조 김석산이 당나라 일행의 38장법으로 묘를 살펴본 후 심각한 문제를 제기한 것이다.

"폐비의 묘가 건좌손향에 오방이 수파이며, 장생방이 오방의 땅을 범하고 있사옵니다. 이는 매우 꺼려지는 형국입니다."

김석산의 전문적인 풍수 용어 뒤에 숨은 의미는 명확했다. 폐비의 묘가 흉하다는 것이었다. 성종은 즉시 대응에 나섰다. 다음 날, 풍수에 조예가 깊은 최호원과 대학자 서거정을 장단에 있는 폐비 묘로 파견했다.

두 사람이 현장 답사 후 올린 보고는 김석산의 우려를 확인시켜 주었다.

"폐비의 묘는 대개 길함보다 흉함이 많사옵니다."

성종의 고민은 깊어졌다. 비록 폐비했지만 윤씨는 차기 왕위 계승자인 아들(훗날의 연산군)의 생모였다. 어머니 묘의 흉함이 아들에게 미칠 영향을 우려하지 않을 수 없었다. 성종은 영돈녕 이상의 원로 대신들에게 천장 문제를 의논케 했다.

그러나 대신들의 반응은 미온적이었다. 그들은 확실한 결론을 내리지 못한 채, 단지 "제사를 정성껏 지내면 될 것"이라는 모호한 권고만 했을 뿐이다. 아마도 이미 사사된 폐비의 묘를 옮기는 일의 정치적 민감성을 의식했기 때문일 것이다.

이때 아무도 예상하지 못했던 것은, 이 사건이 훗날 조선 역사상 가장 끔찍한 피의 보복으로 이어질 것이라는 사실이었다. 시간이 흘러 연산군 10년(1504), 폐비 윤씨의 아들이 왕위에 올랐다. 어머니의 비참한 죽음을 뒤늦게 알게 된 연산군은 복수의 칼을 빼들었다. 그리고 어머니의 초라한 묘를 보며 분노가 폭발했다.

"어찌 왕비의 묘가 이리 비루할 수 있단 말인가!"

연산군은 19년 전 어머니 묘의 천장을 반대했던 모든 이들을 찾아내 잔혹하게 숙청했다. 이미 죽은 자들은 부관참시했고, 그것도 모자라 뼈를 부수어 바다에 뿌렸다. 살아있는 자들은 극형에 처했다.

『연산군일기』는 그 참혹함을 이렇게 기록하고 있다:

"왕이 전교하기를, '당시 천묘를 반대한 자들을 모두 찾아내어 그 죄를 물으라' 하시니, 부관참시하고 그 뼈를 부수어 바다에 날려 보냈다."

풍수를 둘러싼 논쟁이 대량 학살로 이어진 것이다. 성종이 모자의 정을 생각해 시작한 일이 오히려 수많은 신하들의 죽음을 부른 비극이 되고 말았다.

이 사건은 조선시대 풍수가 단순한 미신이나 학문적 논쟁의 대상이 아니었음을 보여준다. 그것은 왕실의 정통성, 권력의 향방, 심지어 생사를 가르는 치명적인 정치적 도구가 될 수 있었다. 폐비 윤씨 묘의 풍수 논란은 결국 조선 역사상 가장 피비린내 나는 정치 보복극의 도화선이 되었던 것이다.

아이러니하게도, 묘의 '흉함'을 걱정했던 이들의 우려는 전혀 다른 방식으로 현실이 되었다. 풍수의 흉함이 아니라, 그것을 둘러싼 인간의 원한과 복수심이 진짜 재앙을 불러온 것이다.

12. 명나라 풍수에 대한 맹목적 사대

◈ 조선의 풍수사를 무시했던 선조: 명나라 풍수에 대한 맹목적 사대

선조 27년(1594), 임진왜란의 포화 속에서도 조선 조정에는 또 다른 폭풍이 몰아치고 있었다. 명나라에서 온 사신 섭정국이 조선 풍수계를 뒤흔들고 있었던 것이다. 놀랍게도 선조는 이 외국인에게 조선의 모든 풍수 관련 사안에 대한 전권을 위임했다.

"그대가 조선의 모든 입지를 살펴보고 그 잘못을 바로잡으라."

선조의 이 한 마디는 조선 풍수사들에게는 사형선고나 다름없었다. 섭정국은 즉시 동묘 입지 선정을 시작으로 전국을 누비며 기존 풍수 결정들을 재검토했다. 그의 판단은 절대적이었다. 섭정국이 "잘못되었다"고 판정하면, 해당 입지를 선정했던 조선 풍수사들은 즉시 처형되거나 파면되었다.

그러나 섭정국의 행보는 곧 본래 목적에서 벗어났다. 풍수 답사를 빙자한 그의 행각은 날로 방자해졌다. 전쟁으로 피폐해진 백성들은 섭정국 일행의 접대에 시달려야 했다. 가는 곳마다 진수성찬을 요구하고, 값비싼 물품을 징발했다.

한 지방관의 비공식 기록은 당시의 참상을 생생히 전한다:

"왜적과 싸우는 것보다 명나라 풍수사를 접대하는 것이 더 고통스럽다. 백성들이 울며 곡식을 바치니, 이것이 과연 우리를 돕는 것인가."

결국 섭정국의 악행은 명나라 본국에까지 알려졌다. 귀국길에 오른 그는 국경에 도달하기도 전에 추방당했고, 이후 그의 행방은 오리무중이 되었다.

6년 후인 선조 33년(1600), 또 다른 명나라 사신단이 조선을 방문했다. 선조의 눈길을 끈 것은 사신 명단에 있던 한 이름이었다.

"이문통... 혹시 당나라의 전설적인 술가 이순풍의 후손인가?"

선조는 즉시 이문통을 불러들였다. 그러나 섭정국의 전례를 의식한 듯, 이문통은 신중했다.

"소신은 풍수를 알지 못합니다."

하지만 대화가 깊어지면서 이문통은 조심스럽게 자신의 견해를 피력했다. 의인왕후의 장지 선정 문제, 한양의 풍수적 조건 등에 대해 조언했다. 그리고 그는 중국의 패철(나경)을 꺼내 보였다.

"이것이 바로 정확한 방위를 측정하는 기구입니다."

일부에서는 이때 비로소 조선에 진정한 풍수, 특히 이기풍수가 전래되었다고 주장한다. 그러나 이는 역사적 사실과 다르다. 이미 1400년대 조선의 가문들은 자체적으로 윤도를 제작하여 사용하고 있었다. 각 가문과 지방마다 고유한 윤도가 있었고, 그 층위와 배치도 다양했다. 이는 중국의 나경이 전래되기 훨씬 전부터 조선에 독자적인 이기풍수 전통이 있었음을 증명한다.

선조의 이러한 행태는 그의 성격을 잘 보여준다. 자국의 전문가들은 무시하면서 명나라에서 온 것이라면 무조건 우월하다고 믿는 사대주의의 극치였다. 이는 의인왕후의 장지 선정 과정에서도 그대로 드러났다. 조선 풍수사들의 의견은 들은 척도 하지 않으면서, 명나라 사신의 한 마디에는 귀를 기울였다. 결과적으로 장지 선정은 계속 지연되어 우유부단함만 드러냈다.

선조의 명나라 풍수에 대한 맹목적 추종은 단순한 개인적 취향을 넘어 조선 풍수계에 깊은 상처를 남겼다. 유능한 풍수사들이 억울하게 희생되었고, 자주적인 풍수 전통이 무시당했다. 전란의 와중에도 백성들은 이중고를 겪어야 했다.

이 사건은 조선 후기 사대주의가 얼마나 극단적으로 흐를 수 있는지를 보여주는 동시에, 풍수가 단순한 학문이 아니라 권력과 외교가 얽힌 복잡한 정치적 도구였음을 다시 한 번 증명한다.

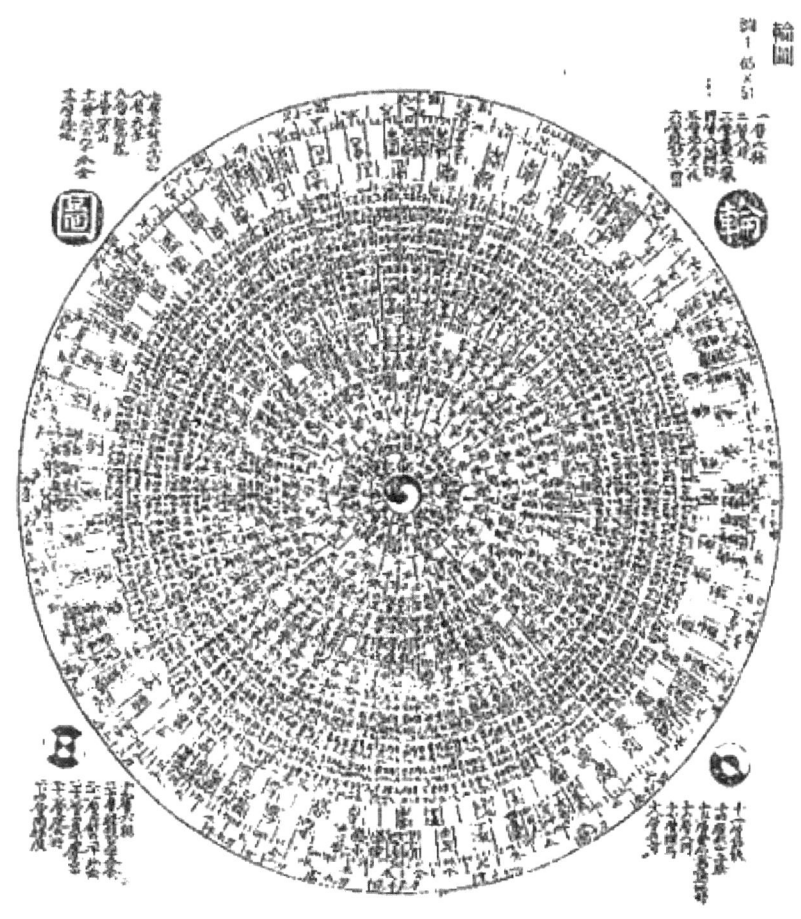

▌ 안동 주촌 진성 이씨 가문서에 수록된 24층 윤도(『고문서집성』 42, 성남: 한국정신문화연구원, 1999) ▌

◆ 의인왕후 장지 선정 논쟁: 5개월을 넘긴 장례와 이기풍수의 등장

선조 33년(1600), 의인왕후가 승하한 지 이미 5개월이 훌쩍 넘어가고 있었다. 조선의 예법상 왕비의 장례는 5개월 내에 치러야 했지만, 장지 선정을 둘러싼 끝없는 논쟁으로 기한은 한참 지나 있었다. 전란의 상처가 채 아물지 않은 때에 벌어진 이 논쟁은 조선 풍수 사상 가장 복잡하고 치열한 사건 중 하나였다.

당시 왕릉 선정 절차는 매우 엄격했다. 왕과 총호사(장례 총책임자), 의정부 대신들, 그리고 풍수 전문가인 상지관들이 함께 현장을 답사하고, 산도(묏자리 그림)와 산론(풍수적 평가서)을 작성한 후에야 최종 결정이 내려졌다. 특히 조선 후기에는 세 번의 간심을 거쳐 더욱 정밀한 검토가 이루어졌다.

우여곡절 끝에 포천 신평이 장지로 결정되었다. 이는 당대 최고의 풍수 전문가 이의신이 주장한 이기풍수설에 따른 것이었다. 5,000여 명이 동원되어 40일간 진행된 대공사였다. 그러나 공사 중 70여 명의 사상자가 발생하는 비극이 일어났다. 전란으로 피폐해진 상황에서 이는 엄청난 희생이었다.

그런데 공사가 거의 마무리되어 갈 무렵, 또 다른 풍수가 박자우가 폭탄선언을 했다.

"이곳은 청룡이 밖으로 달아나 정이 없는 흉지입니다!"

박자우의 이 한 마디에 조정은 다시 발칵 뒤집혔다. 이의신은 즉각 반박했다.

"현재 정한 혈은 임화산이고 수파는 삼문곡으로 국용에 아무런 흠이 없소. 다만 쌍분을 할 때 혈 우측의 장혈이 백호가 되어 쓸 수 없을 뿐이오."

두 전문가 사이의 논쟁은 갈수록 복잡해졌다. 방위각, 산의 형세, 물의 흐름 등 난해한 이기풍수 용어들이 난무했다. 대신들조차 누구의 말이 맞는지 판단하기 어려웠다.

이때 선조가 던진 한 마디가 상황을 더욱 복잡하게 만들었다.

"그렇게 신평이 길한 땅이라면, 과인의 묘는 어찌 되는가?"

왕비의 능 옆에 왕의 능을 조성할 공간이 있는지를 묻는 것이었다. 풍수가들은 황급히 대안을 제시했다.

"가로가 아니면 세로로 쌍분을 조성하면 됩니다."

하지만 이는 전통적인 능 배치와는 다른 것이어서 또 다른 논란을 불러일으켰다.

끝없이 이어지는 풍수 논쟁에 종지부를 찍은 것은 뜻밖에도 유학자 정구의 상소였다. 그는 주자의 말을 인용하며 일침을 가했다.

"주자께서 말씀하시기를, '이기풍수설만을 받아들일 수는 없다' 하셨습니다. 풍수의 여러 설이 서로 어긋나고 일관되지 못함은 그것이 절대적 진리가 아님을 보여주는 것입니다."

정구의 이 상소는 큰 설득력을 발휘했다. 결국 의인왕후의 장지는 건원릉 북쪽으로 다시 옮겨지게 되었고, 아이러니하게도 풍수를 비판한 정구가 이 일의 감독을 맡게 되었다.

이 사건이 남긴 것은 무엇인가?

첫째, 이기풍수가 조선 풍수의 주류로 등장했다는 점이다. 단순히 산의 형세만 보던 것에서 정밀한 방위 측정과 복잡한 이론 체계로 발전했다.

둘째, 풍수 전문가들 간의 의견 불일치가 오히려 풍수 전체에 대한 불신을 낳았다는 점이다. 같은 땅을 두고도 정반대의 해석이 나올 수 있다는 사실은 풍수의 신뢰성에 치명타를 입혔다.

셋째, 유학자들이 풍수를 견제하면서도 완전히 배척하지는 못하는 이중적 태도가 더욱 공고해졌다는 점이다. 정구처럼 풍수를 비판하면서도 실제로는 풍수적 업무를 수행하는 모순이 일상화되었다.

전란 직후의 어려운 시기에 5개월이 넘도록 이어진 이 논쟁은, 어쩌면 조선이라는 나라가 가진 사치스러운 고민이었을지도 모른다. 하지만 동시에 이는 조선인들이 죽음과 내세, 그리고 국운을 얼마나 진지하게 고민했는지를 보여주는 증거이기도 하다.

13. 광해군의 교하 천도론: 왕권 강화를 위한 풍수의 정치적 활용

광해군 재위 초, 조정에 파란을 일으킬 상소가 올라왔다. 풍수사 이의신이 올린 상소의 첫 구절은 충격적이었다.

"도성의 왕기가 쇠하였사옵니다."

이의신은 한양의 왕기가 다했으니 수도를 교하현(현재의 파주 일대)으로 옮겨야 한다고 주장했다. 표면적으로는 단순한 풍수가의 건의처럼 보였지만, 그 이면에는 더 깊은 정치적 의도가 숨어 있었다.

광해군은 왜 천도를 원했을까? 그는 적장자가 아닌 서자 출신으로, 임진왜란이라는 특수한 상황에서 왕위에 올랐다. 정통성 시비에 늘 시달렸고, 한양의 기득권 세력들은 그를 온전히 인정하지 않았다. 새로운 수도는 곧 새로운 시작을 의미했다. 기존 질서를 벗어나 자신만의 권력 기반을 구축할 수 있는 기회였던 것이다.

그러나 예조의 반응은 즉각적이고 신랄했다.

"이의신의 풍수 실력은 형편없으며, 풍수 자체가 이단 사설입니다!"

예조 관료들은 이의신의 상소가 그의 독자적인 생각이 아님을 간파했다. 그들의 회계는 더욱 직설적이었다.

"이는 묘청의 서경 천도와 다를 바 없는 음모입니다. 왕기가 쇠했다는 허황된 구실로 나라의 근본을 흔들려 하는 것입니다."

묘청의 서경 천도는 조선 지식인들에게는 반역의 대명사였다. 고려 시대 묘청이 서경(평양) 천도를 주장하며 일으킨 난은 왕권에 도전한 대표적 사례로 기억되고 있었다. 예조가 광해군의 천도론을 묘청의 난에 비유한 것은 사실상 최후통첩이었다.

유신들의 조롱 섞인 반대는 계속되었다.

"전하, 만약 왕기가 쇠한 것이 문제라면, 덕을 쌓아 하늘의 뜻을 돌리는 것이 먼저 아니겠습니까? 어찌 땅을 바꾸는 것으로 왕조의 운명을 바꿀 수 있겠습니까?"

이는 유교적 천명론으로 풍수론을 정면 반박한 것이었다. 나라의 운명은 군주의 덕에 달려 있지, 도읍지의 위치에 달려 있지 않다는 논리였다.

더 나아가 유신들은 실질적인 문제들을 제기했다.

"임진왜란이 끝난 지 얼마 되지 않아 백성들이 겨우 안정을 찾아가고 있습니다. 이때 천도를 한다면 그 비용은 누가 감당하겠습니까? 백성들의 고통은 또 얼마나 커지겠습니까?"

광해군은 결국 물러설 수밖에 없었다. 표면적으로는 이의신 개인의 상소였지만, 모두가 알고 있었다. 이는 광해군 자신의 의중이었다는 것을.

이 사건의 실패는 여러 의미를 담고 있다.

첫째, 풍수가 왕권 강화의 도구로 활용될 수 있지만, 그것이 너무 노골적일 때는 오히려 역효과를 낳는다는 점이다.

둘째, 조선의 유신들이 풍수를 정치적 도구로 이용하려는 시도를 얼마나 경계했는지를 보여준다. 그들은 풍수 자체보다도 풍수를 빌미로 한 정치적 야심을 더 위험하게 여겼다.

셋째, 광해군의 정통성 콤플렉스가 얼마나 심각했는지를 드러낸다. 그는 한양이라는 공간 자체가 자신을 거부한다고 느꼈을지도 모른다.

결과적으로 광해군의 교하 천도론은 풍수를 정치적으로 이용하려다 실패한 대표적 사례가 되었다. 하지만 이는 동시에 풍수가 단순한 미신이 아니라 권력 투쟁의 중요한 도구가 될 수 있음을 역설적으로 증명한 사건이기도 했다.

광해군은 이 실패에서 교훈을 얻었을 것이다. 풍수를 이용한 권력 게임은 더욱 교묘하고 은밀하게 진행되어야 한다는 것을. 그리고 머지않아 그는 풍수를 이용해 정적을 제거하는 데는 성공하게 된다.

14. 김안로의 희릉 천장 모략 사건: 풍수를 악용한 권력의 음모

중종 32년(1537), 조정에 섬뜩한 한기가 흘렀다. 당시 최고 권력자 김안로가 20년 전의 묵은 사건을 끄집어내며 칼을 빼들었다. 그 칼끝은 정적 정광필을 향하고 있었다.

"20년 전 희릉 천장일이 극히 흉한 날이었음에도 강행한 것은 필시 역모를 꾀한 것이 아니고 무엇이겠습니까!"

김안로의 이 한 마디에 조정은 얼어붙었다. 희릉은 중종의 계비 장경왕후의 능이었다. 20년 전 천장을 주도했던 희릉천장도감의 우두머리가 바로 정광필이었다.

사건의 발단은 희릉에서 돌이 발견되면서부터였다. 누군가가 은밀히 김안로에게 이 사실을 보고했고, 김안로는 이를 정치적 무기로 활용할 절호의 기회라 판단했다.

"풍수의 기본도 모르는 자가 어찌 왕릉 천장을 주도했단 말인가! 묘지에 돌이 있으면 물이 고이게 마련이고, 이는 일반 백성도 꺼리는 흉지가 아닌가. 하물며 왕비의 능을..."

김안로는 열변을 토했다. 그의 논리는 단순했지만 치명적이었다. 흉일에 흉지로 왕비의 능을 옮긴 것은 왕실을 해하려는 음모라는 것이다.

"더욱이 그날이 극흉일임을 알면서도 강행했다면, 이는 고의가 아니고 무엇이겠는가!"

반역죄. 이 무서운 죄명 앞에서 정광필은 변명조차 할 수 없었다. 20년 전의 일을 누가 어떻게 증명할 수 있겠는가? 게다가 실제로 희릉에서 돌이 나온 것은 부인할 수 없는 사실이었다.

천장도감에 관련된 모든 관원들이 죽음의 공포에 떨고 있을 때, 극적인 반전이 일어났다. 김안로가 갑자기 또 다른 상소를 올린 것이다.

"신이 자세히 살펴보니, 당시 하급 관원 중에는 상관의 명령을 거역할 수 없어 어쩔 수 없이 따른 자들도 있사옵니다. 이들에게까지 극형을 내리는 것은 너무 가혹하지 않겠습니까?"

겉으로는 관대함을 베푸는 듯했지만, 사실 김안로는 자신의 조카가 그 명단에 있다는 것을 뒤늦게 알게 된 것이었다. 권력자의 이중성이 적나라하게 드러나는 순간이었다.

결국 정광필은 처형되었고, 김안로의 조카는 유배형으로 목숨을 건졌다. 희릉은 서삼릉으로 다시 천장되었다. 김안로는 정적 제거와 조카 구명이라는 두 마리 토끼를 모두 잡는 데 성공했다.

그러나 역사의 아이러니는 여기서 끝나지 않았다. 훗날 김안로 자신도 또 다른 정적인 문정왕후의 음모에 걸려 비참한 최후를 맞이하게 된다. 풍수를 이용해 남을 해한 자가 결국 자신도 정치적 음모의 희생양이 된 것이다.

이 사건이 보여주는 것은 무엇인가?

첫째, 풍수가 조선 사회에서 얼마나 강력한 영향력을 가졌는지를 보여준다. 단순히 "풍수상 흉하다"는 주장만으로도 반역죄를 뒤집어씌울 수 있었다.

둘째, 권력자들이 풍수를 얼마나 교묘하게 정치적 도구로 활용했는지를 드러낸다. 김안로는 풍수를 진정으로 믿었다기보다는, 그것이 가진 사회적 영향력을 이용했을 뿐이다.

셋째, 조선 시대에는 과거의 일도 언제든 정치적 공격의 빌미가 될 수 있었다. 20년 전의 천장 문제가 현재의 정치 투쟁에 활용된 것이다.

희릉 천장 모략 사건은 풍수가 단순한 믿음의 영역을 넘어 생사를 가르는 정치적 무기가 될 수 있음을 생생히 보여준다. 조선의 권력자들은 필요에 따라 풍수를 믿기도 하고, 이용하기도 하며, 때로는 그것으로 적을 제거하기도 했다.

풍수는 그렇게 권력의 칼이 되어 조선 정치사의 어두운 페이지들을 피로 물들였다.

15. 풍수"학"의 황금기, 숙종 재위기: 풍수의 제도화와 전문화가 꽃피운 시대

조선 후기에 접어들면서 풍수는 새로운 전기를 맞이하게 되었다. 특히 숙종이 왕위에 오른 1674년부터 1720년까지의 46년간은 조선 풍수사에서 가장 찬란한 황금기로 기록되었다. 이 시기는 풍수가 단순한 '술수'의 차원을 넘어 체계적인 '학문'으로 발전하고, 나아가 국가 제도 속에 깊숙이 자리 잡게 된 획기적인 전환점이었다.

가장 눈에 띄는 변화는 묘지를 둘러싼 송사인 산송(山訟)이 폭발적으로 증가했다는 점이었다. 이전까지 주로 왕실과 사대부층의 전유물이었던 풍수가 이제는 일반 백성들의 일상생활에까지 깊숙이 침투하기 시작했던 것이다. 평범한 농민들도 조상의 묘 자리를 놓고 이웃과 다투며 풍수적 논리를 내세우는 일이 빈번해졌다.

흥미롭게도 민간에 전해지는 구전 설화들은 숙종이 직접 풍수에 매우 능통했으며, 때로는 미복 차림으로 민간을 돌아다니며 백성들의 묘 자리를 봐주었다고 전한다. 하지만 『조선왕조실록』과 같은 정사(正史)에는 숙종이 풍수에 조예가 깊었다는 직접적인 언급을 찾아볼 수 없다. 이는 아마도 유교적 명분을 중시하는 사관들이 왕의 풍수 관심을 의도적으로 기록하지 않았기 때문일 것이다. 그러나 숙종 재위 기간 동안 일어난 풍수 관련 제도의 혁명적 변화들을 살펴보면, 이것이 왕의 깊은 관심과 이해 없이는 결코 불가능했을 것임을 알 수 있다.

◈ 산도와 산론 체계의 완성

선조 33년(1600) 10월 1일, 의인왕후의 장지를 선정하는 과정에서 처음 등장한 '산도'(묏자리를 표시한 그림)와 '산론'(묏자리와 주변 지형에 대한 풍수적 평가서)은 숙종 대에 이르러 완전히 제도화되고 체계화되었다. 숙종은 단순히 신하들이 올린 산도와 산론을 받아보는 데 그치지 않았다. 그는 적극적으로 개입하여 더욱 정밀하고 체계적인 분석을 요구했다.

"산론에서 제기된 문제점들을 그대로 두어서는 안 된다. 각각의 문제에 대해 어떻게 비보(裨補)할 것인지 구체적인 방안을 마련하라. 그리고 모든 사항을 조목조목 논리적으로 설명하여 보고하라."

이러한 왕의 지시는 풍수가 더 이상 막연한 직관이나 신비한 술수의 영역이 아니라, 논리적 설명과 체계적 분석이 가능한 학문의 영역으로 진입했음을 명확히 보여주는 것이었다. 실제로 이 시기에 작성된 산론들을 보면, 지형의 특징을 세밀하게 관찰하고 분석한 후, 각각의 장단점을 논리적으로 서술하며, 문제점에 대한 구체적인 해결 방안까지 제시하는 매우 체계적인 구성을 갖추고 있었다.

◈ 전국적 풍수 지형 조사의 시행

숙종은 한 걸음 더 나아가 전국적인 규모의 풍수 지형 조사를 명령했다. 이는 조선 역사상 전례가 없는 대규모 프로젝트였다.

"전국의 사대부들이 조상의 묘를 쓴 묘산들과 예로부터 명당으로 이름난 곳들을 모두 답사하여 상세히 조사하라. 각 지역의 지형적 특징을 비교 분석하고, 풍수적 우열을 평가하여 순위를 매긴 후 그 이유를 명확히 설명하여 보고하라."

이 야심찬 프로젝트에는 당대 최고의 인재들이 대거 투입되었다. 예조판서 윤강(尹絳)은 행정적 총괄을 맡았고, 관상감 제조 이응시(李應蓍)는 기술적 감독을 담당했다. 특히 주목할 만한 것은 당대의 대학자이자 뛰어난 풍수가로도 이름이 높았던 윤선도(尹善道)와 이원진(李元鎭)이 실무 책임자로 참여했다는 점이다.

이들은 수개월에 걸쳐 전국을 순회하며 각 지역의 지형을 세밀하게 관찰하고 기록했다. 산의 형세, 물의 흐름, 바람의 방향, 토질의 상태 등을 종합적으로 분석하여 방대한 보고서를 작성했다. 이는 단순한 풍수 조사를 넘어서 조선의 국토에 대한 종합적인 지리 정보를 수집하는 국가적 사업이었다고 평가할 수 있다.

◈ 풍수 용어의 법제화와 그 의미

숙종 시대 풍수 발전의 가장 혁명적인 측면은 풍수 전문 용어들이 정식 법률 용어로 채택되었다는 점이다. 숙종 2년(1676) 3월에 내려진 교서는 이러한 변화를 극명하게 보여준다:

"사대부 묘산의 내청룡백호(內靑龍白虎) 안의 양산처(養山處)는 타인의 입장을 허락하지 말 것이며, 외청룡백호 밖으로는 비록 양산이라 할지라도 임의로 광점(廣占)하는 것을 허락하지 말도록 하라."

이 교서에서 주목할 점은 '청룡(靑龍)', '백호(白虎)', '양산(養山)' 등의 풍수 전문 용어가 아무런 설명 없이 법률 조문에 사용되었다는 것이다. 이는 이미 이러한 용어들이 일반인들에게도 널리 알려져 있었으며, 법적 구속력을 가진 공식 용어로 인정받았음을 의미한다.

풍수 용어의 법제화는 단순히 용어 사용의 문제를 넘어서는 중대한 의미를 지녔다. 이는 국가가 풍수를 정당한 지식 체계로 공식 인정했다는 것을 뜻했으며, 풍수적 권리가 법적 보호를 받을 수 있는 근거가 마련되었음을 의미했다. 실제로 이후 산송(山訟)에서 백성들은 이러한 법 조항을 근거로 자신들의 풍수적 권리를 주장할 수 있게 되었다.

◈ 서민층을 위한 풍수 정책의 확대

숙종의 풍수 정책에서 특히 주목할 만한 점은 그것이 양반 계층에만 국한되지 않고 일반 백성들에게까지 확대되었다는 것이다. 전통적으로 풍수는 왕실과 사대부들의 전유물로 여겨졌지만, 숙종은 서민들의 묘지 분쟁에도 깊은 관심을 기울였다.

숙종은 재위 46년 동안 무려 11차례에 걸쳐 묘지 관련 교지를 내렸다. 숙종 2년, 10년, 11년, 12년, 22년, 30년, 31년, 35년, 39년, 43년에 내려진 이 교지들은 대부분 일반 백성들의 묘지 권리를 보호하고, 풍수적 관점에서 정당한 권리를 인정받을 수 있도록 하는 내용을 담고 있었다.

특히 숙종은 양반들이 풍수를 빌미로 백성들의 묘지를 빼앗거나 침범하는 것을 엄격히 금지했다. 또한 비록 신분은 낮을지라도 먼저 묘를 쓴 사람의 풍수적 권리를 인정하여, 후에 온 양반이라 할지라도 함부로 침범할 수 없도록 했다. 이는 풍수를 통한 일종의 사회적 평등을 실현하려는 시도였다고 평가할 수 있다.

◈ 풍수 전문가 집단의 성장

숙종 시대에는 풍수 전문가들의 사회적 지위도 크게 향상되었다. 이전까지 '지관(地官)' 또는 '풍수쟁이'로 불리며 천대받던 이들이 이제는 '상지관(相地官)'이라는 정식 관직을 받고 국가의 중요한 일에 참여하게 되었다.

관상감 내에는 풍수를 전문으로 하는 부서가 강화되었고, 체계적인 교육 과정도 마련되었다. 젊은 인재들이 풍수학을 정식으로 배울 수 있는 길이 열렸으며, 우수한 성과를 낸 풍수 전문가들은 높은 관직에까지 오를 수 있게 되었다.

◈ 풍수학의 학문적 발전

이 시기에는 풍수 이론도 크게 발전했다. 단순히 산의 형세만을 보던 형기풍수(形氣風水)에서 벗어나, 방위와 시간을 정밀하게 계산하는 이기풍수(理氣風水)가 본격적으로 도입되고 발전했다. 나경(羅經)의 사용이 보편화되었고, 복잡한 계산과 이론이 체계화되었다.

또한 중국의 풍수 이론을 무비판적으로 수용하던 것에서 벗어나, 조선의 지형과 기후에 맞는 독자적인 풍수 이론을 개발하려는 시도도 활발히 이루어졌다.

특히 한반도의 산세가 중국과 다르다는 점을 인식하고, 이에 맞는 새로운 해석 방법을 모색했다.

◈ 숙종 시대 풍수 발전의 역사적 의미

숙종 시대가 조선 풍수학의 황금기로 불리는 것은 단순히 풍수가 유행했기 때문만은 아니다. 이 시기에 풍수는 다음과 같은 획기적인 변화를 겪었다:

첫째, 학문적 체계화가 이루어졌다. 산도와 산론의 표준화, 전국적 지형 조사, 이론의 정교화 등을 통해 풍수는 체계적인 학문으로 발전했다.

둘째, 제도적 공인을 받았다. 풍수 용어의 법제화와 전문 관직의 신설을 통해 풍수는 국가가 인정하는 정당한 지식 체계가 되었다.

셋째, 사회적 확산이 이루어졌다. 왕실과 양반의 전유물이었던 풍수가 일반 백성들에게까지 확대되어 전 계층이 활용하는 보편적 지식이 되었다.

넷째, 전문가 집단이 형성되었다. 체계적인 교육과 국가적 지원을 통해 전문적인 풍수 지식인 집단이 형성되고 성장했다.

이러한 변화들은 조선 사회에 깊고 지속적인 영향을 미쳤다. 비록 정사에는 숙종의 풍수 지식에 대한 직접적인 언급이 없지만, 그의 재위 기간 동안 이루어진 이 모든 변화들은 왕의 깊은 관심과 적극적인 지원 없이는 불가능했을 것이다.

숙종 시대는 풍수가 '미신'이나 '잡술'이 아닌, 국가가 공인하고 법으로 보호하는 정당한 지식 체계로 완전히 자리 잡은 시기였다. 이는 조선 풍수사에서 가장 빛나는 순간이었으며, 이후 조선 말기까지 풍수가 한국인의 정신세계와 일상생활에서 차지하는 중요한 위상을 결정짓는 분수령이 되었다.

오늘날까지도 한국인들이 조상의 묘 자리에 특별한 관심을 갖고, 집터나 건물의 방향을 중시하는 문화적 전통은 바로 이 숙종 시대에 확립된 풍수 문화의 유산이라고 할 수 있을 것이다.

16. 정조의 풍수학에 대한 식견과 현륭원 건립: 학자 군주의 효심과 풍수학의 만남

조선왕조 역사에서 가장 학식이 뛰어났던 왕을 꼽으라면 누구나 세종과 정조를 떠올리게 된다. 특히 정조는 조선의 왕 중에서 유일하게 자신의 문집을 남긴 군주였다. 그의 문집 『홍재전서(弘齋全書)』는 총 100권에 달하는 방대한 저술로, 정조의 학문적 깊이와 사상을 생생하게 보여주는 귀중한 자료다.

그 중에서도 57권과 58권에는 부왕 사도세자의 영우원을 현륭원(현재의 융릉)으로 천장하는 과정이 상세히 기록되어 있는데, 여기서 우리는 정조가 얼마나 깊이 있는 풍수학적 식견을 갖추고 있었는지를 확인할 수 있다.

◈ 화산 천장의 결정: 왕의 깊은 사유와 결단

정조 13년(1789), 마침내 그 날이 왔다. 정조는 자신의 표현대로 "밤낮으로 상상하며 마음속으로 헤아린 바"를 실행에 옮기기로 결심했다. 바로 영우원을 수원의 화산(華山) 아래로 천장하는 것이었다. 이는 단순한 이장이 아니었다. 억울하게 뒤주에 갇혀 죽은 아버지의 한을 풀고, 그 명예를 회복시키려는 아들의 절절한 효심이 담긴 결정이었다.

다른 왕릉 선정 과정과는 확연히 달랐다. 통상적으로는 상지관들이 여러 후보지를 물색하고 보고하면, 왕과 대신들이 논의하여 결정하는 것이 관례였다. 그러나 이번에는 정조가 직접 나섰다. 그는 손수 전국의 지도를 펼쳐놓고 연구했으며, 각 지역의 산세와 물의 흐름을 꼼꼼히 살펴보았다. 마침내 그의 눈에 들어온 곳이 바로 수원의 화산이었다.

흥미롭게도 정조는 이미 화산에 대한 정보를 알고 있었다. 그것은 바로 고산 윤선도가 남긴 기록 때문이었다. 윤선도의 문집인 『고산유고(孤山遺稿)』 5권 『산릉의(山陵議)』에는 그가 쓴 산론 11편이 전해지고 있었다. 윤선도는 임영대군의 묘산을 비롯하여 헌릉, 영릉 등에 관한 산론을 남겼는데, 그의 풍수학적 조예가 상당했음을 보여주는 글들이었다. 그 중에서 화산에 대한 언급이 있었고, 정조는 이를 놓치지 않았던 것이다.

◈ 화산 천장의 난제와 해결

그러나 화산으로의 천장에는 큰 문제가 있었다. 화산 아래에는 이미 많은 백성들이 터를 잡고 살아가는 큰 마을이 있었던 것이다. 왕릉을 조성하려면 이 마을 전체를 이주시켜야 했다. 수백 가구에 달하는 백성들을 강제로 이주시킨다는 것은 정조에게 큰 부담이었다.

자신의 효심을 실현하기 위해 무고한 백성들에게 고통을 준다는 것은 그의 애민 정신에 정면으로 배치되는 일이었기 때문이다.

정조는 고민 끝에 파격적인 보상책을 마련했다. 우선 장용영의 자금 4만 냥이라는 거금을 경기 감영에 대여하여, 현륭원 화소(火巢) 안에 있는 백성들의 전답 값을 충분히 보상하도록 했다. 당시로서는 전례가 없을 정도로 후한 보상이었다. 나머지 자금은 왕의 능행 때 필요한 경비와 주변에 나무를 심는 비용으로 사용하도록 했다.

하지만 정조의 배려는 여기서 끝나지 않았다. 그는 이주한 백성들이 새로운 터전에서 안정적으로 정착할 수 있도록 지속적인 관심을 기울였다. 현륭원 참배를 위해 행차할 때마다 그는 백성들의 생활을 직접 살피고, 그들의 어려움을 해결해 주려 노력했다.

◈ 능행길의 진정한 의미: 군주와 백성의 소통

정조의 현륭원 행차는 단순한 참배 길이 아니었다. 그것은 왕과 백성이 직접 만나는 소통의 장이었다. 정조 16년(1792) 1월 24일의 기록을 보면, 왕이 현륭원으로 가던 중 갈현(葛峴)에 이르러 말에서 내려 풀밭에 앉았다고 한다. 그리고는 마을 노인들을 불러 그들의 고충을 직접 들었다. 왕이 길가의 풀밭에 앉아 백성들과 대화를 나누는 모습은 당시로서는 파격적인 광경이었을 것이다.

또 다른 날의 기록을 보면, 정조가 과천에서 점심을 먹고 인덕원 들녘을 지나다가 길가의 노인들을 불러 위로하며 그들의 어려움을 물었다고 한다. 이는 형식적인 물음이 아니었다. 정조는 백성들의 호소를 진지하게 듣고, 즉석에서 해결책을 제시하거나 관련 관청에 조치를 명령했다.

정조의 능행이 얼마나 백성 친화적이었는지는 수치로도 확인할 수 있다. 그는 궁궐 밖 행차 중에 무려 3,355건의 상언(上言)과 격쟁(擊錚)을 처리했다. 상언은 백성이 임금에게 글로 올리는 민원이었고, 격쟁은 임금이 거둥하는 길에서 북이나 꽹과리를 쳐서 자신의 억울함을 호소하는 것이었다. 한 번 행차할 때마다 평균 50건의 민원을 처리한 셈이니, 이는 정조가 얼마나 적극적으로 백성들의 목소리에 귀를 기울였는지를 보여준다.

조선 후기의 많은 왕들이 상언과 격쟁 제도를 운영했지만, 정조만큼 적극적이고 성실하게 대응한 왕은 없었다. 이는 정조가 화성 행차를 단순히 아버지에 대한 효심을 표현하는 차원에서만 행한 것이 아니라, 행차가 지나가는 시흥, 과천, 화성 일대 주민들의 민정을 직접 시찰하고, 그들의 민원을 해결하는 기회로 활용했다는 것을 의미한다.

◈ 수원 갈비의 전설과 정조의 규휼책

흥미로운 일화가 하나 전해진다. 오늘날 수원을 대표하는 음식인 '수원 갈비'가 바로 정조의 규휼책에서 유래했다는 이야기다.

정조는 현륭원 제사 때마다 풍족한 고기를 준비하여 주변 백성들에게 나누어 주었다고 한다. 제사에 사용하고 남은 고기를 백성들과 함께 나누어 먹음으로써, 왕실의 제사가 백성들에게도 혜택이 되도록 한 것이다.

이 이야기의 사실 여부를 확인할 수 있는 직접적인 기록은 남아있지 않다. 하지만 정조가 화산 일대 백성들에게 보인 각별한 관심과 배려를 생각하면, 충분히 있을 법한 일이다. 실제로 정조는 능행 때마다 행차 경로의 백성들에게 쌀과 포목을 나누어 주었고, 특히 어려운 가정에는 특별한 지원을 아끼지 않았다.

◈ 정조의 풍수학적 식견

현륭원 조성 과정에서 정조가 보여준 풍수학적 식견은 당대 최고 수준이었다. 그는 당시의 풍수 전문가들을 모두 불러 화산에 대한 의견을 듣도록 했다. 각각의 전문가들이 장황하게 자신의 견해를 피력했지만, 정조는 그들의 의견을 종합한 후 자신만의 독특한 해석을 제시했다.

『홍재전서』 57권에 기록된 정조의 풍수론은 매우 정교하고 체계적이다:

"형국의 아름다움을 찬양한 일과 사수(砂水)의 격(格)을 논한 것은 뜻있는 사람들이 앞뒤에서 분명한 증거를 제시함이 문권을 가지고 대조함과 같고 거북점과 시초점을 쳐서 맞추는 것과 같다."

여기서 정조는 풍수를 단순한 미신이 아니라, 명확한 증거와 논리를 갖춘 체계적인 학문으로 인식하고 있음을 보여준다. 그는 산의 형세와 물의 흐름을 분석하는 것이 마치 문서를 대조하여 검증하는 것처럼 정확해야 한다고 강조했다.

더 나아가 정조는 풍수와 효도를 연결시켰다:

"군자가 어버이를 장사 지낼 때는 반드시 정성스럽고 성실하게 하여 [나중에] 후회하는 일이 있어서는 안 된다. 처음에 정성을 다하지 않고 성실하지 못한 사람은 종신토록 한이 될 것이다. 이를 후회하면서도 고치지 못한다면 어떤 불효가 이보다 심하겠는가."

이는 풍수를 단순히 길흉을 점치는 술수가 아니라, 부모에 대한 효성을 표현하는 중요한 방법으로 이해했음을 보여준다.

그러나 정조는 맹목적인 풍수 신봉자는 아니었다. 그는 "완전한 길지는 반드시 기회와 인연이 합쳐져야 하고, 국운이 하늘의 복을 크게 받아 번창하는 일 또한 하늘이 돕는 영응을 기다려야 한다"고 했다.

즉, 아무리 좋은 땅이라도 때와 인연이 맞아야 하며, 궁극적으로는 하늘의 뜻에 달려 있다는 겸손한 자세를 보인 것이다.

형국의 아름다움을 찬양한 일과 사수砂水의 격格을 논한 것은 뜻있는 사람들이 앞뒤에서 분명한 증거를 제시함이 문권을 가지고 대조함과 같고 거북점과 시초점을 쳐서 맞추는 것과 같다. …… 군자가 어버이를 장사 지낼 때는 반드시 정성스럽고 성실하게 하여 [나중에] 후회하는 일이 있어서는 안 된다. 처음에 정성을 다하지 않고 성실하지 못한 사람은 종신토록 한이 될 것이다. 이를 후회하면서도 고치지 못한다면 어떤 불효가 이보다 심하겠는가. 그러나 완전한 길지는 반드시 기회와 인연이 합쳐져야 하고, 국운이 하늘의 복을 크게 받아 번창하는 일 또한 하늘이 돕는 영응靈應을 기다려야 한다. 기유년[정조 13년] 10월 기미일에 원침園寢을 옮기니 그 일을 경영함에 있어 한 많은 사려와 일을 하는 도중에 일어난 영이靈異한 일, 의물儀物과 도수度數에 크게 관계되는 일을 차례대로 엮어 우리 후세 사람들에게 알린다.

◈ **천장 과정의 영이한 일들**

정조는 현륭원 천장 과정에서 일어난 여러 신비한 일들을 기록으로 남겼다. 그는 "한 많은 사려와 일을 하는 도중에 일어난 영이한 일, 의물과 도수에 크게 관계되는 일을 차례대로 엮어 우리 후세 사람들에게 알린다"고 했다.

비록 구체적인 내용은 전하지 않지만, 당시 사람들은 화산 천장 과정에서 여러 상서로운 징조들이 나타났다고 믿었다. 예를 들어, 천장을 결정한 날 밤에 상서로운 구름이 화산을 덮었다든지, 공사 중에 땅에서 맑은 물이 솟아났다든지 하는 이야기들이 전해진다. 정조는 이러한 일들을 단순한 우연으로 치부하지 않고, 하늘이 자신의 효성을 인정하는 징표로 받아들였던 것 같다.

◈ **현륭원 건립의 역사적 의미**

정조의 현륭원 건립은 여러 측면에서 중요한 의미를 지닌다.

첫째, 이는 조선시대 왕의 풍수학적 식견이 얼마나 높은 수준에 이를 수 있었는지를 보여주는 사례다. 정조는 단순히 전문가들의 의견을 듣는 데 그치지 않고, 자신이 직접 연구하고 판단하여 최종 결정을 내렸다. 이는 풍수가 조선 왕실에서 얼마나 중요하게 다루어졌는지를 보여준다.

둘째, 백성들에 대한 배려와 보상이 체계적으로 이루어진 최초의 대규모 이주 사업이었다. 정조는 왕실의 필요 때문에 백성들이 희생되는 것을 원하지 않았고, 충분한 보상과 지속적인 관심으로 그들의 어려움을 최소화하려 노력했다.

셋째, 능행길이 왕과 백성의 소통 창구로 활용된 모범적 사례를 만들었다. 정조는 단순히 아버지의 능을 참배하는 것에 그치지 않고, 그 과정을 통해 민정을 살피고 백성들의 목소리를 듣는 기회로 삼았다.

넷째, 효(孝)와 애민(愛民)이라는 유교적 이상이 풍수라는 전통적 사상과 조화롭게 결합된 사례를 보여주었다. 정조는 풍수를 통해 아버지에 대한 효성을 표현하면서도, 동시에 백성들에 대한 사랑을 잊지 않았다.

정조의 현륭원 건립은 조선시대 풍수 문화의 정점을 보여주는 사건이었다. 그는 깊은 학문적 소양을 바탕으로 풍수를 이해하고 활용했으며, 동시에 그것이 백성들에게 해가 되지 않도록 세심하게 배려했다.

오늘날 융릉으로 불리는 현륭원은 단순한 왕릉이 아니다. 그것은 억울하게 죽은 아버지를 향한 아들의 효성과, 백성을 사랑하는 군주의 마음, 그리고 전통 사상에 대한 깊은 이해가 어우러진 역사적 공간이다. 수원 화성과 함께 현륭원은 정조가 꿈꾸었던 이상적인 국가의 모습을 보여주는 상징적 공간으로 남아있다. 그리고 어쩌면, 오늘날 우리가 즐겨 먹는 수원 갈비 한 점에도 백성을 생각했던 정조의 따뜻한 마음이 스며있는지도 모른다. 비록 확실한 기록은 없지만, 그것이 사실이기를 바라는 것은 정조라는 왕에 대한 우리의 그리움과 존경의 표현일 것이다.

제10장

―

유교 국가의 풍수 수용 논리와
그 폐단: 권도와 산송

조선왕조는 건국 초부터 유교를 국가 이념으로 삼은, 중세 시대 유일무이한 이념 국가였다. 예(禮)의 실현을 최고 이상으로 삼았던 조선에서는 모든 행위가 유교적 명분에 부합해야만 정당성을 인정받을 수 있었다. 이러한 정명주의(正名主義)는 조선의 정치와 문화를 지배하는 핵심 원리였다. 그렇다면 유교 이외의 모든 문화를 '좌도(左道)'로 규정했던 조선에서, 풍수는 어떻게 "위국용(爲國用)"이라는 명분으로 활용될 수 있었을까?

1. 권도(權道): 유교 지식인들의 절묘한 논리

유교 지식인들은 풍수를 활용하기 위해 절묘한 논리를 개발했다. 바로 '권도(權道)'라는 개념이었다. 유교는 변하지 않는 영원한 진리, 즉 '상도(常道)' 또는 '경상지도(經常之道)'였다. 그 반대 개념이 바로 '좌도'였다. 그런데 때로는 '상도'만으로는 해결할 수 없는 상황이 발생하기 마련이었다. 이때 임시방편으로 활용할 수 있는 것이 바로 '권도'였다.

'권(權)'은 '권세'가 아니라 '저울질하다'라는 의미를 담고 있었다. 즉, 상황을 저울질하여 판단하고, 필요에 따라 유연하게 대처한다는 뜻이었다. 이는 '변통지법(變通之法)' 또는 '변례(變禮)'라고도 불렸다.

세종이 남긴 "믿을 수는 없지만, 폐할 수도 없다[不可信, 不可廢]"는 명언은 바로 이러한 권도 사상을 가장 잘 표현한 것이었다. 조선의 사대부들은 정자(程子), 주자(朱子), 여재(呂才) 등 중국 선현들의 풍수 활용 사례를 근거로 삼아, 풍수를 권도로서 활용하는 것을 정당화했다. 이는 그들이 풍수를 이용할 때마다 되뇌는 일종의 주문과도 같았다.

◈ 명분과 현실의 괴리

그러나 명분과 현실 사이에는 큰 괴리가 있었다. 조선 시대 풍수 관련 법규의 변천 과정을 살펴보면, 특히 숙종 대 이후부터는 풍수가 단순한 '권도'의 차원을 넘어서고 있었다. 풍수 용어들이 정식 법 조항에 등장하기 시작했고, 풍수는 때로는 규제의 대상이 되기도 하고 때로는 보호의 대상이 되기도 했다. 이는 풍수가 이미 조선 사회에 깊숙이 뿌리내렸음을 보여주는 증거였다.

특히 영조 대에 이르러서는 사대부와 지방관의 묘지 관련 윤리 지침이 법전에 명시되기에 이르렀다. 이는 풍수로 인한 각종 사회 문제가 심각한 수준에 이르렀음을 반증하는 것이었다.

◈ 묘지 점유권과 실질적 이익

『경국대전』은 분묘의 넓이 한계를 '보수 규정'이라는 이름으로 정하고 있었다. 이 규정은 종친과 사대부들에게만 적용되는 것이었는데, 그 범위가 실로 방대했다. 현대적으로 환산하면 최저 740평에서 최고 4,600평에 이르는 광대한 면적이었다. 또한 서울에서 10리 이내, 인가로부터 100보 이내에는 매장할 수 없다는 제한 사항도 있었다.

일반 백성들이 묘지를 점유할 수 있는 권한은 숙종의 교지에서 비롯되었다. 숙종은 재위 기간 동안 묘지와 관련된 교지를 무려 10차례나 내렸고, 이는 후에 정조 대에 『백헌총요(百憲總要)』와 『추관지(秋官志)』에 수록되었다.

흥미로운 점은 『숙종실록』에는 풍수 관련 특별한 사건이 기록되어 있지 않은 반면, 민간 설화집에는 유독 숙종이 자주 등장한다는 것이다. 이는 숙종과 풍수, 그리고 백성들 사이에 특별한 관계가 있었음을 시사한다.

중요한 것은 묘지 점유가 단순히 조상을 모시는 공간을 확보하는 것 이상의 의미를 가졌다는 점이다. 당시 산천은 '여민공지(與民共之)' 즉 백성과 함께 하는 공유지의 원칙에 따라 개인이 완전히 소유할 수는 없었지만, 일단 묘지를 조성하면 보수 규정에 따라 상당한 면적을 사실상 점유할 수 있었다.

특히 숙종 연간에 반포된 『수교집록(受敎輯錄)』의 "좌청룡·우백호 권역 보호" 규정은 묘지를 중심으로 산 몇 줄기를 사실상 사유화할 수 있는 법적 근거가 되었다. 이렇게 암암리에 '점유'된 산천은 1912년 일제강점기의 임야 정리 사업을 통해 정식 '사유권'으로 전환되었을 가능성이 크다.

◈ 산송(山訟)의 만연과 그 폐해

산송은 묘지를 둘러싼 분쟁을 의미하는데, 그 주된 원인은 크게 두 가지였다.

첫째는 암장(暗葬)이었다. 이미 다른 사람의 묘가 있는 곳이 명당이라는 이유로, 몰래 봉분도 만들지 않고 시신을 묻는 행위였다. 이는 종종 이장을 할 때 다른 사람의 시체가 발견되면서 드러나곤 했다.

둘째는 투장(偸葬)이었다. 권력을 이용하거나 거짓 주장으로 남의 묘지를 빼앗거나, 산지 점유자 몰래 묘를 조성하는 행위였다.

문제는 이러한 불법 행위에 대한 실효성 있는 해결책이 없었다는 점이다. 산송에서 패소한 당사자가 묘를 파내지 않고 도망가버리면, 국가에서는 주인 없는 묘를 함부로 파낼 수 없었다. 이는 악순환을 만들어냈다. 사람들은 목숨을 걸고 투장과 암장을 강행했고, 발각되면 도망치는 일이 반복되었다.

물론 순수하게 풍수를 믿어서 그런 경우도 있었겠지만, 많은 경우 경제적 이익이 주된 동기였다. 묘지를 선점하면 보수 규정에 따라 상당한 면적의 땅을 사실상 소유할 수 있었고, 그곳에서 나오는 땔감 등은 중요한 경제적 자원이 되었기 때문이다.

◈ 권도에서 일상으로: 풍수의 변질

조선 초기 "권도"로 시작된 풍수는 시간이 지나면서 점차 일상화되고 제도화되었다. 특히 조선 후기에 이르러서는 풍수가 토지 점유의 수단으로 변질되는 양상을 보였다. 부모에 대한 효성이라는 숭고한 명분은 땅을 차지하기 위한 구실로 전락했고, 이는 끊임없는 분쟁과 폭력을 낳았다.

이러한 현상은 조선이라는 유교 국가가 가진 근본적 모순을 보여준다. 공식적으로는 풍수를 '좌도'로 규정하면서도, 실제로는 '권도'라는 논리로 적극 활용했던 것이다. 그리고 이러한 이중적 태도는 결국 심각한 사회 문제를 야기했다.

산송의 만연은 단순히 풍수 신앙의 문제가 아니었다. 그것은 토지 소유권이 불명확했던 전근대 사회에서, 묘지 조성을 통해 사실상의 토지 점유권을 확보하려는 경제적 동기가 복잡하게 얽힌 현상이었다. 풍수는 이러한 경제적 욕망을 정당화하는 문화적 장치로 기능했던 것이다.

결국 조선시대 풍수는 '권도'라는 절묘한 논리를 통해 유교 사회에 편입되었지만, 그 과정에서 본래의 의미는 퇴색되고 각종 사회 문제의 원인이 되는 아이러니를 낳았다. 이는 이념과 현실, 명분과 실리가 충돌할 때 나타나는 역사적 모순의 한 단면을 보여주는 것이라 하겠다.

2. 조선 후기 산송(山訟)의 실상: 효(孝)의 이름으로 자행된 탐욕과 폭력

조선 후기 사회를 뒤흔든 가장 심각한 사회 문제 중 하나는 바로 산송이었다. 산송은 묘지를 둘러싼 분쟁을 의미하는데, 그 이면에는 풍수라는 명분 아래 감춰진 인간의 탐욕과 폭력이 도사리고 있었다.

◈ 암장과 투장: 죽은 자의 땅을 둘러싼 산 자들의 전쟁

산송의 주된 원인은 크게 두 가지로 나뉘었다.

첫째는 암장(暗葬)으로, 이미 다른 사람의 묘가 있는 곳이 명당이라는 이유로 몰래 봉분도 만들지 않고 시신을 묻는 행위였다. 이는 마치 도둑이 남의 집에 몰래 들어가는 것처럼 은밀하게 이루어졌다. 종종 묘를 이장할 때 예상치 못한 다른 시신이 발견되면서 암장의 실체가 드러나곤 했는데, 그 충격과 분노는 이루 말할 수 없었다.

둘째는 투장(偸葬)이었다. 이는 산지 점유자 몰래 묘를 조성하거나, 권력을 이용해 타인의 묘지를 교활하게 침탈하는 행위를 총칭했다. 때로는 거짓으로 땅을 먼저 점유했다고 주장하며 남의 묘지를 빼앗기도 했다.

문제는 이러한 불법 행위에 대한 실효성 있는 해결책이 없었다는 점이다. 산송에서 패소한 당사자가 묘를 파내지 않고 도망가 버리면, 국가에서는 주인 없는 묘를 함부로 파헤칠 수 없었다. 조선은 죽은 자에 대한 예를 중시하는 유교 국가였기에, 설령 불법으로 조성된 묘라 하더라도 함부로 훼손할 수 없었던 것이다.

이러한 제도적 허점은 악순환을 낳았다. 사람들은 목숨을 걸고 투장과 암장을 강행했고, 발각되면 도망치는 일이 반복되었다. 마치 "묻고 보자"는 식의 무법 행위가 만연했던 것이다.

◆ 묘지 점유의 경제적 동기

그렇다면 왜 사람들은 이토록 위험을 무릅쓰고 불법 매장을 감행했을까? 물론 순수하게 풍수를 믿어 조상을 명당에 모시고자 하는 효심도 있었겠지만, 더 큰 이유는 경제적 이익이었다.

당시 산천은 '여민공지(與民共之)'의 원칙에 따라 국가와 개인이 공유하는 것이었다. 그런데 일단 묘지를 조성하면 상황이 달라졌다. 『경국대전』의 보수 규정에 따르면, 신분에 따라 최저 740평에서 최고 4,600평에 이르는 광대한 면적을 묘역으로 점유할 수 있었다.

더욱이 숙종 연간에 반포된 『수교집록』의 "좌청룡·우백호 권역 보호" 규정은 묘지를 중심으로 산 몇 줄기를 사실상 점유할 수 있는 법적 근거가 되었다. 이는 엄청난 경제적 가치를 의미했다. 당시 땔감은 중요한 생활 자원이었고, 산에서 나는 각종 임산물은 귀중한 수입원이었다.

이렇게 암암리에 '점유'된 산천은 훗날 1912년 일제강점기의 임야 정리 사업을 통해 정식 '사유권'으로 전환되었을 가능성이 크다. 결국 조선 후기의 묘지 점유는 근대적 토지 소유권으로 이어지는 중요한 전환점이 되었던 것이다. 따라서 땅을 차지하기 위한 쟁투는 "부모에게 효를 다하기 위해 풍수상 좋은 길지를 찾아 정성을 들여 장사 지내야 한다"는 숭고한 명분으로 포장되어 점차 극렬해졌다. 효(孝)라는 유교적 가치가 탐욕을 정당화하는 도구로 전락한 것이다.

◆ 박문랑 산송: 15년간의 대형 분쟁이 남긴 교훈

산송 중에서도 가장 유명하고 충격적인 사건은 바로 박문랑 사건이었다. 숙종 38년(1712)에 시작되어 영조 2년(1726)까지 무려 15년간 지속된 이 사건은 수십 명의 사상자를 낳은 조선시대 최악의 산송으로 기록되었다.

사건의 발단은 성주 사람 박수하와 대구 사람이자 당시 청안감사였던 박경여 사이의 묘지 분쟁이었다. 재판 결과 박경여가 승소하여 묘를 쓰게 되었지만, 박수하는 판결에 불복하여 이를 막았다. 박수하는 감사 이의현이 박경여의 인척이라 편파적 판결을 했다고 주장했다.

이에 이의현은 박수하를 형문(刑問)했고, 고문 끝에 박수하는 목숨을 잃었다. 바로 이 순간, 조선 역사에 길이 남을 인물이 등장한다. 박수하의 딸 박문랑이었다.

박문랑은 아버지의 죽음이 부당한 산송 때문이었다고 여겨, 직접 복수에 나섰다. 그녀는 박경여의 묘산으로 찾아가 묘를 파헤치고 시체를 베어 불살랐다. 당시로서는 상상할 수 없는 엄청난 일이었다. 무덤을 파헤치는 것은 극악무도한 범죄였고, 더구나 여성이 이런 일을 저질렀다는 것은 전례가 없는 충격이었다.

박경여 측도 가만있지 않았다. 그들은 수백 명의 장정을 거느리고 박문랑의 어머니 묘를 파헤치려 했다. 이에 박문랑은 마을 사람들과 노복들을 이끌고 말을 타고 달려갔다. 양손에 칼을 든 그녀의 모습은 마치 전설 속 여장군을 연상케 했다.

주변 사람들이 간신히 말렸지만, 박문랑은 스스로 분을 이기지 못하고 자결했다. 그녀의 죽음은 양 집안의 갈등을 더욱 격화시켰고, 결국 대규모 충돌로 이어져 수십 명의 사상자가 발생했다.

◈ **박문랑, 효녀인가 범죄자인가**

이 사건은 즉시 전국적인 화제가 되었다. 특히 주목할 만한 것은 여론의 향방이었다. 전국에 돌던 통문(通文, 일종의 대자보)에는 박문랑이 "남자들도 하지 못하는 비범한 일을 했다"는 내용이 주를 이뤘다. 전라도 광주 지역에 돌았던 이 통문은 현재 고려대학교에 소장되어 있어, 당시의 분위기를 생생히 전해준다.

안핵사로 파견된 좌의정 홍치중은 이렇게 보고했다:

"시골 부녀에 불과하지만 과단스러운 성미와 강렬한 기백이 열장부(烈丈夫)에게도 부끄러울 것이 없습니다."

이에 영조는 놀라운 결정을 내렸다:

"박문랑이 칼을 끼고 말을 달려 일천 사람들 속으로 돌진하는 늠연한 모습이 눈으로 보듯 선하다. 『삼강행실도』에 싣는다 하더라도 무슨 부끄러울 것이 있겠느냐? 이를 숭상하고 권장하지 않는다면 그의 원통한 혼을 위로해줄 수 없을 것이니, 특별히 박문랑을 정려(旌閭)하라."

정려는 효자, 충신, 열녀를 기리기 위해 그들이 살던 마을 입구에 문을 세우는 것으로, 국가가 공식적으로 그 행위를 인정하고 칭송한다는 의미였다.

이 결정은 매우 논란스러운 것이었다. 객관적으로 보면 박문랑은 남의 묘를 파헤치고 시신을 훼손한 중범죄자였다. 그러나 영조는 그녀의 효성과 용기를 높이 평가하여 오히려 포상했던 것이다. 이는 당시 사회가 효(孝)라는 가치를 얼마나 절대시했는지를 보여주는 동시에, 그러한 명분이 때로는 법과 질서를 뛰어넘을 수 있었음을 시사한다.

◈ 권력층의 노골적인 묘지 침탈

산송의 폐해는 일반 백성들 사이에서만 일어난 것이 아니었다. 오히려 권세가들이 더욱 노골적으로 불법을 자행했다.

숙종의 숙부였던 동평군 이항(李杭)은 인가로부터 100보 이내에는 묘를 쓸 수 없다는 규정을 공공연히 무시하고, 14가구가 살고 있는 마을 한복판에 묘를 조성했다. 왕실 종친의 이러한 행동은 다른 사대부들에게 나쁜 선례가 되었다.

대사헌을 지낸 유학자 이희조(李喜朝)는 한 걸음 더 나아가 아예 큰 마을 한가운데에 묘를 만들기도 했다. 최고위 법관이었던 사람이 스스로 법을 어긴 것이다. 이런 경우 마을 전체가 집단으로 소송을 제기하거나, 마을의 유력 가문이 나서서 소송을 제기하는 일이 숙종 이후 빈번해졌다.

상황이 이 지경에 이르자, 영조 19년(1743)에 반포된 『신보수교집록』에는 사대부의 묘지 관련 윤리 지침이 명시되기에 이르렀다. 특히 주목할 만한 것은 "지방관으로 한 번이라도 봉직한 지역에는 묘를 조성하거나 미리 땅을 잡아두지 못한다"는 규정이었다. 이는 지방관들이 재임 중에 권력을 이용해 좋은 묘 자리를 미리 점유하는 폐단이 얼마나 심각했는지를 보여준다.

◈ 산도(山圖)와 산송의 법적 절차

산송이 발생하면 그 증거 자료로 산도가 중요한 역할을 했다. 원고와 피고 양측을 대질시킨 후, 해당 지역을 직접 답사하여 상세한 산도를 그려오도록 했다. 이 산도에는 산의 형세, 물의 흐름, 묘의 위치, 주변 지형 등이 정밀하게 표시되어야 했다. 때로는 풍수 전문가들이 동원되어 더욱 전문적인 산도를 작성하기도 했다.

◈ 산송의 사회적 폐해와 풍수의 변질

다산 정약용은 당시 모든 송사의 4분의 3이 산송이었다고 개탄했다. 이는 조선 후기 사회가 얼마나 산송으로 인해 병들어 있었는지를 단적으로 보여준다.

효의 실천이니, 풍수적 이상 공간의 추구니 하는 고상한 목적은 이미 사라진 지 오래였다. 산송은 대표적인 사회적 폐해로, 반드시 제거되어야 할 문제로 인식되기 시작했다.

숙종 이후 산송이 심각한 사회 문제로 대두되면서, 정작 풍수 본연의 담론은 사라져버렸다. 풍수의 진위 여부나 형세와 이기의 논쟁, 선현들의 풍수 이용 지침 같은 학문적 논의는 더 이상 찾아보기 힘들게 되었다. 조정은 그저 눈앞에 산적한 산송을 해결하기에 급급했다.

풍수가 재산 형성과 가문의 이익이라는 세속적 욕망에 '오염'되면서, 풍수는 사상적으로 더 이상 발전할 수 없게 되었다. 오히려 민간에 전해지는 풍수 설화들 속에서나 풍수의 이상이 살아 숨 쉬게 되었고, 풍수는 점차 학문에서 신앙으로 변질되어 갔다.

◈ 산송이 남긴 유산

조선 후기의 산송은 여러 면에서 역사적 교훈을 남겼다.

첫째, 숭고한 가치도 인간의 탐욕 앞에서는 쉽게 변질될 수 있음을 보여주었다. 효(孝)라는 유교의 핵심 가치가 땅을 차지하기 위한 명분으로 전락한 것이다.

둘째, 제도와 현실의 괴리가 얼마나 큰 사회적 혼란을 야기할 수 있는지를 드러냈다. 묘지 관련 법규는 있었지만 실효성이 없었고, 이는 끝없는 분쟁과 폭력을 낳았다.

셋째, 권력층의 솔선수범이 얼마나 중요한지를 역설적으로 보여주었다. 왕족과 고위 관료들이 앞장서서 법을 어기자, 일반 백성들 사이에서도 불법이 만연하게 되었다.

넷째, 전근대 사회에서 토지 소유권의 모호함이 어떤 문제를 야기하는지를 보여주었다. 묘지를 통한 토지 점유는 결국 근대적 사유 재산권으로 이어지는 복잡한 과정을 거쳤다.

산송은 조선 후기 사회의 모순과 갈등이 응축된 현상이었다. 그것은 단순히 풍수 신앙의 문제가 아니라, 경제적 이익과 사회적 지위, 그리고 전통적 가치관이 복잡하게 얽힌 종합적인 사회 문제였다.

오늘날에도 묘지를 둘러싼 갈등이 종종 발생하는 것을 보면, 산송이 제기한 문제들이 완전히 해결되지 않았음을 알 수 있다.

조선 후기 산송의 역사는 우리에게 묻고 있다. 전통적 가치를 어떻게 현대적으로 계승할 것인가? 공동체의 이익과 개인의 권리를 어떻게 조화시킬 것인가? 이러한 질문들은 여전히 유효하며, 우리는 아직도 그 답을 찾아가는 중이다.

❑ 조선 시대 산송 관련 법 조항

법전	연대	조항	내용
『경국대전』	1485년 (성종 16년)	「예전 禮典」 '상장喪葬'	분묘 보수步數 한계 규정. 장사 지내기 전부터 경작하고 있는 것[耕墾]은 금하지 못한다. 서울의 성저城底 10리里 및 인가人家로부터 100보步 내에는 매장하지 못한다.
		「형전 刑典」 '금제禁制'	오래된 무덤[古塚]을 장지葬地로 사용하는 자는 발총률發塚律에 따라 논죄한다. 무덤을 파헤치는 것을 허용한 자 및 장지葬地로 정한 장사葬師도 같다.
『수교집록』	1698년 (숙종 24년)	「예전」 '상장'	풍수상 좌청룡 우백호까지 분묘 지역으로 인정. 보수 한계 없는 사람[백성이나 무품계자]의 양산처養山處 보호. 용호 규정으로 인하여 광점의 우려가 제기되자 송사 담당 관리의 재량에 법적 구속력을 부여.
		「형전」 '금제'	외백호·외청룡, 내맥, 주산, 안산, 수구와 같은 풍수 용어 등장
『신보수교집록 新補受教輯錄』	1743년 (영조 19년)	「예전」 '산송'	산송에 관한 세부 조항 신설: 1인의 집이라도 [한 사람이 사는 하나의 집이라도 있으면] 100보 이내에 입장入葬 금지. 지사地師 우선 형추. 산송의 송체화訟體化 촉구. 지방관 경내境內 복산卜山[땅을 점쳐 정함] 금지. 사대부 묘지 관련 윤리 지침.
『속대전 續大典』	1746년 (영조 22년)	「형전」 '청리 聽理'	수교가 대전 체제로 승격되어 완전한 송체를 갖추어 다루어짐. 내용은 『신보수교집록』 체제가 그대로 전승됨.
『백헌총요』와 『추관지』	정조대 수합추정	'산송'	숙종의 교지 수합. 상한常漢의 묘점권 보호 의지.
『율례요람 律例要覽』	1791년~1837년간 저술추정	'제4조'	산송 때문에 사족士族을 상인常人이나 천민賤民이 구타하고 오물을 광중壙中에 투입한 죄.
『육전조례 六典條例』	1867년 (고종 4년)	'산송'	사대부의 묘지 관련 윤리 지침. 주인 있는 산과 인가 근처 투장 금지. 장례 방해자 엄단 조치 규정

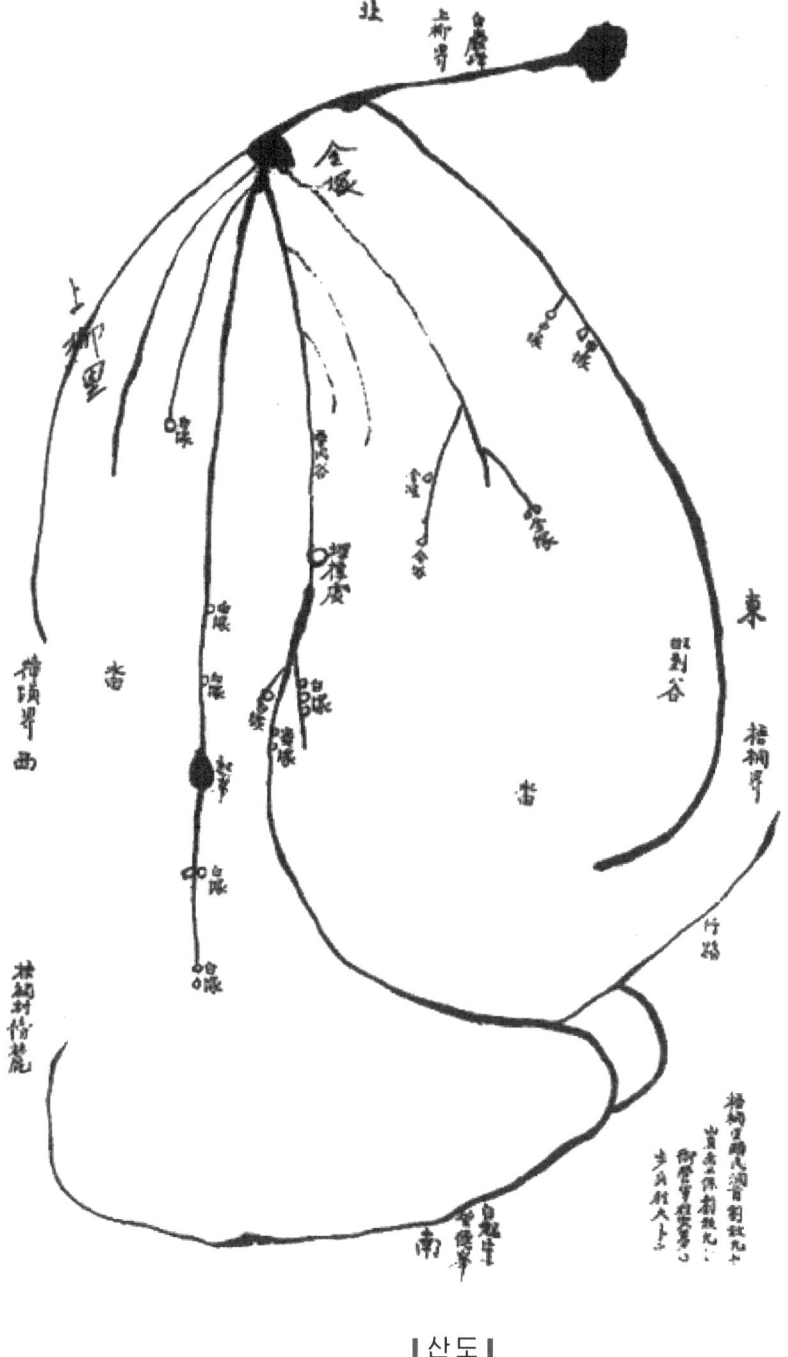

| 산도 |

풍수

풍수란 무엇인가?

풍수

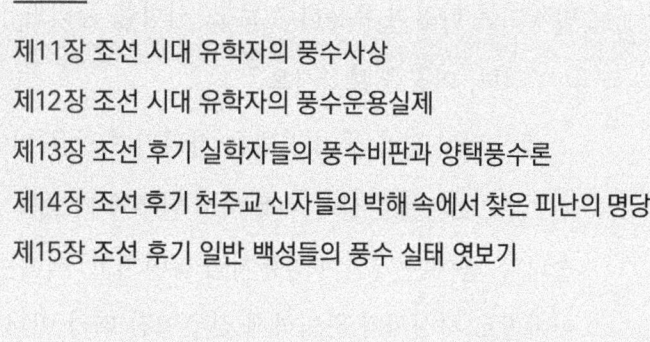

제3부
조선 시대 사람들은
풍수를 어떻게 활용했을까

風水

제11장

조선 시대 유학자의 풍수사상

- 성리학과 풍수의 긴장과 조화 -

1. 정도전(鄭道傳, 1342~1398): 새 왕조의 설계자, 풍수를 정치에 활용하다

1394년 초봄, 아직 쌀쌀한 바람이 부는 3월의 어느 날. 개경에서 남쪽으로 70리쯤 떨어진 한양 땅에 말발굽 소리가 울려 퍼졌다. 조선을 개국한 지 3년째, 태조 이성계는 중신들을 이끌고 한양 답사에 나선 것이다. 그 옆에는 조선 개국의 일등공신이자 새 왕조의 설계자 정도전이 있었다.

북한산 기슭의 높은 곳에 올라선 일행은 잠시 말을 멈추고 사방을 둘러보았다. 봄볕에 반짝이는 한강이 유유히 흐르고, 사방을 둘러싼 산들이 마치 병풍처럼 펼쳐져 있었다.

"전하, 이곳을 보십시오."

정도전이 팔을 들어 사방을 가리키며 말을 이어갔다.

"북으로는 삼각산이 우뚝 서서 현무가 되고, 남으로는 목멱산이 마주하여 주작이 되었습니다. 동에는 낙산이 청룡처럼 굽이치고, 서에는 인왕산이 백호처럼 웅크리고 있으니, 이야말로 사신사가 완벽하게 갖추어진 터가 아니겠습니까?"

태조는 고개를 끄덕이며 만족스러운 표정을 지었다. 그러나 동행한 대신 중 한 명이 조심스럽게 물었다.

"정도전 대감, 대감께서는 평소 성리학을 숭상하시는 분인데, 이런 풍수지리설을 믿으신단 말씀입니까?"

정도전은 잠시 생각에 잠긴 듯하다가 차분히 답했다.

"풍수의 이치를 논하기 전에 먼저 현실을 보아야 합니다. 우리 백성들이 무엇을 믿고 있는지, 그들의 마음이 어디를 향하고 있는지를 아는 것이 위정자의 도리가 아니겠습니까?"

◈ 개경인가, 한양인가: 조정의 대논쟁

한양 답사를 마치고 개경으로 돌아온 후, 조정은 천도 문제로 뜨겁게 달아올랐다.

며칠 후 편전에서 열린 조정 회의. 정도전이 먼저 입을 열었다.

"전하, 개경은 이미 500년 동안 고려의 도읍이었습니다. 새 왕조에는 새로운 도읍이 필요합니다. 한양은 이미 고려 때부터 남경으로 불리며 중시되어 온 곳으로, 문종, 숙종, 심지어 충혜왕까지도 이곳으로 천도하려 했습니다."

좌의정 조준이 거들었다.

"그뿐만이 아닙니다. 개경은 서북쪽에 치우쳐 있어 동남쪽을 다스리기에 불편합니다. 특히 왜구를 방어하기에는 한양이 훨씬 유리합니다."

그러나 반대의 목소리도 만만치 않았다. 전 고려의 명신이자 당대의 대학자였던 이색이 일어나 말했다.

"왕조가 바뀌었다고 해서 모든 것을 바꿔야 한다는 법은 없습니다. 개경은 500년간 왕기가 서린 곳입니다. 섣불리 도읍을 옮기면 민심이 동요할 것입니다."

또 다른 원로대신이 거들었다.

"맞습니다. 더구나 지금은 나라를 세운 지 겨우 3년밖에 되지 않았습니다. 아직 민심도 안정되지 않은 때에 천도를 하면 백성들이 불안해할 것입니다."

◈ 정도전의 치밀한 전략

정도전은 이미 이런 반대를 예상하고 있었다. 그는 며칠 뒤 태조에게 장문의 상소를 올렸다. 이것이 바로 역사에 남은 「천도의(遷都議)」다.

상소문에서 정도전은 먼저 지리적 이점을 상세히 설명했다.

"한양의 지세를 자세히 살펴보면, 백리 안에 산과 물이 조화를 이루고 있습니다. 북한산의 정기가 남으로 뻗어 내려와 도성을 감싸고, 한강이 동에서 서로 흐르다가 도성 앞에서 크게 굽이쳐 서해로 나갑니다. 이는 재물이 모이고 빠져나가지 않는 형국으로, 나라가 부강해질 징조입니다."

그러나 정도전의 진짜 의도는 다른 데 있었다. 그는 풍수를 빌려 정치적 명분을 만들고 있었던 것이다.

"무엇보다 중요한 것은 한양이 우리나라의 중앙에 위치한다는 점입니다. 북으로는 평안도와 함경도, 남으로는 경상도와 전라도를 고르게 다스릴 수 있습니다. 개경처럼 한쪽에 치우친 곳에서는 결코 전국을 효과적으로 통치할 수 없습니다."

◈ 무학대사와의 유명한 논쟁

천도가 결정된 후, 도성의 구체적인 설계를 놓고 또 한 번의 논쟁이 있었다. 태조의 신임을 받던 무학대사와 정도전 사이의 논쟁이었다.

어느 날 태조가 두 사람을 불러 의견을 물었다.

무학대사가 먼저 말했다.

"인왕산을 주산으로 삼고 궁궐이 동쪽을 바라보게 하면, 왕조가 천년 만년 이어질 것입니다. 인왕산의 기세가 장엄하고, 그 정기가 궁궐을 든든히 받쳐줄 것입니다."

정도전이 즉각 반박했다.

"대사의 말씀도 일리가 있으나, 그렇게 하면 큰 문제가 있습니다. 궁궐이 동쪽을 향하면 서쪽을 등지게 되는데, 이는 곧 중국을 등진다는 뜻이 됩니다. 우리가 아무리 자주독립을 원한다 해도, 현실적으로 명나라와의 관계를 무시할 수는 없습니다."

그는 계속해서 자신의 안을 제시했다.

"북한산을 주산으로 하여 궁궐이 남향하게 하는 것이 옳습니다. 이는 전통적인 좌북우남(坐北右南)의 원칙에도 맞고, 실용적으로도 햇빛을 잘 받아 건강에 좋습니다."

태조는 고민 끝에 정도전의 의견을 따르기로 했다. 이는 단순한 풍수 논쟁이 아니라, 현실 정치와 이상의 조화를 추구한 정도전의 지혜가 빛을 발한 순간이었다.

◈ 도성 설계에 담긴 철학

1394년 9월, 마침내 한양 천도가 공식 결정되었다. 정도전은 도성 설계의 총책임자가 되어 자신의 이상을 현실에 구현하기 시작했다.

그가 설계한 한양 도성은 단순한 도시가 아니었다. 그것은 유교적 이상과 풍수 사상, 그리고 실용성이 절묘하게 조화된 작품이었다.

궁궐을 중심으로 왼쪽에는 종묘를, 오른쪽에는 사직단을 배치했다. 이는 『주례』에 나오는 '좌묘우사(左廟右社)'의 원칙을 따른 것이었다. 앞쪽에는 관청가를, 뒤쪽에는 시장을 두는 '전조후시(前朝後市)'의 배치도 마찬가지였다.

그러나 정도전은 교조적으로 원칙만 따르지 않았다. 청계천의 흐름을 살려 도성의 배수 체계를 만들고, 성곽은 산의 능선을 따라 자연스럽게 이어지도록 했다. 이는 자연을 거스르지 않으면서도 방어에 유리한 설계였다.

◈ 『조선경국전』에 담긴 정도전의 속마음

정도전이 저술한 『조선경국전』을 읽어보면, 그가 풍수를 어떻게 생각했는지 더 명확히 알 수 있다. 그는 「도읍기(都邑紀)」편에서 이렇게 썼다.

"도읍을 정하는 데는 세 가지를 살펴야 한다. 첫째는 지리적 이점이요, 둘째는 방어의 편리함이요, 셋째는 백성들의 생활에 이로움이다. 산천의 형세가 아무리 좋다 한들, 이 세 가지를 갖추지 못하면 좋은 도읍지가 될 수 없다."

특히 주목할 것은 그가 풍수의 미신적 요소를 비판하면서도, 그 합리적 핵심은 인정했다는 점이다.

"속인들이 말하는 발복의 설은 허망하다. 땅이 사람의 운명을 좌우한다는 것은 이치에 맞지 않는다. 그러나 맑은 물과 좋은 공기, 아름다운 경치가 사람의 심성에 좋은 영향을 미친다는 것은 부인할 수 없는 사실이다."

◈ 정치가 정도전의 탁월한 선택

정도전이 풍수를 활용한 방식을 보면, 그가 단순한 학자가 아니라 탁월한 정치가였음을 알 수 있다. 그는 풍수를 세 가지 차원에서 활용했다.

첫째, **정치적 정당성 확보**. 새 왕조의 정통성을 하늘의 뜻, 즉 천명으로 포장하는 데 풍수만큼 효과적인 도구는 없었다. "한양이 천하의 명당"이라는 주장은 곧 "하늘이 조선 왕조를 택했다"는 메시지였다.

둘째, **민심 수습**. 당시 백성들은 대부분 풍수를 믿었다. 정도전은 이를 무시하거나 강압적으로 바꾸려 하지 않고, 오히려 활용했다. "새 왕조가 명당에 도읍을 정했으니 나라가 번성할 것"이라는 믿음은 민심 안정에 큰 도움이 되었다.

셋째, **반대파 설득**. 보수적인 신료들도 풍수 논리 앞에서는 할 말이 없었다. 정도전은 그들이 믿는 논리로 그들을 설득한 것이다.

◈ 600년이 증명한 혜안

정도전이 주도한 한양 천도는 역사가 그 옳음을 증명했다.

조선은 한양을 도읍으로 삼은 후 500년 이상 지속되었다. 임진왜란과 병자호란의 위기에도 한양은 함락되지 않았고, 조선 후기에는 상업의 중심지로 번성했다.

오늘날 서울이 천만 인구의 거대도시가 된 것도 정도전이 선택한 이 터의 지리적 이점 때문이다. 산으로 둘러싸여 있으면서도 한강이라는 큰 물줄기를 끼고 있어, 대도시로 성장할 수 있는 모든 조건을 갖추고 있었던 것이다.

정도전은 성리학자였지만 현실을 무시하지 않았고, 정치가였지만 이상을 포기하지 않았다. 그는 풍수라는 전통적 사유를 정치적으로 활용하면서도, 그 속에서 합리적 요소를 찾아내어 새로운 의미를 부여했다.

어쩌면 이것이 진정한 지식인의 자세가 아닐까. 전통을 무조건 부정하는 것도, 맹목적으로 따르는 것도 아닌, 비판적으로 수용하고 창조적으로 재해석하는 것. 정도전은 600년 전에 이미 그 길을 우리에게 보여주었다.

2. 이황(李滉, 1501~1570) : 퇴계, 산수와 학문의 조화를 꿈꾸다

◈ 도산에서의 깨달음

1557년 늦가을, 퇴계 이황은 마침내 오랫동안 꿈꾸던 일을 실행에 옮겼다. 벼슬을 내려놓고 고향 안동으로 돌아온 그는 낙동강 상류, 도산(陶山) 기슭에 작은 서당을 짓기 시작했다.

"이제야 내가 있을 곳을 찾은 것 같구나."

57세의 퇴계는 강 건너편 절벽을 바라보며 혼잣말처럼 중얼거렸다. 그의 곁에는 제자 조목(趙穆)이 서 있었다.

"선생님, 왜 하필 이곳을 택하셨습니까? 더 넓고 평탄한 곳도 많은데..."

퇴계는 미소를 지으며 답했다.

"자네는 이곳이 좁다고 생각하는가? 나는 오히려 너무 넓다고 생각하네. 저 청량산의 품이 여기까지 미치고, 낙동강의 흐름이 내 마음까지 적시니, 이보다 넓은 곳이 어디 있겠는가?"

◈ 도산서당의 입지: 풍수를 넘어선 선택

퇴계가 도산서당 터를 정한 과정은 그의 독특한 공간관을 잘 보여준다. 『도산기(陶山記)』에 따르면, 그는 여러 곳을 답사한 끝에 이곳을 택했다.

당시 지역 유지들은 다른 곳을 추천했다.

"선생님, 여기서 조금 더 내려가면 더 넓고 평탄한 곳이 있습니다. 그곳이 풍수적으로도 명당이라고 합니다."

그러나 퇴계는 고개를 저었다.

"명당을 찾는 것이 아니라 학문하기 좋은 곳을 찾는 것이네. 이곳은 너무 시끄럽지도 너무 고요하지도 않고, 너무 가깝지도 너무 멀지도 않으니, 이보다 나은 곳이 없네."

퇴계가 선택한 도산서당 터의 특징은 다음과 같았다:

1. 산과 물의 조화

- 동쪽: 도산(陶山)이 병풍처럼 둘러섬
- 서쪽: 낙동강이 유유히 흐름
- 남쪽: 시야가 트여 청량산이 보임
- 북쪽: 낮은 구릉이 바람을 막아줌

2. 은거와 교류의 균형

- 안동 읍내에서 10리 거리 (너무 멀지도 가깝지도 않음)
- 뱃길로 오갈 수 있어 제자들 방문 용이
- 속세와 단절되지 않으면서도 조용함 유지

◈ 도산서당의 공간 구성

1560년 완공된 도산서당은 극도로 검소했다. 전체가 불과 세 칸에 불과했다.

완락재(玩樂齋): 서쪽 한 칸 "학문을 즐기는 집"이라는 뜻. 퇴계의 거처이자 서재였다.

암서헌(巖栖軒): 동쪽 한 칸 "바위에 깃드는 집"이라는 뜻. 제자들을 가르치는 강학 공간이었다.

마루: 가운데 반 칸두 공간을 연결하는 열린 공간. 때로는 강학 공간으로, 때로는 휴식 공간으로 사용되었다.

어느 날 제자가 물었다.

"선생님, 왜 이렇게 작게 지으셨습니까?"

퇴계가 답했다.

"군자의 거처는 몸을 용납할 만하면 족하다. 집이 크면 욕심도 커지는 법이네. 이 정도면 책을 읽고 도를 논하기에 부족함이 없지 않은가?"

◈ 자연을 읽는 퇴계의 눈

퇴계는 매일 아침 도산서당 앞 대(臺)에 올라 사방을 둘러보는 것으로 하루를 시작했다.

1561년 봄, 제자들과 함께 천연대(天淵臺)에 올랐을 때의 일이다.

"선생님, 이곳의 경치가 정말 아름답습니다. 이런 곳에서 공부하니 학문이 저절로 진보할 것 같습니다."

한 제자의 말에 퇴계가 고개를 저었다.

"경치가 아름답다고 학문이 저절로 되는 것은 아니네. 다만..."

그는 잠시 말을 멈추고 강물을 바라보았다.

"저 물을 보게. 쉬지 않고 흐르면서도 조급하지 않고, 바위를 만나면 돌아가되 포기하지 않는다. 이것이 바로 학문하는 자세가 아니겠는가? 자연은 우리에게 늘 가르침을 주고 있네."

◈ 풍수에 대한 균형 잡힌 시각

퇴계는 당시 사대부들 사이에 만연한 풍수 열풍을 우려했다. 그러나 그의 비판은 전면적 부정이 아니었다.

『퇴계집』에 실린 한 편지를 보면:

"근래 사대부들이 지나치게 풍수에 빠져 있는 것을 보니 한심하기 그지없습니다. 부모 장사를 몇 년씩 미루고, 형제간에 산송(山訟)을 일으키니, 이것이 어찌 선비의 도리이겠습니까?"

그러나 다른 편지에서는:

"산수가 사람의 성정에 영향을 미친다는 것은 부인할 수 없는 이치입니다. 맑은 물과 수려한 산을 보면 마음이 맑아지고, 험악한 곳에 있으면 성정도 거칠어지는 법입니다. 다만 이것이 부귀영화를 가져다준다고 믿는 것은 망상일 뿐입니다."

◈ 도산서당에서 도산서원으로

1570년 퇴계가 세상을 떠난 후, 제자들과 지역 사림은 그를 기리기 위해 서원 건립을 추진했다. 1574년 도산서원이 완공되었고, 다음 해 선조 임금으로부터 사액을 받았다.

도산서원의 배치는 퇴계의 정신을 잘 계승했다:

1. 원래의 도산서당 보존

- 퇴계의 검소한 정신을 기리기 위해 그대로 보존
- 서원의 가장 중요한 성역으로 관리

2. 지형에 순응한 배치

- 경사지를 거스르지 않고 자연스럽게 건물 배치
- 계단식 구성으로 위계와 조화 동시 추구

3. 조망의 중시

- 전교당에서 낙동강과 청량산이 보이도록 설계
- 자연을 감상하며 학문하는 퇴계의 정신 계승

◈ 퇴계의 산수관과 성리학

퇴계에게 산수는 단순한 풍경이 아니었다. 그것은 성리학적 수양의 도구였다.

관물찰리(觀物察理) "사물을 관찰하여 이치를 깨닫는다"는 성리학의 공부법을 퇴계는 자연 속에서 실천했다.

"매화 한 가지를 보더라도 그저 아름답다고만 할 것이 아니다. 추운 겨울을 이기고 피어나는 그 절개, 은은하면서도 청아한 그 향기에서 군자의 덕을 배워야 한다."

주일무적(主一無適) "한 가지에 전념하여 다른 데로 마음이 가지 않게 한다"는 경(敬) 공부를 퇴계는 자연 속에서 더 잘 실천할 수 있다고 보았다.

"도심에서는 온갖 잡념이 일어나기 쉽지만, 고요한 산수 간에서는 마음을 한 곳에 모으기가 수월하다."

◈ 제자들과의 문답: 풍수를 논하다

1565년 가을, 도산서당에서 제자들과 나눈 대화가 『언행록』에 기록되어 있다.

금난수가 물었다. "선생님, 세상 사람들이 모두 명당을 찾아 헤매는데, 이를 어떻게 보아야 합니까?"

퇴계가 답했다. "명당이란 무엇인가? 사람들은 복을 가져다주는 땅이라 하지만, 내가 보기에 진정한 명당은 따로 있네."

"그것이 무엇입니까?"

"바로 사람의 마음이네. 마음이 밝고 맑으면 그곳이 바로 명당이고, 마음이 어둡고 탁하면 아무리 좋은 곳에 있어도 흉지가 되는 법이지."

이어서 퇴계는 구체적인 예를 들었다.

"내가 아는 어떤 사람은 소위 명당이라는 곳에 조상을 모셨으나 집안이 망했고, 또 어떤 사람은 평범한 곳에 모셨으나 자손이 번성했네. 이것이 무엇을 말해주는가?"

◈ 도산십이곡(陶山十二曲)에 담긴 자연관

퇴계는 도산서당에서 지내며 「도산십이곡」을 지었다. 이 시조에는 그의 자연관이 잘 드러나 있다.

이런들 엇더며 져런들 엇더료

초야우생(草野愚生)이 이러타 엇더료

믈며 천석고황(泉石膏肓)을 고쳐 므슴료

청산(靑山)은 엇뎨야 만고(萬古)애 프르르며

유수(流水)는 엇뎨야 주야(晝夜)애 긋지 아니고

우리도 그치디 마라 만고상청(萬古常靑) 호리라

여기서 퇴계는 자연의 영원성과 인간 수양의 지속성을 연결시킨다. 산수는 단순한 배경이 아니라 삶의 지표가 되는 것이다.

◈ 현대에 주는 교훈

퇴계의 공간관과 자연관은 현대인들에게 여러 시사점을 준다:

1. 환경과 인간의 상호작용

- 좋은 환경이 인간에게 긍정적 영향을 미침
- 그러나 인간의 주체적 노력이 더 중요
- 환경결정론도 환경무시론도 모두 극단

2. 검소함의 미학

- 공간의 크기보다 질이 중요
- 과도한 욕심이 오히려 삶을 해침
- 적절함(中庸)의 추구

3. 자연과의 조화

- 자연을 정복 대상이 아닌 스승으로
- 지형을 거스르지 않는 건축
- 지속가능한 삶의 추구

◈ 맺음말: 도산에 흐르는 정신

오늘날 도산서원을 찾는 사람들은 여전히 그 특별함을 느낀다. 화려하지 않지만 품격 있고, 크지 않지만 부족함이 없는 공간. 그리고 무엇보다 자연과 완벽하게 조화를 이룬 배치이다. 퇴계는 풍수를 맹신하지도, 전면 부정하지도 않았다. 그는 자연의 영향력을 인정하되, 인간의 주체성을 더 중시했다. 산수가 주는 것은 복이 아니라 가르침이며, 명당이 만드는 것은 부귀가 아니라 맑은 마음이라고 보았다.

퇴계가 도산서당 앞 천연대에 새긴 글귀가 이 모든 것을 함축한다:

"天光雲影共徘徊" (하늘빛 구름 그림자 함께 거닐다)

자연과 인간이 하나 되어 거니는 것, 그것이 퇴계가 꿈꾼 이상적인 삶이었다. 그리고 그 꿈은 도산이라는 공간에서 현실이 되었다.

3. 남명 조식(南冥 曺植, 1501~1572)의 산천재: 지리산이 품은 경(敬)의 공간학

1557년 늦가을, 구름 낀 지리산 자락으로 한 무리의 행렬이 느릿느릿 올라가고 있었다. 맨 앞에 선 이는 쉰일곱의 조식. 그동안 조정에서 여러 차례 벼슬을 내렸지만 모두 사양하고, 이제 본격적으로 은거의 삶을 시작하기로 결심한 참이었다.

"선생님, 정말 이 깊은 산중으로 들어가시렵니까?"

동행한 제자 정인홍이 걱정스러운 목소리로 물었다. 조식은 걸음을 멈추고 뒤를 돌아보았다. 멀리 들판 너머로 속세가 아득하게 보였다.

"인홍아, 내가 조정에 나아가 할 수 있는 일이 무엇이겠느냐? 권신들이 판치는 세상에서 올곧은 말 한마디 하다가 화를 입을 것이 뻔하지 않으냐. 차라리 이 산중에서 너희들을 가르치는 것이 나라를 위하는 길이라 생각한다."

그렇게 말하고는 다시 산길을 올랐다. 목적지는 경상도 산청의 덕천동. 그가 젊은 시절부터 마음에 품어온 곳이었다.

◈ 덕천동과의 만남

조식이 덕천동을 처음 본 것은 30대 초반이었다. 친구를 만나러 진주에 갔다가 우연히 들른 곳이었는데, 첫눈에 마음을 빼앗겼다고 한다.

지리산 천왕봉에서 뻗어 내린 능선들이 마치 어머니의 품처럼 골짜기를 감싸고 있었고, 그 가운데로 맑은 시냇물이 졸졸 흐르고 있었다. 무엇보다 그의 마음을 사로잡은 것은 이곳의 고요함이었다. 새소리와 물소리만이 정적을 깨뜨릴 뿐, 마치 세상과 단절된 별천지 같았다.

그때부터 조식은 기회가 있을 때마다 이곳을 찾았다. 때로는 며칠씩 머물며 독서를 하기도 했고, 때로는 하루 종일 바위에 앉아 명상에 잠기기도 했다. 그리고 마침내 이곳이 자신이 평생을 보낼 곳임을 확신하게 되었다.

『남명집』에 실린 「산천재기」를 보면 그가 이곳을 택한 이유가 분명하게 드러난다. 그는 이렇게 썼다.

"내가 덕천동을 택한 것은 세 가지 이유 때문이다. 첫째는 물이 맑아 마음을 씻기에 좋고, 둘째는 산이 높아 뜻을 세우기에 좋으며, 셋째는 사람들의 왕래가 적당하여 도를 전하기에 좋기 때문이다."

실제로 덕천동은 여러 면에서 은거지로 이상적인 조건을 갖추고 있었다. 해발 500미터 정도의 고도는 여름에 시원하고 겨울에도 혹독하지 않았다. 진주에서 40리, 단성현에서 20리 거리여서 완전히 고립되지 않으면서도 충분히 조용했다. 무엇보다 지리산의 정기가 느껴지는 곳이었다.

◈ 산천재를 짓다

1559년 봄, 조식은 드디어 산천재 건축을 시작했다. '산천재(山天齋)'라는 이름에는 그의 철학이 담겨 있었다. 산은 높고 고요하여 덕을 상징하고, 하늘은 넓고 끝이 없어 도를 상징한다는 것이었다.

건축을 맡은 목수가 설계도를 가져왔을 때 일화가 전해진다. 목수는 조식의 명성을 생각해 제법 규모 있는 집을 설계했다. 사랑채와 안채, 행랑채까지 갖춘 번듯한 가옥이었다.

설계도를 본 조식이 고개를 저었다.

"이것은 너무 크다. 반으로 줄여라."

당황한 목수가 되물었다.

"하지만 선생님, 전국에서 제자들이 찾아올 텐데 이렇게 작아서야…"

"제자들이 많이 와도 마당에서 강론하면 된다. 여름에는 나무 그늘 아래서, 겨울에는 햇볕 드는 곳에서 하면 되지 않겠는가. 집은 오직 필요한 만큼만 지어야 한다."

결국 산천재는 불과 3칸으로 지어졌다. 온돌방 1칸, 대청 1칸, 부엌 1칸이 전부였다. 그나마도 자연 지형을 거스르지 않기 위해 약간 비스듬히 지어졌다.

건축 과정에서 또 하나의 일화가 있었다. 터를 닦다가 큰 바위가 나왔는데, 일꾼들이 정으로 깨려고 했다. 그때 조식이 달려와 막았다.

"그대로 두어라!"

"하지만 선생님, 이 바위 때문에 집을 똑바로 지을 수가 없습니다."

"바위도 이 땅의 주인이다. 우리가 비켜가면 될 일을 왜 바위를 깨뜨리려 하는가?"

그래서 산천재는 바위를 피해 약간 틀어져 지어졌다. 처음에는 모두가 이상하게 생각했지만, 완공된 후에 보니 오히려 자연스러운 운치가 있었다.

◈ 경(敬)의 실천 공간

산천재는 단순한 거처가 아니었다. 그것은 조식이 평생 추구한 '경(敬)'을 실천하는 도장이었다.

어느 날 제자들과 함께 마당을 쓸고 있을 때였다. 방금 쓴 곳에 또 낙엽이 떨어지자 한 제자가 한숨을 쉬었다.

"아무리 쓸어도 끝이 없습니다."

조식이 빗질을 멈추고 제자를 바라보았다.

"그것이 바로 경이다."

"예?"

"낙엽은 계속 떨어지지만 우리는 계속 쓴다. 마음의 먼지도 마찬가지다. 계속 일어나지만 우리는 계속 털어낸다. 이것이 경이 아니고 무엇이겠느냐?"

산천재의 모든 공간은 이런 경의 정신을 담고 있었다. 처마를 낮게 만들어 들어갈 때마다 고개를 숙이게 했다. 이는 겸손을 잊지 말라는 가르침이었다. 창문을 작게 만들어 밖을 내다보되 마음이 밖으로 달아나지 않도록 했다. 대청마루는 자연과 통하도록 열려 있으면서도, 방은 아늑하게 만들어 사색에 집중할 수 있도록 했다.

무엇보다 중요한 것은 극도의 간소함이었다. 불필요한 장식은 일절 없었고, 가구도 책상과 책장, 그리고 이부자리가 전부였다.

한번은 경상감사가 찾아왔다가 너무나 초라한 거처에 놀라 말했다.

"선생님의 높은 덕에 비해 거처가 너무 초라합니다. 제가 증축을 도와드리겠습니다."

조식이 정중히 사양했다.

"감사의 후의에는 감사하나, 지금도 충분합니다. 비를 피하고 바람을 막을 정도면 족하지 않겠습니까? 집이 크면 욕심도 커지는 법입니다."

◆ 지리산을 스승으로

조식에게 지리산은 특별한 존재였다. 그는 매일 새벽 일어나 지리산을 바라보며 하루를 시작했다. 날씨가 맑은 날이면 천왕봉이 보이는 곳까지 올라가 묵상을 했다.

1561년 봄날, 제자들과 함께 천왕봉이 잘 보이는 바위에 올랐다. 아침 햇살을 받은 천왕봉이 장엄하게 빛나고 있었다.

"선생님, 지리산이 정말 웅장합니다!"

한 제자가 감탄했다. 조식은 잠시 침묵하다가 천천히 입을 열었다.

"웅장하다고만 보지 말게. 저 산을 자세히 보게나. 얼마나 많은 생명을 품고 있는가? 호랑이도 있고, 노루도 있고, 다람쥐도 있다. 큰 나무도 있고 작은 풀도 있다. 높으면서도 낮은 것을 품고, 강하면서도 약한 것을 보호한다. 이것이 진정한 대인의 모습이 아니겠는가?"

조식은 계절마다 지리산이 주는 가르침이 다르다고 했다. 봄에는 만물이 소생하는 것을 보고 인(仁)을 배우고, 여름에는 울창하게 무성한 것을 보고 용(勇)을 배운다고 했다. 가을에는 결실을 맺는 것을 보고 의(義)를 배우고, 겨울에는 고요히 참고 기다리는 것을 보고 지(智)를 배운다고 했다.

또한 그는 지리산의 물에서도 가르침을 얻었다. 어느 날 덕천강 가에서 제자들에게 이렇게 말했다.

"이 물을 보라. 바위를 만나면 돌아가고, 낭떠러지를 만나면 뛰어내린다. 그러나 결코 멈추지 않고 바다를 향해 간다. 우리의 학문도 이러해야 한다. 어려움을 만나면 방법을 바꾸되, 목표를 포기해서는 안 된다."

◆ 풍수를 넘어서

당시는 사대부들 사이에 풍수 열풍이 불던 시대였다. 명당을 찾아 부귀영화를 누리려는 욕심이 만연했고, 묘지 문제로 형제간에 다투는 일도 흔했다.

하루는 한 사대부가 조식을 찾아왔다. 그는 덕천동의 수려한 경치를 보고 감탄하며 말했다.

"선생님도 역시 명당을 택하셨군요. 이런 곳에 사시니 필시 후손이 번창하시겠습니다."

조식의 얼굴이 엄숙해졌다.

"내가 이곳에 사는 것은 명당이어서가 아니라 공부하기 좋아서다. 땅이 사람에게 복을 준다는 것은 도둑이 남의 재물을 탐하는 것과 무엇이 다른가?"

사대부가 당황해하자 조식이 이어 말했다.

"산수가 사람의 성정에 영향을 미치는 것은 사실이다. 맑은 물을 마시면 몸이 맑아지고, 좋은 공기를 마시면 정신이 맑아진다. 그러나 이것은 자연의 이치이지, 신비한 힘이 아니다. 더구나 땅이 부귀영화를 가져다준다는 것은 허망한 욕심일 뿐이다."

또 한번은 제자 한 명이 집안의 산송 문제로 고민을 털어놓았다. 형제들이 조상 묘지 문제로 심하게 다투고 있다는 것이었다.

조식이 크게 한탄했다.

"묘 때문에 형제가 다투는 것보다 어리석은 일이 어디 있는가? 부모가 살아계실 때는 효도하지 못하다가 돌아가신 후에 명당을 찾는다고 야단이니, 이것이 효도인가 불효인가? 진정한 효도는 부모의 뜻을 받들어 형제가 화목하게 지내는 것이다."

◈ 제자들에게 전한 가르침

1565년 어느 날, 제자 최영경이 스승을 찾아왔다. 그도 은거할 생각으로 좋은 터를 물색 중이라고 했다.

"선생님, 제가 살 곳을 찾고 있는데 어떤 곳이 좋겠습니까?"

조식은 잠시 생각한 후 차근차근 설명했다.

"첫째, 물을 보아라. 마실 물이 없으면 살 수 없고, 더러운 물은 병을 만든다. 둘째, 이웃을 보아라. 아무리 좋은 곳도 나쁜 이웃이 있으면 고통이다. 셋째, 생업을 생각하라. 너무 외지면 생활이 어렵다. 넷째, 욕심을 경계하라. 지나치게 좋은 곳을 구하다가 평생을 허비하는 자들을 많이 보았다."

그리고 덧붙였다.

"무엇보다 중요한 것은 네가 그곳에서 무엇을 할 것인가 하는 것이다. 아무리 좋은 곳에 살아도 하루하루를 허송하면 무슨 소용이 있겠는가?"

조식의 가르침을 받은 제자들은 각자 스승의 정신을 이어받아 살았다.

정인홍은 합천에 내암정사를 지었는데, 역시 3칸의 초가집이었다. 최영경은 산청 경호 강 변에 무릉정을 지었는데, 계곡물 소리가 들리는 곳이었다. 그들은 모두 스승처럼 간소하게 살면서 후학을 가르쳤다.

◈ 산천재의 일상

조식의 하루는 매우 규칙적이었다. 새벽 3시에서 5시 사이에 일어나 찬물로 세수를 하고 지리산을 향해 묵상을 했다. 5시부터 7시까지는 경전을 읽고, 그 후에는 제자들과 강론을 했다.

점심 무렵에는 독서와 사색의 시간을 가졌고, 가끔 시문을 짓기도 했다. 저녁에는 하루를 반성하며 일기를 썼다. 밤 9시에서 11시 사이에는 마지막 독서를 하고 잠자리에 들었다.

이런 규칙적인 생활은 단순히 시간을 지키는 것이 아니었다. 그것은 마음을 다스리는 수양의 방법이었다. 조식은 말했다.

"하루의 일과를 정해놓고 지키는 것도 경의 실천이다. 게으름과 나태는 모든 악의 근원이니, 부지런함으로써 이를 막아야 한다."

산천재에서의 생활은 검박했지만 충실했다. 아침은 보리밥에 된장국, 나물 몇 가지가 전부였다. 옷도 무명옷 두어 벌이 전부였다. 그러나 정신적으로는 그 누구보다 풍요로웠다.

◇ 마지막 날들

1572년 2월, 조식은 병이 들어 자리에 눕게 되었다. 전국에서 제자들이 모여들었다. 침상 곁에 둘러앉은 제자들에게 조식은 마지막 가르침을 전했다.

"내가 평생 지리산 아래서 산 것을 후회하지 않는다. 비록 벼슬길에 나아가지는 못했으나, 너희들을 가르칠 수 있었으니 족하다."

그리고 유언을 남겼다.

"내가 죽거든 화려하게 장사 지내지 말라. 이 산천재 뒤뜰에 조용히 묻고, 비석도 세우지 말라. 다만 후학들이 찾아와 공부할 수 있도록 산천재는 잘 보존하라."

임종이 가까워지자, 조식은 제자들에게 부축을 받아 마지막으로 지리산을 바라보았다. 때마침 석양이 천왕봉을 붉게 물들이고 있었다.

"평생 저 산을 보며 살았으나, 아직도 그 높이에 이르지 못했구나."

그것이 그의 마지막 말이었다.

◇ 영원히 남은 정신

조식이 세상을 떠난 후, 제자들은 스승의 유언대로 산천재 뒤뜰에 소박한 묘를 만들었다. 화려한 석물도, 거창한 비석도 없었다. 다만 지리산을 바라보는 작은 봉분만이 있을 뿐이었다.

세월이 흘러 산천재 건물은 사라졌지만, 그 터는 남아 있다. 오늘날 이곳을 찾는 사람들은 여전히 조식의 정신을 느낄 수 있다고 한다. 맑은 물소리, 바람에 흔들리는 나뭇잎 소리, 그리고 멀리 보이는 지리산의 웅장한 모습 속에서.

조식은 풍수의 미신을 배격했지만, 자연의 가치는 누구보다 깊이 이해했다. 그에게 자연은 복을 구하는 대상이 아니라 배우고 본받아야 할 스승이었다.

산천재는 단순한 거처가 아니라 '경'을 실천하는 도장이었고, 자연과 인간이 조화를 이루는 이상적 공간이었다.

현대 문명이 잃어버린 것들 — 자연과의 조화, 정신적 가치의 추구, 간소한 삶의 미학 — 을 조식은 이미 450년 전에 실천하고 있었다. 물질만능주의에 빠진 현대인들에게 그의 삶은 묻고 있다.

"무엇이 진정한 풍요인가? 큰 집에 사는 것인가, 아니면 맑은 마음으로 사는 것인가?"

덕천동 골짜기를 흐르는 맑은 물소리가 오늘도 그 답을 들려주는 듯하다.

4. 이이(李珥, 1536~1584) : 율곡, 이성의 빛으로 풍수를 비추다

◈ 파주 율곡리, 학문의 요람

1575년 초겨울, 파주 율곡리의 화석정(花石亭). 마흔을 바라보는 이이가 임진강을 내려다보며 깊은 생각에 잠겨 있었다. 며칠 전 한양에서 돌아온 그의 마음은 무거웠다.

"또 산송이라니…"

한양에서 만난 동료 관리가 들려준 소식이 마음을 어지럽혔다. 명문가 두 집안이 선산 문제로 큰 송사를 벌이고 있다는 것이었다. 더욱 한심한 것은 양쪽 모두 유명한 지관을 내세워 자기네 땅이 명당이라고 주장한다는 점이었다.

"학문을 한다는 사대부들이 어찌 이리도 어리석을까."

이이는 붓을 들어 『격몽요결(擊蒙要訣)』의 한 대목을 쓰기 시작했다.

"요즘 사대부들조차 지관의 말에 현혹되어 부모 장사에 수년을 끌고, 가산을 탕진하니 어찌 한심하지 않은가! 산 부모는 봉양하지 못하고 죽은 부모의 묘자리로 복을 구하려 하니, 이것이 효도인가 불효인가?"

◈ 율곡의 성장과 공간 인식

이이의 풍수관을 이해하려면 먼저 그의 성장 배경을 살펴볼 필요가 있다.

1536년 강릉 오죽헌에서 태어난 이이는 어머니 신사임당의 가르침을 받으며 자랐다. 신사임당은 자연을 사랑하고 그 속에서 아름다움을 발견하는 예술가였다. 어린 이이는 어머니를 따라 산과 들을 다니며 자연의 이치를 배웠다.

"어머니, 왜 매화는 추운 겨울에 피나요?"

"그것이 매화의 성품이란다. 추위를 이겨내고 피어나기에 더욱 향기롭지."

이런 대화 속에서 이이는 자연을 단순한 물질이 아닌, 이치를 담고 있는 존재로 보는 법을 배웠다. 그러나 그것은 신비주의적 관점이 아니라 합리적 관찰에 기초한 것이었다.

16세에 금강산에 들어가 1년간 불교를 공부했던 경험도 그의 공간관 형성에 중요한 영향을 미쳤다. 금강산의 장엄한 경치를 보며 그는 자연의 위대함을 느꼈지만, 동시에 그것이 인간의 운명을 좌우한다는 생각은 하지 않았다.

◈ 청년 시절의 풍수 경험

이이가 풍수의 폐해를 직접 목격한 것은 20대 초반이었다. 1558년, 그가 대과에 장원 급제한 직후의 일이다.

고향 강릉의 한 친척집에서 큰 소동이 일어났다. 집안의 가장이 죽자, 아들들이 묘자리를 놓고 싸움을 벌인 것이다. 큰아들은 동쪽 산을, 둘째 아들은 서쪽 산을 주장했다. 각자 지관을 데려와 자기가 찾은 곳이 명당이라고 우겼다.

이이가 중재에 나섰다.

"두 분 모두 진정하시오. 아버님이 살아계실 때는 어떻게 모셨는지 먼저 돌아보시오."

큰아들이 말했다.

"그야... 농사일이 바빠서..."

"그렇다면 이제라도 아버님의 뜻을 생각해보시오. 아버님이 과연 당신들이 싸우기를 원하셨겠소?"

이이는 결국 두 형제를 설득해 아버지가 생전에 좋아하던 곳에 모시도록 했다. 명당도 아니고 흉지도 아닌 평범한 곳이었지만, 형제는 화해했고 집안은 평안을 되찾았다.

이 일을 계기로 이이는 풍수가 얼마나 많은 폐해를 낳는지 깊이 인식하게 되었다.

◈ 화석정에서의 사색

이이가 본격적으로 자신의 공간 철학을 정립한 것은 화석정에서였다. 율곡리의 임진강 변 절벽 위에 세워진 이 정자는 그의 5대조 이숙함이 지은 것으로, 이이가 가장 사랑한 공간이었다.

화석정의 특징은 '열림'이었다. 사방이 트여 있어 임진강과 주변 산하가 한눈에 들어왔다. 이이는 이곳에서 『성학집요』, 『격몽요결』 등 주요 저작을 집필했다.

어느 날 제자가 물었다.

"선생님, 화석정도 풍수를 보고 지은 것입니까?"

이이가 웃으며 답했다.

"풍수를 본 것이 아니라 경치를 본 것이지. 여기서 보면 강물이 유유히 흐르고, 산들이 겹겹이 둘러싸고 있다. 이런 경치를 보면 마음이 넓어지고 생각이 깊어진다. 이것으로 충분하지 않은가?"

"그렇다면 좋은 경치가 학문에 도움이 된다는 말씀이십니까?"

"그렇다고도 할 수 있고, 아니라고도 할 수 있다. 좋은 환경이 마음을 편안하게 하는 것은 사실이다. 그러나 학문은 결국 자신의 노력에 달린 것이다. 아무리 좋은 곳에 있어도 게으르면 아무 소용이 없다."

◈ 『격몽요결』의 풍수 비판

1575년에 완성한 『격몽요결』은 초학자를 위한 입문서였지만, 당시 사회의 병폐를 날카롭게 비판한 책이기도 했다. 특히 「거가장(居家章)」에서 풍수의 폐해를 상세히 다루었다.

이이는 풍수의 폐해를 세 가지로 정리했다:

첫째, 경제적 폐해: "명당을 찾는다며 이 산 저 산 뒤지고, 지관에게 거금을 주며, 여러 번 이장하느라 가산을 탕진하는 자가 많다. 살아 있는 가족은 굶주리는데 죽은 조상의 묘치레에만 신경 쓰니, 이 어찌 어리석은 일이 아니겠는가?"

둘째, 사회적 폐해: "형제간에 묘자리를 놓고 다투어 골육상쟁하고, 이웃 간에도 경계를 놓고 싸운다. 심지어 남의 묘를 몰래 파내는 패륜도 서슴지 않으니, 풍수가 만드는 죄악이 얼마나 큰가?"

셋째, 도덕적 폐해: "부모가 살아계실 때는 봉양을 소홀히 하다가, 돌아가신 후에 명당을 찾아 효도한다고 하니, 이는 효도가 아니라 불효다. 더구나 명당에 모시면 자손이 번창한다고 믿으니, 이는 효도가 아니라 이익을 바라는 것이다."

◈ 대안의 제시

이이는 비판만 한 것이 아니라 구체적인 대안을 제시했다.

◈ 장례의 원칙

"부모를 장사 지낼 때는 다음을 따르라. 첫째, 물이 차지 않는 곳을 택하라. 둘째, 너무 외지지 않은 곳을 택하라. 셋째, 산소를 돌보기 쉬운 곳을 택하라. 이 세 가지면 충분하다."

◈ 산소 관리

"산소는 항상 깨끗이 하고, 봄가을로 성묘하며, 제사는 정성껏 지내라. 이것이 진정한 효도다. 명당을 찾아 헤매는 것보다 이것이 백배 낫다."

◈ 형제간의 화목

"부모가 가장 바라는 것은 자식들이 화목하게 지내는 것이다. 묘자리 때문에 형제가 다툰다면, 이는 부모의 영혼을 가장 슬프게 하는 일이다."

◈ 고산구곡가: 이상적 공간의 추구

만년에 이이는 해주 고산에 은거하며 「고산구곡가」를 지었다. 이 시가는 주자의 「무이구곡가」를 본떠 지은 것이지만, 이이만의 독특한 공간관이 담겨 있다.

고산(高山) 구곡담(九曲潭)을 사이 모로더니

주모복거(誅茅卜居)니 벗님 다 오신다

어즈버 무이(武夷)를 상상고 학주자(學朱子)를 리라

첫 수에서 이이는 자신이 고산에 은거한 이유를 밝힌다. 그것은 명당을 찾아서가 아니라 주자를 본받기 위해서였다. 그에게 공간은 복을 받는 곳이 아니라 학문을 하는 곳이었다.

일곡(一曲)은 어오 냇길이

겨워 펴이셔이 뫼 티 못야 듬월만 이로다

어즈버 볏 람이야 므음 일 로리

첫 번째 굽이에서 이이는 자연의 아름다움을 노래한다. 그러나 그것은 단순한 감상이 아니다. '듬월'은 주자의 『근사록』을 뜻하는 것으로, 자연 속에서도 학문을 잊지 않는 자세를 보여준다.

구곡시는 이어진다. 각 굽이마다 자연의 아름다움과 학문의 즐거움을 노래한다. 그러나 어디에도 이 땅이 명당이라거나 복을 가져다준다는 말은 없다. 오직 학문하기에 좋은 환경임을 강조할 뿐이다.

◈ 율곡의 주거 공간

이이의 실제 생활공간도 그의 철학을 반영했다.

✤ 율곡 생가

파주 율곡리의 생가는 극도로 검소했다. 'ㄱ'자형 기와집으로, 방 3칸과 대청, 부엌이 전부였다. 당시 그의 지위와 명성을 생각하면 초라할 정도였다.

한번은 중국 사신이 방문했다가 너무 검소한 집에 놀라 물었다.

"대감의 명성은 중국까지 들렸는데, 어찌 이런 곳에 사십니까?"

이이가 담담히 답했다.

"집이 크면 관리하느라 시간을 빼앗깁니다. 그 시간에 책을 한 줄 더 읽는 것이 낫지 않겠습니까?"

✤ 자운서원

이이가 후학을 가르친 자운서원도 마찬가지였다. 화려한 장식은 일절 없었고, 오직 학문에 필요한 최소한의 시설만 갖추었다.

강당은 통풍과 채광을 고려해 남향으로 지었고, 동서재는 학생들이 공부하기 편하도록 배치했다. 모든 것이 기능에 충실했다.

◈ 풍수 논쟁

이이의 합리적 풍수관은 때로 논쟁을 불러일으켰다.

1580년, 조정에서 새로운 관청 건물을 지을 때의 일이다. 일부 대신들이 지관을 불러 터를 보자고 주장했다.

이이가 반대하고 나섰다.

"관청은 백성을 위한 곳입니다. 백성들이 오기 편한 곳, 업무 보기 좋은 곳에 지으면 됩니다. 무슨 명당을 찾습니까?"

한 대신이 반박했다.

"그래도 나라의 중요한 건물인데, 좋은 터를 골라야 하지 않겠소?"

"좋은 터란 무엇입니까? 땅이 평평하고, 물이 빠지기 쉽고, 교통이 편리하면 그것이 좋은 터입니다. 지관이 무어라 하든, 이 조건에 맞지 않으면 나쁜 터입니다."

결국 이이의 의견이 받아들여져, 실용적 관점에서 터를 정했다.

◈ **만년의 성찰**

1584년, 죽음을 앞둔 이이는 제자들에게 마지막 가르침을 남겼다.

"내가 평생 강조한 것은 하나다. 모든 일에 이치를 따르라는 것이다. 풍수도 마찬가지다. 산수가 좋으면 마음이 편안한 것은 이치에 맞다. 그러나 그것이 복을 가져다준다는 것은 이치에 맞지 않는다."

그리고 자신의 장례에 대해 엄명을 내렸다.

"나를 묻을 때 풍수를 보지 말라. 그저 조용하고 물이 차지 않는 곳에 묻으면 된다. 돌을 깎아 비석을 세우지도 말라. 후세 사람들이 나를 기억한다면 내 글로 기억할 것이고, 그렇지 않다면 비석인들 무슨 소용이 있겠는가?"

❖ **율곡 사상의 현대적 의미**

이이의 합리적 풍수관은 오늘날에도 시사하는 바가 크다.

첫째, 이성적 판단의 중요성: 미신과 속설에 휘둘리지 않고 이성적으로 판단하는 자세. 이는 풍수뿐 아니라 모든 영역에서 필요한 태도다.

둘째, 실용성의 추구: 화려함보다 실용성을, 형식보다 내용을 중시하는 자세. 이는 현대의 지속가능한 삶과도 통한다.

셋째, 본질에 대한 집중: 공간의 가치는 그것이 가져다주는 물질적 이익이 아니라, 그 안에서 이루어지는 삶의 질에 있다는 통찰.

오늘날에도 '명당 아파트', '풍수 인테리어' 같은 말이 유행한다. 사람들은 여전히 공간이 운명을 바꿔주기를 바란다.

이런 현실을 보며 400년 전 이이의 말이 떠오른다.

"진정한 명당은 땅속에 있는 것이 아니라 사람의 마음속에 있다. 부지런하고 정직하게 살면 그곳이 바로 명당이다."

화석정은 임진왜란 때 불타 없어졌다가 후에 복원되었다. 그러나 이이의 정신은 불타지 않았다. 오늘도 그의 합리적 정신은 우리에게 묻고 있다.

"당신은 무엇을 믿는가? 땅의 신비한 힘인가, 아니면 인간의 이성과 노력인가?"

5. 김인후(金麟厚, 1510~1560): 하서, 주역으로 풍수를 읽다

◈ 담양 소쇄원에서의 만남

1555년 늦봄, 담양 소쇄원(瀟灑園). 대나무 숲 사이로 불어오는 바람이 시원했다. 이곳은 김인후의 처가 쪽 인척인 양산보가 조성한 정원으로, 김인후가 자주 들러 후학을 가르치던 곳이었다.

오늘도 열댓 명의 제자들이 모여 앉아 있었다. 김인후가 『주역』을 펼쳐 들고 강의를 시작했다.

"오늘은 지산겸(地山謙) 괘를 보겠다. 땅 아래 산이 있는 형상이니, 이는 무엇을 뜻하는가?"

한 제자가 답했다. "높은 산이 스스로를 낮추어 땅 아래 있으니, 겸손함을 뜻합니다."

"그렇다. 그런데 이것을 우리가 사는 땅에 적용하면 어떻게 되겠는가?"

제자들이 의아해하자 김인후가 설명을 이어갔다.

"세상 사람들은 산이 높고 웅장한 것을 좋아한다. 그러나 주역의 이치로 보면, 산이 너무 높으면 오히려 좋지 않다. 적당히 낮은 산이 사람 살기에는 더 좋은 법이다."

이때 한 제자가 조심스럽게 물었다. "선생님, 그렇다면 풍수설도 주역의 이치에 맞는 것입니까?"

◈ 역학으로 본 풍수

김인후는 잠시 생각에 잠겼다가 천천히 입을 열었다.

"풍수의 근본은 주역에서 나왔다고 할 수 있다. 주역의 이치로 보면, 산천에도 음양오행이 있다. 산은 음(陰)이요 물은 양(陽)이다. 높은 것은 음이요 낮은 것은 양이다. 이 음양이 조화를 이루는 곳이 좋은 땅이다."

그는 소쇄원의 지형을 가리키며 계속 설명했다.

"이곳을 보라. 뒤로는 낮은 산이 둘러싸고 앞으로는 시내가 흐른다. 너무 높지도 낮지도 않고, 너무 막히지도 트이지도 않았다. 이것이 바로 중용(中庸)의 땅이다."

"그런데 선생님," 다른 제자가 물었다. "세상의 지관들은 용이 꿈틀거린다느니, 혈이 맺혔다느니 하는 이상한 말들을 하는데, 그것은 어떻게 봐야 합니까?"

김인후의 표정이 엄숙해졌다.

"그것이 바로 문제다. 속된 지관들은 주역의 이치는 모르고 괴력난신(怪力亂神)만을 말한다. 음양의 조화를 말해야 할 자리에서 귀신의 조화를 말하니, 이 어찌 올바른 풍수 겠는가?"

◈ 하서의 성장과 학문

김인후의 이런 관점은 그의 학문적 배경에서 비롯되었다.

1510년 전남 장성에서 태어난 그는 어려서부터 총명했다. 특히 『주역』에 심취하여 밤낮으로 연구했다고 한다. 18세에 성균관에 들어가 공부하면서 당대의 석학들과 교류 했다.

그 중에서도 특히 영향을 준 이는 신재 최산두(崔山斗)였다. 최산두는 김인후에게 말했다.

"주역은 단순한 점술서가 아니다. 우주의 이치를 담은 철학서다. 이것을 제대로 이해하 면 천지만물의 이치를 알 수 있다."

이 가르침은 김인후의 학문 방향을 결정지었다. 그는 주역을 통해 모든 것을 해석하려 했고, 풍수도 예외가 아니었다.

◈ 음양오행으로 본 산천

김인후는 산천을 볼 때도 음양오행의 원리를 적용했다.

어느 날 제자들과 무등산을 유람하던 중이었다. 한 제자가 감탄하며 말했다.

"무등산이 정말 웅장합니다. 이런 명산 아래 사니 저희도 복을 받겠지요?"

김인후가 고개를 저었다.

"산이 주는 것은 복이 아니라 가르침이다. 무등산을 보라. 봄에는 목(木)의 기운으로 새싹이 돋고, 여름에는 화(火)의 기운으로 무성하며, 가을에는 금(金)의 기운으로 단풍이 들고, 겨울에는 수(水)의 기운으로 고요하다. 그 가운데 토(土)의 기운이 중심을 잡는다."

"그것이 우리와 무슨 관계가 있습니까?"

"우리도 마찬가지다. 인(仁)은 목이요, 예(禮)는 화요, 의(義)는 금이요, 지(智)는 수요, 신(信)은 토다. 이 오상(五常)이 조화를 이루어야 군자가 되는 것이다."

◈ 소쇄원 48영과 공간 미학

김인후는 소쇄원의 아름다움을 「소쇄원 48영(瀟灑園 48詠)」이라는 연작시로 남겼다. 이 시들을 보면 그의 공간관이 잘 드러난다.

광풍각(光風閣)을 노래한 시:

光風無私照 (광풍은 사사로움 없이 비추고) 明月有情來 (명월은 유정하게 찾아온다) 此中無俗物 (이 가운데 속된 것이 없으니) 自得天地懷 (절로 천지의 품을 얻는다)

김인후에게 좋은 공간이란 음양이 조화를 이루어 '사사로움이 없는' 곳이었다. 풍수가 말하는 명당도 결국은 이런 조화로운 공간이어야 한다는 것이 그의 생각이었다.

◈ 성리학적 풍수 재해석

김인후는 전통적인 풍수 개념들을 성리학적으로 재해석했다.

용맥(龍脈)에 대해: "산의 줄기를 용에 비유한 것은 그 생동하는 기운을 표현한 것이다. 그러나 실제 용이 있는 것이 아니라, 지기(地氣)의 흐름을 형상화한 것일 뿐이다."

혈(穴)에 대해: "혈이란 기가 모이는 곳이다. 마치 인체의 경혈처럼 땅에도 기가 모이는 곳이 있다. 그러나 이것이 신비한 힘을 가진 것이 아니라, 단지 지형적으로 안정된 곳일 뿐이다."

좌청룡 우백호에 대해: "좌우의 산이 감싸는 형국을 말하는데, 이는 바람을 막고 물을 모으는 지형이다. 실용적으로 타당한 이치다."

◈ 제자들과의 문답

1558년 어느 날, 한 제자가 집안의 문제로 고민을 털어놓았다.

"선생님, 저희 아버지께서 지관의 말을 듣고 할아버지 묘를 이장하려 하십니다. 비용도 많이 들고 형제들도 반대하는데, 어떻게 해야 할까요?"

김인후가 신중하게 답했다.

"네 아버지께 이렇게 여쭤보아라. 할아버지 살아계실 때 무엇을 가장 중요하게 여기셨는지를. 만약 가족의 화목을 중시하셨다면, 이장으로 인해 불화가 생기는 것을 원하지 않으실 것이다."

"그런데 정말로 묘가 후손에게 영향을 미치지 않습니까?"

"전혀 없다고는 할 수 없다. 습한 곳에 묘를 쓰면 시신이 상하고, 그것을 보는 후손의 마음도 편치 않을 것이다. 그러나 그것이 부귀영화를 좌우한다는 것은 이치에 맞지 않는다."

◈ 하서의 주거관

김인후 자신의 거처는 매우 소박했다. 장성의 필암리에 있던 그의 집은 초가 몇 칸이 전부였다.

한번은 전라감사가 찾아와 말했다. "선생님 같은 대학자가 이런 곳에 사시다니, 제가 좋은 집을 지어드리겠습니다."

김인후가 사양했다. "이미 충분합니다. 『주역』에 이르기를, '간단하면서도 능히 따를 수 있고, 요약하면서도 이치가 있다'고 했습니다. 거처도 마찬가지입니다."

그의 서재는 더욱 간소했다. 책상 하나, 서가 하나가 전부였다. 벽에는 그가 직접 쓴 글귀가 걸려 있었다:

"하늘을 우러러 한 점 부끄럼 없기를" (仰不愧天)

◈ 문인들과의 교유

김인후는 당대의 문인들과도 활발히 교류했다. 특히 면앙정 송순, 석천 임억령 등과 자주 시를 주고받았다.

한번은 송순이 면앙정에서 시회를 열었다. 김인후가 지은 시:

면앙정 높이 앉아 사방을 바라보니산은 첩첩 물은 굽이굽이 돌아간다이 좋은 경치 무엇에 비할까천지가 빚어낸 한 폭 그림이로다

송순이 화답했다: "하서가 본 것은 경치가 아니라 이치로구나."

이들에게 산수는 단순한 유람의 대상이 아니라 도를 깨닫는 장소였다.

◈ 만년의 가르침

1560년, 김인후는 병이 들어 자리에 누웠다. 죽음을 앞두고 그는 제자들에게 마지막 가르침을 남겼다.

"내가 평생 주역을 공부하며 깨달은 것은, 모든 이치는 간단하다는 것이다. 풍수도 마찬가지다. 음양이 조화를 이루면 좋은 곳이고, 조화를 이루지 못하면 나쁜 곳이다. 이보다 더 복잡하게 생각할 필요가 없다."

그리고 자신의 장례에 대해 당부했다.

"나를 묻을 때 명당을 찾지 말라. 다만 물이 맑고 바람이 순한 곳에 묻어다오. 그것이면 충분하다."

◈ 하서 사상의 의의

김인후의 풍수관은 여러 면에서 독특했다:

1. 주역에 기반한 해석풍수를 미신이 아닌 철학의 영역으로 끌어올렸다.
2. 중용의 추구극단적인 지형보다 조화로운 곳을 선호했다.
3. 실용성과 상징성의 조화실용적 이치를 인정하면서도 그 안에서 도덕적 의미를 찾았다.
4. 성리학적 자연관자연을 도덕적 수양의 스승으로 보았다.

◈ 현대적 의미

김인후의 접근법은 오늘날에도 의미가 있다. 풍수를 완전히 부정하지도, 맹신하지도 않으면서 그 안에서 합리적 요소를 찾아내는 자세. 이는 전통을 대하는 현명한 태도의 본보기다.

특히 그가 강조한 '조화'의 개념은 현대 생태학적 관점과도 통한다. 자연과 인간, 음과 양, 높음과 낮음이 조화를 이루는 공간. 이것이야말로 지속가능한 삶의 터전이 아닐까.

오늘날 우리가 김인후에게 배울 점은 분명하다. 전통을 맹목적으로 따르지도, 무조건 거부하지도 않으면서, 그 속에서 현대적 의미를 찾아내는 지혜. 그것이 진정한 온고지신(溫故知新)이 아닐까.

6. 서애 유성룡(西厓 柳成龍, 1542~1607) : 전란의 상처를 품고 돌아온 정승의 풍수 이야기

1598년 늦가을, 찬바람이 낙엽을 흩날리는 어느 날 오후. 안동으로 향하는 먼지 자욱한 길 위에 초라한 행렬 하나가 느릿느릿 움직이고 있었다. 불과 몇 달 전까지 조선의 영의정이었던 서애 유성룡의 귀향 행렬이었다.

6년간의 기나긴 전란이 끝났다. 아니, 끝난 것이 아니라 잠시 멈춘 것뿐이었다. 온 나라가 폐허가 되었고, 수많은 백성이 죽거나 포로로 끌려갔다. 그 모든 책임의 무게를 어깨에 짊어진 채, 유성룡은 고향으로 돌아가고 있었다. 낙동강을 건너 하회마을이 멀리 보이기 시작했다. 강물이 마을을 S자로 감싸 도는 모습이 마치 어머니가 아이를 품은 것 같았다. 유성룡은 말에서 내려 잠시 서서 고향을 바라보았다. 눈시울이 뜨거워졌다.

"여전하구나…"

그의 입에서 나직한 탄식이 흘러나왔다. 전쟁의 상처가 곳곳에 남아있었지만, 하회마을은 그래도 그 자리를 지키고 있었다.

동행하던 아들 유진이 아버지 곁으로 다가왔다.

"아버님, 우리 마을이 전란 중에도 큰 피해를 입지 않은 것은 참으로 다행입니다. 역시 하회가 명당이라 그런 것인가 봅니다."

유성룡이 고개를 저으며 아들을 바라보았다. 전쟁을 겪으며 더욱 깊어진 주름 사이로 쓸쓸한 미소가 번졌다.

"진아, 명당이어서가 아니다. 마을 사람들이 목숨 걸고 지켰기 때문이지. 아무리 좋은 땅도 사람이 지키지 않으면 아무 소용이 없는 법이다."

그는 다시 말을 타고 마을로 들어갔다. 집집마다 나와 절을 하는 마을 사람들의 얼굴에는 전쟁의 고통이 새겨져 있었다. 유성룡은 그들 하나하나에게 고개를 숙여 인사했다. 정승이 아닌, 그저 마을의 한 사람으로 돌아온 것이다.

◆ 병산서원 터를 찾아서

며칠간의 휴식 후, 유성룡은 오랫동안 마음에 품어온 일을 시작했다. 후학을 기를 서원을 세우는 일이었다. 전쟁 중에 느낀 것은 나라의 미래가 인재 양성에 달려있다는 절실한 깨달음이었다.

이른 아침, 안개가 자욱한 가운데 유성룡은 제자 몇 명과 함께 서원 터를 찾아 나섰다. 하회마을 서쪽으로 한참을 걸어가니 낙동강이 크게 굽이치는 곳이 나왔다. 강 건너편에는 병풍처럼 펼쳐진 산이 아침 햇살을 받아 붉게 물들어 있었다.

유성룡이 걸음을 멈추고 주위를 둘러보았다. 잠시 눈을 감고 바람을 느꼈다. 강에서 불어오는 바람은 시원하면서도 부드러웠고, 숲에서 들려오는 새소리는 평화로웠다.

"여기다."

그가 나직이 말했다. 제자들이 주위를 둘러보며 감탄했다.

"정말 좋은 곳입니다, 대감. 앞으로는 강이 흐르고 뒤로는 산이 둘러싸니, 풍수적으로도 명당인 것 같습니다."

제자 김용이 조심스럽게 말했다. 유성룡이 돌아보며 온화한 미소를 지었다.

"용아, 풍수라... 그래, 사람들은 이런 곳을 명당이라 부르지. 하지만 내가 이곳을 택한 이유는 다르네."

그는 강가로 걸어가며 말을 이었다.

"저 강물을 보게. 너무 빠르지도, 너무 느리지도 않게 흐르지 않는가? 학문도 저래야 하네. 조급하게 서둘면 얕아지고, 너무 느리면 썩게 되지. 그리고 저 산을 보게. 너무 높아서 압도적이지도 않고, 너무 낮아서 볼품없지도 않네. 스승과 제자의 관계도 저래야 해. 너무 엄하면 제자가 위축되고, 너무 허술하면 가르침이 서지 않지."

제자들이 고개를 끄덕였다. 유성룡은 계속했다.

"무엇보다 이곳은 마을에서 가깝지도 멀지도 않네. 속세와 완전히 단절되면 학문이 공허해지고, 너무 가까우면 시끄러워 공부가 안 되지. 이 정도 거리가 딱 좋아."

◆ 『징비록』: 지형에 새겨진 전쟁의 기억

하회마을로 돌아온 유성룡은 곧바로 중요한 일에 착수했다.

바로 『징비록』 집필이었다. '징비'란 『시경』에 나오는 '내가 징계하여 후환을 경계한다'는 구절에서 따온 것으로, 지난 전쟁의 아픔을 되새겨 다시는 같은 실수를 반복하지 말자는 뜻이었다.

늦은 밤, 촛불 아래서 붓을 들고 있는 유성룡. 그의 머릿속에는 전쟁 중에 목격한 수많은 장면이 스쳐 지나갔다. 특히 각 지역의 지형과 그곳에서 벌어진 전투들이 생생하게 떠올랐다.

그는 한양의 지세부터 써내려가기 시작했다.

"한양은 실로 천험의 요새로다. 북한산이 주산이 되어 우뚝 서고, 남산이 안산이 되어 마주하며, 한강이 띠처럼 둘러 감으니, 이는 하늘이 정한 도읍지라 할 만하다."

붓을 멈추고 잠시 생각에 잠겼다. 그렇게 좋은 지세를 가진 한양이 왜 그리 쉽게 함락되었을까?

"그러나..." 그는 다시 붓을 들었다. "아무리 천험의 요새라도 지키는 이가 없으면 한낱 빈 성에 불과하다. 선조께서 의주로 파천하신 후, 한양은 텅 빈 성이 되었고, 왜적은 싸우지도 않고 입성했다."

진주성을 쓸 때는 더욱 가슴이 아팠다.

"진주는 남강을 끼고 있어 방어하기에 유리한 곳이다. 충무공 김시민이 지킬 때는 철옹성이었으나, 그가 전사한 후에는 마침내 함락되고 말았다. 같은 성이로되 사람이 다르니 결과도 달랐다. 이 어찌 지세만 믿을 일이겠는가?"

특히 조령에 대해 쓸 때는 자책감이 밀려왔다.

"조령은 영남에서 한양으로 가는 목과 같은 곳이다. 이곳만 제대로 막았어도 왜적이 쉽게 북상하지 못했을 터인데... 우리는 이런 요충지에 변변한 방비 하나 하지 않았다. 지형의 이로움을 알면서도 활용하지 못한 것이 얼마나 한스러운가."

◈ 명나라 장수와의 대화

유성룡은 전쟁 중에 있었던 일들을 하나하나 떠올렸다. 특히 명나라 원군이 왔을 때의 기억이 생생했다.

1593년 초봄, 명나라 대장 이여송과의 첫 만남. 이여송은 오만했지만 유능한 장수였다. 그는 조선의 지형을 전혀 몰랐기에 유성룡에게 자세한 설명을 요구했다.

"정승, 조선의 산맥이 어떻게 뻗어있는지 설명해 주시오."

유성룡이 준비해둔 지도를 펼쳤다. 그리고 나무 막대기로 산맥을 따라가며 설명했다.

"조선의 모든 산은 백두산에서 시작됩니다. 마치 큰 용이 남으로 달려가는 것처럼 이어져 있지요. 이것을 우리는 백두대간이라 부릅니다."

이여송이 지도를 자세히 들여다보았다.

"흠... 그렇다면 왜적이 북상하려면 반드시 이 산맥을 넘어야 한다는 말이오?"

"그렇습니다. 특히 이곳, 조령과 이곳, 추풍령, 그리고 여기 죽령이 주요 관문입니다. 이 고개들만 확실히 지키면 왜적의 북상을 막을 수 있습니다."

이여송이 감탄하며 말했다.

"조선은 방어하기에 유리한 지형을 가졌군요. 이런 지형을 제대로 활용하지 못한 것이 안타깝소."

유성룡이 쓸쓸히 웃었다.

"장군 말씀이 맞습니다. 우리는 좋은 칼을 가지고도 쓸 줄 몰랐던 것과 같습니다."

그때 명나라 부장 한 명이 끼어들었다.

"그런데 정승은 문관이면서도 지형을 잘 아시는군요. 혹시 풍수를 공부하셨습니까?"

유성룡이 고개를 저었다.

"풍수를 특별히 공부한 것은 아닙니다. 다만 이 땅에서 나고 자란 사람으로서 산천을 사랑하고, 그 이치를 조금 알 뿐입니다. 우리 선조들은 대대로 이 땅을 지키며 살았기에, 자연히 지형을 잘 알게 된 것이지요."

◈ 하회마을, 연화부수형의 진실

어느 날 저녁, 유성룡은 옥연정사 마루에 앉아 노을 지는 하회마을을 바라보고 있었다. 제자 몇 명이 찾아와 인사를 올렸다.

"스승님, 요즘 마을에서는 하회가 명당이라서 전란에도 무사했다는 이야기가 많습니다."

유성룡이 제자들을 마루로 올라오게 했다.

"그래, 사람들이 그런 말을 하더구나. 자네들은 어떻게 생각하나?"

한 제자가 조심스럽게 답했다.

"저도 그런 것 같습니다. 하회는 연화부수형이라 하여 예로부터 명당으로 유명하지 않습니까? 물 위에 떠 있는 연꽃처럼 생겼다고..."

유성룡이 빙그레 웃으며 물었다.

"그래, 연꽃 이야기. 자네는 연꽃이 왜 아름다운지 아는가?"

제자가 당황하며 답했다.

"그야... 꽃이 아름답기 때문 아닙니까?"

유성룡이 고개를 저으며 말했다.

"연꽃의 진정한 아름다움은 다른 데 있네. 주자께서 말씀하시지 않았던가. '진흙에서 나왔으되 물들지 않고, 맑은 물에 씻겼으되 요염하지 않다'고. 연꽃이 아름다운 것은 더러운 환경 속에서도 깨끗함을 잃지 않기 때문이네."

그는 일어서서 난간에 기대어 마을을 내려다보았다.

"우리 마을도 마찬가지야. 전란 중에 무사했던 것은 지형 때문이 아니라 마을 사람들이 힘을 합쳐 지켰기 때문이네. 내가 들으니, 왜적이 쳐들어왔을 때 마을 장정들이 모두 나서서 싸웠다고 하더군. 부녀자들도 돌을 나르고 밥을 지어 도왔다고 하고. 그것이 진짜 이유야."

제자들이 고개를 끄덕였다. 유성룡이 다시 자리에 앉으며 말을 이었다.

"물론 하회의 지형이 방어에 유리한 것은 사실이네. 강이 둘러싸고 있으니 적이 쉽게 접근하기 어렵지. 하지만 그것만 믿고 있었다면 어떻게 되었겠나? 임진강도 천험이었지만 결국 뚫리지 않았던가."

◆ **옥연정사, 소박함의 미학**

유성룡이 만년에 지은 옥연정사는 그의 인품을 그대로 보여주는 공간이었다. 정승을 지낸 사람의 집이라고는 믿기 어려울 정도로 소박했다.

어느 날, 안동부사가 찾아왔다. 옥연정사의 초라한 모습을 보고 깜짝 놀랐다.

"대감, 이런 곳에 거처하시다니요. 제가 좀 더 번듯한 집을 지어드리겠습니다."

유성룡이 손을 저으며 말했다.

"부사의 뜻은 고맙지만 사양하겠네. 이 정도면 충분해. 비 새지 않고 바람 들어오지 않으니 더 바랄 것이 없네."

"그래도 대감 같은 분이..."

"내가 여기 있는 것은 호화롭게 살려는 것이 아니라 조용히 지난날을 반성하고 후세에 도움이 될 글을 쓰기 위해서네. 그런 목적에는 오히려 이런 작은 집이 더 좋아. 큰 집은 관리하느라 정신이 없어서 정작 중요한 일을 못하게 되지."

부사가 물러간 후, 곁에 있던 아들 유진이 물었다.

"아버님, 정말 이런 작은 집이 마음에 드십니까?"

유성룡이 마루에 앉아 강을 바라보며 답했다.

"진아, 집의 크기가 무슨 상관이냐. 중요한 것은 그 안에서 무엇을 하느냐는 것이다. 내가 이곳에서 『징비록』을 쓰고, 너희들을 가르칠 수 있다면 그것으로 족하다. 오히려 이렇게 작으니 마음이 편안하고 잡념이 없어 좋구나."

◈ 풍수와 실용의 균형

유성룡의 풍수관은 매우 실용적이었다. 그는 지형의 중요성을 인정했지만, 그것이 신비한 힘을 가졌다고는 믿지 않았다.

한번은 옛 동료가 찾아와 새 집터에 대해 의논했다.

"서애공, 저도 이제 나이가 들어 시골에 내려가 살려고 합니다. 혹시 좋은 터를 아시면 추천해 주십시오."

유성룡이 웃으며 답했다.

"내가 무슨 지관인가? 다만 상식적인 조언은 할 수 있지. 첫째, 물이 가까운 곳이 좋네. 그러나 너무 가까우면 습하고 홍수 위험이 있으니 적당한 거리를 유지해야 해. 둘째, 남향이 좋아. 겨울에 따뜻하고 여름에는 시원한 바람이 불거든. 셋째, 이웃이 중요해. 아무리 좋은 터도 이웃이 나쁘면 살기 어렵지."

"그것뿐입니까? 지관들은 명당에 살면 자손이 번창한다던데..."

유성룡이 고개를 저었다.

"그것은 헛된 욕심일세. 자손이 번창하는 것은 조상이 덕을 쌓고 자손이 그것을 이어받아 노력할 때 가능한 것이지, 땅이 복을 주는 것이 아니네. 내가 미천한 시골 선비 집안에서 정승까지 오른 것도 부모님의 가르침과 나의 노력 덕분이었지, 우리 집 터가 명당이어서가 아니었네."

◈ **마지막 가르침**

1607년 봄, 유성룡은 병이 깊어져 자리에 누웠다. 죽음이 가까워진 것을 안 그는 제자들과 자식들을 불러 모았다.

"내가 평생 살면서 깨달은 것이 있다. 사람들은 늘 밖에서 복을 구하려 하지만, 진정한 복은 자기 안에 있다는 것이다. 명당도 마찬가지다. 땅이 사람을 복되게 하는 것이 아니라, 사람이 땅을 복되게 만드는 것이다."

그는 잠시 숨을 고른 후 계속했다.

"내가 『징비록』을 쓴 것도 같은 이치다. 우리가 전란을 막지 못한 것은 지세가 나빠서가 아니라 대비를 하지 않았기 때문이다. 아무리 좋은 땅도 가꾸지 않으면 황무지가 되듯이, 아무리 좋은 나라도 지키지 않으면 망하는 법이다."

마지막으로 그는 자신의 장례에 대해 당부했다.

"나를 묻을 때 명당을 찾지 말라. 그저 조상들 곁에 조용히 묻어다오. 후세가 나를 기억한다면 내가 쓴 글로 기억할 것이고, 그렇지 않다면 아무리 좋은 곳에 묻힌들 무슨 소용이 있겠느냐."

며칠 후, 유성룡은 66세를 일기로 세상을 떠났다. 그의 유언대로 화려한 장례 없이 조용히 선산에 묻혔다.

◈ **울림을 남기다**

오늘날 병산서원을 찾는 사람들은 그 아름다움에 감탄한다. 자연과 완벽하게 조화를 이룬 건축, 검소하면서도 품격 있는 공간. 이것이 바로 유성룡이 추구한 이상이었다.

그는 풍수를 부정하지도, 맹신하지도 않았다. 좋은 환경의 가치를 인정하면서도 인간의 노력을 더 중요시했다. 전통을 존중하면서도 합리적으로 재해석했다. 이런 균형감각이야말로 그가 난세를 헤쳐 나갈 수 있었던 힘이었다.

400년이 지난 오늘날, 우리는 여전히 명당을 찾아 헤맨다. 집값이 오를 곳, 아이 교육에 좋은 곳, 부자가 될 수 있는 곳... 그러나 유성룡의 말을 다시 한 번 되새겨볼 필요가 있다.

"진정한 명당은 땅속에 있는 것이 아니라 사람의 마음속에 있다."

낙동강은 오늘도 하회마을을 감싸 흐르고, 병산서원에는 글 읽는 소리가 들린다. 땅은 변하지 않았지만, 그 위에서 살아가는 사람들의 삶은 끊임없이 변화한다.

결국 중요한 것은 땅이 아니라 사람이다. 이것이 전란의 폐허 속에서도 희망을 잃지 않았던 서애 유성룡이 우리에게 남긴 가장 소중한 가르침이 아닐까.

7. 우암 송시열(尤庵 宋時烈, 1607~1689): 주자학의 대가가 품은 풍수의 딜레마

1675년 한여름, 충북 괴산 화양동의 깊은 골짜기. 구봉(九峰)이 병풍처럼 둘러싼 이곳에서 한 노학자가 제자들과 함께 책을 읽고 있었다. 예순여덟의 우암 송시열. 조선 성리학의 마지막 거장이라 불리는 그였다.

"주자께서 말씀하시기를, '산수 간에 은거하는 것이 학문에 도움이 된다' 하셨다. 그러나 이는 심성을 수양하기 위함이지, 복을 구하기 위함이 아니다."

송시열의 목소리는 나직했지만 단호했다. 여름 더위에도 그는 정좌를 흐트러뜨리지 않고 『주자대전』을 읽고 있었다.

그때 젊은 제자 하나가 조심스럽게 손을 들었다.

"스승님, 제가 듣기로는 이 화양동이 풍수적으로 대단한 명당이라고 하던데요. 구봉이 둘러싸고 계곡물이 맑게 흐르니..."

순간 송시열의 얼굴이 굳어졌다. 그는 책을 덮고 제자를 쏘아보았다.

"그런 속설에 현혹되지 말라!"

목소리가 갑자기 높아졌다. 제자들이 놀라 고개를 숙였다.

"내가 이곳을 택한 것은 오직 선왕을 추모하고 학문에 정진하기 위함이다. 효종대왕께서 북벌의 큰 뜻을 품으셨다가 이루지 못하고 승하하셨으니, 신하 된 자가 그 뜻을 이어받아 학문을 닦는 것이 도리가 아니겠는가?"

송시열은 일어서서 밖으로 나갔다. 제자들이 황급히 따라나섰다. 그는 바위 위에 서서 화양구곡을 내려다보았다.

"보라. 이 아름다운 산수를. 하지만 이것이 우리에게 복을 준다고 생각한다면 그것은 미신이다. 산수가 주는 것은 마음의 평안이지, 부귀영화가 아니다."

그러나 그의 눈빛 깊은 곳에는 복잡한 감정이 어려 있었다.

◆ 화양동, 그 선택의 이면

사실 송시열이 화양동을 택한 것은 단순하지 않았다. 1671년, 그가 처음 이곳을 발견했을 때의 일이다. 당시 그는 정치적으로 매우 어려운 처지에 있었다. 효종의 승하 후 복상 문제로 서인과 남인이 격렬히 대립하고 있었고, 그는 서인의 영수로서 공격의 표적이 되어 있었다.

"어디 조용히 은거할 만한 곳이 없을까..."

제자들과 함께 여러 곳을 물색하던 중 화양동을 발견했다. 첫눈에 그는 이곳이 예사롭지 않음을 느꼈다.

구봉이 둘러싸여 외부와 차단되어 있었고, 계곡물은 맑고 시원했다. 무엇보다 남향으로 트여 있어 햇볕이 잘 들었다.

동행한 제자 권상하가 감탄했다.

"스승님, 이곳이야말로 은거하기에 최적의 장소입니다. 제가 보기에는 풍수적으로도..."

송시열이 손을 들어 말을 막았다.

"풍수 이야기는 하지 말게. 다만 이곳이 조용하고 학문하기에 좋은 것은 사실이네."

그런데 흥미로운 것은, 송시열이 이곳을 '화양'이라고 이름 지은 이유였다. 화양은 중국 주자가 은거했던 무이산의 별칭이었다. 그는 이곳을 조선의 무이산으로 만들고 싶었던 것이다.

◆ 원칙과 현실의 갈등

송시열의 풍수관은 겉과 속이 달랐다. 공개적으로는 풍수를 미신이라고 비판했지만, 사적으로는 다른 모습을 보였다.

1680년 겨울, 그는 오랜 친구인 송준길의 아들에게 편지를 보냈다.

"자네 아버님 묘소 이야기를 들었네. 근래 장마로 물이 차올랐다고 하니 걱정이 되는구나. 비록 지관의 말을 전적으로 믿을 수는 없으나, 조상을 편안히 모시는 것은 자손의 도리이니, 좀 더 높고 건조한 곳으로 이장함이 어떻겠는가?"

또 다른 편지에서는 이렇게 썼다.

"선친의 묘소가 습한 곳에 있어 늘 마음이 편치 않다. 효자가 어찌 부모를 불편한 곳에 모실 수 있겠는가? 좋은 곳을 찾아 이장하려 하니 자네가 아는 믿을 만한 지관이 있으면 소개해 주게."

이런 편지들은 송시열이 겪은 내적 갈등을 보여준다. 성리학자로서는 풍수를 부정해야 했지만, 효자로서는 부모를 좋은 곳에 모시고 싶었던 것이다.

◈ 화양동 서원의 정치적 의미

송시열은 화양동을 단순한 은거지가 아닌 정치적 상징 공간으로 만들었다.

그는 이곳에 만동묘(萬東廟)를 세워 명나라 신종과 의종을 제사 지냈다. 또한 효종의 영정을 모시고 매일 참배했다.

"이곳의 아름다운 산수는 곧 선왕의 높은 덕을 닮았다. 내가 매일 이 산수를 보는 것은 매일 선왕을 뵙는 것과 같다."

이는 풍수적 명당을 정치적 충성의 공간으로 전환시킨 것이었다. 제자들과의 대화에서 이런 의도가 더욱 분명히 드러난다.

"너희들은 이곳이 명당이라고 하는데, 그것이 무슨 의미인지 아는가? 진정한 명당은 충신이 임금을 그리워하는 곳이다. 효종대왕의 북벌대계를 이어받아 춘추대의를 밝히는 곳, 그것이 바로 명당이다."

◈ 산송에 대한 일갈

송시열은 당시 만연한 산송(山訟) 문제에 대해서는 매우 비판적이었다.

1682년, 안동 김씨 문중에서 산송이 일어나 그에게 중재를 요청했다. 두 파가 조상 묘지를 놓고 10년째 다투고 있었던 것이다.

송시열은 양쪽을 불러 놓고 호통을 쳤다.

"묘지 때문에 형제간에 원수가 되었으니, 이보다 더 큰 불효가 어디 있는가? 조상이 명당에 묻히기를 바라겠는가, 아니면 후손들이 화목하기를 바라겠는가?"

그는 산송 해결을 위한 원칙을 제시했다.

"첫째, 문중 회의에서 다수결로 정하되, 연장자의 의견을 존중할 것. 둘째, 합의가 안 되면 제3자에게 중재를 맡길 것. 셋째, 무엇보다 예법을 풍수보다 우선시할 것."

그의 중재로 김씨 문중의 산송은 일단락되었다. 그러나 그 자신도 비슷한 문제로 고민했다는 사실은 아이러니였다.

◈ **제자들과의 문답**

1685년 어느 날, 화양동에서 제자들과 나눈 대화가 『송자어록』에 기록되어 있다.

제자 한원진이 물었다.

"스승님, 주자께서는 풍수에 대해 어떻게 말씀하셨습니까?"

"주자께서는 풍수의 이치를 완전히 부정하지는 않으셨다. 다만 그것에 마음을 빼앗겨 도를 잃는 것을 경계하셨지."

"그렇다면 풍수를 어느 정도까지 인정해야 합니까?"

송시열이 잠시 침묵한 후 답했다.

"산수가 사람의 성정에 영향을 미치는 것은 부인할 수 없다. 그러나 그것이 부귀영화를 가져다준다고 믿는 것은 미신이다. 우리가 취할 것은 산수의 맑은 기운으로 심성을 수양하는 것이지, 복을 구하는 것이 아니다."

다른 제자가 물었다.

"그런데 왜 사람들은 모두 명당을 찾으려 합니까?"

"인간의 욕심 때문이다. 자신의 노력 없이 땅의 힘으로 복을 받으려는 것이니, 이는 도적이 남의 재물을 탐하는 것과 다르지 않다."

◈ **만년의 고뇌**

1689년, 여든셋의 송시열은 사약을 받기 직전까지도 화양동을 그리워했다.

"내가 화양동에 은거한 것을 두고 혹자는 명당을 탐했다고 하더구나. 그들이 어찌 알겠는가? 내가 그곳에서 구한 것은 부귀가 아니라 도였다는 것을..."

그의 마지막 편지에는 이런 구절이 있다.

"화양동의 맑은 물과 높은 산이 그립구나. 그러나 더 그리운 것은 그곳에서 효종대왕을 그리며 보낸 세월이다. 산수는 변하지 않으나 사람의 마음은 변하니, 이것이 한스럽구나."

◈ **우암의 모순, 그러나 인간적인**

송시열의 풍수관은 모순적이었다. 그는 공식적으로는 풍수를 비판했지만, 실제로는 완전히 벗어나지 못했다. 화양동이라는 명당을 택했으면서도 그것을 인정하려 하지 않았다.

그러나 이런 모순이 오히려 그를 더 인간적으로 만든다. 그는 성리학의 대가였지만, 동시에 부모를 그리워하는 아들이었고, 임금을 사모하는 신하였다.

그의 제자 권상하는 스승을 이렇게 평가했다.

"선생님은 풍수를 미신이라 하셨지만, 좋은 산수를 사랑하는 마음은 누구보다 깊으셨다. 다만 그것을 학문과 충의로 승화시키셨을 뿐이다."

오늘날 화양동을 찾는 사람들은 여전히 그 아름다움에 감탄한다. 구봉이 둘러싼 계곡, 맑은 물소리, 그리고 고즈넉한 서원.

송시열이 이곳을 택한 진짜 이유가 무엇이었든, 한 가지는 분명하다. 그는 이곳에서 자신만의 방식으로 도를 추구했고, 그 과정에서 풍수라는 전통과 성리학이라는 이념 사이에서 나름의 균형을 찾으려 했다는 것이다.

어쩌면 그것이 조선 후기 사대부들이 겪은 보편적 고민이었을지도 모른다. 전통을 완전히 버릴 수도, 그렇다고 맹목적으로 따를 수도 없었던 그들의 딜레마. 송시열은 그 딜레마를 자신만의 방식으로 해결하려 했고, 그 흔적이 화양동에 고스란히 남아있는 것이다.

제12장

조선 시대 유학자의 풍수운용실제

1. 묘지풍수신앙과 산송을 중심으로

조선시대, 죽은 이를 묻는 일은 단순한 장례의 문제가 아니었다. 그것은 가문의 명운이 걸린 중대사였고, 때로는 마을 전체를 뒤흔드는 분쟁의 씨앗이 되기도 했다. 유교를 국가 이념으로 삼았던 조선왕조에서 묘지를 둘러싼 풍수신앙은 끊임없는 논란의 중심에 있었다.

◈ 유교 국가에서의 풍수, 그 모순된 공존

조선왕조는 유교를 통치이념으로 삼아 건국되었다. 국가는 종묘와 사직 같은 공식적인 제사를 관장했고, 민간에서는 주자의 『가례』에 따른 조상제사만이 정당한 의례로 인정받았다. 그 밖의 제의는 '음사(淫祀)'라 하여 엄격히 제한되었다.

그러나 현실은 달랐다. 백성들은 조상의 묘지를 조성할 때 유교적 예법보다는 풍수의 논리에 더 큰 무게를 두었다. 명당을 찾아 조상을 모시려는 열망은 때로 유교적 질서를 뛰어넘는 집착으로 나타났다. 이러한 현상은 조선 초기부터 유학자들 사이에서 뜨거운 논쟁거리가 되었고, 국가는 각종 법령을 통해 이를 규제하려 했다.

◈ 시대에 따른 풍수 인식의 변화

조선 초기, 묘지풍수는 사회 전반에 깊이 뿌리내린 신앙이었다. 유학자들조차 이를 완전히 부정하지 못했고, 오히려 어떻게 하면 풍수의 폐단을 줄이면서도 민심을 다스릴 수 있을지 고민했다.

중기에 이르러서는 관료들 사이에서도 묘지풍수에 대한 견해가 엇갈렸다. 일부는 풍수의 효험을 인정하면서도 그 남용을 경계했고, 다른 이들은 풍수 자체를 미신으로 배척했다.

이러한 논쟁은 당시 사회가 풍수를 둘러싸고 얼마나 복잡한 인식의 스펙트럼을 가지고 있었는지를 보여준다.

조선 후기, 실학의 바람이 불면서 풍수는 더욱 강한 비판에 직면했다. 실학자들은 풍수가 학문적 근거가 없을 뿐만 아니라, 사회적으로도 이기심과 분쟁만을 조장하는 해악이라고 보았다. 그들에게 풍수는 합리적 사고와 실용정신에 반하는 구시대의 유물이었다.

◈ 국가 권력과 민간 신앙의 길항

흥미로운 것은 국가가 묘지풍수를 규제하려 했던 진정한 이유다. 표면적으로는 미신 타파와 사회 질서 유지였지만, 그 이면에는 더 복잡한 정치적 계산이 있었다. 풍수신앙은 단순한 미신이 아니라 토지 소유권, 가문의 위세, 지역 간 세력 다툼과 밀접하게 연결되어 있었다.

명당을 차지하기 위한 산송(山訟)은 때로 수십 년간 이어지며 막대한 사회적 비용을 초래했다. 국가는 이러한 분쟁을 조정하고 통제하는 과정에서 자신의 권위를 확립하려 했다. 동시에 풍수신앙이 가진 민심 결집력을 완전히 무시할 수도 없었다.

◈ 묘지풍수가 남긴 질문들

조선시대 묘지풍수신앙의 역사는 우리에게 여러 질문을 던진다. 왜 유교적 합리주의를 표방한 조선사회에서 풍수신앙이 그토록 강한 생명력을 유지할 수 있었을까? 국가의 끊임없는 규제에도 불구하고 민간에서 풍수가 지속된 이유는 무엇일까?

이는 단순히 미신과 계몽, 전통과 근대의 이분법으로 설명할 수 없는 복잡한 문제다. 묘지풍수신앙은 조선시대 사람들이 죽음을 이해하고, 조상을 기억하며, 가문의 미래를 설계하는 독특한 방식이었다. 그것은 유교적 질서 속에서도 끈질기게 살아남은 또 다른 세계관이었으며, 오늘날까지도 한국인의 의식 깊은 곳에 영향을 미치고 있는 문화적 유산이다.

2. 묘지풍수에 대한 조선의 법적 대응: 규제와 타협의 역사

◈ 정통과 이단 사이에서

조선왕조에게 묘지풍수는 골치 아픈 존재였다. 유교를 국가 통치이념으로 삼은 조선에서 풍수신앙은 명백히 '좌도(左道)'였다. 정통 유교가 '상도(常道)'라면, 풍수는 그 질서를 위협하는 이단적 신앙이었다.

그러나 현실은 간단하지 않았다. 민간에 깊이 뿌리내린 풍수신앙을 단번에 뿌리뽑을 수는 없었고, 국가는 끊임없이 규제와 타협 사이를 오가야 했다.

조선 정부는 묘지와 관련된 각종 법규를 제정했다. 그러나 이러한 규범들은 민간의 강력한 풍수신앙 앞에서 종종 무력했다. 백성들은 국가의 규제를 교묘히 피해가며 여전히 명당을 찾아 헤맸고, 조상의 묘를 길지에 모시려 애썼다. 이에 조선 정부는 교지와 조례를 통해 추가적인 통제를 시도했지만, 그 효과는 제한적이었다.

◈ 중국 법제의 차용과 한계

흥미로운 점은 조선이 묘지 관련 범죄를 다룰 때 독자적인 법체계를 갖추지 못했다는 사실이다. 법제화되지 않은 묘지 관련 문제들에 대해서는 중국의 『대명률』에서 유사한 규정을 찾아 적용하는 것이 일반적이었다. 이는 조선이 풍수문제를 다루는 데 있어 얼마나 준비가 부족했는지를 보여준다.

이러한 상황은 1905년에 이르러서야 변화를 맞는다. 『형법대전』의 제정으로 조선은 비로소 묘지 관련 문제에 대한 자율적인 법 적용이 가능해졌다. 그러나 이미 500년 가까이 이어진 풍수신앙의 관행을 하루아침에 바꿀 수는 없었다.

◈ 일제강점기: 탄압에서 인정으로

일제강점기에 들어서면서 풍수신앙은 새로운 국면을 맞는다. 일본은 3·1운동의 원인 중 하나를 풍수신앙으로 지목했다. 그들의 눈에 풍수는 조선인들의 저항정신을 부추기는 미신이었고, 근대화를 가로막는 장애물이었다.

일제는 초기에 풍수에 의한 묘지 선정을 철저히 금지하려 했다. 그러나 조선인들의 강한 반발과 현실적인 한계에 부딪혀 1923년 묘지법을 개정하며 규제를 완화할 수밖에 없었다. 이는 풍수신앙이 단순한 미신이 아니라 조선인들의 정체성과 깊이 연결된 문화임을 일제도 인정할 수밖에 없었음을 보여준다.

◈ 관습법으로의 전환: 1927년의 전환점

1927년은 묘지풍수 역사에서 중요한 전환점이 된다. 조선고등법원은 풍수신앙에 의한 묘점권(墓占權)을 "한국의 관습"으로 공식 인정했다. 이는 수백 년간 이어진 국가와 민간의 줄다리기가 민간의 승리로 귀결되었음을 의미한다.

이후 묘점권은 관습법상 분묘기지권의 일부로 자리잡았고, 오늘날까지도 법적 보호를 받고 있다. 국가는 더 이상 풍수를 제거해야 할 미신이 아니라, 규제하고 관리해야 할 전통으로 받아들이게 된 것이다.

◈ 규제의 양면성: 제한이자 보호

조선시대부터 현재까지 이어진 묘지 관련 법규들을 살펴보면 흥미로운 양면성을 발견할 수 있다. 첫째, "분묘지"에 대한 규정은 토지를 자의적으로 묘지로 사용할 수 없도록 제한하는 동시에, 정당하게 조성된 묘지를 보호하는 기능을 했다. 이는 묘지점정권을 제한하면서도 인정하는 절묘한 타협책이었다. 둘째, 발총훼묘(發塚毀墓)나 사굴노관(私掘露棺) 같은 묘지 훼손 행위에 대한 엄격한 처벌 규정은 분묘 자체를 보호하는 장치였다. 국가는 풍수신앙을 인정하지 않으면서도, 조상의 묘를 신성시하는 민간 정서를 존중할 수밖에 없었다.

◈ 역사가 남긴 교훈

묘지풍수에 대한 법적 규제의 역사는 국가 권력과 민간 신앙이 어떻게 상호작용하는지를 보여주는 생생한 사례다. 조선 정부는 유교적 이상을 실현하려 했지만, 민간의 뿌리 깊은 신앙 앞에서는 현실적인 타협을 선택할 수밖에 없었다.

이는 어떤 정치 체제도 민중의 문화와 신앙을 완전히 통제할 수 없다는 역사적 교훈을 전한다. 오늘날까지 이어지는 묘지풍수 관련 관습법은 이러한 타협의 산물이며, 전통과 근대, 신앙과 법이 공존할 수 있는 가능성을 보여주는 증거이기도 하다.

3. 분묘의 공간 제한과 보호: 조선의 묘지 질서 만들기

◈ 고려에서 조선으로: 묘지 규제의 시작

묘지를 둘러싼 국가의 개입은 고려시대부터 시작되었다. 경종 원년(976년) 2월에 내려진 금령이 우리나라 최초의 묘지 소유권 제한 규제로 기록되어 있다. 그러나 본격적인 제도 정비는 조선시대에 들어서면서부터였다.

태종 4년(1404년), 조선은 처음으로 신분에 따른 분묘 면적을 명확히 규정했다. 1품 관원의 묘지는 사방 90보, 2품은 80보, 그리고 품계가 낮아질수록 10보씩 줄어들어 7품에서 9품까지는 30보, 서민은 겨우 5보 평방으로 제한되었다. 이는 단순한 토지 이용 규제가 아니라, 죽음의 공간에서조차 엄격한 신분 질서를 구현하려는 유교 국가의 의지였다.

◈ 왕릉에서 서민까지: 위계질서의 공간화

흥미로운 것은 분묘의 명칭 자체에서도 신분의 차이가 드러난다는 점이다. 고려시대에는 단순히 왕릉과 토분(일반인의 무덤)으로만 구분했지만, 조선시대에는 훨씬 세분화되었다. 왕과 왕비의 무덤은 '능(陵)', 세자나 세손의 무덤은 '원(園)', 왕족은 '묘(墓)', 귀족은 '분(墳)'으로 불렸다. 죽은 자의 안식처마저도 살아생전의 신분을 반영해야 했던 것이다.

태종 18년(1418년)에는 종실과 문무양반의 보수 한계를 10보씩 올려 재조정했다. 그러나 이때 주목할 점은 서민의 보수 규정이 삭제되었다는 사실이다. 이는 후에 『경국대전』에 성문화되면서 조선 후기까지 기본 규범으로 유지되었다. 서민들은 법적으로 묘지 보수를 인정받지 못했지만, 현실에서는 계속 묘지를 점유해온 경우에 한해 관습적으로 인정받기도 했다.

◈ 성스러운 공간과 세속 공간의 분리

조선 정부는 묘지가 들어설 수 없는 곳도 명확히 규정했다. 경성(한양) 10리 이내와 인가 100보 이내에는 매장이 금지되었다. 단 한 사람이 사는 외딴집이라 해도 그 집 100보 이내에는 무덤을 쓸 수 없었다.

이러한 규제의 표면적 이유는 효율적인 국토 이용이었다. 실제로 조선시대 공동묘지는 대부분 사대문 밖에 위치했다. 남대문 밖의 이태원, 서대문 밖의 아현 등이 대표적인 예다. 그러나 더 깊은 차원에서 보면, 이는 죽음의 공간과 삶의 공간을 철저히 분리하려는 세계관의 반영이었다.

묘지는 죽은 자의 영혼이 산 자에게 영향을 미치는 신성한 공간으로 여겨졌다. 특히 풍수사상과 결합하면서 묘지는 단순한 매장지가 아니라 우주론적 원리가 작동하는 성스러운 장소가 되었다. 따라서 일상의 세속적 공간과는 엄격히 구분되어야 했던 것이다.

◈ 보수 규정의 악용과 산송

그러나 법과 현실 사이에는 늘 간극이 있었다. 세종 7년(1425년)의 기록에 따르면, 일부 사람들이 남의 밭 가운데 무덤을 만들고 '보수 내'라고 주장하며 밭을 빼앗는 사례가 발생했다. 이에 정부는 보수 인정을 산야와 한지(閑地)로만 제한하게 된다.

더욱 흥미로운 것은 풍수적 금기가 법적 보수 규정을 넘어서는 경우도 있었다는 점이다. '좌립구견(坐立具見)', 즉 무덤에서 앉거나 서서 다른 무덤이 보이는 것은 풍수상 큰 흉사였다. 실제로 두 무덤 사이의 거리가 200보가 넘었음에도 불구하고, 서로 보인다는 이유만으로 소송이 일어나고 이긴 사례도 있었다.

◈ **향교와 사찰: 대조적인 처우**

향교 안산에서 바라다 보이는 곳에 묘를 쓰는 것도 금지되었다. 향교는 유교 이념을 교육하는 핵심 기관이었기에, 개인의 조상숭배 공간인 묘지가 그 근처에 있는 것은 명분상 허용될 수 없었다.

반면 사찰 내 매장은 금지하지 않았다. 이는 언뜻 모순처럼 보이지만, 실은 조선의 배불정책을 반영한 것이었다. 사찰에 묻힌 무덤에 대해서는 보수 한계나 보호 규정을 두지 않음으로써, 불교를 '사교(邪敎)'로 규정한 조선의 입장을 분명히 한 것이다.

◈ **법과 현실의 타협: 『목민심서』의 지혜**

정약용은 『목민심서』에서 법 적용의 현실적 어려움을 토로했다. "큰 마을 뒤에 많은 사람이 쳐다보는 곳은 법에 의하여 금장하겠지만, 쓸쓸히 두어 집 마을이 산 아래 외로이 있는 경우라면, 법에서는 금할지라도 금할 수 없는 일이다"라고 했다.

이는 아무리 엄격한 법이라도 인정과 현실을 완전히 무시할 수는 없다는 깨달음이었다. 실제로 300년이 지나면서 『백헌총요』에는 수많은 예외 사항들이 추가되었다. 분묘 보수 규정에 해당하지 않는 사람도 풍수설에 따라 묘자리를 정해둔 경우에는 타인의 입장을 금할 수 있었다.

◈ **묘지 규제가 남긴 유산**

조선시대 분묘 공간 제한과 보호 정책은 단순한 토지 이용 규제가 아니었다. 그것은 유교적 신분 질서를 공간에 투영하려는 시도였고, 동시에 풍수신앙이라는 민간의 강력한 믿음과 타협해야 했던 현실정치의 산물이었다.

오늘날 우리가 산에서 흔히 볼 수 있는 묘지들, 그리고 여전히 이어지는 묘지 관련 분쟁들은 모두 이 시대의 유산이다. 죽음의 공간을 둘러싼 국가와 민간의 줄다리기는 조선시대 내내 계속되었고, 그 과정에서 만들어진 타협과 관행들은 현재까지도 우리 사회에 깊은 영향을 미치고 있다.

❏ 분묘보수제한규정의 변천

태종 4년	테정 6년	태종 18년	경국대전(1485) 사송유취(1585) 대전통편(1784) 대전회통(1784)	예외규정 : 속대전 (형정, 청리조)
각품(各品) 관원과 서민의 분묘면적	왕릉의 보수 결정	각품 관원보수를 10보씩 올린다. 서민의 보수규정삭제	조선후기 까지 태종 18년의 기본 규범유지	서민의 계속 묘지를 점유해 온 경우, 모지점정권리 허용(단, 주변산림 이용독점권은 불허)

❏ 분묘관련제한규정의 변천

경국대전(1485)	사송유취(1585)	수교집록(1698)	산보수교집록(1739)
사표(四票) 안 경작·목축 금지, 경성 십리내·인가 백보 이내 금지, 경간(耕墾)이 장사하기 전부터 하던 것이면 금지하지 못함	경작·개간이 장사하기 전부터 하던 것은 금하지 못함. 경성 십리내·인가 백보이내 입장(入葬)금함.	경성십리내금지, 금표내 경작금지, 도성의 금표내 입장금지	1인의 집이라도 백보내 입장금지, 주인이 있는 산·인가 근처에 도장(盜葬)금지
속대전(1746)	**대전통편(1784)**	**백현총요(정조때로 추정)**	**대전회통(1864)**
금표내 벌목금지, 경성 십리 내 입장금지, 주인이 있는 산·인가근처 도장금지, 향교의 안산案山에서 바라다 보이는 곳에 입장금지.	경작·개간이 장사전부터 하던 것이면 금하자 못함, 경성10리(자세히 규정)·인가 백보내 입장 금지, 능침의 화소외 인금표내(火巢內案禁票內) 입장금지	분묘한계 내 경작·방목 금지, 경성 십리·인가(1인의 집이라도ᴈ백보이내 입장금지, 도성 금표내 입장금지, 경간(耕墾)이 입장 전에 있었던 것은 금하지 않음. 무법정한계자도 용호내 수목을 금양(禁養)한 곳이면 타인의 입장 금함, 용호이외이면 비록 보양(保養)하는 산일지라도 제멋대로 광점불허, 사찰입장금지하지 않음(보수제한 없고, 가총(假塚)도 금하지 않음).	분묘한계내 경간(耕墾)·목축금지, 경성십리내·인가백보이내 금지

4. 발총훼묘(發塚毀墓)에 대한 규제: 무덤을 둘러싼 범죄와 처벌

◈ 명당을 향한 욕망, 무덤 위의 무덤

조선시대, 남의 무덤을 파헤치는 일이 빈번했다. 놀랍게도 이런 행위는 주로 양반 사대부들 사이에서 일어났다. 풍수에 따라 길지(吉地)라 판단되는 곳에 이미 다른 이의 무덤이 있을 때, 그들은 몰래 그 위에 자신의 조상을 묻었다. 이를 '암장(暗葬)' 또는 '압장(壓葬)'이라 불렀다.

만약 분묘의 공간 제한이 계층 간의 질서를 규정하는 것이었다면, 발총훼묘에 대한 규제는 개인 간의 충돌을 막기 위한 것이었다. 그리고 그 처벌은 공간 제한 위반보다 훨씬 엄격했다. 무덤은 단순한 매장지가 아니라 조상의 영혼이 깃든 신성한 공간이었기 때문이다.

◈ 국가의 대응: 점점 강화되는 처벌

조선 초기, 『경국대전』 형전 금제조는 고총(古塚)을 발굴하여 훼손하는 행위를 엄격히 금했다. 특히 주목할 점은 발총을 허락한 자뿐만 아니라 지사(地師), 즉 풍수를 보는 사람까지 처벌 대상에 포함시켰다는 것이다.

성종 3년(1471년)에는 예조 관할 하에 이를 통제하도록 전지를 내렸다.

시간이 지날수록 규제는 더욱 세밀해졌다. 『백헌총요』 산송조에는 발총훼묘에 관한 상세한 처벌 규정이 마련되었다. 이는 단순히 무덤을 파헤치는 행위뿐만 아니라, 관곽과 시체가 드러나는 것 자체를 막기 위한 조치였다.

◈ 사굴(私掘)의 시대: 18세기의 묘지 전쟁

조선 후기에 접어들면서 묘지 관련 송사는 폭발적으로 증가했다. 특히 18세기 이후부터는 '사굴노관(私掘露棺)'이라는 새로운 용어가 등장한다. '사굴'은 개인이 타인의 분묘를 임의로 파헤치는 것으로, 관(官)이 정식 절차에 따라 행하는 '후송굴총(後訟掘塚)'과 구별되었다.

흥미롭게도 『속대전』에는 '사굴'이라는 용어가 보이지 않는다. 이는 18세기에 들어서야 이런 행위가 급증했음을 시사한다. 기본적으로 '발총'과 '사굴'은 같은 의미지만, '사굴'이라는 표현에는 개인의 자의적 행위라는 뉘앙스가 더 강하게 담겨 있었다.

◈ 순조의 탄식: "열에 열은 그의 죄"

정종 14년(1800년), 『수교정례』에 실린 왕의 탄식은 당시 상황의 심각성을 잘 보여준다:

"근래 배소에 도달하는 죄인이 끊이지 않고 있는데, 남의 분묘를 사굴하여 관곽을 노출시킨 죄인이니... 열에 열은 즉 그의 죄이며... 백성들이 법을 두려워하지 않고 산지의 송사를 좋아하는 무리들 때문이라고 할지라도, 어찌 반드시 옛날에 적었던 것이 지금은 많아서 그러한 것인가..."

왕의 이 말은 발총 범죄가 얼마나 만연했는지를 보여준다. 유배 가는 죄인의 대부분이 묘지 관련 범죄자였다는 것은 당시 사회의 병폐가 얼마나 심각했는지를 드러낸다.

◈ 법과 감정의 충돌: 『율례요람』의 사례

『율례요람』에는 가슴 아픈 사례가 기록되어 있다:

"선대의 무덤이 있는 곳에 어떤 자가 그 모친의 시체를 몰래 매장하므로, 조상을 위하는 마음에 통분하고 참을 수 없어 관에 제소하지 않고 사사로이 파내서 다른 곳에 옮겨 두었다가 죄상이 탄로되었습니다..."

이 사례는 발총훼묘의 복잡한 성격을 보여준다. 자신의 조상 묘를 지키기 위해 남의 묘를 파낸 행위도 엄연한 범죄였다. 효(孝)라는 유교적 가치와 법질서 사이에서 개인들은 갈등할 수밖에 없었다.

◈ 풍수가 만든 비극

발총훼묘의 근본 원인은 풍수신앙이었다. 좋은 땅은 한정되어 있고, 모두가 자신의 조상을 명당에 모시고 싶어 했다. 이러한 욕망은 왕릉에서 서민의 묘에 이르기까지 신분을 가리지 않았다. 국가는 기존의 형률로 모든 사건을 다룰 수 없을 정도로 다양한 형태의 묘지 범죄가 발생했다. 매번 유사한 형률을 찾아 간접적으로 적용해야 했고, 이는 법 집행의 일관성을 해치는 요인이 되었다.

◈ 질서와 신앙 사이에서

발총훼묘에 대한 국가의 규제는 조선 초기의 포괄적 규정에서 시작해 후기로 갈수록 상세하고 엄격해졌다. 그 목적은 분명했다. 기존 분묘를 보호하고 상장(喪葬) 문화의 질서를 확립하는 것이었다.

그러나 이러한 규제가 계속 강화되었다는 것은 역설적으로 문제가 해결되지 않았음을 의미한다. 법은 있었지만 사람들의 믿음과 욕망은 쉽게 변하지 않았다. 명당을 향한 집착은 법의 위엄보다 강했고, 조상을 위한다는 명분은 범죄마저 정당화시켰다.

◈ 오늘날의 교훈

조선시대 발총훼묘 문제는 단순한 과거의 일화가 아니다. 한정된 자원(명당)을 둘러싼 경쟁, 전통적 신념과 법질서의 충돌, 개인의 욕망과 공동체 질서의 갈등 등은 형태를 바꾸어 오늘날에도 계속되고 있다. 무엇보다 이 역사는 우리에게 질문을 던진다. 법으로 사람들의 깊은 신념을 바꿀 수 있을까? 전통과 질서는 어떻게 조화를 이룰 수 있을까? 조선시대 사람들이 씨름했던 이 문제는 여전히 현재진행형이다.

5. 묘지풍수신앙과 산송: 조상숭배와 자기구복의 갈등

◈ 묘지풍수신앙과 산송: 조상숭배와 자기구복의 갈등

✤ 유교적 효와 풍수적 욕망의 결합

조선시대 묘지를 둘러싼 갈등의 뿌리에는 역설이 있었다. 국가는 유교적 조상숭배를 장려했지만, 백성들은 그 조상숭배에 풍수신앙을 결합시켰다. 이는 국가가 의도한 것과는 정반대의 결과였다.

『경국대전』이 제정되고 채 100년도 지나지 않아, 법의 규제를 벗어나 묘지를 광점(廣占)하는 사태가 빈번해졌다. 세종 12년과 인조 8년의 기록들은 산천의 한계를 운운할 정도로 묘지 문제가 심각했음을 보여준다. 국가는 조상숭배를 통해 신분 질서를 확립하려 했지만, 오히려 묘지를 둘러싼 경쟁과 갈등만 증폭시킨 셈이었다.

✤ 보본(報本)과 기양(祈禳)의 공백

그렇다면 왜 백성들은 조상제사에 풍수사상을 끌어들였을까?

근본적인 이유는 유교 제사의 한계에 있었다. 유교의 조상제사는 죽은 조상에게 은혜를 갚는 '보본(報本)' 사상은 있었지만, 살아있는 자손의 복을 비는 '기양(祈禳)' 체계는 없었다. 모든 종교에는 기복 사상이 기본적으로 내재되어 있는데, 유교는 이 부분이 비어 있었던 것이다.

바로 여기에 풍수가 들어설 틈이 있었다. 풍수의 동기감응 원리는 죽은 조상을 통해 산 자손이 복을 받을 수 있다는 자기구복(自己求福) 체계를 제공했다. 조상을 모시는 행위가 곧 자손의 번영으로 이어진다는 믿음은 유교가 채워주지 못한 종교적 욕구를 충족시켰다.

❖ 음양오행: 두 사상의 접점

흥미롭게도 유교의 조상숭배와 풍수의 구복 원리는 음양오행론이라는 동일한 우주론적 사유체계를 공유했다.

유교에서 음양오행은 혈연의 연속성을 설명하는 계세(繼世) 사상의 근거였다. 조상과 자손이 시공간을 넘어 연결된다는 믿음의 철학적 토대였던 것이다. 한편 풍수에서 음양오행은 땅의 기운이 인간의 길흉화복에 영향을 미친다는 논리의 기초였다.

이렇게 같은 뿌리를 가진 두 사상은 묘지라는 공간에서 만나 독특한 신앙 형태를 만들어 냈다. 표면적으로는 조상을 모시는 유교적 효행이었지만, 내면적으로는 자손의 복을 구하는 풍수적 욕망이 작동했다.

❖ 성스러움의 대상: 조상인가, 땅인가?

조선시대 묘지풍수신앙의 실상을 들여다보면 놀라운 사실을 발견하게 된다. 사람들이 진정으로 숭배한 것은 조상이 아니라 '길지(吉地)' 그 자체였다는 점이다.

자손의 구복을 위해 조상의 시신을 남의 묘지에 투장(投葬)하거나 늑장(勒葬)하는 일이 빈번했다. 금지된 구역임을 알면서도 땅이 주는 길기(吉氣)를 믿고 이장(移葬)이나 천장(遷葬)을 감행했다. 이는 성스러운 신앙의 대상이 죽은 조상이 아니라 좋은 기운을 지닌 땅임을 보여준다.

더 문제가 되는 것은 이 길지를 인간이 스스로 만들어갈 수 있는 것이 아니라, 이미 정해진 운명적인 것으로 받아들였다는 점이다. 조상은 복을 주는 능동적 존재가 아니라, 길지의 기운을 자손에게 전달하는 수동적 매개체에 불과했다.

❖ 중국과 다른 조선의 특수성

흥미롭게도 풍수의 본고장인 중국에서는 산송의 쟁점이 묘분 주위의 극지(隙地) 한계에 불과했다. 그런데 왜 유독 조선에서만 이토록 다양하고 심각한 묘지 범죄가 발생했을까?

첫째, 유교적 배경이다. 조선은 유교가 가장 화려한 전성기를 맞은 시대였다. 국가가 민간의 보편 의례를 조상제사로만 한정하면서, 종교적 욕구가 묘지풍수신앙으로 집중되었다. 신라시대에는 불교의 영향으로 화장이 장려되었고, 고려시대에는 주로 도읍을 정하는 양택풍수가 중심이었다. 그러나 조선시대에 이르러 음택풍수, 즉 묘지풍수가 폭발적으로 성장했다.

둘째, 역사적 배경이다. 조선 초기 위정자들 중 많은 이들이 고려시대에 풍수상 길지를 택해 조상묘를 세운 사람들의 후손이었다. 이들의 성공은 묘지풍수의 효험을 증명하는 살아있는 증거로 여겨졌다. 조선 중기 이후 국운이 쇠퇴한다는 인식이 퍼지면서, 음택풍수는 더욱 강화되어 새로운 개벽의 기반으로까지 인식되었다.

✤ 집단 경험에서 이기적 욕망으로

메리 더글라스(Mary Douglas)의 이론에 따르면, 집단 경계가 분명하고 상징체계가 집적된 사회일수록 제의가 발달한다. 조선은 유교라는 강력한 상징체계로 집단의식을 형성했고, 이는 묘지풍수라는 제의를 더욱 강화시켰다.

그러나 시간이 지나면서 묘지풍수신앙은 변질되었다. 일정한 신앙체계가 집단 경험으로 형식화되면서, 신앙의 내용보다는 형식이 중요해졌다. 현세적 욕망이 도덕적 각성을 압도했고, 그 결과는 극도로 이기적인 사회현상으로 나타났다.

이것이 바로 묘지풍수신앙이 운용된 현실이었고, 역설적으로 이 현실이 묘지풍수신앙의 '본질'이 되어버렸다.

✤ 오늘날의 반성

조선시대 묘지풍수신앙과 산송의 역사는 종교와 욕망, 전통과 변질의 복잡한 관계를 보여준다. 조상을 모시는 숭고한 정신이 자기 이익을 추구하는 수단으로 전락한 과정은 오늘날에도 시사하는 바가 크다.

우리는 여전히 형식과 내용, 전통과 현실 사이에서 갈등한다. 조선시대 사람들이 조상숭배라는 명분 아래 자기구복을 추구했듯이, 현대인들도 다양한 명분 아래 이기적 욕망을 추구하곤 한다.

묘지풍수신앙의 역사는 우리에게 묻는다. 종교적 신념이 세속적 욕망과 만날 때, 우리는 어떻게 그 균형을 유지할 것인가? 전통의 형식을 지키면서도 그 정신을 잃지 않으려면 어떻게 해야 할까? 이는 과거의 문제가 아니라 현재의 과제이기도 하다.

◆ 민간의 현세적 열망과 그 유형: 산송의 시대

❖ 산송의 폭발적 증가

조선시대, 묘지를 둘러싼 송사는 걷잡을 수 없이 늘어났다. 태종 13년(1413년)의 기록은 "달관의 장사에도 땅을 얻을 수 없어 서로 다투어 소송한다"고 전한다. 영조 3년(1727년)에 이르면 상언의 십중팔구가 산송과 관련된 것이었다.

정약용은 『목민심서』에서 더욱 충격적인 사실을 밝혔다. 당시 구타와 살인 사건의 절반이 묘지와 관련된 것이었으며, 남의 묘를 파는 범죄행위를 스스로 효행이라 여길 정도로 풍수사상은 이미 심각한 사회문제가 되어 있었다.

❖ 법의 한계와 왕의 고민

『백헌총요』는 "중앙과 지방의 묘지 관련 소송이 그칠 기한이 없으니 진실로 고치기 어려운 폐단"이라고 탄식했다. 다른 소송은 두 번 승소하면 더 이상 재심을 허락하지 않았지만, 유독 묘지 소송만은 기한과 제한이 없었다.

이러한 상황은 구한말 『형법대전』에서 분묘에 관한 단속법규가 독립된 장으로 구성될 정도로 지속되었다. 국가는 산송을 줄이기 위해 다각도로 노력했다. 지관을 먼저 처벌하도록 했고, 묘지 관련 범죄자들의 가석방에도 엄격한 제한을 두었다. 사굴죄로 정배된 자는 10년이 지나야 석방될 수 있었다.

❖ 산송의 생생한 사례들

압장의 극단적 사례

숙종 11년, 이명관의 격쟁초공은 당시의 참상을 보여준다:

"이경향 등이 할아비를 바꿔서 묘를 빼앗습니다... 저의 6대조 이성의 묘 앞의 석물도 즉시 철수파괴케 하시고 압장한 무덤 여섯도 또한 파서 옮기게 해주십시오."

놀랍게도 한 곳에 무덤 여섯 개가 압장되었다. 관아의 판결은 더욱 흥미롭다. "한 움큼 흙인 무덤을 서로 다투어 각기 제 조상의 무덤이라고 하니 윤리에 어긋나고 상도에 패려함이 이보다 더 심한 일은 없습니다."

마을 공동체와의 충돌

숙종 9년, 양성의 서순복 사례는 또 다른 양상을 보여준다:

"저희들 50여 호의 백성들은 대대로 본현 지동면에 살고 있습니다. 작년 10월에 양지에 사는 이대준이 저희들이 살고 있는 가대 안에 자기 아버지를 투장하였습니다..."

개인 간의 분쟁을 넘어 마을 전체와 개인이 대립하는 사태까지 벌어진 것이다.

❖ 풍수설의 폐해: 지식인들의 진단

정약용은 풍수설의 폐해를 신랄하게 비판했다:

"세상 사람들이 곽박의 풍수지리설에 혹하여서, 욕심내어 길지를 구하여 몇 해가 되도록 어버이를 장사지내지 않는 자가 있으며... 형제가 각기 풍수설에 혹하여, 골육이 원수로 되어 버리는 자도 있다."

홍대용도 『담헌서』에서 "간사한 말(풍수설)이 거침없이 퍼져서 천하가 미친 듯하여 송옥이 끊이지 않고 인심이 날로 무너지게 되었다"고 개탄했다.

❖ 조선 후기의 사회적 배경

조선 후기에 산송이 더욱 격화된 데는 시대적 배경이 있었다. 정치적으로는 당쟁이 빈번했고, 경제적으로는 세제 개편으로 산업이 발달하면서도 수취체계가 문란해졌다. 사회적으로는 양반 인구가 증가하고 노비가 감소하는 등 신분질서가 흔들리고 있었다.

무엇보다 문제는 법의 미비였다. 예컨대 한 사람이 사는 인가라도 백보 이내에는 묘지를 쓸 수 없다고 했지만, 산 아래 외로이 있는 두어 집의 경우에는 어떻게 할 것인지 명확하지 않았다. 정약용은 "법에서는 금할지라도 금할 수 없는 일"이라며 현실적 한계를 인정했다.

❖ 호화 상장문화: 또 다른 문제

산송 못지않게 심각했던 것은 사치스러운 상장문화였다. 『대전속록』은 당시의 실상을 생생히 전한다:

"촌항의 부유한 백성들이 다투어 부화하고 과대함을 숭상하여... 출장하는 전야에는 술과 반찬을 많이 배설하여 빈객들을 모아 풍악을 일으켜 시체를 즐겁게 한다고 하다가 심한 자는 파산의 지경에 이르게 되고..."

중종 때의 기록들은 더욱 구체적이다. 반혼하는 날 제사상의 과일 높이가 5~6척에 이르렀고, 재력만 있으면 천례나 장사치들도 사대부 못지않은 호화로운 장례를 치렀다. 이는 단순한 사치가 아니라 집안의 세력을 과시하는 중요한 수단이었다.

❖ 효와 욕망의 경계

이 모든 현상의 근저에는 복잡한 심리가 있었다. 유교 질서가 곧 국가 질서였던 사회에서, 사람들은 조상에 대한 효를 범법행위를 해서라도 실천하는 것을 자랑으로 여겼다. 동시에 길지에 묻힌 조상을 통해 자손의 복을 구하려는 풍수적 신앙이 작동했다.

문제는 이러한 열망이 점차 이기적인 사회현상으로 굳어졌다는 점이다. 효라는 숭고한 가치가 자기 이익을 추구하는 수단으로 변질되었고, 조상을 모시는 의례가 가문의 권세를 과시하는 도구가 되었다.

❖ 묘지범죄의 유형화

이렇게 민간의 자기구복적 욕망이 구체화된 것이 묘지범죄였다. 길지를 차지하려는 욕구는 다양한 형태의 범죄를 낳았고, 그에 대한 쟁의의 결과가 끝없는 산송이었다.

조선시대 사람들에게 묘지는 단순한 매장지가 아니었다. 그것은 가문의 미래가 걸린 투자처였고, 현세의 복을 보장하는 보험이었으며, 사회적 지위를 과시하는 무대였다. 이러한 복합적 욕망이 얽히고설켜 조선 사회를 뒤흔든 것이다.

❖ 오늘날의 교훈

조선시대 산송의 역사는 종교적 신념이 세속적 욕망과 결합할 때 어떤 일이 벌어지는지를 보여주는 생생한 사례다. 효와 같은 숭고한 가치도 잘못된 방향으로 흐르면 사회적 병폐가 될 수 있음을 증명한다.

오늘날에도 우리는 비슷한 현상을 목격한다. 교육열이 입시 경쟁으로 변질되고, 종교적 열성이 배타적 광신으로 바뀌며, 애국심이 극단적 민족주의로 왜곡되는 일들. 조선시대 산송의 교훈은 여전히 유효하다. 우리의 신념과 가치가 어떻게 실천되고 있는지, 그것이 정말 본래의 정신에 충실한지 끊임없이 성찰해야 한다는 것이다.

◈ 산송의 시작 : 폭력과 효

❖ 효의 이름으로 행해진 폭력

조선시대 산송의 가장 큰 역설은 '효'라는 숭고한 가치가 폭력의 명분이 되었다는 점이다. 정약용이 지적했듯이, 당시 사람들은 남의 묘를 파는 범죄행위를 스스로 효행이라 여겼다. 조상에 대한 효도가 타인의 조상을 모독하는 행위를 정당화했던 것이다.

이러한 현상의 근저에는 복잡한 신앙구조가 있었다. 사람들이 진정으로 숭배한 것은 죽은 조상이 아니라 '길지(吉地)' 그 자체였다. 조상의 시신을 남의 묘지에 투장(偸葬)하거나 늑장(勒葬)하면서까지 길지를 차지하려 했던 것은, 그들에게 성스러운 것이 조상이 아니라 땅이 지닌 형이상학적 힘이었음을 보준다.

✤ 수단이 된 조상, 목적이 된 복

문제의 핵심은 길지를 인간이 스스로 만들어갈 수 있는 것이 아니라 이미 결정된 운명으로 받아들였다는 데 있었다. 이러한 숙명론적 세계관 속에서 죽은 조상은 더 이상 숭배의 대상이 아니었다. 오히려 살아있는 자손에게 복을 전달하는 수동적 매개체에 불과했다. 조선 초기 사전(祀典) 정비로 민간이 행할 수 있는 의례가 조상제사로만 한정되면서, 종교적 욕구는 묘지풍수신앙으로 집중되었다. 유교라는 강력한 집단 상징체계 속에서 민간은 조상제사를 통해 사회구성원으로서의 정당성을 확보하면서, 동시에 풍수신앙을 통해 구복의 욕망을 충족시켰다.

✤ 산송의 폭발적 증가

태종 13년부터 시작된 묘지송사는 17세기 중반 이후 폭발적으로 증가했다. 『승정원일기』에 따르면 현종부터 영조 때까지만 241건의 산송이 기록되어 있다. 『목민심서』는 당시 구타와 살인 사건의 절반이 묘지와 관련되었다고 전한다.

구한말 『형법대전』에 분묘 관련 규정이 독립된 장으로 구성된 것은 산송이 조선 사회에서 차지하는 비중을 보여준다. 국가는 산송의 결과와 관계없이 지관을 먼저 처벌하도록 했고, 묘송 관련 범죄자의 정배 연수에도 제한을 두는 등 적극적으로 규제했다.

✤ 법의 미비와 현실의 괴리

산송이 끊이지 않았던 중요한 이유 중 하나는 세세한 법 규정의 부재였다. 예컨대 인가 백보 이내 묘지 조성을 금지했지만, 산 아래 외떨어진 몇 집의 경우는 어떻게 할 것인지 명확하지 않았다.

송사 절차도 체계적이지 못했다. 투장 신고가 들어오면 관원이 직접 무덤을 파서 확인해야 했고, 관이 있으면 다시 덮고 없으면 굴거하는 번거로운 과정을 거쳐야 했다. 이러한 규례의 미비는 왕의 교지나 왕명으로 때우기 급급했고, 『속대전』에 이르러서야 어느 정도 정비되었다.

❖ 산송의 복잡한 양상

대부분의 산송은 묘지 땅의 소유권 문제에서 비롯되었다. 땅을 팔거나 이용하려 할 때, 묘지로 쓰려는 자와 다른 용도로 쓰려는 자 사이에 갈등이 발생했다. 종중과 개인의 의견 차이, 묘지 권역 경계에 대한 이견도 주요 원인이었다.

영조 22년『속대전』에서 산송의 송체(訟體)가 완성되었다고는 하나, 이것이 문제 해결을 의미하지는 않았다. 1800년대 이후 오히려 산송은 더욱 다양한 형태로 발생했고, 뚜렷한 해법도 없었다.

❖ 풍수 개념의 법적 보호

주목할 점은 '용호(龍虎)' 같은 풍수 개념이 법적 보호 대상이 되었다는 사실이다. 그러나 이러한 풍수적 해석은 다분히 주관적이었고, 이는 산송을 더욱 복잡하게 만들었다. 풍수를 신앙하는 현실 자체가 산송 폐해의 주원인이었던 것이다.

❖ 묘지범죄의 유형

묘지범죄는 크게 두 가지로 분류된다:

직접적 침해: 길지 획득을 위해 타인의 분묘를 점탈하는 행위

- 암장(暗葬): 몰래 묻기
- 투장(偸葬): 훔쳐 묻기
- 늑장(勒葬): 강제로 묻기

간접적 방해: 자기 선산을 지키기 위한 방해 행위

- 발총(發塚): 무덤 파헤치기
- 가총(假塚): 가짜 무덤 만들기
- 시체 모독
- 부녀자를 동원한 매장 방해
- 무기를 사용한 위협
- 상여 공격과 관 훼손
- 금정(金井) 파손

❖ 효와 폭력의 아이러니

산송의 역사는 숭고한 가치가 어떻게 왜곡될 수 있는지를 보여주는 생생한 사례다. 조상을 모시는 효의 정신은 타인의 조상을 모독하는 폭력으로 변질되었고, 가문의 번영을 위한 노력은 사회 질서를 파괴하는 이기심으로 타락했다.

재산을 지키려는 욕심이든, 분산 확보가 목적이든, 산송을 일으키는 명분은 언제나 '효'였다. 이는 조선시대 사람들이 얼마나 교묘하게 자신의 욕망을 정당화했는지를 보여준다. 동시에 사회가 공유하는 가치조차도 개인의 이익 앞에서는 얼마나 쉽게 도구화될 수 있는지를 증명한다.

❖ 현대적 성찰

산송의 역사는 오늘날에도 유효한 질문을 던진다. 우리는 여전히 숭고한 명분으로 이기적 행위를 정당화하지 않는가? 효도, 애국, 정의 같은 가치들이 폭력과 차별의 도구가 되는 일은 없는가?

조선시대 산송이 보여주는 것은 단순한 과거의 미신이 아니다. 그것은 인간의 욕망이 어떻게 신성한 가치를 왜곡하는지, 사회적 합의가 어떻게 개인의 탐욕 앞에 무너지는지를 보여주는 거울이다. 우리는 이 거울을 통해 현재의 우리 모습을 성찰해야 한다.

❏ **산송관련법규변천**

법전	연대	내용
『경국대전』	1485년 (성종 16년)	예전(禮典) 상장(喪葬) : 분묘 보수 한계규정 / 장사지내기 전부터 경작하고 있는 것(??)은 금하지 못한다 / 서울의 성저(城底(10리 및 인가로부터 100보 내에는 매장하지 못한다.
		형전 금제 : 오래된 무덤을 장지로 사용하는 자는 발총률(發塚律)에 따라 논죄한다. 무덤을 파헤치는 것을 허용한 자 및 장지(葬地)로 정한 장사(葬師)도 같다.
『수교집록』	1698년 (숙종 24년)	예전 상장 : 풍수상 좌청룡 우백호까지 분묘지역으로 인정6) / 보수한정 없는 사람의 양산처(養山處) 보호 / 용호규정으로 인하여 광점의 우려가 제기되자 송사 담당관리의 재량에 법적 구속력을 부여하다.
		형전 금제 : 외백호·외청룡, 내맥, 주산, 안산, 수구와 같은 풍수용어 등장

---

6) 이른바 "병진년 교서" : 『숙종실록』 권5, 숙종 2년 3월 丙戌 "사대부의 墓山의 內靑龍白虎안의 養山處는 타인의 입장을 허락하지 말고, 外靑龍白虎 밖으로는 비록 養山이라 할지라도 임의로 廣占하는 것을 허락하지 말도록 하라."

『신보 수교집록』	1743년 (영조 19년)	예전 산송 : 산송에 관한 세부조항 설립 : 1인의 집이라도 백보이내에 입장入葬금지 / 지사地師 우선형추 / 산송의 송체화訟體化 촉구 / 지방관 경내境內 복산卜山금지 / 사대부 묘지관련 윤리지침7)
『속대전』	1746년 (영조 22년)	형전 청리 : 수교가 대전체제로 승격되어 완전한 송체를 갖추어 다루어짐 : 내용은 『신보수교집록』체제가 그대로 전송된다.8)
『백헌총요』 『추관지』	정조대 수합추정	산송 : 숙종의 교지 수합 : 상한常漢의 묘점권 보호의지9)
『율례요람』	1791년~1837년간 저술추정	제4조 : 산송 때문에 토족土族을 상인常人이나 천민賤民이 구타하고 오물을 광중에 투입한 죄
『육전조례』	1867년	산송 : 사대부의 묘지관련 윤리지침 / 주인 있는 산과 인가 근처 투장 금지 / 장례방해자 엄단조치 규정

◈ 타 분묘의 점탈: 투장과 늑장의 실태

✤ 암장: 왕릉의 기운을 훔치다

암장(暗葬)은 공식 묘지가 아닌 곳에 몰래 매장하는 행위였다. 놀랍게도 서민들이 왕릉 백보 이내에 몰래 장사지내는 일이 빈번했다. 국가는 법률로 금지하고, 부락은 금장구역을 정했으며, 개인은 소송으로 대응했지만 암장은 끊이지 않았다.

이는 단순한 토지 침범이 아니었다. 왕릉 근처에 목숨을 걸고 암장하는 것은 죽은 조상을 기리기 위함이 아니라, 왕릉의 길기(吉氣)를 훔쳐 자손의 번영을 도모하려는 노골적인 기복 행위였다.

✤ 투장: 교활한 묘지 침탈

투장(偸葬)은 더욱 교묘했다. 가장 악명 높은 수법은 '매표점산(埋標占山)'이었다. 먼저 노린 길지에 가서 길혈을 선정한 뒤, 흰 옹기에 "점득인 누구, 점혈 연월일, 모친 수지(壽地)" 등을 적어 땅에 묻어둔다. 나중에 이를 파내며 "이미 우리 땅이었다"고 주장하는 것이다.

---

7) 『영조실록』권11, 영조 3년 3월 丁未 : "요사이 上言한 것을 보건대 山訟이 십중팔구이다. …閭家의 奪入, 借入, 貫入을 금하는 절목에 따라 ~~~~한자 생략 하여 법률에 따라 시행할 것이며 이를 어기면 수령 또한 잡아다가 推問하라."
8) "사대부의 분묘는 品秩에 따라 각각 보수가 있다. 冒禁偸葬하는 자는 법에 따라 掘移하도록 한다. …관찰사, 수령이 道內, 境內의 산을 차지하면 拿問定罪한다. 사대부가 勒葬, 誘葬, 偸葬하는 것들을 각별히 痛禁한다, 이를 범하는 자는 閭家奪入律에 따라 논하며, 해당 읍의 수령이 이를 알고서도 금하지 않으면 拿處하다."
9) 숙종 때에 대부분의 묘지관련 법규가 숙종의 교지를 통해 형성되고 있음을 알 수 있다(숙종 2년-10년-11년-12년-22년-30년-31년-35년-39년-43년의 교지)

이외에도 기존 분묘 위에 몰래 묻는 압장(壓葬), 평평하게 묻는 평장(平葬), 빈 무덤을 만드는 공장(空葬) 등 다양한 수법이 동원되었다. 이러한 투장 행위는 주로 숙종조 이후 조선 후기에 성행했다.

✤ 늑장: 권력의 횡포

늑장(勒葬)은 권세를 이용한 강제 점탈이었다. 주로 사대부와 관리들이 토지 소유자의 의사를 무시하고 강제로 묘지를 빼앗았다. 조선 후기로 갈수록 세력 있는 서민들도 이러한 범죄에 가담했다.

『속대전』은 서민이라도 묘지를 계속 점유해온 경우 묘지점정권을 인정했다. 다만 사대부처럼 주변 산림 이용 독점권은 허용하지 않았다. 이는 17~18세기 산림사점권 확대와 산송 급증이 밀접한 관련이 있음을 시사한다.

✤ 발복의 환상: 현세적 욕망의 극치

무라야마 치준의 연구에 따르면, 풍수신앙에 따른 묘지 점정자들은 대부분 당대에 발복이 이루어진다고 믿었다.

임갑랑은 음택설화 연구에서 "명당을 쓰면 후손에게 응험이 일어난다는 믿음은 거의 절대적이었다"고 지적한다.

이들이 추구한 발복의 내용은 지극히 현실적이었다:

- 재물 획득
- 권세 장악
- 자손 번창
- 신분 상승
- 벼슬 획득

✤ 처벌의 딜레마

투장 범죄의 특성상 가족 전체가 연루되어 처벌이 복잡했다. 부자가 함께 범죄에 가담한 경우, 한 사람만 극형에 처하기보다는 둘 다 정배(定配)하는 것으로 타협했다. 지사(地師)도 처벌 대상이었지만, 엄격한 법적 제재에도 불구하고 풍수신앙에 대한 열망은 식지 않았다.

✤ 투장의 교묘한 수법들

투장은 발각을 피하기 위해 갈수록 교묘해졌다:

1. 흔적 없애기: 표목을 세우지 않고 봉분도 만들지 않으며 평토한다.

2. **사초 생략**: 일부러 무덤에 풀을 입히지 않아 자연스럽게 보이게 한다.

3. **단계적 침범**: 먼저 허장(가짜 무덤)을 만들고 나중에 실제 투장한다.

4. **경계 혼란**: 청룡, 백호, 안산을 서로 다른 사람의 땅에 걸치게 한다.

❖ 윤리의 부재: 조상은 도구일 뿐

가장 충격적인 것은 이러한 묘지 범죄에 윤리적 자각이 전무했다는 점이다. 타인의 조상을 모독한다는 죄의식은 없었고, 오직 길기를 취하려는 욕망만 있었다.

그들에게 조상은 숭배의 대상이 아니라 길기를 전달하는 매개체였다. 진정한 힘은 조상이 아니라 땅의 기운에 있다고 믿었다. 이는 조상숭배라는 유교적 가치가 얼마나 왜곡되었는지를 극명하게 보여준다.

❖ 법과 신앙의 충돌

불법 투장이라도 일단 이루어지면 문제가 복잡했다. 점묘 당사자가 스스로 이굴(移掘)하지 않는 한, 기존 분묘 소유자가 자력으로 파낼 수 없었다. 이는 법이 오히려 불법행위를 보호하는 아이러니를 낳았다.

일부 학자들은 산송의 배경을 산림 사유지화 목적으로 해석한다. 묘점권이 주어지면 주변 산림 이용권도 함께 얻을 수 있었기 때문이다. 그러나 당시 사람들이 표면적으로 내세운 이유는 언제나 풍수였다는 점을 간과해서는 안 된다.

❖ 현대적 의미

타 분묘 점탈의 역사는 인간의 욕망이 얼마나 극단적일 수 있는지를 보여준다. 조상을 위한다는 명분으로 타인의 조상을 모독하고, 효도라는 이름으로 범죄를 저지르며, 가문의 번영을 위해 사회 질서를 파괴했다.

오늘날에도 우리는 비슷한 모순을 목격한다. 자녀 교육을 위한다며 부정입학을 시도하고, 가족을 위한다며 비리를 저지르며, 성공을 위해 타인을 짓밟는다. 조선시대 묘지 범죄가 보여주는 것은 바로 이러한 인간 욕망의 보편적 속성이다.

무엇보다 이 역사는 우리에게 묻는다. 목적이 수단을 정당화할 수 있는가? 신성한 가치도 개인의 이익 앞에서는 도구가 될 수밖에 없는가? 이는 과거의 문제가 아니라 현재 우리가 직면한 윤리적 도전이기도 하다.

◈ 분묘조성에 대한 손괴행위: 금장의 실태

❖ 법적 공백과 혼란

조선시대 산송의 가장 큰 문제는 명확한 판결 기준의 부재였다. 타인의 분묘 조성을 방해하는 행위에 대해서는 국전(國典)에도 명확한 규정이 없어, 대부분 중국 『대명률』의 포괄적 규정에서 유사한 법률을 찾아 적용하는 실정이었다.

이러한 법적 혼란은 시대에 따라 점진적으로 정비되었다:

1단계 (1698~1739): 『수교집록』·『신보수교집록』: 왕의 수교나 교지로 임시 대응

2단계 (1746): 『속대전』: 성문화 시작

3단계 (정조 시대): 『백헌총요』: 자율적 형률 적용

4단계 (1906): 『형법대전』: 상세한 처벌 규정 마련

❏ 분묘조성의 **損壞**손상행위에 대한 법적 규제의 변천

수교집록(1698)· 신보수교집록(1739)	속대전 (1746)	백헌총요 (정조 때 편집)	형법대전 (1906)
왕의 수교 혹은 교지	성문화(대전통편, 대전회통으로 이어짐)	인율비부(引律比附)하지 않고 자율적인 형률 적용	더욱 상세한 처벌규정

❖ 금장(禁葬): 자력구제의 악순환

금장은 타인의 정당한 묘지 조성을 방해하는 행위였다. 『율례요람』에 따르면 주요 유형은 다음과 같았다:

- 매장 가능한 곳에 매장을 못하게 막는 행위
- 인력을 동원해 자기 선산에 장사지내려는 사람을 방해
- 물리적 폭력으로 상여나 장례 행렬을 저지

이는 자기 토지의 점유권을 지키기 위해 법에 의하지 않고 스스로 힘을 행사하려는 자력구제 행위였다. 문제는 이러한 행위가 단순한 방해에서 그치지 않고 사굴(私掘)로 이어져 더 큰 범죄로 발전했다는 점이다.

❖ 국가의 모순된 대응

흥미롭게도 조선 정부의 대응은 모순적이었다. 한편으로는 묘지 관련 행위들을 범죄로 규정하여 규제하려 했지만, 다른 한편으로는 타인의 땅을 묘지로 사용하는 것을 오히려 보호했다. 국가는 타인 소유의 토지라도 매장을 목적으로 하는 경우, 금역이 아닌 한 그 토지를 점유할 수 있는 권리를 인정했다. 이러한 보호 정책은 오늘날 '관습법상 분묘기지 권'으로 이어졌다.

❖ 상도(常道)와 좌도(左道)의 공존

유교적 예교문화에 기초한 조선사회에서 묘지는 조상숭배라는 유교 의례가 구현되는 극치였다. 그런데 이 묘지를 중심으로 유교라는 '상도'와 풍수라는 '좌도'가 겹쳐지면서 독특한 문화가 형성되었다.

풍수는 공식적으로는 미신이었지만, 현실에서는 제한적 정당성을 인정받는 '권도(權 道)'의 문화였다. 국가는 풍수에 따라 무한히 확대될 수 있는 묘지점정권을 다음과 같이 제한했다:

- 유교의 계층 사회질서에 따른 신분별 제한
- 기존 분묘 자체의 보호
- 인가와 마을로부터의 거리 제한
- 향교 안산 권역 내 매장 금지

❖ 법의 한계와 풍수의 승리

조선 후기로 갈수록 묘지 관련 갈등은 증가했지만, 법은 이를 따라가지 못했다. 중국법 을 모델로 여러 방안을 만들었지만 역부족이었다. 가장 큰 문제는 국가의 법규 자체가 풍수 에 대한 명확한 기준을 갖지 못했다는 점이다.

이미 민간에서 깊은 신앙이 된 풍수를 법이라는 일률적 잣대로 정리하기는 불가능했다. 결국:

- 왕의 수교에도 풍수 용어가 등장
- 풍수를 근거로 한 묘지 선정 권리 주장이 인정
- 송사 담당 관리의 재량이 법적 구속력으로 인정

❖ 자기구복 신앙의 극단적 표출

산송의 내면적 원동력은 지극히 현세적인 욕구였다. 풍수적 길지에 조상을 모셔 자손이 복을 받겠다는 자기구복 신앙이 핵심이었다. 여기에는 도덕적 각성이 요구되지 않았고, 묘지풍수신앙은 극도로 이기적인 형태로 표출되었다.

적극적 방식: 투장, 늑장, 암장, 압장

소극적 방식: 금장 등 방해 행위

이러한 행위들이 조선 후기 사회를 뒤흔들었지만, 근본적 해결은 이루어지지 않았다.

❖ 법이 신앙을 보호하다

가장 아이러니한 것은 묘지 관련법이 결국 풍수 원리와 그 신앙을 "보호"하는 역할까지 하게 되었다는 점이다. 국가는 풍수를 미신으로 배척하면서도, 현실적으로는 풍수에 기반한 묘지 관습을 인정하고 보호할 수밖에 없었다.

이는 법과 신앙, 이념과 현실 사이의 괴리를 보여주는 생생한 사례다. 조선 정부는 유교적 합리주의를 표방했지만, 민간의 뿌리 깊은 신앙 앞에서는 타협할 수밖에 없었다.

❖ 현대적 의미

금장의 역사는 자력구제의 위험성을 보여준다. 정당한 권리를 지키기 위해 스스로 법관이 되고 집행자가 될 때, 그 끝은 더 큰 폭력과 혼란이었다.

오늘날에도 우리는 비슷한 유혹에 직면한다. 법이 나를 보호해주지 못한다고 느낄 때, 스스로 정의를 집행하려는 충동. 그러나 조선시대 금장의 역사는 그런 자력구제가 결국 모두를 파멸로 이끈다는 교훈을 전한다.

또한 이 역사는 법의 한계도 보여준다. 아무리 정교한 법도 사람들의 깊은 신념과 충돌할 때는 무력해진다. 진정한 사회 질서는 법의 강제가 아니라 구성원들의 자발적 합의에서 나온다는 것, 이것이 금장이 남긴 또 하나의 교훈이다.

제13장

조선 후기 실학자들의
풍수비판과 양택풍수론

1. 윤선도의 풍수사상: 고산이 품었던 산수의 비밀

조선 중기의 대문호 고산(孤山) 윤선도(1587~1671)는 「어부사시사」와 「산중신곡」으로 우리에게 친숙한 시인이다. 그러나 그가 단순한 문인이 아니라 당대 최고 수준의 풍수가였다는 사실을 아는 이는 많지 않다. 윤선도의 풍수학적 식견은 그의 문학 세계만큼이나 깊고 정교했으며, 조선 풍수사에서 독특한 위치를 차지하고 있다.

◈ 『고산유고』에 담긴 풍수의 정수

윤선도가 남긴 『고산유고(孤山遺稿)』 5권에는 「산릉의(山陵議)」라는 제목으로 11편의 산론(山論)이 수록되어 있다. 이는 단순한 풍수 이론서가 아니라, 실제 왕릉과 주요 인물들의 묘산을 직접 답사하고 분석한 실증적 연구의 결과물이었다.

그가 남긴 산론에는 임영대군의 묘산, 태종의 헌릉(獻陵), 세종의 영릉(英陵) 등에 대한 정밀한 풍수적 분석이 담겨 있다. 특히 주목할 만한 것은 수원 화산(華山)에 대한 언급이다. 훗날 정조가 아버지 사도세자의 현륭원(현재의 융릉)을 조성할 때, 윤선도의 이 기록을 참고했다는 사실은 그의 풍수학적 안목이 얼마나 정확했는지를 보여준다.

◈ 보길도 부용동: 풍수와 문학이 만나는 곳

윤선도의 풍수 사상이 가장 완벽하게 구현된 곳은 바로 전남 완도의 보길도 부용동(芙蓉洞)이다. 1637년 병자호란의 치욕을 견디지 못하고 제주도로 향하던 윤선도는 풍랑을 만나 우연히 보길도에 기착하게 된다. 그런데 이 '우연'은 곧 운명이 되었다.

윤선도는 보길도의 산수를 보는 순간, 이곳이 범상치 않은 땅임을 간파했다. 그는 즉시 이곳에 머물기로 결정하고, 13년에 걸쳐 자신만의 이상향을 건설하기 시작했다. 그가 조성한 부용동 원림은 단순한 정원이 아니라, 풍수 이론이 정교하게 적용된 예술 작품이었다.

◇ 세연정(洗然亭)의 풍수학적 비밀

부용동의 백미는 세연정이다. 계곡 한가운데 거대한 바위 위에 세워진 이 정자는 언뜻 보면 위태로워 보이지만, 실은 철저한 풍수적 계산의 산물이다.

윤선도는 이곳의 지형을 '회룡고조(回龍顧祖)'의 형국으로 파악했다. 용이 머리를 돌려 자신이 출발한 곳을 돌아보는 형상으로, 풍수에서는 매우 귀한 지형으로 여긴다. 세연정은 바로 이 용의 머리에 해당하는 위치에 자리 잡고 있다. 더욱 놀라운 것은 세연정 주변의 물의 흐름이다. 계곡물이 정자를 중심으로 원을 그리며 흐르는데, 이는 풍수에서 말하는 '수성수(水星水)'의 형태다. 물이 재물과 복을 모아주는 형상으로, 윤선도는 자연의 물길을 교묘히 이용하여 이러한 길지를 만들어낸 것이다.

◇ 낙서재(樂書齋)와 곡수당(曲水堂)의 배치

윤선도는 부용동에 여러 건물을 배치하면서도 풍수적 원리를 철저히 따랐다.

낙서재는 '장풍득수(藏風得水)'의 원리에 따라 바람을 막고 물을 얻을 수 있는 최적의 위치에 자리 잡았다. 뒤로는 든든한 산이 받쳐주고, 앞으로는 맑은 물이 흐르는 전형적인 배산임수(背山臨水)의 터였다.

곡수당은 물이 굽이쳐 흐르는 곳에 위치했는데, 이는 '곡수유상(曲水流觴)'의 고사를 형상화한 것이면서도 동시에 풍수적으로 생기가 모이는 곳이었다. 윤선도는 이렇게 문학적 상상력과 풍수적 지혜를 절묘하게 결합시켰다.

◇ 동천석실(洞天石室): 은둔과 수양의 공간

부용동의 가장 은밀한 곳에 위치한 동천석실은 윤선도의 풍수 사상이 가장 내밀하게 드러나는 공간이다. 거대한 바위가 자연스럽게 만들어낸 석실은 풍수에서 말하는 '혈(穴)'의 형태를 띠고 있다.

윤선도는 이곳을 수도와 사색의 공간으로 활용했다. 그는 "하늘이 만든 석실에서 지기 (地氣)를 받으며 심신을 수양하면, 자연과 하나가 될 수 있다"고 믿었다. 실제로 그가 이곳에서 지은 시들을 보면, 풍수적 영감이 문학적 영감으로 승화되는 과정을 엿볼 수 있다.

◈ 산수 경영론: 풍수를 넘어선 사상

윤선도의 풍수 사상에서 특히 주목할 점은 그의 '산수 경영론'이다. 그는 단순히 좋은 땅을 찾는 데 그치지 않고, 그 땅의 잠재력을 최대한 이끌어내는 데 관심을 가졌다.

그는 이렇게 말했다:

"산수의 진면목을 알려면 먼저 그 기운의 흐름을 읽어야 한다. 그러나 더 중요한 것은 그 기운과 조화를 이루며 살아가는 지혜다."

이는 전통적인 풍수가 지닌 운명론적 한계를 넘어서는 진보적인 사상이었다. 좋은 땅을 찾는 것도 중요하지만, 그 땅과 어떻게 관계를 맺고 살아갈 것인가가 더 중요하다는 깨달음이었다.

◈ 왕릉 풍수에 대한 비판적 시각

윤선도의 산론에서 흥미로운 점은 왕릉의 풍수에 대한 비판적 시각이다. 그는 권력과 체면에 얽매여 무리하게 조성된 왕릉들의 문제점을 날카롭게 지적했다.

예를 들어, 그는 어떤 왕릉에 대해 "겉으로는 웅장해 보이나 지기가 흩어지는 흉지"라고 평가했다. 또 다른 왕릉에 대해서는 "인위적으로 산세를 바꾸려 했으나 오히려 자연의 조화를 깨뜨렸다"고 비판했다.

이러한 비판은 단순히 풍수적 관점에서만이 아니라, 권력의 오만함에 대한 경고이기도 했다. 그는 "아무리 왕이라 해도 자연의 이치를 거스를 수는 없다"는 신념을 가지고 있었다.

◈ 시문에 나타난 풍수 사상

윤선도의 시문을 자세히 읽어보면 곳곳에 풍수적 사유가 스며들어 있음을 발견할 수 있다.

「산중신곡」의 한 대목:

"산은 날 반기고 수는 날 맞아푸른 산 그림자 맑은 물에 잠겼으니"

이는 단순한 자연 묘사가 아니라, 산과 물이 조화를 이루는 이상적인 풍수 지형을 노래한 것이다.

「어부사시사」에서도:

"청산은 어찌하여 만고에 푸르며유수는 어찌하여 주야로 그치지 않는가"

이 구절은 산의 영속성과 물의 생동성을 통해 풍수의 근본 원리인 음양의 조화를 표현하고 있다.

◈ 풍수와 정치 비판

윤선도는 풍수를 통해 당시의 정치 현실을 비판하기도 했다. 그는 조정의 당쟁을 보며 이렇게 개탄했다:

"한양의 지세는 본래 화합을 이루는 터인데, 그 위에 사는 사람들은 어찌하여 서로 다투기만 하는가. 이는 땅의 기운을 제대로 받지 못했기 때문이리라."

이는 풍수를 빌어 정치적 분열을 비판한 것으로, 그의 풍수관이 단순한 길흉화복을 넘어 사회 비평의 도구로도 활용되었음을 보여준다.

◈ 제자들에게 전한 풍수의 가르침

윤선도는 제자들에게 풍수를 가르치면서 특히 '겸손'을 강조했다. 그는 이렇게 가르쳤다:

"풍수를 안다고 자만하는 자는 진정한 풍수를 모르는 자다. 산천은 살아있는 것이니, 항상 겸손한 마음으로 대해야 한다. 명당을 찾았다고 해서 복이 저절로 오는 것이 아니라, 그 땅에 합당한 덕을 쌓아야 비로소 땅의 기운을 받을 수 있는 것이다."

이는 풍수를 도덕과 연결시킨 것으로, 조선 성리학의 영향을 받은 독특한 해석이었다.

◈ 윤선도 풍수 사상의 현대적 의미

윤선도의 풍수 사상은 여러 면에서 현대에도 시사하는 바가 크다.

첫째, 그는 인간과 자연의 조화로운 관계를 추구했다. 자연을 정복의 대상이 아니라 공존의 대상으로 본 것이다. 이는 오늘날의 생태주의적 사고와 맞닿아 있다.

둘째, 그는 풍수를 맹신하지 않고 비판적으로 수용했다. 좋은 땅도 중요하지만, 그보다 더 중요한 것은 그곳에서 어떻게 살 것인가 하는 삶의 태도라고 보았다.

셋째, 그는 풍수를 통해 예술적 영감을 얻었다. 부용동 원림은 풍수와 예술이 결합된 총체적 예술 작품으로, 오늘날에도 많은 이들에게 감동을 주고 있다.

◈ 맺음말: 고산이 남긴 유산

윤선도는 조선시대 풍수가 단순한 미신이나 술수가 아니라, 인간과 自然, 그리고 우주의 관계를 탐구하는 심오한 사상 체계였음을 보여준다. 그는 풍수를 통해 자연을 읽고, 그 속에서 삶의 지혜를 찾았으며, 나아가 예술적 영감을 얻었다.

오늘날 우리가 윤선도의 풍수 사상에서 배워야 할 것은 자연에 대한 겸손한 태도와 조화로운 삶의 추구일 것이다. 보길도 부용동에 서서 세연정을 바라보면, 우리는 여전히 고산이 남긴 풍수의 지혜와 마주하게 된다. 그것은 단순히 길지를 찾는 기술이 아니라, 자연과 더불어 살아가는 삶의 예술이었던 것이다.

2. 이익의 풍수사상: 실학자의 비판적 풍수론

조선 후기 실학의 거두 성호(星湖) 이익(1681~1763)은 우리에게 『성호사설』의 저자로 잘 알려져 있다. 그러나 이 위대한 실학자가 풍수에 대해서도 깊이 있는 사유를 펼쳤다는 사실은 상대적으로 덜 알려져 있다. 이익의 풍수론은 단순한 긍정이나 부정이 아닌, 실증적이고 비판적인 검토를 통해 풍수의 본질을 파악하려 했다는 점에서 주목할 만하다.

◈ 실학자의 눈으로 본 풍수

이익이 살았던 18세기는 조선 사회가 풍수로 인한 폐해로 몸살을 앓던 시기였다. 산송(山訟)이 전체 송사의 대부분을 차지했고, 명당을 차지하기 위한 투장(偸葬)과 암장(暗葬)이 만연했다. 이러한 현실을 목도한 이익은 풍수 문제를 그냥 지나칠 수 없었다.

『성호사설』 권3 「인사문(人事門)」에 수록된 「지리(地理)」편에서 이익은 이렇게 시작한다:

"지리의 설은 참으로 이치가 있는 것이다. 그러나 세상 사람들이 이를 너무 맹신하여 온갖 폐단을 낳으니, 이는 본말을 전도한 것이라 하겠다."

이 짧은 문장에 이익의 풍수관이 압축되어 있다. 그는 풍수 자체를 부정하지는 않았지만, 그것이 야기하는 사회적 문제를 날카롭게 비판했다.

◈ 풍수의 이치를 인정하다

흥미롭게도 이익은 풍수의 기본 원리는 인정했다. 그는 자신의 경험을 들어 이를 설명한다:

"내가 젊었을 때 여러 곳을 유람하며 살펴보니, 과연 산수의 형세가 사람의 거주에 영향을 미치는 것을 보았다. 바람을 막고 물을 얻는 곳[藏風得水]에는 인재가 많이 나고, 산이 험하고 물이 급한 곳에는 사람들의 성정도 거칠었다."

이는 단순한 관념론이 아니라 실제 관찰에 기초한 경험적 판단이었다. 실학자답게 그는 직접 보고 확인한 것만을 인정했다. 특히 이익은 조상의 묘가 후손에게 미치는 영향, 즉 '동기감응론(同氣感應論)'에 대해서도 완전히 부정하지는 않았다:

"부모와 자식은 한 기운으로 이어져 있으니, 조상의 유골이 편안한 곳에 있으면 후손도 편안할 수 있다는 것은 이치상 불가능한 일은 아니다."

◈ 풍수 폐단에 대한 신랄한 비판

그러나 이익은 당시 만연한 풍수의 폐단을 신랄하게 비판했다. 그의 비판은 크게 세 가지로 요약할 수 있다.

첫째, 지나친 명당 추구의 문제였다:

"사람들이 명당을 찾느라 부모의 시신을 수년간 매장하지 못하고 떠돌게 하니, 이보다 큰 불효가 어디 있겠는가? 길지를 구한다는 명목으로 도리어 부모를 욕되게 하는 것이다."

둘째, 풍수가들의 사기와 착취였다:

"소위 지관(地官)이라는 자들이 길흉화복을 빙자하여 무지한 백성들을 현혹시키고 재물을 갈취하니, 이는 도적보다 더한 해악이다."

셋째, 산송으로 인한 사회적 혼란이었다:

"묘지 다툼으로 인해 골육이 원수가 되고, 이웃이 철천지원수가 되니, 풍수가 과연 무엇을 위한 것인가? 복을 구하려다 화를 자초하는 어리석음이 아니고 무엇인가?"

◈ 이익의 합리적 풍수관

이익은 풍수를 완전히 부정하는 대신, 합리적으로 수용할 것을 제안했다. 그가 제시한 원칙은 다음과 같다:

1. 최소주의 원칙

"묘지는 물이 들지 않고 바람이 너무 세지 않은 곳이면 족하다. 굳이 대지대길(大地大吉)을 구할 필요가 없다."

2. 도덕 우선의 원칙

"아무리 좋은 땅도 덕이 없는 사람은 받을 수 없다. 먼저 덕을 쌓는 것이 명당을 구하는 것보다 백배 나은 일이다."

3. 효도 중심의 원칙

"진정한 효도는 빨리 부모를 편안한 곳에 모시는 것이지, 명당을 찾느라 시신을 방치하는 것이 아니다."

◆ 『곽란십이법(藿亂十二法)』: 이익의 풍수 개혁안

이익은 단순히 비판만 한 것이 아니라 구체적인 개혁안을 제시했다. 그가 제안한 '곽란십이법'은 풍수로 인한 사회적 혼란을 바로잡기 위한 12가지 방안이었다:

1. 매장 기한을 법으로 정하여 3개월을 넘기지 못하게 할 것
2. 지관의 자격을 엄격히 심사하여 면허제로 할 것
3. 터무니없는 명당설을 퍼뜨리는 자를 처벌할 것
4. 투장과 암장을 엄벌할 것
5. 산송은 반드시 1년 내에 결착을 낼 것
6. 권세를 이용한 묘지 침탈을 가중 처벌할 것
7. 공동묘지를 만들어 가난한 백성도 묻을 곳을 마련할 것
8. 화장(火葬)도 허용하여 묘지 부족 문제를 해결할 것
9. 풍수서의 출판을 규제하여 미신적 내용을 걸러낼 것
10. 관에서 표준 장례 절차를 만들어 보급할 것
11. 향약에 장례 상부상조 조항을 넣을 것
12. 무덤의 크기를 신분에 관계없이 일정하게 제한할 것

이러한 제안들은 매우 현실적이고 진보적인 것이었다. 특히 공동묘지 설치나 화장 허용 같은 제안은 당시로서는 파격적인 것이었다.

◈ 성호 가문의 풍수 실천

이익은 자신의 주장을 몸소 실천했다. 그의 부친이 돌아가셨을 때, 주변에서는 명당을 찾아 몇 년이 걸려도 좋은 곳에 모시라고 권했다. 그러나 이익은 단호히 거절했다:

"아버님을 빨리 편안한 곳에 모시는 것이 자식의 도리다. 명당을 찾는다는 핑계로 시신을 방치하는 것은 불효 중의 불효다."

그는 집 근처의 평범한 산자락에 부친을 모셨다. 그곳은 특별한 명당은 아니었지만, 물이 들지 않고 바람이 세지 않은 무난한 곳이었다.

흥미로운 것은 후일담이다. 이익의 학문이 널리 알려지고 제자들이 구름처럼 모여들자, 사람들은 역시 조상의 음덕이라고 수군거렸다. 이에 이익은 웃으며 말했다:

"내가 조금이나마 학문에 진전이 있다면, 그것은 땅의 기운 때문이 아니라 부모님의 가르침과 내 자신의 노력 때문이다. 만약 명당의 효험이라면, 왜 다른 형제들은 나만 못한가?"

◈ 주자학적 풍수 해석

이익은 풍수를 주자학적으로 재해석하려고 시도했다. 그는 풍수의 이기(理氣) 개념을 성리학의 이기론과 연결시켰다:

"땅의 이치[地理]도 결국 하늘의 이치[天理]와 다르지 않다. 음양오행의 조화로운 곳이 좋은 땅이듯, 인간도 중용을 지키는 것이 최상이다."

이러한 해석은 풍수를 미신이 아닌 철학적 원리로 격상시키려는 시도였다. 동시에 풍수의 신비주의적 요소를 제거하고 합리적 요소만을 추출하려는 노력이기도 했다.

◈ 산송 해결을 위한 실천적 노력

이익은 자신이 살던 안산 지역에서 산송이 일어날 때마다 적극적으로 중재에 나섰다. 그의 중재 방식은 독특했다:

"먼저 양쪽의 주장을 다 들은 후, 현장에 가서 직접 지형을 살펴보았다. 그리고는 풍수의 이치보다는 인정과 도리에 따라 판단했다. 먼저 묻은 사람의 권리를 인정하되, 나중에 온 사람도 근처에 묻을 수 있도록 조정했다."

한번은 두 양반 가문이 10년째 산송을 벌이고 있었는데, 이익이 중재에 나서서 이렇게 제안했다:

"두 집안이 이렇게 다투는 것을 지하의 조상들이 보신다면 얼마나 마음 아파하시겠는가? 서로 한 걸음씩 양보하여 각자의 조상을 나란히 모시면, 오히려 서로 의지가 되어 좋지 않겠는가?"

결국 두 집안은 이익의 중재안을 받아들였고, 오랜 분쟁이 해결되었다.

◈ 풍수 교육의 필요성 주장

이익은 풍수 문제를 근본적으로 해결하려면 올바른 교육이 필요하다고 보았다:

"백성들이 지관들에게 속는 것은 무지하기 때문이다. 기본적인 풍수 지식을 가르쳐 미신에 빠지지 않도록 해야 한다."

그는 서당 교육에 간단한 풍수 원리를 포함시킬 것을 제안했다. 물론 이는 미신을 조장하기 위함이 아니라, 오히려 미신을 타파하기 위함이었다:

"독을 다스리려면 독의 성질을 알아야 하듯, 풍수의 폐단을 막으려면 풍수의 이치를 알아야 한다."

◈ 이익 풍수론의 역사적 의의

이익의 풍수론은 여러 면에서 시대를 앞서간 것이었다:

첫째, 그는 풍수를 무조건 부정하거나 맹신하는 양극단을 피하고, 비판적 수용이라는 제3의 길을 제시했다.

둘째, 풍수의 사회적 폐단을 구체적으로 분석하고 실천 가능한 해결책을 제시했다.

셋째, 풍수를 철학적으로 재해석하여 미신적 요소를 제거하려 노력했다.

넷째, 이론과 실천을 일치시켜 자신의 주장을 몸소 실천했다.

◈ 현대적 교훈

이익의 풍수론은 오늘날에도 시사하는 바가 크다. 현대 한국 사회에서도 여전히 묘지 문제, 명당 선호 사상, 부동산 투기와 연결된 풍수 등이 문제가 되고 있다.

이익이 주장한 합리적 풍수관 즉 기본적인 환경 조건은 고려하되 미신적 요소는 배제하는 태도는 오늘날에도 유효하다. 또한 개인의 욕심보다 공동체의 조화를 우선시하는 그의 정신은 현대 사회가 본받아야 할 가치이다.

◈ 맺음말

성호 이익은 조선 후기 풍수 문화의 명암을 가장 균형 있게 파악한 사상가였다. 그는 실학자의 냉철한 눈으로 풍수의 폐단을 비판하면서도, 그 속에 담긴 합리적 요소는 인정하는 열린 태도를 보였다.

무엇보다 그는 풍수가 야기하는 사회 문제를 해결하기 위해 구체적이고 실천적인 방안을 제시했다. 비록 그의 개혁안이 당시에는 실현되지 못했지만, 그가 제기한 문제의식과 해결 방향은 오늘날까지도 유효한 통찰을 제공하고 있다.

이익의 풍수론은 전통을 맹목적으로 따르지도, 무조건 부정하지도 않는 '비판적 계승'의 모범을 보여준다. 이것이야말로 실학의 정신이며, 오늘을 사는 우리가 전통을 대하는 올바른 자세일 것이다.

3. 유형원의 풍수사상과 운용: 반계의 혁명적 풍수 개혁론

조선 후기 실학의 선구자 반계(磻溪) 유형원(1622~1673)은 『반계수록』으로 우리에게 잘 알려진 개혁 사상가다. 그러나 이 위대한 실학자가 당시 조선 사회를 병들게 했던 풍수 문제에 대해서도 혁명적이라 할 만큼 급진적인 개혁안을 제시했다는 사실은 상대적으로 덜 알려져 있다. 유형원의 풍수론은 단순한 비판을 넘어 조선 사회의 근본적 변혁을 꿈꾸는 거대한 구상의 일부였다.

◈ 은둔 속에서 싹튼 개혁의 꿈

유형원은 32세의 젊은 나이에 과거를 포기하고 전북 부안의 우반동(愚磻洞)에 은거했다. 그가 선택한 은거지 자체가 흥미롭다. '우반'이라는 이름은 '어리석은 자가 반계에 산다'는 뜻으로, 태공망이 은거했던 반계를 본뜬 것이었다.

그런데 유형원이 이곳을 선택한 데에는 풍수적 고려도 있었다. 훗날 그는 이렇게 회고했다:

"내가 우반동을 택한 것은 단지 속세를 피하기 위함만이 아니었다. 이곳은 산이 너무 높지도 낮지도 않고, 물이 너무 급하지도 완만하지도 않은, 중용의 땅이었다. 바로 이런 곳에서라야 편견 없이 세상을 볼 수 있다고 생각했다."

이는 유형원이 풍수를 단순히 부정한 것이 아니라, 오히려 그것을 자신의 학문적 환경 조성에 활용했음을 보여준다.

◈ 『반계수록』에 나타난 풍수 비판

『반계수록』「전제(田制)」편에는 당시 풍수 문화에 대한 신랄한 비판이 담겨 있다:

"오늘날 조선의 가장 큰 폐단 중 하나는 산송(山訟)이다. 백성들이 조상의 묘 때문에 평생을 송사에 매달리고, 심지어 대대로 원한을 품는다. 이는 모두 잘못된 풍수설 때문이다."

유형원은 특히 당시 만연했던 '발복설(發福說)' 즉 명당에 묘를 쓰면 부귀영화를 누린다는 믿음을 강하게 비판했다:

"땅이 사람에게 복을 준다는 것은 도대체 무슨 이치인가? 만약 그것이 사실이라면, 부자와 권세가는 모두 명당을 차지했을 터인데, 왜 그들 중에도 패가망신하는 자가 있는가?"

◈ 묘지 제도의 전면적 개혁안

유형원의 풍수 개혁안 중 가장 혁명적인 것은 묘지 제도의 전면 개혁이었다. 그는 『반계수록』에서 다음과 같은 파격적인 제안을 했다:

1. 공동묘지 제도의 전면 시행

"각 고을마다 공동묘지를 설치하여, 신분의 귀천을 막론하고 모두 그곳에 매장하도록 하라. 개인이 따로 산을 점유하여 묘를 쓰는 것을 금하라."

이는 당시로서는 상상하기 어려운 급진적 제안이었다. 조선 사회에서 묘지는 단순한 매장지가 아니라 가문의 상징이었기 때문이다.

2. 묘지 면적의 엄격한 제한

"왕릉이라도 100보를 넘지 못하게 하고, 일반 사대부는 30보, 평민은 10보로 제한하라. 이를 어기는 자는 엄벌에 처하라."

기존 『경국대전』의 규정보다 훨씬 엄격한 기준이었다.

3. 화장(火葬)의 적극적 권장

"땅이 부족한 곳에서는 화장을 허용하되, 이를 불효라 하지 말라. 오히려 땅을 아껴 후손에게 물려주는 것이 진정한 효도다."

불교적 관습인 화장을 인정한 것은 유교 국가에서는 파격적인 발상이었다.

4. 이장(移葬)의 원칙적 금지

"한 번 묻은 시신은 특별한 사유가 없는 한 이장을 금하라. 명당을 찾는다는 핑계로 조상의 유골을 함부로 다루는 것은 가장 큰 불효다."

◈ 풍수 전문가에 대한 규제

유형원은 당시 사회 혼란의 주범으로 지목된 지관(地官)들에 대한 강력한 규제를 주장했다:

"소위 지관이라는 자들이 온갖 허황된 설로 백성을 현혹하니, 이들을 엄격히 단속해야 한다. 관에서 인정하지 않은 자가 풍수를 업으로 삼는 것을 금하고, 이를 어기면 사술(邪術)을 행한 죄로 다스려라."

그는 더 나아가 풍수 서적의 출판과 유통도 규제해야 한다고 주장했다:

"터무니없는 풍수서가 널리 퍼져 민심을 어지럽히니, 관에서 검열하여 미신적 내용이 담긴 책은 모두 거두어 불태우라."

◈ 균전제와 연계된 묘지 개혁

유형원의 묘지 개혁안은 그의 핵심 사상인 균전제(均田制)와 밀접하게 연결되어 있었다. 그는 토지의 사유화가 빈부격차의 근원이듯, 묘지의 사유화도 사회 갈등의 원인이라고 보았다:

"산천은 본래 만민의 것인데, 힘 있는 자들이 조상의 묘를 핑계로 산 전체를 차지하니, 이는 토지 겸병과 다를 바 없다. 묘지도 균등하게 분배해야 한다."

그는 균전제를 시행하면서 묘지도 함께 개혁해야 한다고 주장했다:

"농지를 균등히 분배하듯, 묘지도 균등히 배분하라. 그래야 산송이 사라지고 백성이 편안해질 것이다."

◈ 실천적 시도: 우반동 공동체

유형원은 자신의 이상을 우반동에서 실험했다. 그는 이웃 주민들과 함께 일종의 공동체를 만들어 자신의 개혁안을 시험했다:

"우리 마을에서는 누구도 명당을 독점하지 않기로 했다. 마을 뒷산에 공동묘지를 만들어 순서대로 매장하되, 빈부귀천을 가리지 않았다."

이 실험은 꽤 성공적이었다. 마을 사람들은 더 이상 묘지 때문에 다투지 않았고, 장례 비용도 크게 줄어들었다. 한 주민은 이렇게 증언했다:

"반계 선생님 덕분에 우리는 더 이상 지관에게 속지 않게 되었고, 묘 때문에 이웃과 다투는 일도 없어졌습니다."

◈ 합리적 풍수관의 제시

유형원은 풍수를 완전히 부정하지는 않았다. 다만 그것을 합리적으로 해석하려 했다:

"산수가 아름다운 곳에 사는 것이 사람에게 좋다는 것은 당연한 이치다. 그러나 이는 살아있는 사람에게 해당하는 것이지, 죽은 사람의 뼈가 후손에게 복을 준다는 것은 허망한 소리다."

그는 풍수의 기본 원리인 '장풍득수(藏風得水)'를 환경적 관점에서 재해석했다:

"바람을 막고 물을 얻는다는 것은 결국 살기 좋은 환경을 말하는 것이다. 이는 주거지를 선택할 때는 참고할 만하지만, 묘지에 적용하는 것은 무의미하다."

◈ 교육을 통한 의식 개혁

유형원은 풍수 미신을 타파하기 위해서는 교육이 중요하다고 보았다:

"백성들이 풍수에 현혹되는 것은 무지 때문이다. 올바른 교육을 통해 이치를 밝히면, 저절로 미신은 사라질 것이다."

그는 서당 교육에 포함시킬 내용을 구체적으로 제시했다:

1. 천문지리의 기본 원리를 가르쳐 자연현상을 과학적으로 이해하게 할 것
2. 역대 현인들의 간소한 장례 사례를 가르칠 것
3. 풍수로 인한 폐해의 실제 사례를 들어 경계하게 할 것
4. 진정한 효도가 무엇인지 가르칠 것

◈ 반대 세력과의 논쟁

유형원의 급진적 개혁안은 당연히 거센 반발을 불러일으켰다. 특히 기득권층의 반대가 심했다. 한 양반은 이렇게 비판했다:

"조상의 묘를 함부로 하는 것은 선현의 도리에 어긋난다. 반계의 주장은 너무 극단적이다."

이에 유형원은 단호하게 반박했다:

"진정한 효도는 조상의 가르침을 실천하는 것이지, 묘자리에 목매는 것이 아니다. 명당을 찾느라 가산을 탕진하고 형제가 다투는 것을 조상이 기뻐하시겠는가?"

지관들의 반발도 만만치 않았다. 그들은 유형원을 '풍수를 모르는 자'라고 공격했다. 그러나 유형원은 오히려 그들의 전문성을 의심했다:

"같은 땅을 두고도 지관마다 다른 해석을 하니, 이것이 어찌 학문이겠는가? 차라리 동전을 던져 결정하는 것이 더 정확할 것이다."

◈ 유형원 사후의 아이러니

아이러니하게도 유형원이 죽은 후, 그의 제자들 사이에서 그의 묘지를 둘러싼 논란이 일어났다. 일부 제자들은 스승의 학덕에 걸맞은 명당을 찾아야 한다고 주장했다.

그러나 유형원의 유지를 아는 다른 제자들이 강력히 반대했다:

"스승께서 평생 반대하신 일을 스승의 장례에서 행한다면, 이보다 큰 불효가 어디 있겠는가?"

결국 유형원은 그가 생전에 지정해둔 우반동 뒷산의 평범한 곳에 묻혔다. 그곳은 특별한 명당은 아니었지만, 그가 평생 거닐며 사색하던 곳이었다.

◈ 유형원 풍수 개혁론의 한계와 의의

유형원의 풍수 개혁론은 시대를 너무 앞서갔기에 당시에는 실현되지 못했다. 그의 제안은 다음과 같은 한계를 가지고 있었다:

첫째, 조선 사회의 신분제와 가족 중심 문화를 충분히 고려하지 못했다. 둘째, 수백 년간 이어진 관습을 단번에 바꾸려는 것은 비현실적이었다. 셋째, 대안 제시는 구체적이었지만 실행 방안은 부족했다.

그러나 그의 사상이 가진 의의는 결코 작지 않다:

첫째, 풍수 문제를 사회 구조적 차원에서 파악한 최초의 사상가였다. 둘째, 단순한 비판을 넘어 구체적이고 체계적인 대안을 제시했다. 셋째, 토지 개혁과 묘지 개혁을 연계하여 종합적 개혁을 구상했다. 넷째, 미신 타파를 위한 교육의 중요성을 강조했다.

◈ 현대적 의미

유형원의 풍수 개혁론은 350여 년이 지난 오늘날에도 시사하는 바가 크다.

현재 한국 사회는 심각한 묘지 부족 문제에 직면해 있다. 수도권 지역의 묘지 포화, 묘지 가격의 폭등, 불법 묘지의 만연 등은 유형원이 예견한 문제들이 현실화된 것이다.

그가 제안한 공동묘지 확대, 화장 장려, 묘지 면적 제한 등은 현재 우리 정부가 추진하는 장사 정책과 놀랍도록 일치한다. 이는 그의 선견지명을 보여주는 동시에, 우리 사회가 350년 전의 문제를 아직도 해결하지 못했음을 의미하기도 한다.

◈ 맺음말: 개혁가의 외로운 선견지명

반계 유형원은 조선 후기 풍수 문화의 폐단을 가장 근본적으로 비판하고, 가장 급진적인 대안을 제시한 사상가였다. 그는 풍수 문제를 단순한 미신의 차원이 아니라 사회 구조적 모순의 한 현상으로 파악했다.

비록 그의 개혁안은 당시에 실현되지 못했지만, 그가 제기한 문제의식과 대안은 오늘날까지도 유효하다. 공동체의 이익을 개인의 욕심보다 우선시하고, 합리적 사고로 전통을 재해석하며, 교육을 통해 의식을 개혁하려 한 그의 정신은 현대를 사는 우리에게도 귀중한 지침이 된다.

우반동의 조용한 산골에서 홀로 거대한 개혁의 꿈을 꾸었던 반계. 그의 묘는 여전히 그곳 평범한 산자락에 있다. 명당도 아니고 크지도 않은 그 묘는, 어쩌면 그가 꿈꾸었던 이상 사회의 가장 진실한 증거인지도 모른다.

4. 이중환의 『택리지』 이야기: 떠돌이 선비가 찾은 진정한 명당

1716년 봄, 스물일곱 살의 젊은 관리 이중환은 하루아침에 죄인이 되었다. 병신처분으로 남인이 대거 숙청되는 와중에, 그의 외숙부 이태좌가 역모에 연루되면서 그도 연좌제의 그물에 걸려든 것이다. 전도유망했던 청년 관료는 졸지에 유배자 신세가 되었다.

"나는 이제 어디로 가야 하는가..."

관복을 벗고 죄인의 옷을 입은 이중환은 망연자실했다. 그러나 이 비극적인 순간이 조선 최고의 지리서 『택리지』를 탄생시키는 시작점이 되리라고는 아무도 예상하지 못했다.

◆ 40년 유랑의 시작

이중환의 유배 생활은 단순한 귀양이 아니었다. 해배와 재유배를 반복하며, 그는 문자 그대로 조선 팔도를 떠돌아야 했다.

충청도 공주에서 몇 달, 전라도 나주에서 1년, 경상도 진주에서 또 몇 년... 그는 마치 바람에 날리는 낙엽처럼 이곳저곳을 전전했다. 그런데 이상한 일이 일어났다. 처음에는 고통스럽기만 했던 유랑 생활이 점차 다른 의미를 갖기 시작한 것이다.

"아, 나는 지금 조선 팔도의 산천과 인심을 직접 체험하고 있구나!"

이중환은 깨달았다. 보통 사람들은 평생 자기 고향을 벗어나지 못하는데, 자신은 도리어 전국을 두루 살펴볼 기회를 얻은 것이다. 그는 가는 곳마다 꼼꼼히 관찰하고 기록하기 시작했다.

◆ 충청도 내포에서의 깨달음

어느 날, 이중환은 충청도 내포 지방을 지나게 되었다. 때는 가을 수확기였는데, 들판에는 황금빛 벼가 출렁이고 있었다.

"참으로 아름답고 풍요로운 땅이로다!"

그는 며칠간 이 지역에 머물며 주민들과 대화를 나누었다. 놀랍게도 이곳 사람들은 다른 지역과 달리 당파 싸움에 별로 관심이 없었다. 그저 열심히 농사짓고, 이웃과 화목하게 지내며 살아가고 있었다.

"대감, 우리는 그저 이 좋은 땅에서 평화롭게 사는 것만으로도 감사합니다."

한 노인의 말에 이중환은 큰 충격을 받았다. 그동안 조정에서는 권력 다툼에 혈안이 되어 있었는데, 정작 백성들은 평화로운 삶을 원하고 있었던 것이다.

◆ 풍수에 대한 새로운 시각

유랑 중에 이중환은 각 지역의 풍수설도 접하게 되었다. 그런데 같은 산을 두고도 지역마다 해석이 달랐다.

경상도에서는 "저 산은 호랑이가 웅크린 형상"이라 했는데, 전라도에서는 "소가 누운 모습"이라고 했다. 충청도에서는 아예 "그냥 평범한 산"이라고 했다.

"이상하다. 같은 산인데 왜 이리 해석이 다른가?"

이중환은 점차 깨닫기 시작했다. 풍수란 절대적 진리가 아니라, 사람들의 해석에 따라 달라지는 상대적인 것이었다. 중요한 것은 산의 모양이 아니라, 실제로 그곳이 살기에 적합한가 하는 것이었다.

◈ 『택리지』 집필의 결심

1751년, 예순두 살이 된 이중환은 드디어 평생의 경험을 정리하기로 마음먹었다. 그는 경상도 진주의 작은 초가에서 붓을 들었다.

"내가 40년간 떠돌며 본 것을 후세에 전하리라. 사람들이 더 이상 허황된 풍수설에 속지 않고, 진정으로 살기 좋은 곳을 찾을 수 있도록..."

그는 먼저 살기 좋은 곳의 조건을 네 가지로 정리했다. 이것이 바로 유명한 '사가지리(四可之理)'다.

첫째, 지리(地理)

"산과 물이 조화를 이루어 자연재해가 적은 곳이어야 한다. 이는 풍수가 아니라 상식이다."

둘째, 생리(生利)

"아무리 경치가 좋아도 먹고살 수 없으면 무슨 소용인가? 농사가 잘되고, 장터가 가까우며, 교통이 편리한 곳이어야 한다."

셋째, 인심(人心)

"땅이 아무리 좋아도 이웃이 나쁘면 살 수 없다. 인심이 순박하고 서로 돕는 곳이 진짜 명당이다."

넷째, 산수(山水)

"경치가 아름다워야 마음이 편안해진다. 이는 사치가 아니라 인간다운 삶의 조건이다."

◈ 각 지역에 대한 평가

이중환은 조선 팔도를 하나하나 평가했다. 그의 평가는 객관적이면서도 때로는 신랄했다.

한양에 대해서는 이렇게 썼다: "왕기가 서렸다고 하지만, 실제로는 산이 너무 가파르고 물살이 급해 살기에는 불편하다. 권세를 좇는 자들에게나 좋을 뿐이다."

반면 충청도 내포에 대해서는 극찬을 아끼지 않았다: "산은 부드럽고, 들은 넓으며, 바다가 가까워 물산이 풍부하다. 무엇보다 인심이 순후하여 실로 조선 제일의 거주지다."

전라도에 대해서는 애증이 교차했다: "땅은 기름지고 인재도 많으나, 당파싸움에 물들어 인심이 각박해진 것이 안타깝다."

◈ 가슴 아픈 고백

『택리지』를 쓰면서 이중환은 때때로 붓을 멈추고 한숨을 쉬었다.

"나는 평생 조선 팔도를 다니며 살기 좋은 곳을 찾았건만, 정작 나 자신은 한 곳에 정착하지 못했구나..."

그는 특히 충청도 내포를 그리워했다. 그곳이야말로 자신이 꿈꾸는 이상향이었다. 하지만 정치적 이유로 그곳에 정착할 수 없었다.

"내가 가장 살고 싶은 곳에 살 수 없다니, 이것이 내 운명인가..."

◈ 실용적 조언들

이중환은 단순히 지역 평가만 한 것이 아니었다. 구체적이고 실용적인 조언도 아끼지 않았다.

"집터를 잡을 때는 남향이 좋다. 그러나 무작정 남향만 고집하지 말라. 바람이 너무 세면 동남향도 좋다."

"우물은 화장실보다 높은 곳에 파라. 이는 풍수가 아니라 위생의 문제다."

"마을은 산에서 너무 가까우면 습하고, 너무 멀면 바람이 세다. 중간 지점이 가장 좋다."

◈ 지관들과의 논쟁

이중환이 『택리지』를 쓴다는 소문이 퍼지자, 몇몇 지관들이 찾아와 항의했다.

"대감, 어찌 풍수를 무시하십니까? 명당이 있어야 자손이 번창하는 법입니다!"

이중환은 조용히 반문했다.

"그대들은 분명 조상을 명당에 모셨을 터인데, 왜 아직도 지관 노릇을 하며 떠돌아다니는가?"

지관들이 말문이 막히자, 이중환은 계속했다.

"진짜 명당은 땅속에 있는 것이 아니라 사람의 마음속에 있다네. 부지런하고 정직하게 살면 그것이 바로 명당이지."

◈ 『택리지』 완성과 최후

1751년 가을, 이중환은 마침내 『택리지』를 완성했다. 그는 마지막 문장을 쓰며 눈물을 흘렸다.

"이 책이 후세 사람들에게 도움이 되기를…"

5년 후인 1756년, 이중환은 경상도 진주에서 쓸쓸히 생을 마감했다. 죽기 전 그는 이런 말을 남겼다고 한다.

"나는 평생 떠돌며 살기 좋은 곳을 찾았지만, 정작 내가 정착할 곳은 찾지 못했다. 하지만 후회는 없다. 내 경험이 다른 사람들에게 도움이 된다면…"

◈ 오늘날의 의미

이중환이 세상을 떠난 지 260여 년이 지났지만, 『택리지』의 가르침은 여전히 살아있다.

현대인들도 집을 구할 때 교통, 학군, 편의시설, 환경 등을 종합적으로 고려한다. 이는 이중환의 '사가지리'와 정확히 일치한다.

특히 최근 '삶의 질'을 중시하는 트렌드는 이중환이 강조한 '산수'의 중요성과 맞닿아 있다. 단순히 먹고사는 것을 넘어, 아름다운 환경에서 문화적인 삶을 추구하는 것이다.

◈ 에필로그: 진정한 명당

어느 가을날, 한 젊은이가 이중환의 묘를 찾았다. 경상도 진주 어딘가에 있다는 그 묘는 찾기가 쉽지 않았다. 겨우 찾아낸 묘는 초라하기 그지없었다. 평범한 야산의 평범한 자리였다.

"이곳이 『택리지』를 쓰신 분의 묘란 말인가…"

젊은이는 실망했다. 그토록 살기 좋은 곳을 찾아다닌 분이 왜 이런 평범한 곳에 묻혔을까?

그때 산들바람이 불어왔다. 나뭇잎들이 살랑살랑 흔들리고, 어디선가 새소리가 들려왔다. 멀리 진주 남강의 물소리도 은은히 들렸다.

젊은이는 문득 깨달았다. 이중환이 찾던 명당은 화려한 곳이 아니었다. 평범하지만 평화로운 곳, 자연과 조화를 이루는 곳, 그것이 진정한 명당이었던 것이다.

『택리지』의 마지막 구절이 떠올랐다.

"좋은 땅을 찾는 것도 중요하지만, 더 중요한 것은 그곳에서 어떻게 살 것인가 하는 것이다."

젊은이는 고개를 숙여 절을 올렸다. 떠돌이 선비 이중환이 남긴 것은 단순한 지리서가 아니었다. 그것은 '어떻게 살 것인가'에 대한 깊은 성찰이었고, 후세에 전하는 삶의 지혜였다.

오늘도 수많은 사람들이 살 곳을 찾아 헤맨다. 그들에게 이중환의 『택리지』는 여전히 나침반이 되고 있다. 진정한 명당은 땅속에 있는 것이 아니라, 우리가 만들어가는 삶 속에 있다는 것을 가르쳐주면서.

5. 다산 정약용의 풍수 이야기: 강진 바닷가에서 꽃핀 실학자의 혁명

1801년 음력 2월, 마흔 살의 정약용은 죄인의 몸으로 남쪽으로 향하는 길에 올랐다. 신유박해의 칼바람이 조선 천주교인들을 쓸어버렸고, 그의 셋째 형 정약종은 참수를 당했다. 둘째 형 정약전은 흑산도로, 그는 전남 강진으로 유배를 떠나야 했다. 그런데 이 비극적인 유배가 조선 실학의 가장 찬란한 꽃을 피우는 계기가 되리라고는 아무도 예상하지 못했다.

◈ 강진에서 만난 충격적인 현실

강진에 도착한 다산이 목격한 것은 상상을 초월하는 광경이었다. 온 고을이 산송(山訟)으로 들끓고 있었던 것이다.

어느 날, 주막집 주인 할머니가 울면서 그를 찾아왔다.

"나리, 저희 집안이 망하게 생겼습니다. 옆집과 선산 때문에 10년째 송사를 하고 있는데, 이제는 논밭을 다 팔아도 송사 비용을 댈 수가 없습니다."

다산이 자세히 물어보니, 두 집안이 다투는 땅은 겨우 열 평 남짓한 조그만 묘터였다. 그런데 양쪽 집안이 모두 그곳이 '명당 중의 명당'이라며 양보하지 않았다.

"그 작은 땅 때문에 두 집안이 모두 거지가 되었구나."

다산은 깊은 한숨을 쉬었다. 그리고 더 충격적인 사실을 알게 되었다. 강진 고을의 송사 중 무려 4분의 3이 이런 산송이었던 것이다.

◈ 사우재에서의 깨달음

다산은 처음에 강진 읍내 동문 밖 주막에 거처를 정했다가, 곧 사우재(四友齋)라는 산속 암자로 거처를 옮겼다. 그곳은 강진만이 한눈에 내려다보이는 아름다운 곳이었다.

하루는 제자 황상이 물었다.

"선생님, 이곳이야말로 진짜 명당 아닙니까? 바다를 내려다보고, 뒤로는 산이 든든하고..."

다산은 미소를 지으며 대답했다.

"그래, 경치는 참으로 좋구나. 하지만 이것이 나에게 부귀영화를 가져다주더냐? 나는 여전히 죄인의 몸이고, 가족과 떨어져 있지 않느냐. 진정한 명당은 땅이 아니라 사람의 마음에 있는 것이다."

◈ 지관과의 논쟁: 칠성바위 사건

어느 날, 강진에서 가장 유명하다는 지관 김가가 다산을 찾아왔다. 그는 다산이 풍수를 비판한다는 소문을 듣고 따지러 온 것이었다.

"정 나리, 들으니 나리께서 풍수를 미신이라 하신다던데, 그것은 천년의 이치를 모르시는 말씀입니다."

"그래? 그럼 내가 하나 물어보지. 저기 보이는 칠성바위가 무엇을 닮았는가?"

김가는 잠시 살펴보더니 자신 있게 대답했다.

"저것은 분명 북두칠성의 형상입니다. 그 아래 묘를 쓰면 자손이 정승 판서가 될 것입니다."

다산은 빙그레 웃으며 옆에 있던 다른 사람에게 물었다. 그러자 그 사람은 "거북이 형상"이라 했고, 또 다른 사람은 "봉황이 알을 품은 형상"이라고 했다.

"보라, 같은 바위를 두고도 세 사람이 다 다르게 본다. 이것이 어찌 학문이겠는가? 구름을 보고 용이라 하고, 거북이라 하는 것과 무엇이 다른가?"

김가는 얼굴이 빨개져서 더 이상 반박하지 못했다.

◈ 다산초당에서의 실험

1808년, 다산은 만덕산 기슭의 다산초당으로 거처를 옮겼다. 이곳에서 그는 자신의 이론을 직접 실천에 옮겼다.

마을 사람들이 장지 문제로 찾아올 때마다 다산은 한결같이 말했다.

"명당을 찾아 헤매지 마시오. 물이 들지 않고, 너무 습하지 않으며, 집에서 가까운 곳이면 충분하오. 멀리 있는 명당보다 가까이 있는 평범한 땅이 낫소. 자주 찾아가 돌볼 수 있기 때문이오."

한번은 가난한 농부가 울면서 찾아왔다.

"나리, 저희 아버지가 돌아가신 지 3년이 되었는데, 아직도 장사를 지내지 못했습니다. 지관이 아직 명당을 찾지 못했다고 하는데..."

다산은 즉시 그 농부와 함께 집 뒷산에 올랐다. 그리고 적당한 곳을 가리키며 말했다.

"여기다 모시게. 햇볕이 잘 들고 물이 고이지 않는 곳이니 충분하네."

"하지만 지관이 말하기를..."

"자네, 지관의 말을 들을 텐가, 아니면 3년간 장사도 지내지 못하고 떠도는 아버지의 한을 풀어드릴 텐가?"

농부는 눈물을 흘리며 감사를 표했다. 며칠 후, 마을 사람들이 모두 나와 장례를 도왔다.

◈ 『목민심서』 집필 중의 일화

다산이 『목민심서』를 쓰던 어느 날, 제자 윤종심이 물었다.

"선생님, 그래도 풍수에 일리가 전혀 없는 것은 아니지 않습니까? 산수가 좋은 곳에서 인재가 많이 나온다고들 하는데..."

다산은 붓을 놓고 대답했다.

"그것은 풍수 때문이 아니라 환경 때문이네. 산수가 아름다운 곳에 사는 사람은 자연히 정서가 순화되고, 물이 맑은 곳은 질병이 적으니 건강하게 자랄 수 있지. 이것을 두고 땅의 기운이 사람을 만든다고 하면 본말이 전도된 것이지."

그러면서 다산은 『목민심서』에 이렇게 적었다:

"목민관은 백성들에게 간소한 장례를 권해야 한다. 명당을 찾느라 시일을 끌지 말고, 3일장을 치른 후 바로 집 가까운 곳에 묘를 쓰도록 하라. 이것이 진정한 효도이며, 백성을 사랑하는 길이다."

◈ 황상과의 대화: 진짜 명당은 어디에

다산의 수제자 황상이 하루는 스승에게 물었다.

"선생님, 그렇다면 이 세상에 명당이란 것은 정말 없는 것입니까?"

다산은 잠시 생각하더니 이렇게 대답했다.

"명당이 있기는 하지. 하지만 그것은 땅 속에 있는 것이 아니라 사람의 마음속에 있네. 부모에게 효도하고, 형제간에 우애하며, 이웃과 화목하게 지내는 집안이 바로 명당이네. 그런 집안은 비록 거친 땅에 살아도 번성하고, 불화하는 집안은 아무리 좋은 땅에 살아도 망하는 법이지."

"그렇다면 조상의 묘는 아무 곳에나 써도 됩니까?"

"아무 곳이라니! 물이 들지 않고, 너무 습하지 않으며, 관리하기 쉬운 곳을 택해야지. 이것은 미신이 아니라 상식이네. 다만 그것이 후손의 부귀영화를 좌우한다는 생각을 버려야 한다는 것이지."

◈ 강진 주민들과의 일화

다산이 강진에서 18년을 지내는 동안, 수많은 주민들이 그를 찾아와 조언을 구했다.

한번은 두 집안이 20년 가까이 산송을 벌이다가 다산에게 중재를 요청했다. 다산이 현장에 가서 보니, 문제의 땅은 바위투성이의 척박한 곳이었다.

"여러분, 이 땅이 정말 명당입니까? 20년간 다투면서 두 집안이 모두 망했는데, 이것이 명당의 효험입니까?"

사람들이 아무 말도 못하자, 다산이 계속 말했다.

"진짜 명당은 여러분의 집입니다. 20년간 다툰 힘으로 농사를 짓고 자식을 가르쳤다면, 지금쯤 두 집안 모두 부자가 되었을 것입니다."

결국 두 집안은 화해했고, 그 땅은 마을 공동묘지로 쓰기로 했다.

◈ 해배 후의 아버지 묘소 이야기

1818년, 다산은 마침내 해배되어 고향으로 돌아왔다. 이미 돌아가신 아버지의 묘를 찾은 다산은 형제들과 의논했다.

"아버님 묘를 더 좋은 곳으로 이장하자는 의견이 있는데..."

다산은 단호히 말했다.

"아버님은 평생 검소하게 사셨고, 허례허식을 싫어하셨다. 지금 계신 곳도 충분히 좋은데 왜 옮기려 하는가? 우리가 할 일은 묘를 옮기는 것이 아니라, 자주 찾아뵙고 벌초를 잘하는 것이다."

◈ 정약용 자신의 묘터 선정

1836년, 다산은 75세를 일기로 세상을 떠났다. 그는 생전에 자신의 묘터에 대해 이렇게 유언했다:

"나를 마재 뒷산에 묻되, 화려하게 하지 말라. 비석도 세우지 말고, 봉분도 크게 하지 말라. 다만 후손들이 찾기 쉬운 곳에 묻어다오."

오늘날 경기도 남양주 마재에 있는 다산의 묘는 그의 유언대로 소박하다. 특별한 명당도 아니고, 화려한 석물도 없다. 하지만 그곳에서는 한강이 유유히 흐르는 것이 보이고, 매년 수많은 사람들이 찾아와 그의 정신을 기린다.

◈ 다산이 남긴 풍수 개혁의 유산

다산은 단순히 풍수를 비판만 한 것이 아니었다. 그는 구체적인 대안을 제시했다:

1. 공동묘지 설치: "각 마을마다 공동묘지를 만들어 빈부귀천 없이 함께 쓰도록 하라."
2. 화장의 부분적 허용: "전염병 사망자나 객사한 사람은 화장을 허용하되, 이를 불효라 하지 말라."
3. 묘지 면적 제한: "신분에 관계없이 묘지 면적을 제한하여 토지 낭비를 막아라."
4. 산송의 신속한 해결: "산송은 반드시 1년 안에 결판을 내어, 백성들이 송사에 매달리지 않게 하라."

◈ 에필로그: 강진 앞바다의 저녁노을

다산초당에서 바라보는 강진만의 저녁노을은 아름답다. 다산도 유배 시절 이 노을을 보며 많은 생각에 잠겼을 것이다.

한 제자가 물었다고 한다.

"선생님, 이렇게 아름다운 곳에서 18년을 사신 것도 복이 아닙니까?"

다산은 쓸쓸히 웃으며 대답했다.

"복이라... 내가 여기 온 것은 땅의 기운 때문이 아니라 임금의 명 때문이었네. 하지만 이곳에서 백성들의 아픔을 보고, 학문을 완성할 수 있었으니, 이것이야말로 진정한 명당이었는지도 모르지."

오늘날 우리가 다산에게서 배워야 할 것은 무엇일까? 그것은 아마도 미신을 타파하되 전통을 존중하고, 이상을 추구하되 현실을 직시하며, 비판하되 대안을 제시하는 균형 잡힌 태도일 것이다.

다산이 떠난 지 200년 가까이 되었지만, 우리 사회는 여전히 묘지 문제로 갈등하고 있다. 아파트값이 풍수 때문에 오르내리고, 관공서 자리를 놓고 논란이 일어난다.

만약 다산이 지금 살아있다면 뭐라고 했을까?

아마 그 특유의 온화한 미소를 지으며 이렇게 말하지 않았을까.

"명당을 찾아 헤매는 시간에 책을 한 권 더 읽고, 이웃과 차 한 잔 나누시게. 그것이 진짜 복을 부르는 길이네."

6. 홍만선의 『산림경제』: 선비가 꿈꾼 전원생활의 풍수학

1715년 늦가을, 한양 북촌의 한 고택에서 예순네 살의 노학자가 붓을 들었다. 유암(流巖) 홍만선(1643~1715), 그는 평생 벼슬길에 나가지 않고 오직 학문에만 전념했던 처사(處士)였다. 창밖으로 떨어지는 낙엽을 바라보며 그는 생각했다.

"내가 평생 모은 지식을 후세에 전하지 않는다면, 이 또한 죄가 아니겠는가..."

그가 쓰기 시작한 책이 바로 조선시대 최고의 생활백과사전 『산림경제(山林經濟)』였다.

◈ 은둔 선비의 실용 정신

홍만선은 독특한 인물이었다. 명문가 출신으로 학문이 뛰어났지만, 당쟁에 염증을 느껴 일찍이 벼슬을 포기했다. 대신 그는 향촌에서 실제로 써먹을 수 있는 실용 지식을 연구하는 데 평생을 바쳤다.

"조정에서는 날마다 주자니 맹자니 하며 공리공담만 일삼는데, 정작 백성들은 어떻게 농사를 지어야 할지, 어떻게 병을 고쳐야 할지도 모른다. 이것이 과연 학문인가?"

그의 문제의식은 명확했다. 추상적인 성리학 담론보다는 실생활에 도움이 되는 지식이 필요하다는 것이었다.

◈ 『산림경제』의 탄생 배경

어느 날, 홍만선의 집을 찾은 후배 선비가 하소연했다.

"선생님, 저는 낙향하여 전원생활을 하고 싶습니다만, 막상 시골에 가니 아는 것이 하나도 없었습니다. 집은 어떻게 지어야 하는지, 우물은 어디에 파야 하는지..."

홍만선은 고개를 끄덕였다.

"그래, 우리 선비들이 사서삼경은 줄줄 외우면서도 정작 살림살이는 하나도 모르지. 내가 도움이 될 만한 책을 써보겠네."

이렇게 시작된 『산림경제』는 단순한 농서가 아니었다. 농업, 의학, 건축, 요리, 양생법 등 생활 전반을 다룬 종합 백과사전이었다. 그중에서도 특히 주목할 만한 것은 주거와 관련된 풍수 이론이었다.

◈ 실용적 풍수관의 정립

홍만선의 풍수관은 매우 독특했다. 그는 신비주의적 풍수를 배격하면서도, 합리적인 부분은 적극 수용했다.

"복거(卜居)" 편에서 그는 이렇게 썼다:

"집터를 정할 때는 먼저 물을 살펴야 한다. 물이 맑고 단 곳이 좋은 터다. 이는 신비한 이치가 아니라, 물이 좋아야 사람이 건강하기 때문이다."

그는 전통적인 풍수 용어를 사용하면서도, 항상 과학적 근거를 덧붙였다.

"청룡과 백호가 감싸 안은 곳이 좋다고 하는데, 이는 동쪽과 서쪽에 산이나 언덕이 있어 바람을 막아주기 때문이다. 찬바람을 막으면 질병이 적어진다."

◈ 집터 선정의 구체적 지침

홍만선은 좋은 집터의 조건을 아주 구체적으로 제시했다:

1. 물의 조건

"집 근처에는 반드시 맑은 물이 있어야 한다. 그러나 너무 가까우면 습기가 많고, 너무 멀면 불편하다. 50보에서 100보 사이가 적당하다."

2. 햇빛의 조건

"집은 남향이 기본이다. 그러나 여름이 너무 더운 지방은 동남향도 좋다. 서향은 오후 햇살이 너무 뜨거우니 피하라."

3. 바람의 조건

"뒤로는 산이나 언덕이 있어 북풍을 막고, 앞은 트여 있어 바람이 통해야 한다. 사방이 막힌 곳은 기가 뭉쳐 병이 생긴다."

4. 토질의 조건

"땅을 파서 흙을 만져보라. 너무 차갑거나 너무 끈적이면 좋지 않다. 적당히 부드럽고 따뜻한 느낌이 드는 땅이 좋다."

◈ 우물 파기의 지혜

특히 인상적인 것은 우물에 관한 조언이었다:

"우물을 팔 때는 먼저 개미를 관찰하라. 개미가 많이 다니는 길 아래는 대개 물줄기가 있다. 또한 아침 이슬이 유독 많이 맺히는 곳도 지하수가 가까운 곳이다."

이는 오늘날의 관점에서 보아도 상당히 과학적인 방법이다. 그는 또한 우물물의 수질을 검사하는 방법도 제시했다:

"새로 판 우물물은 반드시 끓여서 식힌 후 맛을 보라. 쓴맛이나 짠맛이 나면 음용에 적합하지 않다. 또한 흰 천을 담갔다가 말려보아 누런 자국이 남으면 철분이 많은 것이니 주의하라."

◈ 정원 조성의 미학

홍만선은 단순히 실용적인 측면만 강조한 것이 아니었다. 그는 아름다운 정원 조성법도 상세히 다루었다:

"정원에는 반드시 네 가지가 있어야 한다. 꽃나무[花], 과일나무[果], 약초[藥], 채소[蔬]다. 이 네 가지가 조화를 이루면 보기에도 좋고 실용적이기도 하다."

그는 나무 배치에도 풍수적 원리를 적용했다:

"대나무는 집 뒤편에 심어 겨울바람을 막고, 매화는 창가에 심어 봄소식을 먼저 알린다. 소나무는 너무 가까이 심으면 그늘이 짙어 음기가 강하니, 적당히 떨어진 곳에 심는다."

◈ 가축 기르기와 풍수

흥미롭게도 홍만선은 가축을 기르는 것도 풍수와 연결시켰다:

"닭장은 동쪽에 두어 아침 해를 먼저 받게 하고, 돼지우리는 북쪽에 두되 집에서 좀 떨어진 곳에 둔다. 이는 냄새 때문이기도 하지만, 음기가 강한 가축을 양기가 강한 주거 공간과 분리하기 위함이다."

◈ 질병 예방과 주거 환경

홍만선은 주거 환경과 건강의 관계를 특히 강조했다:

"습한 곳에 오래 살면 관절이 아프고, 너무 건조한 곳에 살면 폐가 상한다. 그러므로 적당한 습도를 유지하는 것이 중요하다. 방안에 숯을 두거나 항아리에 물을 담아두는 것도 좋은 방법이다."

이는 오늘날의 실내 환경 관리와도 일맥상통하는 조언이다.

◈ 홍만선과 제자들의 대화

어느 날, 제자가 물었다:

"스승님, 그렇다면 풍수는 모두 미신입니까?"

홍만선은 잠시 생각하더니 대답했다:

"풍수의 원리는 대부분 자연의 이치를 관찰한 결과다. 다만 후세 사람들이 여기에 신비한 색채를 덧칠한 것이 문제지. 우리는 그 본래의 합리적 내용을 찾아내어 활용해야 한다."

"그렇다면 명당이란 것도 있습니까?"

"물론 있다. 그러나 그것은 땅의 기운이 사람에게 복을 주어서가 아니라, 좋은 환경이 사람을 건강하고 편안하게 해주기 때문이다. 건강하고 편안하면 자연히 일도 잘되고 가정도 화목해지는 법이다."

◈ 『산림경제』의 파급 효과

『산림경제』는 완성되자마자 큰 반향을 일으켰다. 특히 향촌에 은거하는 선비들 사이에서 필독서가 되었다.

한 시골 선비가 홍만선에게 편지를 보냈다:

"선생님의 책 덕분에 제가 살던 음습한 곳을 떠나 건조하고 햇빛이 잘 드는 곳으로 이사했습니다. 그 후로 온 가족의 건강이 좋아졌습니다. 이것이 진정한 명당이 아니겠습니까?"

홍만선은 회신에서 이렇게 썼다:

"그렇습니다. 땅이 사람을 이롭게 하는 것이 아니라, 사람이 땅을 잘 선택하고 가꾸어 이롭게 만드는 것입니다."

◈ 임원경제지로의 계승

홍만선의 손자 홍대용은 할아버지의 정신을 이어받아 계몽사상가가 되었고, 그 영향은 서유구의 『임원경제지』로 이어졌다. 『산림경제』의 4권에서 『임원경제지』의 113권으로 확대되면서, 실용 풍수학은 더욱 정교해졌다.

◈ 홍만선의 마지막 가르침

1715년 겨울, 홍만선은 임종을 앞두고 제자들을 불러 모았다.

"내가 평생 강조한 것은 실용이었다. 풍수도 마찬가지다. 산세가 호랑이를 닮았네, 용을 닮았네 하는 것은 다 부질없는 일이다. 중요한 것은 그곳이 정말 사람이 살기에 적합한가 하는 것이다."

그는 잠시 숨을 고르고 계속했다:

"좋은 터란 결국 건강하게 살 수 있는 곳이다. 물이 맑고, 공기가 좋고, 햇빛이 잘 들고, 이웃이 좋은 곳. 이것이 진정한 명당이다."

◈ 현대적 의미와 교훈

홍만선의 『산림경제』는 300년이 지난 오늘날에도 여전히 유효한 지혜를 담고 있다.

첫째, 주거 환경의 중요성이다. 현대인들도 주택을 선택할 때 일조권, 통풍, 습도 등을 고려하는데, 이는 홍만선이 강조한 것과 같다.

둘째, 친환경적 삶의 추구다. 텃밭 가꾸기, 약초 재배, 자연 친화적 생활 등은 오늘날 웰빙 트렌드와 맞닿아 있다.

셋째, 전통 지혜의 과학적 재해석이다. 홍만선은 전통을 무조건 부정하지도, 맹신하지도 않고, 합리적으로 재해석했다. 이는 오늘날 우리가 전통을 대하는 올바른 자세를 보여준다.

◈ 맺음말: 실용 정신의 계승

오늘날 전원생활을 꿈꾸는 도시인들이 늘어나고 있다. 그들이 찾는 것은 무엇일까? 아마도 홍만선이 『산림경제』에서 제시한 그런 삶일 것이다. 자연과 조화를 이루고, 건강하고, 자급자족하는 삶.

홍만선은 우리에게 가르쳐준다. 좋은 터, 좋은 집이란 거창한 것이 아니라고. 물이 맑고, 공기가 좋고, 햇살이 따뜻한 곳. 그리고 그곳에서 부지런히 일하고, 이웃과 정을 나누며 사는 것. 그것이 진정한 명당이라고.

『산림경제』를 펼치면 300년 전 선비의 목소리가 들리는 듯하다:

"명당은 땅속에 있는 것이 아니라, 우리가 만들어가는 삶 속에 있다."

이것이 홍만선이 후세에 전한 가장 큰 가르침이 아닐까.

7. 유중림의 『증보산림경제』: 선학의 지혜를 꽃피운 실용서의 완성

1760년대 초, 한양의 한 서재에서 쉰을 넘긴 선비가 오래된 책을 펼쳐 들었다. 유중림(柳重臨, 1705~1771), 그는 홍만선의 『산림경제』를 읽으며 깊은 감탄을 금할 수 없었다.

"이토록 훌륭한 책이 제대로 알려지지 않다니... 내가 이 책에 새 생명을 불어넣어야겠다."

홍만선이 세상을 떠난 지 이미 45년. 유중림은 이 선학의 유산을 단순히 보존하는 것이 아니라, 시대의 변화에 맞춰 대폭 증보하기로 결심했다.

◈ 『산림경제』와의 운명적 만남

유중림이 처음 『산림경제』를 접한 것은 우연이었다. 지인의 서재에서 먼지 쌓인 책 한 권을 발견한 것이다.

"이 책이 무엇이오?" "아, 그것은 홍만선 선생의 『산림경제』라는 책입니다. 실용적인 내용이 많다고는 하는데, 요즘은 별로 읽는 사람이 없습니다."

호기심에 책을 빌려 읽기 시작한 유중림은 밤을 새워가며 탐독했다. 농사법, 의학 지식, 주거 선택법 등 실생활에 필요한 모든 지식이 담겨 있었다.

"이것이야말로 진정한 학문이 아닌가! 백성들에게 실제로 도움이 되는 지식, 이것이 선비가 추구해야 할 바다."

◈ 증보 작업의 시작

유중림은 즉시 『산림경제』 증보 작업에 착수했다. 그는 먼저 원문을 꼼꼼히 검토하며 보완이 필요한 부분을 찾아냈다.

"홍만선 선생의 식견은 탁월하지만, 50년 가까운 세월이 흐르면서 새로운 지식도 많이 생겼다. 내가 이를 보태어 더욱 완벽한 책을 만들어야겠다."

특히 그가 주목한 것은 주거와 풍수에 관한 부분이었다. 유중림 자신도 여러 곳에서 살아본 경험이 있었기에, 실제적인 지식을 많이 추가할 수 있었다.

◈ 풍수관의 발전적 계승

유중림은 홍만선의 실용적 풍수관을 높이 평가했다:

"홍 선생께서는 풍수의 허황된 부분을 걷어내고 실용적인 핵심만을 추출하셨다. 나는 여기에 더 많은 실증적 사례를 추가하고자 한다."

그는 "복거(卜居)" 편을 대폭 확충하면서 자신만의 경험을 녹여냈다.

◈ 주거 선택의 구체적 지침

유중림은 좋은 집터를 고르는 법을 더욱 상세히 설명했다:

1. 물의 관찰법

"집터를 정할 때는 먼저 사계절의 물을 관찰해야 한다. 봄에는 맑고, 여름에는 시원하며, 가을에는 마르지 않고, 겨울에는 얼지 않는 물이 있는 곳이 최상이다."

2. 바람의 측정법

"막대기에 천을 매달아 사계절 바람의 방향과 세기를 측정하라. 겨울 북풍은 막히고 여름 남풍은 통하는 곳이 이상적이다."

3. 토질의 판별법

"한 자 깊이로 땅을 파서 흙을 만져보라. 너무 차갑지도 뜨겁지도 않고, 적당히 습기를 머금은 흙이 좋다. 또한 지렁이가 많은 땅은 기름진 땅이다."

◈ 과학적 검증의 강화

유중림은 홍만선보다 한층 더 과학적인 접근을 시도했다. 예를 들어, 우물터를 찾는 방법을 설명하면서:

"이른 아침 안개가 유독 짙게 끼는 곳을 표시해 두었다가, 그곳을 파보면 십중팔구 물이 나온다. 이는 지하수가 증발하면서 안개를 만들기 때문이다."

이러한 설명은 단순한 경험칙을 넘어 자연현상의 원리를 이해하고 있음을 보여준다.

◈ 건축 설계의 세밀화

유중림은 집의 구조와 배치에 대해서도 매우 구체적인 지침을 제공했다:

"대청은 정남향이 아닌 남남동향으로 하는 것이 좋다. 이는 여름 오후의 뜨거운 서쪽 햇살을 피하면서도 겨울 아침 햇살을 일찍 받을 수 있기 때문이다."

그는 심지어 계절별 태양의 고도와 방위각을 도표로 만들어 수록했다.

◈ 정원 조성의 체계화

유중림은 실용과 미관을 겸비한 정원 조성법을 상세히 기술했다:

"정원은 네 구역으로 나누어 조성한다. 동쪽에는 약초를, 서쪽에는 화초를, 남쪽에는 채소를, 북쪽에는 과일나무를 심는다. 이렇게 하면 사시사철 볼거리와 먹거리가 끊이지 않는다."

◈ 민간 지혜의 수집

유중림은 책상에만 앉아있지 않았다. 그는 직접 여러 지방을 다니며 민간의 경험을 수집했다.

경기도의 한 노인이 들려준 이야기: "우리 마을은 300년 동안 큰 재해가 없었소. 아마도 뒤의 산이 든든하고 앞의 들이 넓어서 그런 것 같소."

전라도의 한 농부가 전한 경험: "집 주변에 대나무를 심으니 여름에 시원하고 겨울에 바람을 막아주어 좋습디다."

유중림은 이러한 경험담을 일일이 기록하고 검증하여 책에 반영했다.

◈ 여성의 공간에 대한 배려

특히 주목할 만한 것은 여성들의 생활공간에 대한 세심한 배려였다:

"부엌은 동남쪽에 두어 아침 햇살을 받게 하고, 우물과 가까이 하되 화장실과는 멀리 떨어뜨린다. 또한 장독대는 부엌에서 가까우면서도 햇볕이 잘 드는 곳에 둔다. 이는 주부의 동선을 짧게 하고 건강을 지키기 위함이다."

◈ 약초 재배의 실용화

유중림은 집안에서 기를 수 있는 약초 목록과 재배법을 상세히 소개했다:

"집안 한 귀퉁이에 작은 약초밭을 만들면 좋다. 감초, 길경, 천궁 등은 기르기 쉽고 자주 쓰이는 약재다. 급한 병에 즉시 대처할 수 있고 약값도 아낄 수 있다."

◈ 『증보산림경제』의 완성과 구성

1766년, 유중림은 마침내 16권의 방대한 『증보산림경제』를 완성했다. 원래 4권이던 홍만선의 저작을 4배로 확대한 것이다.

그 구성을 보면:

- 복거(卜居): 주거 선택과 건축
- 섭생(攝生): 건강 관리법
- 치농(治農): 농사법
- 치포(治圃): 원예법
- 종수(種樹): 과수 재배법
- 양화(養花): 화초 재배법
- 양잠(養蠶): 양잠법
- 목양(牧養): 가축 사육법
- 치선(治膳): 음식 조리법
- 구급(救急): 응급 처치법
- 육영(育嬰): 육아법
- 섬용(贍用): 일용품 제작법

◈ 학문적 태도와 겸손함

유중림은 서문에서 이렇게 밝혔다:

"나는 홍만선 선생의 높은 뜻을 감히 따를 수 없으나, 그 유업을 이어 후세에 전하고자 할 뿐이다. 혹 잘못된 부분이 있다면 후학들이 바로잡아 주기를 바란다."

이는 선학에 대한 존경과 함께 학문적 겸손함을 보여주는 대목이다.

◈ 실용 정신의 구현

『증보산림경제』의 가장 큰 특징은 철저한 실용성이었다. 유중림은 항상 "이것이 실제로 도움이 되는가?"를 자문했다.

한 제자가 물었다:

"스승님, 요즘 서학(西學)이 들어와 우리 전통을 무시하는데 어찌 생각하십니까?"

유중림이 답했다:

"서학이든 동학이든 백성에게 도움이 되면 좋은 것이다. 중요한 것은 동서가 아니라 실용이다. 우리 전통 중에서도 좋은 것은 지키고, 고칠 것은 고쳐야 한다."

◈ 후대에 미친 영향

『증보산림경제』는 출간되자마자 큰 반향을 일으켰다. 특히 실용적 지식을 원하던 중인층과 향촌 지식인들 사이에서 열렬한 환영을 받았다.

이 책은 후에 서유구의 『임원경제지』(113권)로 이어져 더욱 방대한 백과사전이 되었다. 서유구는 서문에서 "유중림 선생의 『증보산림경제』가 없었다면 이 책도 없었을 것"이라고 밝혔다.

◈ 현대적 의의

유중림의 『증보산림경제』는 여러 면에서 시대를 앞서갔다:

1. 친환경 건축: 자연조건을 고려한 건축 설계

2. 예방 의학: 주거 환경 개선을 통한 건강 증진

3. 도시 농업: 집안에서의 텃밭과 약초 재배

4. 여성 친화적 설계: 주부의 동선과 편의를 고려한 공간 배치

◈ 맺음말: 실용 정신의 계승과 발전

1771년, 유중림은 67세를 일기로 세상을 떠났다. 그가 남긴 『증보산림경제』는 단순한 증보서가 아니라, 한 시대의 실용 지식을 집대성한 기념비적 저작이었다.

유중림은 홍만선의 정신을 계승하면서도 자신만의 색깔을 더했다. 그는 전통을 맹목적으로 따르지 않고, 검증과 개선을 통해 발전시켰다. 이러한 태도야말로 오늘날 우리가 배워야 할 점이다.

현대 사회에서 전통 마을 만들기, 생태 건축, 도시 농업 등이 주목받고 있다. 이는 250여 년 전 유중림이 『증보산림경제』에서 추구했던 가치와 맞닿아 있다.

『증보산림경제』를 펼치면, 시대를 초월한 실용 정신의 숨결이 느껴진다. 그것은 홍만선에서 유중림으로, 그리고 서유구로 이어지는 조선 실학의 위대한 전통이다.

오늘날 우리도 이러한 정신을 이어받아, 전통의 지혜를 현대적으로 재해석하고 발전시켜 나가야 할 것이다.

8. 서유구의 『임원경제지』 「상택지」: 조선 실학 풍수론의 대미를 장식하다

1806년 가을, 한양 북촌의 넓은 서재에서 예순을 바라보는 선비가 수북이 쌓인 책들 사이에 앉아 있었다. 풍석(楓石) 서유구(1764~1845), 그는 지난 수십 년간 수집하고 연구한 자료들을 정리하며 원대한 계획을 세우고 있었다.

"홍만선 선생의 『산림경제』, 유중림 선생의 『증보산림경제』... 모두 훌륭한 책들이다. 하지만 이제는 이 모든 지식을 집대성하여 완벽한 백과사전을 만들 때가 되었다."

그가 구상한 『임원경제지(林園經濟志)』는 무려 113권에 달하는 방대한 저작이 될 예정이었다. 그중에서도 「상택지(相宅志)」는 주거와 풍수에 관한 모든 지식을 담은 핵심 편목이었다.

◈ 왜 「상택지」인가

서유구는 「상택지」라는 제목을 신중히 선택했다. '상택(相宅)'은 '집터를 살핀다'는 뜻으로, 단순히 풍수만이 아니라 주거 전반에 대한 종합적 고찰을 담겠다는 의도였다.

그는 서문에서 이렇게 밝혔다:

"사람이 사는 곳을 정하는 것은 일생의 대사다. 그런데 세상 사람들은 지관의 허황된 말에 속아 가산을 탕진하고 골육이 다툰다. 나는 이 책에서 옛 성현의 가르침과 실제 경험을 바탕으로 올바른 주거 선택의 도를 밝히고자 한다."

◈ 방대한 자료의 수집과 정리

서유구는 「상택지」를 쓰기 위해 엄청난 양의 자료를 수집했다. 중국의 고전 풍수서는 물론, 조선의 각종 문헌, 심지어 민간에 전해지는 속설까지 모두 검토했다.

그의 서재에는 이런 메모가 남아 있었다:

"검토한 책: 『청오경』, 『금낭경』, 『지리신법』, 『양택삼요』... (중국서 47종) / 『택리지』, 『산림경제』, 『증보산림경제』... (조선서 23종) / 각 지방 답사 기록 15권 / 민간 전승 수집 8권"

◈ 「상택지」의 체계적 구성

서유구는 「상택지」를 매우 체계적으로 구성했다:

제1권: 총론

• 주거의 의미와 중요성

• 풍수의 역사와 원리

• 미신과 합리적 풍수의 구별

제2권: 복거편(卜居篇)

• 지역 선택법

• 마을 입지 조건

• 도시와 농촌의 차이

제3권: 변토편(辨土篇)

• 토질 검사법

• 지하수 탐사법

• 지반의 안정성 판단

제4권: 영조편(營造篇)

• 건축 설계의 원칙

• 방위와 좌향 결정

• 재료 선택과 공법

제5권: 원림편(園林篇)

- 정원 조성법
- 수목 배치의 원리
- 사계절 정원 관리

◈ 비판적 수용의 자세

서유구의 가장 큰 특징은 풍수에 대한 비판적 수용 자세였다. 그는 전통 풍수 이론을 무조건 따르지도, 전면 부정하지도 않았다.

"풍수설 중에는 이치에 맞는 것도 있고 허황된 것도 있다. 지혜로운 사람은 옥석을 가려낼 줄 알아야 한다. 산이 바람을 막고 물이 가까이 있는 것이 좋다는 것은 당연한 이치다. 하지만 호랑이 형상이니 용의 혈이니 하는 것은 견강부회다."

◈ 과학적 풍수론의 전개

서유구는 전통적인 풍수 개념을 과학적으로 재해석했다:

1. 배산임수의 원리

"옛사람들이 말한 배산임수는 실로 과학적 이치가 있다. 북쪽의 산은 겨울 찬바람을 막아주고, 남쪽의 물은 여름에 시원한 바람을 보내준다. 또한 산에서 내려오는 맑은 물은 생활용수로 쓰기에 좋다."

2. 좌청룡 우백호의 해석

"좌청룡 우백호란 동쪽과 서쪽에 적당한 산이나 언덕이 있어 아침 저녁의 강한 햇살을 부드럽게 해주는 지형을 말한다. 이는 주거 환경을 쾌적하게 만드는 자연 조건이다."

3. 명당수의 조건

"물은 너무 빨라도 안 되고 너무 고여 있어도 안 된다. 적당히 흐르는 물이 좋은데, 이는 수질이 맑게 유지되고 모기 같은 해충이 서식하지 않기 때문이다."

◈ 실제 사례의 풍부한 활용

서유구는 이론만 나열하지 않고 실제 사례를 풍부하게 들었다:

"내가 전라도 남원을 지날 때 보니, 광한루 일대가 실로 살기 좋은 곳이었다. 뒤로는 지리산 자락이 멀리 둘러싸고, 앞으로는 요천이 굽이쳐 흐르며, 땅은 평탄하고 기름졌다. 과연 이곳에서 많은 인재가 났으니, 지세의 영향을 무시할 수 없다."

◈ 건축 설계의 구체적 지침

「상택지」에서 특히 주목할 만한 부분은 건축 설계에 관한 구체적 지침이다:

1. 방위별 공간 배치

"안방은 동남쪽에 두어 아침 햇살을 받게 하고, 사랑방은 남쪽에 두어 손님을 맞기 좋게 한다. 부엌은 동쪽에 두어 아침 일찍 밝고, 곳간은 서북쪽에 두어 서늘하게 한다."

2. 마당의 설계

"마당은 너무 넓어도 안 되고 너무 좁아도 안 된다. 집의 높이의 1.5배 정도가 적당하다. 이는 햇빛이 골고루 들면서도 바람이 너무 세지 않게 하기 위함이다."

3. 창문의 배치

"남쪽 창은 크게 하여 겨울 햇살을 많이 받게 하고, 북쪽 창은 작게 하여 겨울 찬바람을 막는다. 동서쪽 창은 적당히 하여 환기가 잘 되게 한다."

◈ 정원 조성의 미학과 실용

서유구는 정원을 단순한 관상용이 아닌 실용과 미관을 겸비한 공간으로 설계했다:

"정원은 사군자원(四君子園), 백과원(百果園), 백화원(百花園), 약포(藥圃)로 나눈다. 사군자원에는 매란국죽을, 백과원에는 과일나무를, 백화원에는 사계절 꽃을, 약포에는 약초를 심는다. 이렇게 하면 사시사철 볼거리와 먹거리, 약거리가 끊이지 않는다."

◈ 민간 풍수설의 비판적 검토

서유구는 민간에 전해지는 풍수설도 하나하나 검토했다:

"속설에 '대문이 큰 집은 망한다'고 하는데, 이는 일리가 있다. 대문이 너무 크면 겨울에 찬바람이 많이 들어오고, 또한 분수에 넘치는 것을 경계한 말이기도 하다."

"또 '우물이 집보다 높으면 흉하다'고 하는데, 이는 당연한 말이다. 물은 높은 곳에서 낮은 곳으로 흐르니, 우물이 높으면 오염된 물이 집으로 스며들 수 있기 때문이다."

◈ 여성 공간에 대한 특별한 배려

서유구는 당시로서는 드물게 여성들의 생활공간에 대해 세심하게 배려했다:

"안채는 사랑채보다 해가 잘 들고 따뜻한 곳에 배치한다. 부엌과 우물, 장독대를 가까이 두어 주부의 동선을 짧게 한다. 또한 빨래터는 남의 눈에 띄지 않으면서도 햇볕이 잘 드는 곳에 마련한다."

◈ 도시 주거론의 선구적 제시

흥미롭게도 서유구는 도시 주거에 대해서도 언급했다:

"도성 안에서는 넓은 터를 구하기 어려우니, 위로 집을 높이 짓는 수밖에 없다. 그러나 너무 높으면 바람이 세고 위험하니, 3층을 넘지 않는 것이 좋다. 또한 이웃집과 너무 가까우면 채광과 통풍에 문제가 생기니, 적당한 간격을 유지해야 한다."

◈ 「상택지」 집필 중의 일화

어느 날, 서유구를 찾아온 한 지관이 항의했다:

"대감, 들으니 대감께서 풍수를 미신이라 하신다던데, 그렇다면 왜 조상들이 수천 년간 풍수를 믿어왔겠습니까?"

서유구가 온화하게 답했다:

"나는 풍수를 모두 부정하는 것이 아니네. 다만 이치에 맞는 것과 맞지 않는 것을 구별하자는 것이지. 그대가 말하는 명당이 정말로 후손을 번창하게 한다면, 왜 명당을 차지한 집안도 망하는 일이 있는가?"

지관이 말문이 막히자, 서유구가 이어 말했다:

"진정한 명당은 땅이 아니라 사람에게 있네. 부지런하고 화목한 가정이 바로 명당이지."

◈ 실증적 연구 방법

서유구는 직접 여러 지역을 답사하며 실증적으로 연구했다. 그의 기록에는 이런 내용이 있다:

"내가 10년간 전국 100여 개 마을을 조사한 결과, 번성한 마을의 공통점은 다음과 같았다.

1. 물이 맑고 풍부하다.

2. 농토가 기름지다.

3. 교통이 편리하다.

4. 주민들이 화목하다. 이 중에서 네 번째가 가장 중요했다."

◈ 「상택지」의 완성과 영향

1842년, 서유구는 마침내 「상택지」를 포함한 『임원경제지』 전체를 완성했다. 무려 36년에 걸친 대작업이었다.

「상택지」는 즉시 식자층 사이에서 화제가 되었다. 한 독자는 이런 편지를 보냈다:

"선생님의 「상택지」를 읽고 크게 깨달았습니다. 그동안 지관의 말만 믿고 허송세월했는데, 이제야 진정한 주거의 도를 알게 되었습니다."

◈ 현대적 의의

서유구의 「상택지」는 여러 면에서 현대적 의의를 갖는다:

1. **생태 건축의 원조**: 자연과 조화를 이루는 건축 철학

2. **주거 환경학의 선구**: 건강과 주거 환경의 관계 규명

3. **실증적 연구 방법**: 미신이 아닌 관찰과 경험에 기초한 이론

4. **종합적 접근**: 주거를 단순한 건물이 아닌 삶의 총체로 파악

◈ 맺음말: 실학 풍수론의 완성

1845년, 서유구는 82세를 일기로 생을 마감했다. 그가 남긴 「상택지」는 조선 실학 풍수론의 대미를 장식하는 작품이었다.

홍만선의 『산림경제』에서 시작하여 유중림의 『증보산림경제』를 거쳐 서유구의 『임원경제지』에 이르는 과정은, 조선 실학이 풍수를 어떻게 수용하고 발전시켰는지를 잘 보여준다.

서유구는 전통을 존중하되 맹신하지 않고, 비판하되 가치 있는 것은 계승하는 균형 잡힌 태도를 보여주었다. 이는 오늘날 우리가 전통문화를 대하는 자세의 모범이 될 만하다.

현대 한국에서 아파트 층수에 따른 선호도, 남향 집착, 산을 바라보는 조망권 중시 등은 모두 「상택지」에서 다룬 원리들의 현대적 변용이다. 이는 서유구가 파악한 주거의 본질이 시대를 초월한 보편성을 갖고 있음을 보여준다.

「상택지」를 읽으면, 200년 전 선비의 목소리가 들리는 듯하다:

"좋은 집이란 크고 화려한 집이 아니라, 건강하고 화목하게 살 수 있는 집이다."

이것이 서유구가 우리에게 전하는 영원한 가르침이다.

9. 신경준의 『산경표』: 조선 산하를 풍수의 눈으로 체계화하다

1770년 초봄, 한양 북촌의 한 서재에서 예순을 바라보는 학자가 전국 지도를 펼쳐놓고 깊은 생각에 잠겨 있었다. 여암(旅菴) 신경준(申景濬, 1712~1781), 그는 조선 최고의 지리학자이자 실학자였다.

"우리나라 산맥의 흐름을 제대로 아는 사람이 과연 몇이나 될까? 중국의 『산해경』에 기대어 우리 산하를 설명하다니... 이제는 우리만의 체계가 필요한 때다."

그의 앞에는 수년간 수집한 각종 지도와 자료들이 산더미처럼 쌓여 있었다. 이것들을 종합하여 그는 조선 역사상 가장 체계적인 산맥 분류서인 『산경표(山經表)』를 집필하고 있었던 것이다.

◈ 백두대간의 발견

신경준의 가장 큰 업적은 '백두대간(白頭大幹)' 개념을 정립한 것이다. 그는 조선의 모든 산맥이 백두산에서 시작하여 지리산까지 이어지는 하나의 큰 줄기를 중심으로 뻗어있음을 발견했다.

"백두산은 우리나라의 조종산(祖宗山)이다. 마치 큰 나무의 뿌리처럼, 여기서 모든 산맥이 시작된다. 이 큰 줄기가 남으로 뻗어 내려가며 좌우로 가지를 친다."

그는 이 중심 산줄기를 '대간(大幹)'이라 명명했다. 이는 단순한 지리적 발견이 아니라, 풍수적 사고의 결정체였다. 풍수에서 말하는 '용맥(龍脈)'의 개념을 국토 전체에 적용한 것이다.

◈ 산경표의 체계

신경준은 조선의 산맥을 다음과 같이 체계화했다:

1. 1대간(大幹): 백두대간

2. 1정간(正幹): 장백정간

3. 13정맥(正脈): 청북정맥, 청남정맥 등

그는 이를 설명하며 말했다:

"대간은 인체의 척추와 같고, 정간과 정맥은 갈비뼈와 같다. 이들이 서로 연결되어 하나의 완전한 체계를 이룬다."

◈ 풍수적 국토관

『산경표』에는 신경준의 독특한 풍수적 국토관이 잘 드러나 있다:

"우리나라는 백두산을 조종으로 하여 기운이 남으로 흘러내린다. 한양은 이 기운이 모이는 명당 중의 명당이다. 북한산, 남산, 인왕산, 낙산이 사신사(四神砂)를 이루어 왕도를 품고 있다."

그는 한양의 입지를 다음과 같이 분석했다:

"백두대간의 정기가 남으로 흘러 북한산에 이르고, 여기서 다시 남산으로 이어진다. 한강은 이 기운을 감싸 안아 서해로 빠져나가지 못하게 한다. 실로 천하의 명당이다."

◈ 과학적 관찰과 풍수의 결합

신경준의 특징은 풍수적 관념과 과학적 관찰을 결합했다는 점이다. 그는 단순히 산의 형세만 본 것이 아니라, 하천의 흐름, 분수령의 위치, 고개의 높이 등을 정밀하게 측정했다.

어느 날 제자가 물었다: "스승님, 산맥을 용에 비유하는 것은 너무 신비주의적이지 않습니까?"

신경준이 답했다: "용이라는 것은 비유일 뿐이다. 중요한 것은 산맥의 연결성과 물의 흐름을 체계적으로 파악하는 것이다. 옛사람들이 용맥이라 부른 것도 바로 이것을 가리킨 것이다."

◈ 답사를 통한 실증

신경준은 책상머리 학자가 아니었다. 그는 직접 전국을 답사하며 산맥의 흐름을 확인했다.

한번은 지리산 답사 중에 이런 일이 있었다: "과연 백두산에서 시작된 산줄기가 여기까지 끊어지지 않고 이어져 있구나! 마치 거대한 용이 남으로 달려온 것 같다."

동행한 제자가 말했다: "정말 장관입니다. 그런데 스승님, 이 산줄기가 정말 나라의 운명과 관계가 있습니까?"

신경준이 진지하게 답했다: "산맥이 끊어지지 않았다는 것은 국토가 하나로 연결되어 있다는 뜻이다. 이는 단순한 풍수가 아니라 국토 통합의 상징이다."

◈ 『산경표』 집필 과정의 고충

『산경표』를 쓰는 과정은 쉽지 않았다. 당시에는 정확한 지도도 부족했고, 산맥의 연결 관계를 파악하기도 어려웠다.

신경준은 이렇게 토로했다: "때로는 하나의 고개를 확인하기 위해 며칠을 걸어야 했다. 비가 와서 길이 끊기면 목숨을 걸고 산을 넘어야 했다. 하지만 우리 산하의 진면목을 밝히는 일이라 생각하니 힘이 났다."

◈ 산경표의 풍수 지명학

『산경표』에는 각 지역의 풍수적 특성도 기록되어 있다:

✤ 함경도 지역

"백두산의 정기가 가장 강한 곳이나, 기후가 춥고 거칠어 인물이 강직하다."

✤ 평안도 지역

"청천강과 대동강이 흐르는 곳으로, 물이 풍부하여 인심이 너그럽다."

✤ 경기도 지역

"백두대간의 정기가 모이는 곳으로, 왕도가 들어설 만하다."

✤ 전라도 지역

"노령산맥이 평야를 품고 있어 물산이 풍부하고 문화가 발달했다."

◈ 산경표와 전통 풍수의 차이

신경준의 산경표는 전통적인 풍수와는 다른 특징을 보였다:

1. 체계성: 개별 산이 아닌 전체 산맥 체계를 파악
2. 실증성: 추상적 이론이 아닌 실제 답사를 통한 확인
3. 과학성: 분수령과 하천 유역을 기준으로 한 분류
4. 통합성: 국토 전체를 하나의 유기체로 파악

◈ 제자들과의 토론

어느 날, 제자들과 『산경표』에 대해 토론하던 중 한 제자가 물었다:

"스승님, 중국에서는 곤륜산을 모든 산의 조종이라 하는데, 우리가 백두산을 조종산이라 하는 것은 너무 자의적이지 않습니까?"

신경준이 단호하게 답했다: "우리나라는 우리나라의 조종산이 있다. 중국은 중국의 체계가 있고, 우리는 우리의 체계가 있다. 이것이 바로 자주적 지리관이다."

◈ 산경표의 국방론적 의미

신경준은 『산경표』가 단순한 지리서가 아님을 강조했다:

"산맥을 안다는 것은 국토를 안다는 것이고, 국토를 안다는 것은 나라를 지킬 수 있다는 것이다. 왜적이 침입했을 때도 우리가 산맥의 흐름을 알았기에 효과적으로 방어할 수 있었다."

실제로 『산경표』는 후에 국방 전략 수립에도 활용되었다.

◈ 민간 풍수와의 관계

신경준은 민간의 풍수설도 무시하지 않았다. 오히려 그 속에서 합리적인 요소를 찾아내려 했다:

"백성들이 '이 산은 장군대좌형이다', '저 산은 와우형이다' 하는 것을 무시하지 말라. 비록 표현은 속되지만, 그들도 나름대로 산의 특징을 파악한 것이다."

◈ 『산경표』 완성과 반응

1770년, 마침내 『산경표』가 완성되었다. 이 책은 즉시 지식인들 사이에서 화제가 되었다.

실학자 이덕무는 이렇게 평가했다: "신경준의 『산경표』는 우리나라 지리학의 금자탑이다. 이제야 우리도 우리 산하를 제대로 설명할 수 있게 되었다."

반면 보수적인 학자들은 비판했다: "감히 중국의 지리 체계를 무시하고 독자적인 체계를 만들다니, 이는 오만한 일이다."

신경준은 이에 대해 담담하게 답했다: "우리 땅은 우리가 가장 잘 안다. 이것이 오만이라면, 나는 기꺼이 오만하겠다."

◈ 산경표의 후대 영향

『산경표』는 후대에 큰 영향을 미쳤다:

1. 김정호의 『대동여지도』: 산맥 표시에 산경표 체계 적용
2. 일제강점기 저항: 백두대간 개념이 민족정신의 상징이 됨
3. 현대 생태학: 백두대간이 한반도 생태축으로 재조명

◈ 노년의 신경준

말년의 신경준은 제자들에게 이렇게 당부했다:

"내가 『산경표』를 쓴 것은 단순히 산맥을 분류하기 위해서가 아니다. 우리 국토가 하나로 연결된 생명체임을 보여주고 싶었다. 후세 사람들이 이 뜻을 이어주기 바란다."

◈ 현대적 의의

신경준의 『산경표』와 그의 풍수관은 오늘날에도 중요한 의미를 갖는다:

1. 국토 인식의 체계화: 막연했던 국토 인식을 체계화
2. 생태학적 선구성: 산맥을 생태 연결축으로 파악
3. 문화적 정체성: 독자적 지리 체계를 통한 정체성 확립
4. 실용적 풍수관: 신비주의를 벗어난 합리적 풍수 해석

◈ 맺음말: 산경표가 남긴 유산

1781년, 신경준은 70세를 일기로 세상을 떠났다. 그가 남긴 『산경표』는 단순한 지리서를 넘어 조선의 자주적 국토관을 확립한 기념비적 저작이 되었다.

오늘날 백두대간 종주가 유행하고, 생태축으로서의 백두대간이 주목받는 것은 모두 신경준의 혜안에서 비롯된 것이다. 신경준은 풍수를 미신으로만 보지 않고, 그 속에서 국토를 체계적으로 이해하는 방법을 찾아냈다. 그는 산맥을 단순한 지형이 아닌, 민족의 정기가 흐르는 혈맥으로 보았다.

『산경표』를 펼치면, 250년 전 한 학자의 열정이 느껴진다:

"이 땅의 모든 산은 백두산에서 시작하여 하나로 이어져 있다. 우리는 이 산줄기처럼 하나다."

이것이 신경준이 『산경표』를 통해 우리에게 전하고자 한 궁극적 메시지가 아닐까.

10. 위백규의 풍수사상: 호남 땅에서 피어난 실용의 철학

1790년 어느 봄날, 전남 장흥의 작은 서당에서 한 노학자가 제자들에게 열띤 강의를 하고 있었다.

"자네들, 어제 마을에서 또 산송이 일어났다지? 두 집안이 조상 묘 때문에 싸우다가 결국 한 사람이 크게 다쳤다고 하더군."

제자들이 숙연해지자, 노학자는 한숨을 쉬며 말을 이었다.

"이것이 바로 잘못된 풍수 때문에 일어나는 비극이야. 땅이 사람을 부자로 만든다고 믿는 순간, 사람은 땅의 노예가 되고 마는 것이지."

이 노학자가 바로 존재(存齋) 위백규(1727~1798)였다. 평생 벼슬길에 나가지 않고 고향에서 후학을 가르치며 살았던 그는, 당시 조선 사회를 병들게 하던 풍수 미신과 평생 싸운 실학자였다.

◆ 장흥 땅에 뿌리내린 실학 정신

위백규가 태어나고 자란 전남 장흥은 산과 바다가 만나는 아름다운 고장이었다. 그러나 이 아름다운 땅에서도 풍수를 둘러싼 갈등은 끊이지 않았다.

젊은 시절, 위백규는 이웃 마을에서 일어난 한 사건을 목격했다. 어느 부잣집이 "명당을 찾았다"며 가난한 농부의 선산을 빼앗으려 한 것이다.

"이 땅은 우리 집안이 대대로 부자가 될 명당이오. 당신들은 어차피 복이 없는 사람들이니 비켜나시오!"

부자의 오만한 말에 농부는 울며 항변했다.

"이곳은 우리 할아버지의 할아버지부터 모신 곳입니다. 명당이든 아니든, 우리에게는 조상님이 계신 신성한 땅입니다."

이 광경을 본 위백규는 크게 분노했다. 그날 밤, 그는 일기에 이렇게 적었다.

"풍수라는 미명 아래 약자를 짓밟는 것이 과연 하늘의 이치인가? 아니다. 이는 인간의 탐욕이 만들어낸 거짓 이론일 뿐이다."

◈ 『환영지』: 세계를 품은 지리서

위백규는 단순한 비판가가 아니었다. 그는 깊이 있는 학문적 연구를 통해 자신의 주장을 뒷받침했다. 그의 대표작 『환영지(寰瀛志)』는 조선과 중국의 지리를 종합적으로 다룬 역작이었다.

어느 날, 제자가 『환영지』를 읽다가 물었다.

"스승님, 이 책에는 각 지방의 산세와 물의 흐름이 자세히 나와 있는데, 이것도 일종의 풍수 아닙니까?"

위백규가 미소를 지으며 답했다.

"산과 물을 아는 것과 그것이 인간의 운명을 좌우한다고 믿는 것은 전혀 다른 일이네. 농부가 땅을 알아야 농사를 잘 짓듯이, 우리도 우리가 사는 땅을 알아야 하는 것이지. 하지만 그 땅이 우리를 부자로 만들어준다고 믿는 순간, 그것은 미신이 되는 거야."

◈ 30년 관찰의 결실

위백규의 학문 방법은 철저히 실증적이었다. 그는 30년 동안 장흥 일대의 마을들을 관찰하고 기록했다. 어느 마을이 번성하고 어느 마을이 쇠락하는지, 그 원인이 무엇인지를 꼼꼼히 조사했다.

하루는 제자들과 함께 인근 마을들을 순회하던 중이었다.

"자, 여기 두 마을을 보게. 저 왼쪽 마을은 소위 명당이라는 곳에 자리 잡았고, 오른쪽 마을은 평범한 들판에 있네. 그런데 어느 마을이 더 잘 사는가?"

제자들이 살펴보니 놀랍게도 평범한 들판의 마을이 훨씬 부유했다.

"왜 그럴까? 왼쪽 마을 사람들은 명당을 믿고 게을렀지만, 오른쪽 마을 사람들은 부지런히 농사를 지었기 때문이야. 30년 동안 내가 본 것은 늘 이러했네."

◈ 가난의 진짜 원인

위백규의 서당에는 가난한 집 자제들도 많이 다녔다. 어느 날, 한 학생이 울면서 찾아왔다.

"스승님, 저희 아버지가 또 지관을 불러왔습니다. 할아버지 묘가 잘못되어서 우리 집이 가난하다고... 이번에는 논을 팔아서라도 이장을 하겠답니다."

위백규는 그 학생을 데리고 직접 그의 집을 방문했다.

"자네가 이 집안의 가장인가?"

"예, 그렇습니다만..."

"내가 자네 집을 둘러보니, 지붕은 새고, 담장은 무너졌으며, 농기구는 녹슬어 있더군. 그런데 조상 묘나 고치고 있으니, 이것이 과연 현명한 일인가?"

아버지가 말문이 막히자, 위백규가 이어 말했다.

"가난의 원인은 묘에 있는 것이 아니라 게으름에 있네. 묘 이장할 돈으로 지붕을 고치고 농기구를 새로 사게. 그리고 부지런히 일하면 3년 안에 이 집안은 부유해질 것이야."

◈ 『격물설』: 사물의 이치를 밝히다

위백규는 『격물설(格物說)』이라는 저서를 통해 더욱 체계적으로 풍수를 비판했다.

"사물의 이치를 제대로 알면 미신에 빠지지 않는다. 해가 동쪽에서 뜨는 것은 지구가 자전하기 때문이지, 동쪽이 길해서가 아니다. 물이 높은 곳에서 낮은 곳으로 흐르는 것은 중력 때문이지, 용맥을 따라서가 아니다."

한번은 유명한 지관이 위백규를 찾아와 도전했다.

"선생께서는 풍수를 믿지 않으신다니, 그럼 왜 역대 왕들은 모두 명당을 찾아 도읍을 정했습니까?"

위백규가 조용히 답했다.

"왕이 도읍을 정할 때 산과 물을 본 것은 맞네. 하지만 그것은 방어에 유리하고 물자 공급이 원활한 곳을 찾은 것이지, 왕기가 서린 곳을 찾은 것이 아니야. 한양이 수도가 된 것도 사방이 산으로 둘러싸여 방어가 쉽고, 한강을 통해 물자 운송이 편리하기 때문이지."

◈ 공동묘지 실험

위백규는 비판에만 그치지 않고 실천적 대안을 제시했다. 그가 가장 심혈을 기울인 것은 공동묘지 조성이었다.

"여러분, 우리 마을에 공동묘지를 만듭시다. 그러면 더 이상 묘 때문에 싸울 일도 없고, 가난한 사람도 걱정 없이 조상을 모실 수 있습니다."

처음에는 반대가 심했다.

"어떻게 우리 조상을 남의 조상과 함께 모신단 말이오?"

"명당도 아닌 곳에 묘를 쓰면 집안이 망합니다!"

위백규는 끈질기게 설득했다.

"죽어서도 차별받아야 하는가? 명당이 따로 있는 것이 아니라, 자손들이 찾아오기 쉽고 관리하기 좋은 곳이 명당이네."

결국 뜻있는 몇 집안이 먼저 동참했고, 시간이 지나자 공동묘지의 장점이 드러났다. 관리가 쉽고, 비용이 적게 들며, 무엇보다 산송이 사라졌다.

◈ 세 가지 명당

위백규의 강의 중 가장 유명한 것은 "세 가지 명당"에 관한 가르침이었다.

어느 가을날, 단풍이 아름답게 물든 산을 바라보며 제자들과 함께 있을 때였다.

"스승님, 저 산은 정말 명당처럼 보입니다."

"그래, 아름답구나. 하지만 진짜 명당은 따로 있다네."

제자들이 궁금해하자, 위백규는 천천히 설명했다.

"첫 번째 명당은 서당이야. 여기서 지혜가 나오지. 두 번째 명당은 논밭이네. 여기서 양식이 나오지. 세 번째 명당은 가정이야. 여기서 사랑과 화목이 나오지. 이 세 곳을 잘 가꾸는 사람은 반드시 복을 받는다네."

◈ 위백규의 집

위백규의 철학은 그의 생활에서도 그대로 나타났다. 그의 집은 장흥읍에서 조금 떨어진 평범한 곳에 있었다.

한번은 서울에서 온 선비가 방문했다가 놀랐다.

"선생님같이 학식이 높으신 분이 이런 평범한 곳에 사신단 말입니까?"

위백규가 웃으며 답했다.

"이곳이 왜 평범한가? 앞에는 맑은 시내가 흐르고, 뒤에는 낮은 동산이 있으며, 옆에는 이웃들이 살고 있네. 물을 긷기 편하고, 바람은 적당하며, 사람 정이 있으니 이보다 좋은 곳이 어디 있겠는가?"

그의 집 마당에는 우물이 있었고, 텃밭에는 채소가 자라고 있었다. 담장 너머로는 이웃집 아이들의 웃음소리가 들려왔다.

"보게, 이것이 진짜 명당이야. 내가 손수 우물을 깨끗이 하고, 텃밭을 가꾸며, 이웃과 정을 나누니 날마다 행복하지 않은가."

◈ 최후의 가르침

1798년 봄, 72세의 위백규는 병석에 누웠다. 제자들이 모두 모인 자리에서 그는 마지막 가르침을 전했다.

"내가 평생 강조한 것은 단 하나, 사람의 운명은 땅이 아니라 사람 자신이 만든다는 것이야. 부지런하면 부자가 되고, 게으르면 가난해진다. 선하면 존경받고, 악하면 멸시받는다. 이것이 하늘의 이치이지, 무슨 명당이 있겠는가."

그리고 유언을 남겼다.

"나를 묻을 때는 가장 가까운 곳에 묻어라. 후손들이 자주 찾아올 수 있도록. 그것이 내가 바라는 유일한 명당이다."

◈ 위백규가 남긴 유산

위백규가 세상을 떠난 후, 그의 가르침은 제자들을 통해 널리 퍼졌다. 특히 그가 만든 공동묘지는 다른 마을에서도 본받는 모범이 되었다.

한 제자가 스승의 1주기에 이렇게 말했다.

"스승님은 우리에게 미신의 안개를 걷어내고 이성의 햇빛을 보여주셨습니다. 이제 우리가 그 빛을 더욱 밝게 비추어야 할 때입니다."

오늘날에도 전남 장흥에 가면 위백규의 흔적을 찾을 수 있다. 그가 가르쳤던 서당 터, 그가 만든 공동묘지, 그리고 무엇보다 그의 정신을 이어받은 사람들이 있다.

◈ 현대에 주는 교훈

21세기 대한민국에서도 여전히 "명당 아파트", "풍수 좋은 집" 등의 광고를 쉽게 볼 수 있다. 집값이 풍수 때문에 오르내린다고 믿는 사람들도 있다.

이럴 때 위백규의 가르침은 더욱 빛을 발한다.

"집값을 올리는 것은 풍수가 아니라 교통, 교육, 환경이다. 삶의 질을 높이는 것은 명당이 아니라 부지런함과 지혜다."

위백규는 우리에게 묻고 있다.

당신은 땅의 힘을 믿는가, 아니면 인간의 노력을 믿는가? 당신은 요행을 바라는가, 아니면 실력을 쌓는가? 당신에게 명당은 어디인가?

그의 대답은 분명하다.

"명당은 당신이 지금 서 있는 바로 그곳이다. 그곳을 명당으로 만드는 것은 오직 당신의 손과 마음에 달려 있다."

이것이 호남 실학의 거장 위백규가 우리에게 남긴 영원한 가르침이다.

11. 황윤석의 『이재난고』: 조선 후기 민중 풍수의 생생한 초상

1791년 늦은 밤, 전라도 흥덕의 한 양반 댁 사랑방에 촛불이 환하게 밝혀져 있었다. 이재(頤齋) 황윤석(黃胤錫, 1729~1791)은 오늘도 일기를 쓰고 있었다. 그런데 오늘의 일기는 평소와 달랐다.

"오늘 장터에서 들은 이야기가 참으로 흥미롭구나. 박 서방이라는 자가 자기 아버지 묘를 옮긴 후 갑자기 부자가 되었다는데, 온 장터가 그 이야기로 떠들썩했다. 사람들이 너도 나도 그 지관을 찾는다고 하니..."

황윤석은 펜을 놓고 잠시 생각에 잠겼다.

"이것이 바로 우리 백성들의 진짜 모습이로구나. 성리학을 아무리 가르쳐도, 그들의 마음속에는 여전히 풍수가 자리 잡고 있구나."

이렇게 시작된 그의 방대한 일기 『이재난고(頤齋亂藁)』는 무려 60여 년간 지속되어, 조선 후기 민중들의 풍수 신앙을 가장 생생하게 보여주는 귀중한 기록이 되었다.

◈ 일기 쓰기의 달인, 황윤석

황윤석은 특이한 인물이었다. 양반 가문 출신이면서도 과거에는 뜻을 두지 않고, 평생을 고향에서 학문 연구와 일기 쓰기에 바쳤다. 그의 일기는 단순한 개인 기록이 아니라, 당시 사회의 모든 면을 담은 백과사전이었다.

그는 특히 민간의 풍수 신앙에 관심이 많았다. 양반으로서는 드물게 장터를 자주 드나들며 백성들의 이야기를 수집했다.

"오늘도 재미있는 것을 들었다. 김 첨지라는 사람이 지관의 말을 듣고 조상 묘를 옮겼는데, 그 후로 아들 셋이 모두 과거에 급제했다고 한다. 물론 나는 믿지 않지만, 백성들은 모두 사실로 믿고 있었다."

◈ 장터에서 만난 풍수 이야기

1760년 어느 장날, 황윤석은 흥덕 장터에서 흥미로운 광경을 목격했다.

"여보시오들! 내가 바로 그 유명한 지관 박도령이오! 명당을 찾아드리면 3년 안에 부자가 되고, 10년 안에 정승 판서가 나온다오!"

사람들이 우르르 몰려들었다. 황윤석도 호기심에 가까이 다가갔다.

한 농부가 물었다. "그럼 우리 아버지 묘도 봐주시오. 우리 집이 이렇게 가난한 것이 다 묘를 잘못 써서 그런 것 아니오?"

지관이 거들먹거리며 말했다. "오호, 당신 얼굴만 봐도 알겠소. 틀림없이 조상 묘가 물에 잠겼거나 바람구멍에 있을 거요."

농부가 놀라며 말했다. "아니, 어떻게 아셨소? 정말 우리 아버지 묘 옆에 큰 바위구멍이 있소!"

황윤석은 속으로 웃었다. '저런 막연한 말에도 사람들이 속는구나.'

그날 밤, 그는 일기에 이렇게 적었다. "백성들의 풍수 신앙은 절박한 현실에서 비롯된 것이다. 가난에서 벗어나고 싶은 간절함이 그들을 미신으로 이끄는 것이리라."

◈ 이웃집 며느리의 한탄

어느 날, 이웃집 며느리가 황윤석의 부인을 찾아와 울며 하소연했다. 황윤석은 뜰에서 그 대화를 엿들었다.

"형님, 우리 시아버지가 또 지관을 불러왔어요. 이번에는 증조할아버지 묘까지 파내서 옮긴대요."

"아이고, 그 돈이 얼마나 들 텐데..."

"벌써 논 두 마지기를 팔았어요. 그런데도 아직 좋은 땅을 못 찾았대요. 시아버지는 우리 집안이 가난한 게 다 묘 때문이래요."

황윤석의 부인이 위로했다. "참고 기다려봐. 언젠가는 정신을 차리실 거야."

며느리가 한숨을 쉬며 말했다. "그런데 이상한 건, 우리 집만 그런 게 아니에요. 온 마을이 다 묘 이장한다고 난리예요. 이 촌장 댁은 작년에 묘 옮기고 나서 아들이 군청에 취직했거든요. 그 후로 너도나도..."

황윤석은 그날 일기에 썼다. "풍수 신앙은 전염병과 같다. 한 집에서 우연히 좋은 일이 생기면, 온 마을이 따라 하는구나."

◆ 산송 현장 목격기

1775년 봄, 황윤석은 마을에서 일어난 큰 산송을 직접 목격했다. 두 집안이 한 산을 두고 서로 명당이라며 다투는 것이었다.

"이 산은 우리 집안이 30년 전부터 점지해둔 곳이오!" "무슨 소리! 우리 할아버지가 50년 전에 이미 표시해둔 곳이오!"

양쪽 집안사람들이 몽둥이와 삽을 들고 대치했다. 마을 사람들이 모두 나와 구경했다.

황윤석이 옆에 있던 노인에게 물었다. "저 산이 정말 그렇게 좋은 땅입니까?"

노인이 고개를 저으며 말했다. "글쎄요, 나는 잘 모르겠소. 하지만 저 두 집안은 정말로 믿고 있지요. 사실 저 산은 돌이 많아서 농사짓기도 힘든 땅인데..."

결국 관가에서 포졸들이 와서야 겨우 싸움이 멈췄다.

황윤석은 일기에 이렇게 기록했다. "오늘 본 산송은 참으로 어리석은 일이었다. 그러나 저들에게는 목숨을 건 일이었다. 풍수가 만들어내는 욕망이 이토록 무서운 것인가."

◆ 지관들의 세계

황윤석은 여러 지관들을 만나 그들의 이야기도 들었다.

어느 날, 떠돌이 지관 하나가 황윤석의 집을 찾아왔다.

"대감, 댁의 조상 묘를 한번 봐드릴까요?"

황윤석이 정중히 거절하자, 지관은 실망한 듯했다. 황윤석이 술을 대접하며 넌지시 물었다.

"당신은 정말로 명당을 찾을 수 있소?"

지관이 술잔을 비우고 쓸쓸하게 웃었다. "대감도 아시다시피, 먹고살기 위해서는 무슨 일이든 해야 하지 않습니까? 사람들이 원하는 것을 들려주는 것도 하나의 위로가 될 수 있지요."

"그럼 거짓말을 한다는 것이오?"

"완전한 거짓은 아닙니다. 산이 좋고 물이 맑은 곳이 좋은 것은 맞으니까요. 다만 그것이 후손을 부자로 만든다는 것은... 글쎄요."

황윤석은 그날 일기에 썼다. "지관들도 자신들의 한계를 알고 있었다. 그러나 백성들의 간절함이 그들을 필요로 하는 것이다."

◈ 여성들의 풍수 신앙

『이재난고』에는 여성들의 풍수 신앙도 자세히 기록되어 있다.

황윤석의 부인이 들려준 이야기: "오늘 빨래터에서 들었는데, 정 부인이 몰래 무당을 불러서 묘 자리를 봐달라고 했대요. 남편한테는 비밀로 하고요."

"왜 그랬대?"

"시어머니가 돌아가셨는데, 남편은 아무 데나 묻자고 하니까 며느리 된 도리로 좋은 곳에 모시고 싶어서래요."

황윤석이 놀라며 물었다. "그래서 어떻게 되었소?"

"결국 들통이 나서 큰 부부싸움이 났대요. 하지만 정 부인은 끝까지 고집을 부려서 무당이 점지한 곳에 모셨대요."

황윤석은 생각했다. '여성들에게 풍수는 효도의 표현이기도 하구나. 며느리로서, 어머니로서 가족을 위해 할 수 있는 유일한 일인지도...'

◈ 계절별 풍수 행사들

『이재난고』에는 계절마다 행해지는 풍수 관련 민속도 기록되어 있다.

봄: 이장의 계절

"3월이 되자 온 마을이 이장 준비로 분주하다. 겨울 동안 얼었던 땅이 녹으면서 묘를 옮기기 좋은 때라고 한다."

여름: 명당 답사

"더운 여름에도 사람들은 산을 오른다. 지관을 따라 명당을 찾아다니는 것이다. 땀을 뻘뻘 흘리면서도 그들의 눈은 희망으로 빛난다."

가을: 산송의 계절

"수확이 끝나고 시간이 나면 사람들은 묘 문제로 다툰다. 일 년 중 산송이 가장 많이 일어나는 때다."

겨울: 준비의 시간

"겨울에는 다음 해 이장을 위해 돈을 모은다. 어떤 이는 돼지를 팔고, 어떤 이는 곡식을 판다."

◈ **민중 풍수의 특징**

황윤석은 60년간의 관찰을 통해 민중 풍수의 특징을 다음과 같이 정리했다:

1. 현실적 소망의 반영

"백성들의 풍수는 당장의 가난을 벗어나고 싶은 간절함에서 나온다. 그들은 내세보다 현세의 복을 원한다."

2. 공동체적 성격

"한 집의 성공 사례는 즉시 온 마을로 퍼진다. 풍수는 개인의 신앙이 아니라 공동체의 문화다."

3. 여성들의 적극적 참여

"겉으로는 남성들이 주도하는 것 같지만, 실제로는 여성들이 더 적극적이다. 특히 시어머니들의 영향력이 크다."

4. 경제적 부담의 감수

"아무리 가난해도 묘 이장에는 돈을 아끼지 않는다. 때로는 전 재산을 쏟아붓기도 한다."

◈ **말년의 성찰**

1791년, 죽음을 앞둔 황윤석은 마지막 일기에 이렇게 썼다:

"나는 평생 백성들의 풍수 신앙을 관찰하고 기록했다. 처음에는 그들의 어리석음을 한탄했지만, 이제는 이해할 것 같다. 불확실한 세상에서 그들이 기댈 곳은 그것뿐이었던 것이다.

양반들은 글을 읽고 과거를 볼 수 있지만, 백성들에게는 오직 조상의 음덕만이 희망이다. 그것이 비록 허망한 것일지라도, 그들에게는 삶의 위안이요 힘이 되는 것이다.

내가 이 모든 것을 기록한 것은 후세 사람들이 우리 시대 민중들의 진실한 모습을 알기를 바라서다. 그들을 무시하지 말고, 그들의 아픔을 이해하기를..."

◈ 『이재난고』가 보여주는 민중 풍수의 의미

황윤석의 『이재난고』는 조선 후기 민중들의 풍수 신앙을 가장 상세하게 보여주는 기록이다. 이를 통해 우리는 다음과 같은 사실을 알 수 있다:

1. **풍수는 민중의 종교였다.**

   공식적인 유교 이념과 달리, 민중들에게 풍수는 실질적인 종교 역할을 했다.

2. **희망의 사다리였다.**

   신분 상승이 불가능한 사회에서 풍수는 유일한 희망의 통로였다.

3. **공동체 문화의 핵심이었다.**

   풍수를 중심으로 마을 공동체가 형성되고 유지되었다.

4. **여성들의 숨은 영역이었다.**

   가부장제 사회에서 여성들이 영향력을 행사할 수 있는 몇 안 되는 영역이었다.

◈ 현대적 의미

『이재난고』의 기록은 오늘날에도 의미가 있다. 현대 한국 사회에서도 여전히 풍수는 살아있다. 아파트 분양 광고에 "명당"이라는 말이 등장하고, 부동산 가격이 풍수 때문에 오르내린다고 믿는 사람들이 있다.

황윤석이 남긴 기록을 읽으며 우리는 묻게 된다:

• 왜 21세기에도 여전히 풍수를 믿는가?

• 그것은 정말 미신일 뿐인가, 아니면 더 깊은 문화적 의미가 있는가?

• 민중의 소망을 담은 문화를 우리는 어떻게 이해해야 하는가?

◈ 맺음말

황윤석은 평생을 민중 곁에서 그들의 삶을 관찰하고 기록했다. 그는 비록 양반이었지만, 백성들의 아픔과 희망을 누구보다 잘 이해했다.

『이재난고』를 통해 우리는 260년 전 조선 민중들의 생생한 목소리를 들을 수 있다. 그들의 풍수 신앙은 단순한 미신이 아니라, 힘겨운 삶을 견디게 해준 희망의 끈이었다.

오늘날 우리가 그들을 기억해야 하는 이유는 분명하다. 그들의 간절함과 아픔, 그리고 희망을 이해할 때, 우리는 비로소 진정한 역사의 주인공이 누구였는지를 알게 되기 때문이다.

12. 최한기(崔漢綺, 1803~1877) : 기학(氣學)으로 풍수를 재해석한 조선의 마지막 실학자

◈ 서울 남산 아래, 새로운 학문의 탄생

1860년 늦봄, 서울 남산 아래 최한기의 서재. 쉰여덟의 최한기가 창밖을 바라보며 깊은 생각에 잠겨 있었다. 책상 위에는 방금 읽던 서양 과학서적과 전통 경전들이 어지럽게 놓여 있었다.

"기(氣)... 모든 것은 기다."

그가 나직이 중얼거렸다. 지난 수십 년간 동서양의 학문을 섭렵하며 도달한 결론이었다. 서양의 과학이 말하는 에테르(ether), 전기, 자기력... 이 모든 것이 결국 동양에서 말하는 '기'와 다르지 않다는 깨달음이었다.

문득 젊은 학자 한 명이 찾아왔다. 당시 개화파 지식인으로 알려진 김윤식이었다.

"혜강 선생님, 요즘 서양 학문을 공부하다 보니 혼란스럽습니다. 우리 전통 사상은 모두 미신이고 낡은 것입니까?"

최한기가 온화하게 미소 지었다.

"김군, 그대는 큰 오해를 하고 있네. 동양과 서양의 학문은 대립하는 것이 아니라 서로 통하는 것이네. 다만 표현 방식이 다를 뿐이지."

"어떻게 그럴 수 있습니까? 서양 과학은 실험과 증명을 중시하는데, 우리 학문은..."

"그래서 내가 『기학(氣學)』을 쓰고 있는 것이네. 우리의 전통 사상을 서양 과학의 방법으로 재해석하는 작업이지. 예를 들어 풍수를 보게나."

◈ 기학으로 본 풍수의 원리

최한기는 일어서서 벽에 걸린 한반도 지도를 가리켰다.

"세상 사람들은 풍수를 미신이라고 하지만, 내가 보기에는 과학적 근거가 있네. 다만 옛사람들이 그것을 신비주의적으로 표현했을 뿐이지."

김윤식이 의아한 표정을 지었다.

"풍수에 과학적 근거가 있다니요?"

최한기가 붓을 들어 종이에 그림을 그리기 시작했다.

"지구는 거대한 자석이네. 남극과 북극이 있고, 그 사이로 자기력선이 흐르지. 서양에서는 이것을 지자기(地磁氣)라고 부르더군. 그런데 우리 조상들은 이미 이것을 알고 있었네. 다만 '지기(地氣)'라고 불렀을 뿐이지."

그는 계속해서 설명했다.

"산맥을 따라 이 지자기가 흐르는데, 옛사람들은 이것을 '용맥(龍脈)'이라고 불렀네. 용이 꿈틀거리며 움직이는 모습으로 본 것이지. 그리고 이 기운이 모이는 곳을 '혈(穴)'이라고 했고."

김윤식이 놀라며 물었다.

"그렇다면 명당이라는 것도..."

"그렇네. 명당이란 지자기가 안정적으로 모이는 곳이지. 그런 곳은 대개 지형적으로도 안정되어 있고, 기후도 온화하며, 물도 깨끗하네. 자연히 사람이 살기 좋은 곳이 되는 것이지."

◆ 『인정』에 나타난 혁신적 풍수관

최한기의 주저 『인정(人政)』에는 그의 독특한 풍수관이 잘 나타나 있다. 그는 전통 풍수의 개념들을 하나하나 과학적으로 재해석했다.

용맥(龍脈)에 대해:

"산맥이 이어진 것을 용맥이라 하는데, 이는 지각의 융기로 형성된 것이다. 산맥을 따라 지하수가 흐르고, 광물이 분포하며, 특정한 기후 조건이 형성된다. 옛사람들이 직관적으로 파악한 것을 지금은 과학으로 설명할 수 있다."

혈(穴)에 대해:

"혈이란 여러 조건이 조화를 이룬 곳이다. 지세가 안정되고, 배수가 잘되며, 바람이 적당하고, 햇빛이 충분한 곳. 이런 곳은 자연히 생기(生氣)가 충만하다. 생기란 다름 아닌 생명 활동에 적합한 환경 조건을 말하는 것이다."

좌청룡 우백호에 대해:

"동쪽과 서쪽을 산이나 언덕이 감싸는 지형을 말하는데, 이는 계절풍을 막아주는 역할을 한다. 특히 우리나라는 겨울철 북서풍이 강하므로, 이를 막아주는 지형이 중요하다."

◈ 측량과 관찰을 통한 실증

최한기는 단순히 이론만 제시한 것이 아니라 직접 측량과 관찰을 했다.

1862년 가을, 그는 제자들과 함께 북한산 일대를 답사했다. 서양식 나침반과 온도계, 습도계를 가지고 다니며 각 지점의 조건을 측정했다.

"보게나, 이곳은 남향이고 경사가 완만하며, 습도가 적당하네. 그래서 옛사람들이 명당이라고 했던 것이지."

한 제자가 물었다.

"그런데 선생님, 명당에서 태어난 사람이 모두 출세하는 것은 아니지 않습니까?"

최한기가 웃으며 답했다.

"물론이지. 환경이 좋다고 해서 저절로 인재가 되는 것은 아니네. 다만 건강하게 자랄 확률이 높을 뿐이지. 출세는 개인의 노력과 시대적 운이 더 중요하네."

◈ 도시 풍수론의 선구자

최한기는 전통적인 산지 풍수뿐 아니라 도시 풍수에 대해서도 선구적인 견해를 보였다.

"앞으로는 도시에 사는 사람이 더 많아질 것이네. 그러니 도시의 풍수도 연구해야 해."

그는 한양(서울)의 지형을 분석하며 말했다.

"한양이 수도가 된 것은 우연이 아니네. 한강이 있어 물자 운송이 편리하고, 사방이 산으로 둘러싸여 방어가 유리하며, 평야가 있어 식량 생산이 가능하지. 이것이 진정한 명당의 조건이네."

더 나아가 그는 미래 도시의 조건도 제시했다.

"앞으로의 도시는 다음 조건을 갖추어야 하네. 첫째, 교통이 편리할 것. 둘째, 상하수도가 완비될 것. 셋째, 공기가 맑을 것. 넷째, 녹지가 충분할 것."

이는 현대 도시계획의 기본 원칙과 놀라울 정도로 일치한다.

◈ 서양 과학과 동양 사상의 융합

최한기의 서재에는 동서양의 책들이 뒤섞여 있었다. 『주역』 옆에 뉴턴의 『프린키피아』가, 『청오경』 옆에 파라데이의 전자기학 서적이 놓여 있었다.

어느 날 일본 유학을 다녀온 젊은 학자가 찾아와 물었다.

"선생님, 일본에서는 이미 서양 과학을 전면적으로 받아들이고 있습니다. 우리도 전통을 모두 버려야 하는 것 아닙니까?"

최한기가 단호히 고개를 저었다.

"그것은 어리석은 생각이네. 아기를 목욕시킨다고 목욕물과 함께 아기까지 버릴 수는 없지 않은가? 우리 전통 중에도 과학적 가치가 있는 것이 많네."

그는 책장에서 『청오경』을 꺼내 보여주었다.

"이 책을 보게. 천 년 전에 쓰인 풍수서인데, 여기 나온 '생기(生氣)'라는 개념이 얼마나 탁월한가? 서양에서 이제야 말하는 '생명 에너지' 개념을 우리는 이미 천 년 전에 알고 있었네."

◈ 기측체의(氣測體義): 기를 측정하다

최한기의 가장 혁신적인 시도는 '기'를 측정하려 한 것이었다. 그는 『기측체의(氣測體義)』라는 책에서 이를 체계화했다.

"기는 눈에 보이지 않지만 분명히 존재하네. 서양의 과학 기구를 사용하면 측정할 수 있을 것이네."

그는 실제로 여러 실험을 시도했다.

"온도계로 기온을 재고, 습도계로 습기를 재며, 나침반으로 방향을 본다. 이 모든 것이 그 장소의 기를 파악하는 방법이네."

한번은 제자들과 함께 여러 장소의 조건을 측정한 후 이렇게 정리했다.

"소위 명당이라는 곳들의 공통점이 있네. 기온의 일교차가 적고, 습도가 적당하며, 자기장이 안정되어 있더군. 이것이 바로 '생기가 충만하다'는 것의 과학적 의미네."

◈ 실용적 풍수의 제안

최한기는 미신적 풍수를 비판하면서도 실용적 풍수는 적극 권장했다.

"집을 지을 때는 다음을 고려해야 하네. 햇빛이 잘 들 것, 통풍이 잘 될 것, 습기가 차지 않을 것, 소음이 적을 것. 이것이 현대적 의미의 풍수네."

그는 특히 위생을 강조했다.

"옛사람들이 '물이 맑은 곳'을 중시한 것은 매우 과학적이네. 수인성 전염병을 예방하는 가장 기본적인 방법이니까."

또한 정원의 중요성도 역설했다.

"집 주위에 나무를 심는 것은 단순히 경치를 위한 것이 아니네. 나무는 공기를 정화하고, 소음을 줄이며, 여름에는 그늘을 제공하지. 이것이 바로 과학적 비보(裨補)네."

◈ 만년의 통찰

1875년, 일흔셋의 최한기는 자신의 학문을 정리하는 『기학종설(氣學綜說)』을 집필했다.

"나는 평생 동서양의 학문을 융합하려 노력했네. 특히 풍수 같은 전통 사상을 과학적으로 재해석하는 데 힘썼지."

그는 풍수의 미래에 대해서도 예언했다.

"앞으로 과학이 더 발달하면, 풍수의 원리가 더욱 명확히 밝혀질 것이네. 지자기, 지열, 지하수, 미기후 등의 연구가 진전되면, 옛사람들의 직관적 지혜가 얼마나 정확했는지 알게 될 거야."

◈ 최한기가 남긴 유산

1877년 최한기가 세상을 떠난 후, 그의 사상은 한동안 잊혔다. 그러나 오늘날 그의 선구적 통찰은 새롭게 조명받고 있다.

현대 과학이 밝혀낸 사실들:

• 지자기가 생물에 미치는 영향
• 미기후와 건강의 상관관계
• 환경이 인간 심리에 미치는 효과
• 도시 계획에서 자연 요소의 중요성

이 모든 것들이 최한기가 150년 전에 예견한 것들이다.

그의 제자 이건창은 스승을 이렇게 회고했다.

"선생님은 동양의 직관과 서양의 실증을 결합하려 하셨다. 풍수를 미신이라고 버리지도 않고, 그렇다고 맹신하지도 않으셨다. 그 속에서 과학적 진실을 찾으려 하셨으니, 진정한 선각자셨다."

◈ 현대적 의미

최한기의 풍수관은 오늘날 여러 시사점을 제공한다:

1. **융합적 사고의 중요성**

   전통과 현대, 동양과 서양을 대립적으로 보지 않고 융합하려는 자세

2. **실증적 접근**

   막연한 믿음이 아닌 관찰과 측정을 통한 검증

3. **실용적 적용**

   미신은 배제하되 유용한 지혜는 현대적으로 재해석

4. **미래 지향성**

   당시로서는 상상하기 어려운 미래 도시의 모습까지 예견

오늘날 '과학 풍수', '현대 풍수' 등의 이름으로 시도되는 많은 노력이 사실은 최한기가 이미 150년 전에 시작한 작업의 연장선상에 있다.

그는 우리에게 묻고 있다: "전통을 어떻게 계승할 것인가? 무조건 버릴 것인가, 맹목적으로 따를 것인가, 아니면 비판적으로 재해석할 것인가?"

최한기의 대답은 분명하다. 과학의 빛으로 전통을 비추어, 그 속에서 영원한 진리를 찾아내는 것. 그것이 진정한 온고지신(溫故知新)이라고.

제14장

|

조선 후기 천주교 신자들의
박해 속에서 찾은 피난의 명당

1. 천진암 성지의 숨겨진 풍수

1785년 봄, 한밤중에 십여 명의 사람들이 경기도 광주 앵자산 기슭을 오르고 있었다. 이들은 모두 천주교 신자들이었다. 앞장선 이는 권철신(權哲身)이었다.

"여기가 바로 그곳입니다. 천진암(天眞庵)이라 불리는 암자입니다."

달빛에 비친 암자는 깊은 산중에 숨어있었다. 그런데 동행한 신자 중 한 명이 놀라며 말했다.

"권 선생님, 이곳은 정말 명당 중의 명당입니다! 뒤로는 앵자산이 든든하게 받쳐주고, 앞으로는 물이 굽이쳐 흐르니... 이런 곳이라면 관군도 쉽게 찾지 못할 것입니다."

그 신자는 천주교에 입교하기 전 풍수를 공부했던 사람이었다. 권철신이 의아해하며 물었다.

"김 형제, 우리가 믿는 천주교에서는 풍수를 미신이라 하지 않소?"

김 형제가 조심스럽게 대답했다.

"그것은 알고 있습니다. 하지만 하느님께서 만드신 이 자연의 이치를 아는 것이 나쁜 일은 아니지 않겠습니까? 더구나 지금 우리에게는 관군의 눈을 피할 은신처가 필요합니다."

◈ 풍수의 눈으로 본 천진암

실제로 천진암의 위치는 풍수적으로 매우 특별했다.

• 앵자산의 정기가 모이는 곳

- 사방이 산으로 둘러싸여 외부에서 보이지 않음
- 물이 돌아 나가는 수구(水口)가 좁아 기운이 빠져나가지 않음
- 동굴과 바위가 많아 은신처로 적합

이곳에서 이승훈, 이벽, 정약용 형제들이 모여 천주교 교리를 연구했다. 그들은 서양의 새로운 종교를 받아들였지만, 몸은 여전히 조선 땅에 있었고, 조선의 지혜를 활용할 줄 알았다.

어느 날 밤, 경계를 서던 신자가 급히 들어왔다.

"관군이 옵니다! 어서 피하셔야 합니다!"

그러나 신자들은 당황하지 않았다. 이미 준비된 동굴과 암석 틈으로 재빨리 숨었다. 관군들이 한참을 수색했지만 결국 아무것도 찾지 못하고 돌아갔다.

정약용이 안도의 한숨을 쉬며 말했다.

"이곳의 지세가 우리를 보호해주는 것 같구나. 마치 하느님께서 이 땅을 통해 우리를 지켜주시는 것 같다."

◇ 신앙과 풍수의 절묘한 조화

천진암에 모인 초기 천주교 신자들은 독특한 사고를 발전시켰다. 그들은 서양의 천주교와 동양의 풍수를 대립적으로 보지 않았다.

한 신자가 말했다.

"하느님께서 천지를 창조하셨다면, 이 산천의 이치도 하느님의 섭리 아니겠습니까? 우리가 명당을 찾아 몸을 숨기는 것도 하느님의 뜻을 따르는 것일 수 있습니다."

이러한 사고는 당시 박해받던 천주교인들에게 실질적인 도움이 되었다. 그들은 풍수 지식을 활용해 관군이 찾기 어려운 곳에 공소(公所)를 만들었다.

◇ 천진암의 비극과 유산

1801년 신유박해 때, 결국 천진암도 발각되어 많은 신자들이 순교했다. 그러나 살아남은 신자들은 천진암에서 배운 지혜를 잊지 않았다.

한 생존자는 이렇게 증언했다.

"우리는 천진암에서 두 가지를 배웠습니다. 하나는 하느님의 말씀이고, 다른 하나는 이 땅의 이치였습니다. 둘 다 우리의 생존에 필요한 것이었지요."

오늘날 천진암 성지를 방문하면, 여전히 그 특별한 지세를 느낄 수 있다. 순교자들의 피가 스민 이 땅은 신앙의 성지이자, 조선 후기 천주교인들의 지혜가 담긴 명당이기도 하다.

2. 솔뫼에서 신리까지: 내포의 숨은 교우촌들

1839년 기해박해가 한창이던 어느 날, 충청도 내포 지방 솔뫼 마을에서 급박한 대화가 오가고 있었다.

"포졸들이 이웃 마을을 샅샅이 뒤지고 있답니다. 우리 솔뫼도 위험합니다!"

마을 어른인 김 안드레아가 침착하게 말했다.

"모두 진정하시오. 우리에게는 신리(新里)골에 준비해둔 피난처가 있지 않소?"

그가 말한 신리는 솔뫼에서 산 너머에 있는 깊은 골짜기였다. '새로운 마을'이라는 뜻의 이 곳은 겉으로는 평범한 산촌이었지만, 천주교인들에게는 특별한 의미가 있었다.

◈ 내포 평야의 숨겨진 지혜

내포 지방은 독특한 지형을 가지고 있었다. 넓은 평야 사이사이에 야트막한 구릉과 깊은 골짜기가 미로처럼 얽혀 있었다. 이러한 지형은 천주교인들에게 천혜의 은신처가 되었다.

신리를 처음 교우촌으로 개척한 사람은 이존창(李存昌)이었다. 그는 충청도 지역의 지형을 잘 아는 사람이었다.

"이곳을 보시오. 겉으로는 평범해 보이지만, 안으로 들어가면 깊은 골짜기가 펼쳐집니다. 게다가 이 일대는 물이 풍부하고 땅이 기름져 자급자족하기에 충분합니다."

그는 더 설명했다.

"무엇보다 이곳은 여러 갈래의 샛길이 있어 위급할 때 사방으로 흩어질 수 있습니다. 조상들이 말하는 '피난처의 명당'이 바로 이런 곳이지요."

◈ 다락골의 형성

신리에서 더 깊이 들어가면 '다락골'이라는 곳이 나온다. 이곳은 마치 다락방처럼 높은 곳에 숨어있다고 해서 붙여진 이름이었다.

처음에는 일부 신자들이 걱정했다.

"너무 깊은 산중이라 생활하기 어렵지 않을까요?"

그러나 선배 신자가 설명했다.

"여러분, 우리 조상들도 전란을 피해 산중으로 들어갔습니다. 이제 우리는 신앙을 지키기 위해 들어가는 것입니다. 하느님께서 이스라엘 백성을 광야로 인도하셨듯이, 우리도 이 산중에서 새로운 삶을 시작하는 것입니다."

◈ 교우촌의 지혜로운 구조

내포의 교우촌들은 오랜 경험을 통해 체계적인 구조를 갖추게 되었다:

1. **중층 구조**:

   - 입구 마을: 비신자들이나 관계가 약한 신자들 거주
   - 중간 마을: 일반 신자들 거주
   - 깊은 골: 지도자들과 피신자들 거주

2. **연락 체계**:

   - 각 마을마다 연락책 배치
   - 위험 신호를 전달하는 봉화대 설치
   - 비상시 집결 장소 지정

3. **경제적 자립**:

   - 논농사와 밭농사 병행
   - 옹기와 숯 생산으로 현금 수입
   - 약초 재배와 판매

◈ 신리 교우촌의 일상

낮에는 평범한 농민으로, 밤에는 신자로 살았던 그들의 이중생활은 치밀했다.

한 신자의 일기에서:

"아침에 일어나 먼저 마음속으로 기도를 올린다. 밖에 나가서는 이웃들과 농사 이야기를 하며 평범한 농부인 척한다. 해가 지면 지정된 공소에 모여 함께 기도한다. 촛불도 켜지 못하고 어둠 속에서 드리는 기도지만, 오히려 더 간절하다."

◈ 지형을 이용한 생존 전략

내포 교우촌 신자들은 지형의 이점을 최대한 활용했다:

- **구릉 지대**: 망루 역할, 멀리서 오는 관군 감시
- **계곡**: 은신처와 비상 탈출로
- **평야**: 식량 생산 기지
- **하천**: 수로를 통한 연락과 물자 운송

한 원로 신자가 말했다:

"우리 조상들이 이 땅에서 살면서 터득한 지혜를 우리도 활용하는 것입니다. 산이 우리를 숨겨주고, 물이 우리를 먹여주며, 땅이 우리를 품어줍니다. 이 모든 것이 하느님의 섭리 아니겠습니까?"

◈ 관군의 수색과 교우촌의 대응

1846년, 대대적인 수색대가 내포 지방에 파견되었다. 그러나 교우촌 신자들은 이미 준비가 되어 있었다.

신리 입구에서 관군을 맞은 이장이 말했다:

"나으리, 저희 마을은 가난한 농민들만 삽니다. 저 위로는 길도 없고 호랑이나 나타납니다."

한 포졸이 의심스럽게 물었다:

"그런데 왜 이렇게 깊은 곳에 마을을 만들었소?"

이장이 태연하게 답했다:

"임진왜란 때 조상들이 피난 왔다가 그대로 정착한 것입니다. 물이 좋고 땅이 기름져서 떠나지 못했지요."

실제로 내포 지방의 많은 마을들이 전란을 피해 형성된 곳이었기에, 이 설명은 설득력이 있었다.

◈ 우물골과 숨골의 비밀

신리 근처에는 '우물골'과 '숨골'이라는 작은 골짜기들이 있었다. 이름 그대로 우물이 많고, 숨기 좋은 곳이었다.

한 신자가 증언했다:

"우물골에는 가뭄에도 마르지 않는 샘이 여러 개 있었습니다. 우리는 그것을 하느님의 은총이라고 믿었지요. 숨골은 입구는 좁지만 안은 넓어서 많은 사람이 숨을 수 있었습니다."

이러한 지명들은 오늘날까지 남아 그 시대의 기억을 전하고 있다.

◈ 신리의 성장과 순교

시간이 지나면서 신리 교우촌은 내포 천주교의 중심지가 되었다. 이곳에서 많은 회장(會長)들이 배출되었고, 다른 교우촌과의 연락 거점 역할을 했다.

그러나 1866년 병인박해 때 신리도 큰 시련을 겪었다. 많은 신자들이 순교했고, 마을은 폐허가 되었다.

한 생존자의 증언:

"우리가 그토록 안전하다고 믿었던 신리도 결국은 발각되었습니다. 하지만 우리는 후회하지 않습니다. 적어도 수십 년 동안 신앙을 지킬 수 있었으니까요. 그리고 일부는 더 깊은 산중으로 피해 신앙의 씨앗을 이어갔습니다."

◈ 내포 성지의 현재

오늘날 솔뫼는 한국 천주교의 대표적 성지가 되었다.

이곳은 김대건 신부의 생가터로 유명하다. 신리 역시 순교 성지로 조성되어 많은 순례자들이 찾는다.

순례자들은 이곳에서 특별한 것을 느낀다고 한다:

• 평화로운 분위기
• 아름다운 자연 경관
• 순교자들의 숨결이 느껴지는 곳

한 순례자의 고백:

"이곳에 오면 왜 신자들이 이곳을 택했는지 알 것 같습니다. 산과 들, 물이 조화를 이룬 이곳은 정말 하느님이 예비하신 곳 같습니다. 우리 조상들은 이 땅의 아름다움 속에서 하느님을 만났던 것이지요."

◈ 내포 교우촌이 남긴 교훈

내포의 교우촌들은 우리에게 중요한 교훈을 남겼다:

1. **지혜로운 토착화**: 한국의 전통적 지혜를 신앙 생활에 활용
2. **공동체 정신**: 서로 돕고 보호하는 신앙 공동체
3. **인내와 희망**: 박해 속에서도 포기하지 않는 믿음
4. **자연과의 조화**: 자연을 파괴하지 않고 더불어 사는 삶

오늘날 내포 평야를 지나다 보면, 여전히 그 시절의 흔적을 찾을 수 있다. 논 가운데 우뚝 선 성당들, 순교자들의 이름을 딴 마을들, 그리고 무엇보다 그들의 정신을 이어받은 신자들을 볼 수 있다.

한 역사학자는 이렇게 평가한다:

"내포 교우촌은 단순한 피난처가 아니었다. 그곳은 한국적 정서와 천주교 신앙이 만나 새로운 문화를 창조한 실험장이었다. 그들은 서양의 종교를 맹목적으로 받아들인 것이 아니라, 우리 땅과 정서에 맞게 재해석하고 토착화시켰다."

내포의 하늘은 여전히 맑고, 들판은 여전히 넓다. 그리고 그 땅 위에는 200년 전 신앙을 위해 모든 것을 바쳤던 이들의 이야기가 살아 숨 쉬고 있다.

3. 배론 성지: 토굴 속에서 피어난 신앙의 꽃

1855년 늦가을, 충북 제천의 깊은 산중. 한 무리의 사람들이 가파른 산길을 오르고 있었다. 그들을 이끄는 이는 최양업(崔良業) 신부였다.

"신부님, 정말 이런 곳에 살 수 있을까요?"

최 신부가 온화하게 미소 지으며 답했다.

"보시오. 이곳이 바로 하느님께서 우리를 위해 예비하신 곳입니다. 배론(舟論)이라는 이름처럼 이 산이 우리를 구원의 배에 태워줄 것입니다."

◈ 배 형상의 명당

배론이라는 지명은 이곳의 지형이 배를 닮았다고 해서 붙여진 이름이었다. 실제로 이곳을 처음 발견한 사람은 황사영(黃嗣永)의 처남이었던 옹 베드로였다. 그는 풍수에도 능한 사람이었다.

"이곳을 보십시오. 산의 형세가 마치 큰 배와 같습니다. 그리고 이 배는 깊은 산중에 숨어 있어 풍랑을 피할 수 있습니다."

그는 더 자세히 설명했다.

"동쪽의 산이 돛대 같고, 서쪽의 능선이 노 같습니다. 그리고 이 계곡의 물은 배를 띄우는 강물과 같지요. 풍수로 보면 이는 '행주형(行舟形)' 명당입니다."

다른 신자가 걱정스럽게 물었다.

"하지만 우리가 천주교인인데 풍수를 믿어도 되는 것입니까?"

옹 베드로가 대답했다.

"저는 풍수의 미신적인 부분은 믿지 않습니다. 다만 이 땅의 지형이 우리를 보호하기에 적합하다는 것을 아는 것뿐입니다. 노아의 방주도 결국 배가 아니었습니까?"

◈ 토굴 성당의 탄생

배론에 정착한 천주교인들은 놀라운 발견을 했다. 산중턱에 자연적으로 생긴 큰 토굴이 있었던 것이다.

최양업 신부가 감탄하며 말했다.

"이것이야말로 하느님의 섭리입니다. 이 토굴을 성당으로 만들면 밖에서는 전혀 보이지 않을 것입니다."

신자들은 힘을 합쳐 토굴을 성당으로 개조했다:

- 입구를 좁게 만들어 한 사람씩만 들어가게 함
- 내부를 넓게 파서 100명 이상 수용 가능하게 함
- 환기구를 교묘히 만들어 연기가 밖에서 보이지 않게 함
- 제대를 동쪽에 배치 (전통적으로 동쪽은 생명의 방향)

◈ 배론 신학교

1856년, 최양업 신부는 배론에 조선 최초의 신학교를 설립했다. 이는 단순한 교육기관이 아니라 조선 천주교의 미래를 준비하는 곳이었다.

신학생 중 한 명이 일기에 썼다:

"오늘 최 신부님께서 특별한 과목을 가르치셨다. 바로 '지리학'이었다. 신부님은 우리가 이 땅의 지형을 잘 알아야 신자들을 보호할 수 있다고 하셨다. 산맥의 흐름, 계곡의 방향, 은신하기 좋은 곳들... 이 모든 것이 우리의 생존에 필요한 지식이라고..."

◈ 풍수와 신앙의 융합

배론의 천주교인들은 점차 독특한 신앙관을 발전시켰다. 그들은 조선의 전통적인 자연관과 천주교 신앙을 조화시켰다.

한 신자가 말했다:

"우리 조상들은 산을 신령스럽게 여겼습니다. 이제 우리는 그 산을 만드신 하느님을 믿습니다. 산의 정기나 지기를 믿는 것이 아니라, 그 모든 것을 창조하신 하느님을 믿는 것이지요."

이러한 사고는 토착화된 천주교의 한 모습이었다. 그들은 풍수의 형식은 차용하되, 그 내용은 천주교 신앙으로 채웠다.

◈ 관군과의 숨바꼭질

1860년, 관군이 배론 근처까지 수색을 왔다. 그러나 배론의 지형은 천주교인들을 완벽하게 보호했다.

- 첩첩산중이라 대규모 병력 이동 불가
- 안개가 자주 끼어 시야 확보 어려움
- 골짜기가 복잡하여 길을 잃기 쉬움
- 토굴 입구가 자연 바위에 가려져 있음

한 포졸이 투덜거렸다:

"이런 곳에 사람이 살 리가 있나. 짐승도 살기 힘든 곳인데..."

정작 그들이 서 있는 바로 아래 토굴에서는 수십 명의 신자들이 숨을 죽이고 기도하고 있었다.

◈ 배론의 기적

배론에서는 여러 기적 같은 일들이 일어났다고 전해진다:

1. 샘물의 기적: 가뭄에도 마르지 않는 샘물 발견

2. **안개의 보호**: 관군이 올 때마다 짙은 안개가 마을을 덮음

3. **풍년의 은혜**: 척박한 땅에서도 농사가 잘됨

4. **질병의 치유**: 토굴 성당에서 기도하면 병이 낫는다는 소문

이러한 일들을 두고 신자들은 말했다:

"하느님께서 이 땅을 축복하셨다. 우리 조상들이 말하던 명당이 바로 하느님의 은총이 머무는 곳이었구나."

◈ 배론의 유산과 교훈

1866년 병인박해로 배론도 큰 시련을 겪었다. 최양업 신부는 이미 1861년에 선종했고, 많은 신자들이 순교했다.

그러나 배론의 정신은 살아남았다. 한 생존자는 이렇게 증언했다:

"배론에서 우리는 하느님이 단지 하늘에만 계신 것이 아니라 이 땅의 산천을 통해서도 역사하신다는 것을 배웠습니다. 우리 조상들의 지혜도 하느님의 섭리 안에 있었던 것입니다."

◈ 에필로그: 명당에서 성지로

오늘날 천진암, 은화리, 배론은 모두 천주교 성지가 되었다. 순례자들은 이곳을 찾아 선조들의 신앙을 기억한다.

그런데 흥미로운 것은 이 성지들이 모두 풍수적으로 뛰어난 명당이라는 점이다.

- 산세가 수려하고
- 물이 맑으며
- 사람들이 평안함을 느끼는 곳

이는 결코 우연이 아니다. 박해 시대의 천주교인들은 생존을 위해 조선 땅의 지혜를 활용했고, 그 과정에서 신앙과 전통이 아름답게 조화를 이루었다.

한 신학자는 이렇게 평가한다:

"조선 후기 천주교인들은 서양의 종교를 맹목적으로 받아들인 것이 아니라, 우리 땅의 정서와 지혜 속에서 재해석했다. 그들에게 명당은 단순히 복을 받는 곳이 아니라, 하느님의 보호하심이 머무는 거룩한 곳이었다."

이들의 이야기는 오늘날 우리에게 중요한 메시지를 전한다:

- 신앙과 전통은 대립하는 것이 아니라 조화를 이룰 수 있다.

- 진정한 토착화는 형식의 차용이 아니라 정신의 융합이다.

- 어떤 상황에서도 지혜롭게 살아가는 것이 참된 신앙이다.

박해의 시대는 끝났지만, 그들이 남긴 지혜는 여전히 우리에게 빛이 되고 있다.

제15장

|

조선 시대 일반 백성들의 풍수 실태 엿보기

- 구비문학 속에 담긴 풍수 이야기 -

1. 산송의 구조적 모순과 백성의 피해

조선 후기 사회에서 산송(山訟)은 단순한 토지 분쟁이 아니었다. 그것은 신분제 사회의 구조적 모순을 그대로 드러내는 현상이었다. 표면적으로는 양반 사대부들 간의 명당 다툼이었지만, 실질적 피해는 언제나 힘없는 백성들의 몫이었다.

산송의 전형적 구조는 다음과 같았다:

1단계: 발단

- 어느 양반이 특정 지역을 명당으로 지목
- 다른 양반 가문이 이에 이의 제기
- 양측이 각자의 지관을 동원해 명당임을 주장

2단계: 전개

- 관아에 소송 제기
- 뇌물과 권력을 동원한 법정 공방
- 장기화되는 송사

3단계: 결과

- 승소한 측이 토지 차지
- 원래 그 땅에 선산을 둔 백성들은 강제 이주
- 보상은 거의 없거나 형식적 수준

이러한 구조 속에서 백성들은 이중적 소외를 경험했다. 법적으로는 송사의 당사자가 될 수 없었고, 경제적으로는 조상 대대로 지켜온 땅을 빼앗겼다.

2. 백성들의 풍수관: 수덕(修德)에서 적덕(積德)으로

이러한 현실 속에서 백성들은 나름의 생존 전략과 희망의 논리를 발전시켰다. 그것이 바로 '적덕(積德)' 사상이었다.

(1) 수덕과 적덕의 차이

수덕(修德): 사대부의 덕

- 성리학적 수양을 통한 인격 완성
- 경전 연구와 예법 실천
- 개인의 내면적 도덕성 추구
- 즉각적이고 의식적인 노력

적덕(積德): 백성의 덕

- 일상적 선행의 누적
- 구체적이고 실천적인 행위
- 타인과의 관계 속에서 실현
- 장기적이고 무의식적인 축적

(2) 적덕의 구체적 양상

백성들이 실천한 적덕은 매우 구체적이고 일상적이었다:

1. 음식 나눔: "참외 한 쪽, 떡 한 덩이, 밥 한 그릇"
2. 생명 구호: "곤경에 처한 동물 구하기"
3. 길 안내: "길 잃은 이에게 방향 알려주기"
4. 노동 협력: "이웃의 농사일 돕기"

이는 『주역』 곤괘 문언전의 "적선지가 필유여경(積善之家 必有餘慶)"을 백성들의 삶의 조건에 맞게 재해석한 것이었다.

3. 구비문학으로 읽는 민중의 풍수 이야기

풍수 이야기를 연구하면서 나는 한 가지 의문에 부딪혔다. 조선시대 사대부들이 남긴 문집에는 대부분 풍수를 미신으로 비판하는 내용이 가득한데, 왜 민간에서는 그토록 풍수 이야기가 성행했을까?

이 질문에 답하기 위해서는 문자 기록이 아닌 다른 자료를 찾아야 했다. 그것이 바로 구비문학이었다.

구비문학은 민중의 목소리를 가장 직접적으로 담고 있는 그릇이다. 특히 풍수와 관련된 이야기들은 단순한 흥미거리가 아니라 민중들의 세계관과 가치관, 그리고 간절한 소망을 담고 있었다.

나는 이 장에서 『한국구비문학대계』를 중심으로 구비문학 속에 나타난 풍수 이야기들을 살펴보고자 한다.

◈ 『한국구비문학대계』와의 만남

1979년부터 1985년까지, 한국정신문화연구원(현 한국학중앙연구원)은 역사적인 사업을 진행했다. 전국 방방곡곡을 누비며 사라져가는 구비전승을 채록하는 대규모 조사였다. 그 결과물이 바로 82권에 달하는 『한국구비문학대계』다.

처음 이 방대한 자료집을 펼쳤을 때의 감동을 잊을 수 없다. 거기에는 교과서나 역사책에서는 찾을 수 없는 생생한 민중의 목소리가 담겨 있었다. 특히 풍수와 관련된 이야기들은 예상보다 훨씬 많았고, 지역을 넘어 놀라울 정도로 유사한 구조를 보였다.

물론 이 자료에는 한계가 있다. 1970~80년대에 채록된 것이므로 조선시대의 원형 그대로라고 보기는 어렵다. 급속한 근대화 과정에서 많은 변형이 있었을 것이다. 또한 구술자의 기억력이나 채록 상황에 따른 편차도 무시할 수 없다.

◈ 문헌설화와의 대화

이러한 한계를 보완하기 위해 나는 조선시대 문헌설화집들과 대조하는 방법을 택했다. 다행히 조선시대에는 많은 야담집과 설화집이 편찬되었고, 그 속에는 민간에서 전해지는 이야기들이 풍부하게 실려 있었다.

먼저 참고한 것은 유몽인의 『어우야담』이었다. 1621년경에 편찬된 이 책은 조선 중기의 대표적인 야담집으로, 전국 각지의 이야기 500여 편이 실려 있다. 놀랍게도 『한국구비문학 대계』에 실린 풍수 이야기 중 상당수가 『어우야담』에도 유사한 형태로 존재했다.

『계서야담』은 18세기 평안도 지역을 중심으로 한 설화집이다. 이희평이 편찬한 이 책은 지역적 특색이 강하지만, 풍수 이야기의 기본 구조는 다른 지역과 크게 다르지 않았다. 이는 풍수 설화가 지역을 넘어 보편적으로 공유되었음을 보여준다.

19세기에 편찬된 『청구야담』은 주로 서울을 중심으로 한 이야기를 담고 있다. 도시적 성격이 강한 이 설화집에도 풍수 이야기는 빠지지 않고 등장한다. 다만 시골의 소박한 이야기와 달리 좀 더 세련되고 복잡한 구조를 보인다.

『동야휘집』은 이원명이 19세기에 경상도 지역의 이야기를 모은 것이다. 양반가의 일화와 민간 전승이 혼재되어 있어, 계층별 풍수 인식의 차이를 엿볼 수 있는 귀중한 자료다.

정동유가 1925년에 편찬한 『기문총화』는 조선 말기에서 일제강점기 초기의 설화를 담고 있다. 전통이 변화하는 과정을 보여주는 자료로서 가치가 있다.

마지막으로 17세기 임방의 『천예록』은 기이한 이야기를 중심으로 편찬된 설화집이다. 민간 신앙과 관련된 이야기가 많아 풍수의 종교적 측면을 이해하는 데 도움이 된다.

◆ 정형화된 이야기 구조의 발견

이렇게 구비문학과 문헌설화를 대조하면서 나는 놀라운 사실을 발견했다. 시대와 지역을 넘어 풍수 이야기들은 매우 유사한 구조를 가지고 있었다. 마치 하나의 원형에서 파생된 변주곡들처럼, 기본 멜로디는 같되 세부적인 장식음만 달랐다.

가장 전형적인 구조는 다음과 같았다:

첫째, 주인공은 항상 가난하고 힘없는 백성이다.

둘째, 이들은 계산 없이 순수한 마음으로 선행을 베푼다.

셋째, 선행의 대상이 초월적 존재(도승, 신선, 산신령 등)로 밝혀진다.

넷째, 보답으로 명당의 위치를 알려준다.

다섯째, 그곳에 조상을 모신 후 집안이 크게 번성한다.

이러한 구조의 반복은 단순한 우연이 아니다. 그것은 민중들의 집단적 무의식과 소망이 만들어낸 문화적 원형(archetype)이라고 할 수 있다.

◈ 지역적 공통성이 말해주는 것

『한국구비문학대계』를 읽으면서 가장 인상적이었던 것은 지역을 초월한 이야기의 공통성이었다.

경상도 안동에서 채록된 "까치를 구한 농부" 이야기는 전라도 구례에서는 "참새를 구한 농부"로, 충청도 제천에서는 "토끼를 구한 농부"로 나타난다. 동물의 종류만 다를 뿐 이야기의 구조는 완전히 동일하다.

"마지막 양식을 거지에게 내준 과부" 이야기는 더욱 광범위하게 분포한다. 강원도에서 제주도까지, 한반도 전역에서 거의 같은 형태의 이야기가 발견된다. 이는 단순한 전파나 모방으로는 설명하기 어려운 현상이다.

이러한 광범위한 분포와 놀라운 일치는 무엇을 의미하는가? 나는 이것이 조선시대 민중들이 공유했던 보편적 정서와 가치관의 반영이라고 본다. 신분제 사회에서 하층민으로 살아가면서도 포기하지 않았던 희망, 언젠가는 정의가 실현되리라는 믿음이 이런 이야기를 만들고 전승시켰던 것이다.

◈ 구비문학의 신뢰성 문제

구비문학을 역사 자료로 사용할 때 항상 제기되는 문제가 신뢰성이다. 구전되는 과정에서 변형과 과장이 일어나기 마련이고, 시대에 따라 새로운 요소가 추가되거나 삭제되기도 한다.

그러나 풍수 이야기의 경우, 여러 정황이 그 신뢰성을 뒷받침한다:

첫째, 문헌설화와의 높은 일치도다. 300~400년의 시차에도 불구하고 기본 구조가 거의 동일하다는 것은 이 이야기들이 상당히 안정적으로 전승되었음을 보여준다.

둘째, 지역 간 공통성이다. 교통과 통신이 발달하지 않았던 시대에 전국적으로 유사한 이야기가 분포한다는 것은, 이것이 특정 시기에 만들어진 창작물이 아니라 오랜 세월에 걸쳐 형성된 전승임을 시사한다.

셋째, 이야기에 담긴 역사적 정보의 정확성이다. 많은 이야기들이 "영조 때", "정조 때" 같은 구체적인 시대 배경을 언급하는데, 이것이 대체로 역사적 사실과 부합한다.

넷째, 지명과 인명의 구체성이다. 실제 존재하는 마을 이름, 산 이름, 때로는 족보에서 확인 가능한 인물들이 등장한다.

물론 이것이 이야기의 내용이 모두 역사적 사실이라는 의미는 아니다. 그러나 적어도 이 이야기들이 조선시대 민중들의 의식과 정서를 반영하고 있다는 점은 충분히 신뢰할 수 있다.

◈ 이야기 꾸러미를 만들며

이제 나는 『한국구비문학대계』와 조선시대 문헌설화를 종합하여 하나의 큰 이야기 꾸러미를 만들 수 있게 되었다. 이 꾸러미 속에는 수백 편의 풍수 이야기가 들어 있고, 각각은 조금씩 다르면서도 하나의 큰 주제로 연결되어 있다.

그 주제는 바로 '적덕(積德)과 발복(發福)'이다.

선행을 쌓으면(積德) 반드시 복을 받는다(發福)는 소박하지만 강력한 믿음. 이것이 모든 민중 풍수 이야기를 관통하는 핵심 메시지다.

이 이야기들은 단순한 옛날이야기가 아니다. 그것은 불평등한 현실을 견디며 살아가야 했던 민중들의 생존 전략이자 저항의 서사였다. 양반들이 권력과 부로 명당을 독점할 때, 민중들은 이야기를 통해 자신들만의 명당을 만들어냈다. 그것은 땅속에 있는 것이 아니라 선한 마음과 행동 속에 있다는, 전복적이면서도 숭고한 가치관이었다.

이어지는 장에서는 이 이야기 꾸러미 속에서 가장 대표적이고 흥미로운 이야기들을 하나하나 풀어내 보고자 한다. 각 이야기가 담고 있는 의미와 그것이 오늘날 우리에게 주는 메시지를 함께 생각해볼 것이다.

구비문학은 과거의 유물이 아니다. 그것은 여전히 살아 숨 쉬며 우리에게 말을 건다.

"당신은 오늘 어떤 덕을 쌓았는가?" "당신은 여전히 희망을 품고 있는가?"

이제 그 오래된 이야기들을 만나러 가보자.

4. 전국 방방곡곡에 울려 퍼진 백성들의 풍수 이야기

조선 팔도, 어느 마을에나 비슷한 이야기가 전해졌다. 가난한 백성이 우연히 베푼 작은 선행이 명당이라는 큰 복으로 돌아온다는 이야기. 『한국구비문학대계』를 펼치면 지역마다 조금씩 다르면서도 놀랍도록 비슷한 구조를 가진 이야기들이 쏟아져 나온다.

◈ 경북 안동: 까치를 구한 농부 이야기

1979년 여름, 안동시 와룡면의 한 마을회관. 민속조사팀이 마을 어르신들을 모시고 옛 이야기를 듣고 있었다.

"이 이야기는 우리 증조할아버지한테 들은 긴데…"

구순의 박 할아버지가 지팡이를 짚고 이야기를 시작했다.

"옛날 이 마을에 김 첨지라는 사람이 살았어. 그 양반이 얼마나 가난했냐면, 하루 벌어 하루 먹고 살 정도였지. 그런데 심성은 어찌나 고운지, 길가에 개미 한 마리도 안 밟으려고 피해 다녔다네.

하루는 김 첨지가 일하러 가다가 이상한 광경을 봤어. 큰 구렁이가 까치 한 마리를 잡아먹으려고 하는 거야. 까치는 날개가 다쳤는지 제대로 날지도 못하고 푸드덕거리기만 하고…"

할아버지는 잠시 숨을 고르고는 계속했다.

"김 첨지가 그걸 보고 가만있을 수 있나. 당장 돌멩이를 주워서 구렁이한테 던졌지. '이 놈의 구렁이야, 약한 것을 괴롭히면 못쓴다!' 하면서 말이야. 구렁이는 후다닥 도망가고, 까치는 겨우 목숨을 건졌어.

김 첨지는 다친 까치를 집으로 가져와서 상처를 싸매주고 며칠 동안 정성껏 돌봤대. 까치가 나아서 날아갈 때는 '잘 가거라, 다시는 다치지 말고' 하면서 보냈다지."

이야기는 여기서 전환점을 맞는다.

"그런데 이상한 일이 벌어졌어. 그날 밤 꿈에 백발이 성성한 노인이 나타난 거야. 그 노인이 하는 말이, '자네가 낮에 구해준 까치가 바로 내 손자라네. 그 은혜를 어찌 갚아야 할지…' 하더래.

김 첨지가 '아니, 무슨 은혜까지야. 그저 불쌍해서 도와준 것뿐인데' 하니까, 노인이 빙그레 웃으면서 이렇게 말했대.

'자네 집 뒷산에 올라가 보게. 큰 바위 셋이 품(品)자로 놓인 곳이 있을 걸세. 그 가운데 평평한 터가 있는데, 그곳이 바로 천하의 명당이라네. 거기다 조상을 모시면 자손이 크게 번창할 것이네.'"

할아버지는 물 한 모금 마시고 이야기를 마무리했다.

"김 첨지가 정말로 가보니까 꿈에서 본 그대로더래. 거기다 아버지 산소를 모셨더니, 3년도 안 되어서 아들이 과거에 급제했대. 그 후로 집안이 크게 일어나서 이 마을에서 제일 부자가 되었다는구면."

듣고 있던 다른 할머니가 거들었다.

"맞아, 맞아. 우리 친정 동네에도 비슷한 이야기가 있어. 거기서는 까치가 아니라 토끼였던가..."

◈ 전남 구례: 마지막 밥 한 그릇의 기적

전라도 구례군 산동면. 이곳에는 더욱 가슴 아픈 이야기가 전해진다. 1978년에 채록된 이 이야기는 칠순의 이 할머니가 들려주었다.

"이건 우리 시할머니한테 직접 들은 이야기여. 한 200년은 됐을 거여.

구례 어느 마을에 젊은 과부가 살았대. 남편이 장가온 지 1년 만에 죽어버려서 어린 아들 하나 데리고 사는디, 그 고생이 이루 말할 수가 없었다지. 친정도 시집도 다 가난해서 도와줄 사람이 없었어.

어느 해 겨울이었대. 하도 춥고 눈이 많이 와서 일거리도 없고, 먹을 것도 떨어져 가고... 집에 남은 거라곤 쌀 한 줌이 전부였어. 그것도 내일 아침에 아들하고 먹으면 끝이지."

할머니는 잠시 목소리를 가다듬고 계속했다.

"그런데 밤중에 누가 문을 두드리는 거여. 나가보니까 거지가 하나 쓰러져 있데. 온몸이 눈에 덮여 있고, 숨도 제대로 안 쉬고...

과부가 그 꼴을 보고 어찌 그냥 둬. 얼른 집으로 들여서 아궁이에 불을 피우고 몸을 녹여줬지. 그리고는... 그리고는 말이여..."

할머니는 눈시울을 붉히며 말을 이었다.

"마지막 남은 쌀로 죽을 끓여서 그 거지한테 다 먹였대. 아들이 '엄마, 우리는 내일 뭐 먹어?' 하니까, '내일은 내일 해가 뜬다' 하면서 달랬다지.

거지가 죽을 다 먹고 기운을 차리더니 이렇게 말했대.

'부인, 당신의 은혜를 어떻게 갚아야 할지... 제가 비록 이런 꼴이지만 산을 좀 봅니다. 부인 댁 동쪽으로 한 십 리쯤 가면 세 갈래 길이 나옵니다. 거기서 가운데 길로 가다 보면 큰 소나무가 하나 서 있는데, 그 뒤쪽 양지바른 곳이 명당입니다. 거기다 조상을 모시면 아드님이 크게 될 것입니다.'"

할머니의 이야기는 감동적인 결말로 이어졌다.

"과부가 반신반의하면서도 가보니까 정말 그런 곳이 있더래. 마침 시아버지 제사가 가까워서 이장을 했지. 그랬더니 신기한 일이 벌어졌어.

그 해부터 아들이 글공부에 재미를 붙이더니, 스무 살에 과거에 급제를 했대. 나중에는 정3품 벼슬까지 올라갔다더구먼. 그 과부는 정경부인 칭호를 받고 편안히 살다가 갔대."

듣고 있던 다른 할머니가 한마디 거들었다.

"그래서 옛날 어른들이 그랬지. '가난한 집에 찾아온 손님이 복을 가져온다'고..."

◈ 충북 제천: 효자와 산신령의 만남

충청북도 제천시 백운면. 이곳에는 효도와 관련된 풍수 이야기가 전해진다. 1981년에 채록된 이 이야기는 여든을 넘긴 최 할아버지가 들려주었다.

"이 이야기는 우리 할아버지의 할아버지 때 실제로 있었던 일이래.

제천 어느 산골에 박효자라고 불리는 총각이 살았어. 아버지는 일찍 돌아가시고 홀어머니를 모시고 살았는데, 그 효성이 지극했다네.

어머니가 중풍에 걸려 자리에 누웠을 때도 한 번도 짜증 내지 않고 대소변을 받아내고, 밤새 안마를 해드리고... 동네 사람들이 다 혀를 내두를 정도였지."

할아버지는 담뱃대를 빼물고 잠시 생각에 잠겼다가 계속했다.

"그런데 어느 겨울날, 어머니가 갑자기 '아이고, 여름 딸기가 먹고 싶구나' 하시는 거야. 한겨울에 딸기가 어디 있겠나. 그래도 효자는 어머니 소원을 들어드리려고 산으로 올라갔어.

눈이 허리까지 쌓인 산을 하루 종일 헤맸지만 당연히 딸기는 없었지. 해는 지고, 추위에 손발은 곱아오고... 결국 효자는 큰 바위 밑에서 쓰러지고 말았어."

이야기는 여기서 신비로운 전환을 맞는다.

"그런데 꿈인지 생시인지, 하얀 옷을 입은 노인이 나타나더래. 그 노인이 효자를 흔들어 깨우면서 이렇게 말했대.

'젊은이, 자네의 효성이 하늘을 감동시켰네. 내가 자네 어머니의 병을 낫게 해주고 싶지만 그것은 하늘의 뜻이라 어쩔 수 없고... 대신 자네 후손들이 잘되도록 해주겠네.'

그러면서 산 아래쪽을 가리키며 말하기를,

'저 아래 내려가면 작은 폭포가 있을 걸세. 그 옆에 평평한 터가 있는데, 거기가 이 산에서 제일 좋은 자리라네. 훗날 어머니를 그곳에 모시게나.'"

할아버지는 이야기의 결말을 들려주었다.

"효자가 깨어보니 바위 틈에 마른 산딸기가 몇 개 있더래. 그걸 가지고 내려와서 어머니께 드렸더니, 어머니가 그걸 드시고는 며칠 후에 편안히 돌아가셨대.

효자는 노인이 일러준 곳에 어머니를 모셨지. 그 후로 집안에 좋은 일이 계속 생겼어. 효자의 아들은 무과에 급제해서 장군이 되었고, 손자는 문과에 급제해서 이조판서까지 올라갔대.

그래서 제천 사람들은 지금도 '효도가 명당을 부른다'고 말한다네."

◈ 공통된 구조, 그러나 다른 빛깔

이 세 이야기를 나란히 놓고 보면 놀라울 정도로 비슷한 구조를 발견할 수 있다.

첫째, 주인공은 모두 가난한 백성이다.

김 첨지, 과부, 효자... 이들은 모두 조선 사회의 최하층민이었다. 권력도 없고 재산도 없는, 그저 하루하루를 살아가기도 버거운 사람들이었다. 그런데 바로 이런 사람들이 이야기의 주인공이 된다는 점이 의미심장하다.

둘째, 의도하지 않은 선행을 베푼다.

주목할 점은 이들이 보상을 바라고 선행을 한 것이 아니라는 사실이다.

• 김 첨지는 그저 까치가 불쌍해서 구해주었다.

• 과부는 거지가 얼어 죽을까 봐 마지막 양식을 내주었다.

• 효자는 오직 어머니를 위해 목숨을 걸었다.

이들의 행동은 계산된 것이 아니라 순간적인 측은지심, 인간의 가장 순수한 선의에서 나온 것이었다.

셋째, 신이한 존재가 나타난다.

백발노인, 도승, 산신령... 이들은 모두 일상적 존재가 아니다. 그들은 하늘과 땅 사이를 매개하는 존재들이며, 숨은 선행을 알아보고 그에 합당한 보상을 내리는 심판자들이다.

이들의 등장은 두 가지 의미를 담고 있다:

- 하늘은 모든 것을 보고 있다 (선행은 반드시 알려진다)
- 정의는 초월적 힘에 의해 실현된다 (현실의 부정의에 대한 보상)

넷째, 명당이 보상으로 주어진다.

이 이야기들에서 명당은 단순한 좋은 땅이 아니다. 그것은:

- 현세적 성공의 보증수표 (자손의 출세)
- 계층 상승의 통로 (신분제의 극복)
- 도덕적 우위의 물질적 실현 (선이 승리하는 증거)

◈ 지역별 특색과 보편성

각 지역의 이야기는 미묘한 차이를 보인다.

경북 안동: 유교적 색채

안동은 조선시대 유교 문화의 중심지였다. 그래서인지 이곳의 이야기는 상대적으로 절제되어 있다. 까치를 구하는 행위도 "약한 것을 괴롭히면 못쓴다"는 유교적 덕목과 연결된다.

전남 구례: 불교적 색채

구례는 화엄사, 천은사 등 큰 절이 많은 지역이다. 거지가 사실은 도승이었다는 설정이나, 마지막 양식을 내주는 극단적 자비는 불교의 보시 정신과 닿아 있다.

충북 제천: 무속적 색채

제천은 산이 많고 산신 신앙이 강한 지역이다. 산신령이 직접 등장하고, 꿈과 현실의 경계가 모호한 것은 무속 신앙의 영향으로 보인다.

그러나 이런 지역적 특색에도 불구하고, 이야기의 근본 구조와 메시지는 동일하다. 선행은 보상받고, 덕은 명당을 부르며, 가난한 자도 하늘의 도움으로 부귀를 얻을 수 있다는 희망의 서사이다.

◈ 이야기가 전하는 메시지

이 이야기들은 단순한 옛날이야기가 아니다. 그것은 조선시대 백성들의 세계관과 가치관, 그리고 희망을 담은 그릇이었다.

하나, 도덕적 우위의 확인

양반들이 권력과 돈으로 명당을 차지할 때, 백성들은 이야기를 통해 그들의 도덕적 우위를 확인했다. "우리는 비록 가난하지만 마음은 그들보다 깨끗하다. 그리고 하늘은 그것을 안다."

둘, 희망의 씨앗

아무리 현실이 고통스러워도 포기하지 않을 수 있었던 것은 이런 이야기들이 있었기 때문이다. "지금은 비록 이렇지만, 선하게 살면 언젠가는…"

셋, 공동체의 가치

이 이야기들은 개인의 성공담이 아니다. 가족과 이웃, 심지어 동물까지 돕는 이타적 행위가 복의 근원이 된다. 이는 공동체적 삶의 가치를 강조한다.

◈ 오늘날의 울림

21세기 대한민국. 여전히 "수저론"이 유행하고, 계층 이동의 사다리는 끊겼다고들 한다. 이런 시대에 조선시대 백성들의 이야기는 어떤 의미를 가질까?

혹자는 이런 이야기들이 현실을 호도하는 환상이라고 비판할지 모른다. 그러나 이 이야기들이 수백 년 동안 살아남은 이유는, 그것이 단순한 위안을 넘어 인간 정신의 불굴함을 보여주기 때문이다.

"선은 반드시 보상받는다"는 믿음. "작은 선행도 큰 가치를 가진다"는 확신. "언젠가는 정의가 실현된다"는 희망.

이것들은 비록 현실에서는 자주 배반당하지만, 그럼에도 불구하고 인간을 인간답게 만드는 가치들이다.

한 민속학자는 이렇게 말한다:

"이 이야기들은 조선시대 백성들의 '정신적 피난처'였다. 현실의 부조리를 견딜 수 있게 해주는 힘이었고, 더 나은 내일을 꿈꿀 수 있게 해주는 근거였다. 그리고 그것은 오늘날에도 여전히 유효하다."

까치를 구한 김 첨지, 마지막 밥을 내준 과부, 한겨울에 딸기를 찾아 헤맨 효자... 이들의 이야기는 시대를 넘어 우리에게 묻는다.

"당신은 오늘 어떤 선행을 했는가?" "당신은 여전히 희망을 품고 있는가?"

그리고 이 이야기들은 속삭인다.

"포기하지 마라. 하늘은 보고 있다."

5. 구비문학 속 명당의 유형학: 백성들이 꿈꾼 복된 땅의 모습들

◆ 삶과 죽음의 명당: 생거(生居)와 사거(死居)

전국을 다니며 구비문학을 채록하다 보면 흥미로운 속담들을 만나게 된다. 그중에서도 지역의 특성을 가장 잘 보여주는 것이 바로 '생거'와 '사거'에 관한 속담이다.

충청도 지역에서는 이런 말이 전해진다.

"생거진천 사거용인(生居鎭川 死居龍仁)"

살아서는 진천이 좋고, 죽어서는 용인이 좋다는 뜻이다.

처음 이 속담을 들었을 때, 나는 진천의 한 노인에게 그 이유를 물어보았다.

"할아버지, 왜 진천이 살기 좋다고 하는 겁니까?"

팔순의 김 할아버지가 느릿느릿 대답했다.

"진천은 말이여, 사방이 낮은 산으로 둘러싸여 있어서 바람이 세지 않고, 평야가 넓어서 농사짓기 좋지. 물도 맑고 풍부해서 가뭄 걱정이 없어. 게다가 한양하고도 멀지 않아서 장사하기도 좋고... 그래서 옛날부터 살기 좋다고 했지."

"그럼 용인은 왜 죽어서 좋다는 겁니까?"

"용인은 산세가 좋아. 큰 산들이 겹겹이 둘러싸고 있어서 기운이 모이는 곳이 많지. 그래서 묘 쓰기 좋은 명당이 많다는 거여. 살기에는 좀 불편해도 묘지로는 최고라는 말이지."

전라도에서는 또 다른 속담이 전해진다.

"생거남원 사거임실(生居南原 死居任實)"

남원과 임실의 관계도 진천과 용인의 관계와 비슷하다. 남원은 지리산 자락의 넓은 분지에 자리 잡아 기후가 온화하고 물산이 풍부하다. 반면 임실은 산이 많고 골이 깊어 살기에는 불편하지만, 풍수적으로는 기가 모이는 명당이 많다고 한다.

충청도의 또 다른 속담도 있다.

"생어임천 사거화일(生於臨川 死居禾日)"

여기서 임천은 현재의 부여군 임천면이고, 화일은 정확한 위치가 불분명하지만 아마도 파일(巴日)의 오기로 보인다.

그런데 재미있는 것은 이런 속담들이 지역에 따라 순서가 바뀌기도 한다는 점이다. 어떤 곳에서는 "생거용인 사거진천"이라고도 하고, "생거임실 사거남원"이라고도 한다. 이는 무엇을 의미하는가?

한 민속학자는 이렇게 해석한다.

"이것은 우열을 가리는 것이 아니라, 두 지역 모두 명당임을 강조하는 표현입니다. 살기 좋은 곳과 묻히기 좋은 곳이 따로 있다는 인식도 있지만, 동시에 두 가지 모두를 갖춘 곳이 진정한 명당이라는 의미도 담겨 있죠."

◈ 죽은 자가 자손을 얻는 땅: 사자생손지지(死者生孫之地)

구비문학에는 때로 매우 기이한 이야기들이 등장한다. 그중에서도 '사자생손지지'에 관한 이야기는 현대인의 상식으로는 이해하기 어려운 내용을 담고 있다.

경상도 안동 지역에서 채록된 이야기를 소개하면 이렇다.

옛날 어느 고을에 새로 부임한 사또가 있었다. 사또는 가족을 데리고 부임지로 가던 중, 고개를 넘다가 딸이 급한 용변을 보겠다고 했다. 열여섯 살 난 딸은 가마에서 내려 숲속으로 들어갔다. 그런데 마침 그 산에서는 어느 집안의 장례가 치러지고 있었다. 죽은 이는 혼인도 못 하고 스무 살에 요절한 총각이었다. 그 집안의 유일한 아들이었기에 대가 끊기게 되었다.

사또의 딸이 일을 보려고 수풀 속에 앉았을 때, 갑자기 안개가 자욱하게 끼더니 웬 젊은 남자가 나타났다. 딸은 놀라서 소리를 지르려 했지만 목소리가 나오지 않았다. 남자는 딸에게 다가와 관계를 맺고는 작은 은장도를 건네며 사라졌다.

정신을 차린 딸은 급히 가마로 돌아왔지만, 그 일을 차마 말할 수 없었다.

몇 달이 지나 딸의 배가 불러오자 사또 부부는 기겁을 했다. 딸을 다그쳐 물었지만 딸은 그날의 일을 제대로 설명할 수 없었다. 다만 은장도만 보여줄 뿐이었다.

사또는 딸을 숨겨두고 지냈다. 그러던 어느 날, 관아에 인사를 온 지역 유지 중에 한 노인이 있었다. 차를 대접하러 나온 사또의 딸이 실수로 은장도를 떨어뜨렸는데, 노인이 그것을 보고는 깜짝 놀랐다.

"이것은 우리 아들의 물건인데, 어떻게 아가씨가 가지고 있소?"

사연을 들은 노인은 눈물을 흘리며 말했다.

"그날이 바로 우리 아들 장례일이었소. 그 산은 대대로 내려오는 우리 집안 선산인데, 그곳이 바로 '사자생손지지'라고 전해지는 명당이었소. 죽은 자가 자손을 얻는다는..."

결국 사또의 딸은 그 집안의 며느리가 되었고, 아들을 낳아 대를 이었다. 그 후로 그 집안은 자손이 번창하여 큰 가문이 되었다고 한다.

현대적 관점에서 보면 황당한 이야기지만, 이 설화는 여러 층위의 의미를 담고 있다.

첫째, 대를 잇는 것에 대한 절박함이다. 조선시대에 대가 끊긴다는 것은 가문의 소멸을 의미했다.

둘째, 명당의 신비한 힘에 대한 믿음이다. 특별한 땅은 불가능한 일도 가능하게 만든다는 민간 신앙이 반영되어 있다.

셋째, 현실적 타협의 지혜. 혼전 임신이라는 불명예스러운 사건을 명당의 신비로 포장하여 모두가 받아들일 수 있는 이야기로 만든 것이다.

한 민속학자는 이렇게 분석한다.

"이 이야기는 사회적 금기를 깨뜨린 사건을 풍수라는 초자연적 힘으로 정당화하는 장치입니다. 동시에 명당이 단순히 부귀를 가져다주는 것이 아니라, 생명 자체를 창조하는 신성한 공간이라는 인식을 보여줍니다."

◈ 즉시 발복하는 명당: 사시하관오시발복(巳時下官午時發福)

명당의 효험이 얼마나 빨리 나타나는가도 구비문학의 중요한 주제다. 그중에서도 '사시하관오시발복' 또는 '오시하관사시발복'은 가장 극적인 경우다.

전라도 남원 지역에서 채록된 이야기다.

가난한 총각 김 서방이 아버지 장례를 치르게 되었다. 워낙 가난해서 지관을 부를 돈도 없었는데, 마침 떠돌이 스님이 지나가다가 불쌍히 여겨 묏자리를 잡아주었다.

"이곳은 특별한 곳이니, 반드시 오시(午時, 오전 11시~오후 1시)에 하관하시오. 그러면 곧 복이 올 것이오."

장례 날, 김 서방은 광(壙)을 파고 시간을 기다렸다. 그런데 사시(巳時, 오전 9시~11시)가 되자 갑자기 연장이 부러졌다. 새 연장을 구하러 산 아래 마을로 내려간 김 서방은 가장 가까운 집에 들어갔다.

그 집은 젊은 과부가 혼자 사는 집이었는데, 남편이 큰 장사꾼이었다가 일찍 죽어 재산만 남긴 상태였다. 과부는 김 서방을 보자마자 이상한 끌림을 느꼈다.

"어디서 오셨어요?" "아버님 장례 중인데 연장이 부러져서..."

과부는 연장을 빌려주면서 점심을 대접했다. 그러다가 둘은 서로에게 끌려 관계를 맺게 되었다.

김 서방이 정신을 차려보니 이미 미시(未時, 오후 1시~3시)가 지나 있었다. 황급히 산으로 올라가 하관을 했지만, 정해진 시간은 이미 놓친 뒤였다.

그런데 놀라운 일이 벌어졌다. 과부가 김 서방을 찾아와 함께 살자고 했고, 둘은 혼인하여 부유하게 살게 되었다.

마을 사람들은 수군거렸다.

"하관도 하기 전에 발복했다니, 정말 대단한 명당이구나!"

이 이야기의 변형은 무수히 많다. 어떤 곳에서는 산 아래 논에서 일하던 처녀를 만나 혼인하는 것으로, 어떤 곳에서는 우연히 땅에서 보물을 발견하는 것으로 나타난다.

중요한 것은 명당의 효험이 즉각적이라는 점이다. 이는 무엇을 의미하는가?

첫째, 민중들의 절박함이다. 3대를 기다릴 여유가 없었던 그들에게는 당장의 발복이 필요했다.

둘째, 명당의 절대적 힘에 대한 믿음이다. 진짜 명당이라면 시간조차 초월할 수 있다는 것이다.

셋째, 우연의 필연화다. 삶에서 일어나는 우연한 행운을 명당의 효험으로 해석하는 사고방식이다.

발복의 시기: 당대발복과 삼대발복

구비문학에는 지관이 의뢰인에게 선택권을 주는 이야기가 자주 등장한다.

"당대에 발복할 땅과 3대 후에 발복할 땅이 있는데, 어느 것을 택하시겠소?"

놀랍게도 대부분의 이야기에서 주인공은 3대 발복을 선택한다.

충청도 공주에서 채록된 이야기를 보자.

박 첨지는 어머니 묏자리를 부탁하러 유명한 지관을 찾아갔다. 지관이 산을 둘러보더니 말했다.

"두 곳이 있소. 하나는 당대에 부자가 되는 땅이고, 하나는 3대 후에 정승이 나는 땅이오."

박 첨지는 망설임 없이 답했다.

"3대 후에 정승 나는 땅으로 하겠습니다."

지관이 놀라며 물었다.

"당신이 살아서는 복을 못 본다는데도요?"

"제가 무슨 복을 바라겠습니까? 자손이 잘되면 그것이 제일 큰 복이지요."

이런 선택은 한국인의 가족주의적 가치관을 잘 보여준다. 개인의 영달보다 가문의 번영을 중시하는 사고방식이다.

그런데 더 흥미로운 것은 신분에 따른 선택의 차이다.

"정승 날 땅과 천자 날 땅 중 어느 것을 택하시겠소?"

이 질문에 대한 답은 언제나 '정승 땅'이다. 왜일까?

경기도 양평에서 채록된 이야기에 그 답이 있다.

"천자 땅이라니, 그것은 역적의 땅 아니오? 우리 같은 백성이 무슨 천자를 바라겠소? 정승만 되어도 영광이지."

조선시대에 천자는 오직 중국 황제뿐이었다. 조선에서 천자가 난다는 것은 곧 반역을 의미했다. 따라서 아무리 설화 속이라도 천자 땅을 선택할 수는 없었던 것이다.

또한 신분에 따른 현실적 한계도 반영되어 있다. 백성들의 이야기에서는 정승이 아니라 '부자'가 최고의 목표다. 간혹 '만석꾼'이나 '천석꾼'이 등장하지만, 그것이 백성들이 꿈꿀 수 있는 최대치였다.

◈ 천년향화지지(千年香火之地): 최고의 명당

구비문학에서 가장 높이 평가되는 명당이 있다. 바로 '천년향화지지'다.

이 땅에 묻히면 자손이 끊기고 부자도 되지 못한다. 그런데도 왜 최고의 명당인가?

강원도 원주 지역의 이야기다.

어느 스님이 은혜를 갚기 위해 은인에게 명당을 찾아주었다.

"세 곳을 찾았소. 첫째는 부자가 되는 땅, 둘째는 정승이 나는 땅, 셋째는 천년향화지지요."

은인이 물었다.

"천년향화지지가 무엇입니까?"

"그곳에 묻히면 자손은 끊기지만, 그 대신 만인의 존경을 받는 큰 인물이 태어나 천년 동안 이름을 남기게 됩니다."

은인은 오래 고민하다가 천년향화지지를 택했다.

"재물이나 권력보다 만인의 존경을 받는 것이 더 가치 있는 일이겠지요."

그 후 그 집안에서는 아들이 태어났는데, 출가하여 큰 스님이 되었다. 그가 세운 절은 천년이 지난 지금도 향불이 끊이지 않는다고 한다.

천년향화지지는 물질적 가치를 초월한 정신적 가치를 상징한다. 이것이 최고의 명당으로 여겨지는 것은 민중들의 의식 속에도 '명예'와 '존경'이 최고의 가치로 자리 잡고 있었음을 보여준다.

동시에 이는 불교적 세계관의 반영이기도 하다. 세속의 부귀영화보다 깨달음과 중생 구제를 더 높이 평가하는 사고방식이다.

◈ 형국론: 땅의 모습을 읽는 백성들의 눈

구비문학에서 가장 빈번하게 등장하는 것이 '형국론'이다. 산의 모양을 동물이나 사물에 비유하여 그 길흉을 판단하는 방식이다.

이는 중국 명나라 때 본격적으로 발달한 물형론(物形論)의 영향을 받은 것이다. 1564년에 나온 『인자수지』를 시작으로, 명대 후기의 『지리천기회원』에는 수백 개의 물형이 소개되어 있다.

그런데 흥미로운 것은 한국의 구비문학에 나타나는 형국들이 중국과는 사뭇 다르다는 점이다. 한국적 정서와 환경이 반영된 독특한 형국들이 만들어진 것이다.

❖ 맹호출림형(猛虎出林形): 호랑이가 숲을 나서는 형국

전라도 지역의 이야기다.

"저 산을 보시오. 꼭 호랑이가 숲에서 나오는 것 같지 않소?"

지관이 가리킨 산을 보니 정말 그랬다. 산등성이가 호랑이 등처럼 굽었고, 앞으로 뻗은 능선은 마치 호랑이가 앞발을 내딛는 모습 같았다.

"여기에 묘를 쓰면 용맹한 장수가 날 것이오."

과연 그 집안에서는 3대 후에 무과에 급제하여 병마절도사가 된 인물이 나왔다.

❖ 금계포란형(金鷄抱卵形): 금닭이 알을 품은 형국

경상도 지역의 이야기다.

"이 터는 금계포란형이오. 금닭이 알을 품듯이 자손이 번창할 땅이지."

둥근 산이 마치 닭이 웅크리고 앉은 모습이었고, 그 아래 작은 동산들이 알처럼 보였다.

그곳에 묘를 쓴 후 그 집안은 자손이 크게 번창하여 한 마을을 이루었다고 한다.

❖ 옥녀산발형(玉女散髮形): 옥녀가 머리를 푼 형국

충청도 지역의 이야기다.

산등성이에서 여러 갈래로 내려오는 능선이 마치 여인이 머리를 풀어헤친 것 같았다.

"옥녀산발형이니 이 집안에서 절세미인이 나와 높은 곳으로 시집갈 것이오."

후에 그 집안의 딸이 과연 절세미인으로 자라 대감 집안으로 시집가서 정경부인이 되었다.

❖ 평사낙안형(平沙落雁形): 기러기가 모래톱에 내려앉는 형국

강원도 지역의 이야기다.

넓은 들판에 낮은 구릉이 여기저기 흩어져 있는 모습이 마치 기러기 떼가 내려앉은 것 같았다.

"평사낙안형은 재물이 모이는 땅이오. 기러기가 먹이를 찾아 내려앉듯이 재물이 모여들 것이오."

그 터에 집을 지은 사람은 장사를 시작하여 큰 부자가 되었다.

❖ 이러한 형국론의 특징은 무엇인가?

첫째, 직관적이다. 복잡한 이론이 없어도 누구나 산의 모양을 보고 이해할 수 있다.

둘째, 시각적이다. 추상적인 '기'나 '음양'보다 구체적인 형상으로 설명한다.

셋째, 상징적이다. 호랑이는 용맹을, 닭은 다산을, 기러기는 재물을 상징한다.

넷째, 희망적이다. 대부분의 형국이 긍정적인 결과를 약속한다.

김광언 교수는 『풍수지리: 집과 마을』(1993)에서 한국에서 발견되는 형국을 500여 개로 정리했다. 이는 단순히 중국 풍수의 수입이 아니라, 한국인들이 자신들의 환경과 정서에 맞게 재창조한 결과물이다.

❖ 형국론에 담긴 민중의 소망

형국론이 민중들에게 인기 있었던 이유는 무엇일까?

첫째, 접근성이다. 복잡한 이론을 몰라도 눈으로 보고 판단할 수 있다.

둘째, 평등성이다. 양반이든 백성이든 똑같은 눈으로 산을 볼 수 있다.

셋째, 가능성이다. 어떤 땅이든 그 나름의 형국과 의미를 찾을 수 있다.

넷째, 스토리텔링이다. 단순한 산이 아니라 이야기가 있는 공간이 된다.

한 민속학자는 이렇게 평가한다.

"형국론은 민중들이 자연을 이해하고 해석하는 독특한 방식입니다. 그들은 무미건조한 산하가 아니라 의미와 이야기가 가득한 생동하는 세계에 살았던 것이죠."

◈ 명당 이야기의 현재적 의미

구비문학 속 명당 이야기들은 오늘날 우리에게 무엇을 말해주는가?

첫째, 공간에 대한 상상력이다. 현대인들이 땅을 평수와 시세로만 보는 동안, 조선시대 민중들은 각각의 땅에 고유한 의미와 가능성을 부여했다.

둘째, 미래에 대한 희망이다. 당대 발복보다 3대 발복을 선택하는 이야기는 미래 세대를 위한 희생과 투자의 정신을 보여준다.

셋째, 가치관의 다양성이다. 부자가 되는 땅, 권력을 얻는 땅, 명예를 얻는 땅 등 다양한 가치가 공존했다.

넷째, 자연과의 소통이다. 산을 단순한 흙덩어리가 아니라 생명력 있는 존재로 보고 대화하려 했다.

오늘날 우리는 GPS 좌표와 부동산 시세로 땅을 평가한다. 그러나 구비문학 속 조상들은 호랑이와 닭, 옥녀와 기러기가 사는 이야기의 땅에서 살았다.

❖ 어느 것이 더 풍요로운 삶일까?

적어도 상상력과 희망의 측면에서는 조상들의 승리가 아닐까 싶다. 그들은 가난했지만 이야기를 가졌고, 힘없었지만 꿈을 품었다. 그리고 그 이야기와 꿈은 구비문학이라는 그릇에 담겨 오늘날까지 전해지고 있다.

6. 명풍수사 이야기: 구비문학 속 풍수 전문가들의 진짜 모습

◈ 도선, 그 이름의 무게와 가벼움

풍수 이야기를 듣다 보면 가장 자주 등장하는 이름이 있다. 바로 '도선'이다. 고려 개국에 기여한 그 위대한 도선국사일까? 꼭 그렇지만은 않다.

전라도 곡성의 한 마을에서 채록한 이야기를 들어보자.

"옛날에 도선이라는 풍수가 있었는디... 아니, 도선이가 아니라 도선이었나? 하여튼 그 사람이 우리 마을에 와서 묏자리를 봐줬다네."

경상도 안동에서는 이렇게 전해진다.

"정도선이라는 지관이 있었는데, 그 양반이 10년 공부를 못 채워서 실수를 많이 했대."

충청도 공주에서는 또 다르다.

"조선 박상이라는 풍수가 있었는데, 그게 바로 도선의 다른 이름이래."

이처럼 '도선'은 특정 인물이라기보다는 명풍수사를 지칭하는 일종의 보통명사가 되어 버렸다. 마치 요즘 '아인슈타인'이 천재의 대명사가 된 것처럼, 조선시대에는 '도선'이 풍수사의 대명사였던 것이다.

그런데 재미있는 것은 구비문학 속 도선이 항상 위대한 인물로만 그려지지 않는다는 점이다.

◈ 실수투성이 도선의 이야기

강원도 춘천 지역에서 전해지는 이야기다.

도선이가 스승 밑에서 풍수를 배우고 있었다. 9년을 꽉 채우고 이제 1년만 더 배우면 천하의 명풍수가 될 터였다.

그런데 어느 날, 스승이 잠시 자리를 비운 사이에 비서(祕書)를 훔쳐보았다. 거기에는 천하의 명당들이 그려져 있었다.

'아, 이제 나도 다 아는구나!'

도선이는 자만심에 차서 스승 몰래 하산했다. 그리고 여기저기 다니며 묏자리를 잡아주기 시작했다.

처음에는 제법 잘 맞았다. 그런데 시간이 지날수록 실수가 늘어났다. 어떤 집은 묘를 쓴 후 오히려 망했고, 어떤 집은 자손이 끊겼다.

나중에 스승이 찾아와서 한탄했다.

"10년을 채워야 하는데 9년만 배우고 나가니, 열 번 중 한 번은 꼭 실수를 하는구나!"

이 이야기는 무엇을 말하는가?

첫째, 풍수도 완벽할 수 없다는 인식이다. 신통한 도선도 실수를 한다면, 일반 지관들의 실수는 당연한 것 아닌가?

둘째, 성급함에 대한 경계다. 조급한 마음이 화를 부른다는 교훈이다.

셋째, 풍수 피해에 대한 위안이다. 명당이라고 해서 묘를 썼는데 오히려 화를 당했다면, 그것은 지관의 실수일 수도 있다는 변명거리를 제공한다.

◈ 박상의: 실존 인물의 희화화

박상의(朴尙毅)는 실제로 『조선왕조실록』에 등장하는 인물이다. 선조 때 활동한 풍수 전문가로, 왕실의 능지를 정하는 데 참여했다. 그런데 구비문학에서 그는 매우 독특한 캐릭터로 변모한다.

가장 유명한 것이 "신후지지(身後之地)마저 빼앗긴 박상의" 이야기다.

경기도 양주 지역의 전승이다.

박상의는 조선 제일의 풍수였다. 그는 자신이 죽어서 묻힐 최고의 명당을 미리 찾아두었다.

"내가 죽으면 ○월 ○일 ○시에 이곳에 묻어라. 그러면 후손이 대대로 영화를 누릴 것이다."

그런데 박상의에게는 젊은 첩이 있었고, 그 첩은 몰래 다른 남자와 정을 통하고 있었다. 간부(姦夫)는 첩을 꼬드겼다.

"그 명당이 어디인지, 언제 묻어야 하는지 알아내시오. 그러면 우리가 그 땅을 차지하겠소."

첩은 박상의가 술에 취했을 때 온갖 교태를 부려 비밀을 알아냈다.

박상의가 죽자, 첩과 간부는 미리 가서 가짜 무덤을 만들어놓았다. 박상의 가족들이 와보니 이미 묘가 있어서 어쩔 수 없이 다른 곳에 묻었다.

그 후 간부의 집안은 크게 일어났고, 박상의 집안은 몰락했다고 한다.

이 이야기의 아이러니가 느껴지는가? 천하의 명풍수가 정작 자신의 복은 지키지 못했다는 것이다.

또 다른 버전도 있다. 전라도 남원 지역의 이야기다.

박상의가 어느 마을을 지나가다가 우연히 천하의 명당을 발견했다. 마침 그 땅의 주인이 가난한 농부였다.

박상의는 속으로 생각했다. '이런 천한 놈이 어떻게 이런 명당을 가질 수 있단 말인가?'

그는 농부에게 말했다. "이 땅은 흉지요. 여기 묘를 쓰면 집안이 망할 것이오."

농부가 놀라서 물었다. "그럼 어디가 좋습니까?"

박상의는 아무 곳이나 가리키며 말했다. "저기가 명당이오. 내가 이 흉지를 살 테니 저 땅과 바꾸시오."

순진한 농부는 그 말을 믿고 땅을 바꾸었다.

그런데 이상한 일이 일어났다. 박상의가 흉지라고 한 곳에 묘를 쓴 박상의 집안은 오히려 화를 당했고, 엉뚱한 곳에 묘를 쓴 농부의 집안은 크게 번성했다.

사람들은 수군거렸다. "하늘이 교만한 자를 벌하고 선량한 자를 도운 것이다."

❖ 이런 이야기들은 무엇을 말하는가?

첫째, 권력과 지식에 대한 조롱이다. 왕실의 풍수사도 결국 인간적 약점을 가진 존재일 뿐이다.

둘째, 도덕적 정의의 실현이다. 악한 마음을 품으면 아무리 뛰어난 능력도 소용없다.

셋째, 민중의 희망이다. 때로는 무지한 백성이 똑똑한 전문가보다 복을 받을 수 있다.

◈ 선조 시대 풍수사들의 빈번한 등장

구비문학을 분석하다 보면 특이한 현상을 발견하게 된다. 유독 선조 때 활동한 풍수사들이 자주 등장한다는 점이다. 박상의뿐만 아니라 이의신, 섭정국 등이 그들이다.

왜 하필 선조 때일까?

이는 역사적 맥락과 관련이 있다. 선조는 임진왜란이라는 국난을 겪으면서도 풍수에 지나치게 의존했다. 더구나 조선의 풍수 전문가들을 믿지 못하고 중국 풍수사들에게 의견을 구하는 등 사대적 태도를 보였다.

『실록』을 보면 선조의 우유부단함이 잘 드러난다. 특히 인순왕후(仁順王后)의 장지를 정하는 과정은 가관이었다.

충청도 보령 지역의 이야기다.

선조가 어머니 인순왕후의 묏자리를 정하지 못하고 있었다. 조선 풍수사들이 여러 곳을 추천했지만 마음에 들지 않았다.

그때 중국에서 온 풍수사가 한 곳을 가리켰다. "여기가 명당입니다."

선조가 기뻐하며 그곳에 능을 조성하려 하자, 박상의가 나섰다. "전하, 그곳은 물이 차는 곳입니다. 결코 능지가 될 수 없습니다."

그러나 선조는 중국 풍수사의 말만 믿었다.

능을 조성한 후 큰비가 오자 과연 물이 들어찼다. 그제야 선조는 박상의의 말이 맞았음을 알았지만, 이미 늦은 후였다.

백성들은 비웃었다. "중국 것이라면 무조건 좋다고 하는 임금님 때문에 왕후님도 편히 못 쉬시는구나."

이런 이야기들은 선조의 사대주의와 우유부단함에 대한 민중의 비판이 담겨 있다.

◈ 숙종: 백성을 도운 임금님

『실록』과 달리 구비문학에서는 숙종과 관련된 풍수 이야기가 유독 많다. 그것도 대부분 긍정적인 내용이다.

가장 널리 퍼진 이야기 구조는 이렇다:

1. 숙종이 미행(微行)을 나간다.
2. 우연히 백성의 풍수 문제를 목격한다.
3. 직접 나서서 문제를 해결해준다.
4. 나중에 신분을 밝히고 상을 내린다.

경기도 파주 지역의 이야기를 보자.

숙종이 밀행을 나갔다가 어느 산기슭에서 울고 있는 부부를 만났다.

"무슨 일로 우느냐?"

"묏자리를 잡아 광을 팠는데 물이 차올라서... 오늘 안에 장사를 지내야 하는데 큰일입니다."

숙종이 광을 들여다보니 정말 물이 가득했다. 그런데 자세히 보니 그 아래로 물이 빠질 만한 틈이 보였다.

"저기를 조금만 더 파보시오."

부부가 그곳을 파자 물이 순식간에 빠졌다.

"고맙습니다, 나으리!"

숙종은 그들에게 돈을 주며 떠났다. 그런데 궁금해서 그 묏자리를 봐준 지관을 찾아갔다.

초라한 초가집에서 나온 지관은 숙종을 보자마자 알아보고 절을 했다.

"전하를 기다리고 있었습니다."

"어떻게 나를 알았느냐?"

"그 땅은 임금님이 오셔야만 물이 빠지는 곳입니다. 제가 일부러 그리 한 것입니다."

숙종이 감탄하며 물었다.

"그 땅이 명당이냐?"

"당대발복할 땅입니다. 가난한 부부가 당장 복을 받아야 할 것 같아서..."

숙종은 지관의 깊은 뜻에 감동하여 벼슬을 내렸다고 한다.

❖ **이런 이야기에서 숙종은 어떤 임금으로 그려지는가?**

첫째, 백성을 직접 돌보는 애민군주다.

둘째, 풍수에 조예가 깊은 현명한 임금이다.

셋째, 신분을 가리지 않고 능력을 인정하는 공정한 임금이다.

실제 역사에서 숙종 시대에는 산송 관련 법규가 정비되었고, 특히 서민의 묘점권(墓占權)을 보호하는 규정이 만들어졌다. 이런 정책이 민중들에게 호의적으로 받아들여져 이런 이야기들이 만들어진 것으로 보인다.

◈ **송강 정철: 지역마다 다른 평가**

구비문학의 재미있는 특징 중 하나는 같은 인물이 지역에 따라 전혀 다르게 평가된다는 점이다. 송강 정철이 대표적인 예다.

강원도 지역의 이야기를 먼저 보자.

송강 정철이 강원도 관찰사로 부임했다. 그는 풍수에 능했는데, 강원도의 명당들을 보고는 시기심이 발동했다.

"이런 좋은 땅에서 인재가 나면 나라가 어지러워질 것이다."

그는 은밀히 부하들을 시켜 명당마다 쇠말뚝을 박아 혈을 끊었다. 특히 양양의 무산 12봉은 봉우리마다 혈을 끊어놓았다.

그 후로 강원도에서는 인재가 나오지 않게 되었고, 백성들은 송강을 원망했다.

어느 날, 민노봉이라는 지관이 송강을 찾아왔다.

"대감, 제가 천하의 명당을 찾았습니다."

송강이 기뻐하며 그곳에 부친의 묘를 썼다. 그런데 그곳은 명당이 아니라 흉지였다. 민노봉이 일부러 속인 것이다.

묘를 쓴 후 송강은 급속히 쇠락하여 비참하게 죽었다고 한다.

그런데 전라도 담양 지역의 이야기는 정반대다.

송강이 담양에 낙향해 있을 때였다. 어느 날 거지가 찾아와 밥을 구걸했다.

송강은 거지를 정중히 대접했다. 거지가 감동하여 말했다.

"대감의 후의에 감사하여 명당을 하나 알려드리겠습니다."

거지가 알려준 곳은 정말 천하의 명당이었다. 송강은 그곳에 선영을 모셨고, 후손들이 대대로 번창했다.

뿐만 아니라 송강은 담양 일대의 산수를 보고 많은 시를 지었는데, 그 시마다 풍수의 이치가 담겨 있어 후인들이 명당을 찾는 데 도움이 되었다고 한다.

✤ 왜 이런 차이가 생겼을까?

송강은 실제로 강원도 관찰사를 지냈고, 「관동별곡」을 지었다. 그런데 이 작품을 보면 백성들의 삶보다는 경치 구경에 더 관심이 많았던 것 같다. 아마도 선정을 베풀지 못했을 가능성이 크다.

반면 담양에서는 유배 생활을 하며 자숙했다. 「사미인곡」, 「속미인곡」 등을 지으며 조용히 지냈고, 지역민들과도 원만하게 지냈을 것이다.

이처럼 구비문학은 역사적 인물을 그들이 원하는 방식으로 재창조한다. 그것은 단순한 왜곡이 아니라, 민중들의 정서와 가치관이 투영된 결과다.

◈ 진실과 허구 사이

구비문학 속 풍수 이야기들은 얼마나 진실할까?

한 언어학자는 이렇게 말한다.

"구비전승은 오랜 시간에 걸쳐 다듬어집니다. 불필요한 것은 잊고, 중요한 것만 남습니다. 그런 의미에서 구비전승은 문자 기록보다 더 본질적일 수 있습니다."

실제로 구비문학 속 풍수 이야기들을 분석해보면:

첫째, 정형화된 구조를 가지고 있다. 이는 오랜 전승 과정에서 핵심만 남은 결과다.

둘째, 지역적 특성을 반영한다. 같은 이야기도 지역의 정서에 맞게 변형된다.

셋째, 시대적 배경이 구체적이다. 막연한 '옛날'이 아니라 특정 시대, 특정 인물이 등장한다.

넷째, 도덕적 교훈을 담고 있다. 단순한 흥미 위주가 아니라 삶의 지혜를 전달한다.

◆ **명풍수사 이야기의 현대적 의미**

오늘날 우리는 전문가의 시대에 살고 있다. 모든 분야에 전문가가 있고, 우리는 그들의 의견에 의존한다.

그런데 구비문학 속 명풍수사들의 이야기는 우리에게 묻는다:

"전문가도 실수할 수 있지 않은가?" "지식이 지혜는 아니지 않은가?" "권위가 진실을 보증하는가?"

도선이 10년 공부를 못 채워 실수하고, 박상의가 자신의 명당을 빼앗기고, 선조가 중국 풍수사에게 속는 이야기들은 모두 같은 메시지를 전한다.

완벽한 전문가는 없다. 지식도 중요하지만 인품이 더 중요하다. 권위보다는 현장의 경험이 더 정확할 수 있다.

이는 21세기를 사는 우리에게도 유효한 통찰이다.

전문가를 존중하되 맹신하지 말 것. 지식을 추구하되 교만하지 말 것. 권위에 기대되 비판적 사고를 잃지 말 것.

500년 전 민중들이 풍수 이야기를 통해 전하고자 했던 지혜가 오늘날에도 여전히 빛나는 이유다.

회룡고조형   호승예불형

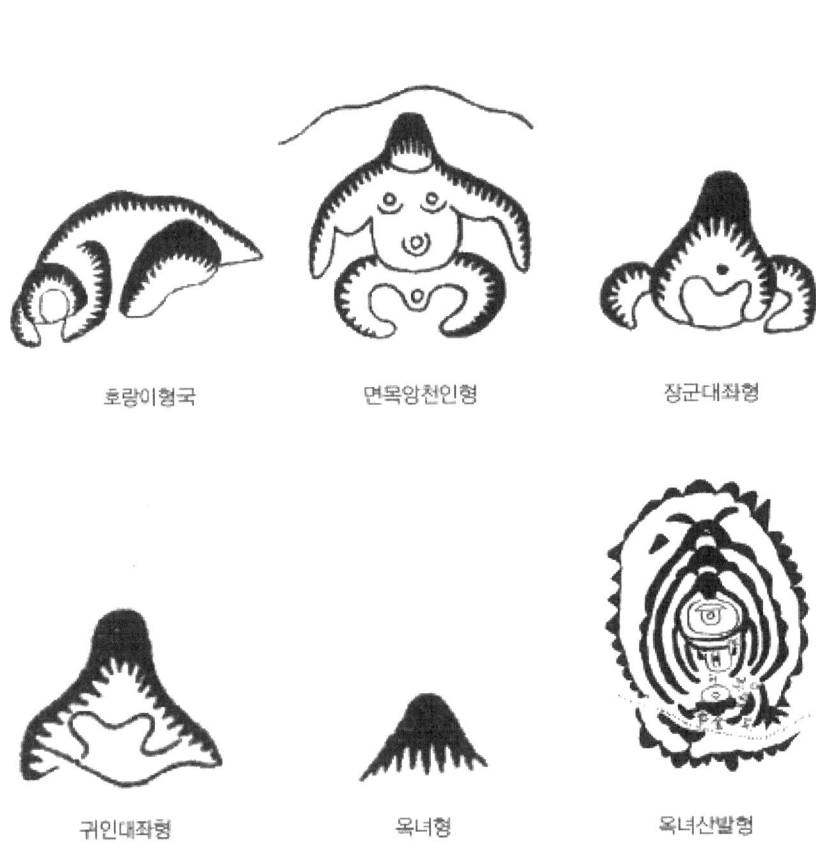

호랑이형국   면목앙천인형   장군대좌형

귀인대좌형   옥녀형   옥녀산발형

┃ 물형론 도식들 ┃

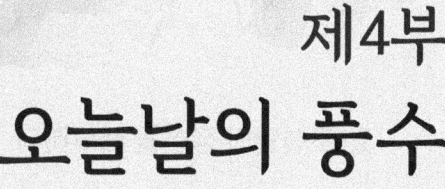

풍수

풍수

제4부
오늘날의 풍수
- 과거에서 현재까지

風水

제16장

|

일제강점기 풍수

- 분묘기지권과 풍수신앙 -

1. 조선인의 정신을 해부하다

1920년 봄, 경성. 조선총독부 문화부의 한 사무실에서 일본인 관리들이 모여 회의를 하고 있었다.

"조선인들을 진정한 황국신민으로 만들려면 무엇부터 해야 할까?"

한 관리가 탁자 위에 두꺼운 보고서를 올려놓았다.

"먼저 그들의 정신세계를 완전히 파악해야 합니다. 무엇을 믿고, 무엇을 두려워하며, 무엇에 희망을 거는지 알아야 지배할 수 있습니다."

이것이 악명 높은 '조선인 알기' 프로젝트의 시작이었다. 총독부는 조선의 정신문화를 해부하듯 분석하기 시작했다. 그 결과물이 바로 "조선의~" 시리즈였다. 『조선의 귀신』, 『조선의 유사종교』, 『조선의 무속』, 그리고 『조선의 풍수』이다.

문화부 촉탁들은 전국 각지로 흩어졌다. 그들은 각 지방 관청에 공문을 보내 명령했다.

"그 지역에서 가장 학식이 높은 조선인을 찾아라. 그들에게 전통 풍속에 대해 상세히 조사하게 하라."

아이러니하게도 일제는 조선인을 동원해 조선인의 정신을 조사했다. 현지 조사와 문헌 조사가 동시에 진행되었고, 1940년대에 이르러 방대한 자료가 축적되었다.

특히 『풍속관계자료촬요』는 압권이었다. 전 5권에 달하는 이 자료집에는 풍수 관련 기록만 수천 건이 포함되어 있었다. 조선인들이 어떤 산을 신성시하는지, 어떤 지형을 명당으로 여기는지, 어떤 비보 시설을 만들었는지가 낱낱이 기록되었다.

◈ 1940년, 도쿄 메이지대학의 증언

1940년 늦가을, 도쿄 메이지대학의 한 연구실. 조선인 교수 김효경이 원고를 쓰고 있었다. 논문 제목은 「조선의 풍수신앙」.

그는 펜을 놓고 창밖을 바라보며 깊은 한숨을 쉬었다. 조선인으로서 일본 대학의 교수가 된 그는 복잡한 심경이었다. 그러나 진실은 기록되어야 했다.

"조선인들이 절대 버리지 못하는 것이 두 가지 있다. '무당 신앙'과 '풍수신앙'이다."

그는 이어서 충격적인 사실을 썼다.

"이 사실을 일제 당국은 이미 1920년대부터 파악하고 있었다. 그들의 문화 조사는 단순한 학술 연구가 아니었다. 조선인의 정신적 약점을 찾아 그것을 이용하려는 의도였다."

김효경은 알고 있었다. 일제가 왜 그토록 열심히 조선의 풍수를 조사했는지. 그것은 조선인의 정신적 뿌리를 뽑기 위한 사전 작업이었다.

◈ 맥을 끊는 자들

1925년 초여름, 백두산 자락의 한 마을.

새벽부터 마을이 술렁거렸다. 일본군 트럭 여러 대가 마을 입구에 멈춰 섰고, 군인들이 이상한 장비를 들고 산으로 올라가기 시작했다.

"저들이 뭘 하려는 거요?" 마을 이장이 불안한 표정으로 물었다.

"모르겠습니다. 하지만 좋은 일은 아닌 것 같습니다." 옆에 있던 훈장이 대답했다.

며칠 후, 충격적인 소문이 퍼졌다. 일본군이 백두산 여러 곳에 거대한 쇠말뚝을 박았다는 것이다. 길이가 수 미터에 달하는 쇠말뚝을 땅 깊숙이 박아 넣었다고 했다.

"왜 그런 짓을 하는 거요?" "산의 정기를 끊으려는 거라오. 이 땅에서 큰 인물이 나오지 못하게…"

이것은 시작에 불과했다. 금강산, 지리산, 태백산… 조선의 명산마다 쇠말뚝이 박히기 시작했다. 각 지방의 주산(主山)과 안산(案山)도 예외가 아니었다.

한 일본인 기술자의 일기에는 이렇게 적혀 있었다:

"오늘도 산 정상에 쇠말뚝을 박았다. 조선인 인부들의 눈빛이 무섭다. 그들은 우리가 무엇을 하는지 정확히 알고 있다. 하지만 저항할 수 없다. 총칼 앞에서 그들은 무력하다."

◈ 동대문의 비극

1925년 가을, 서울 동대문 밖.

"여기가 바로 그 가산(假山)입니까?" 일본인 토목 기사가 물었다.

"네, 조선인들이 수백 년 전에 만든 인공 산입니다." 조선인 통역관이 대답했다. 그의 목소리에는 슬픔이 묻어났다.

동대문 밖의 이 작은 산은 특별한 의미를 지니고 있었다. 한양의 좌청룡인 낙산이 너무 낮아 도성의 기운이 동쪽으로 빠져나간다고 여긴 조선 사람들은 청계천을 준설하면서 나온 흙으로 인공 산을 만들었다. 이것이 바로 풍수 비보의 일환이었다.

동대문이 다른 사대문과 달리 '흥인지문(興仁之門)'으로 '지(之)'자가 들어간 것도, 이중 옹성으로 둘러싸인 것도 모두 같은 이유였다. 부족한 동쪽을 보완하려는 조상들의 지혜였다.

"이 산을 완전히 제거하고 운동장을 만들 것입니다." 일본인 기사가 차갑게 말했다.

며칠 후, 굴착기가 동원되어 가산은 흔적도 없이 사라졌다. 그 자리에 '경성운동장'이 들어섰다. 후에 '동대문운동장'으로 불리게 될 이 시설은 단순한 체육 시설이 아니었다. 그것은 조선인의 정신적 비보를 파괴한 일제의 만행을 상징하는 공간이었다.

인근에 살던 한 노인은 이렇게 한탄했다.

"아이고, 이제 한양의 기운이 다 빠져나가겠구나. 동쪽이 허해서 조상들이 애써 산을 만들었는데…"

◈ 경복궁 앞의 거대한 장벽

1926년, 경복궁 앞.

거대한 건물이 모습을 드러내기 시작했다. 조선총독부 신청사였다. 위치 선정은 치밀하게 계산된 것이었다.

"백악산에서 경복궁으로 이어지는 맥을 완전히 차단하는 거요." 한 일본인 풍수 전문가가 설명했다.

"조선인들은 이 맥을 통해 왕기(王氣)가 흐른다고 믿습니다. 이것을 차단하면…"

그는 의미심장하게 웃었다.

조선총독부 건물은 단순히 크고 웅장한 것이 아니었다. 그것은 조선 왕조의 정궁인 경복궁을 가리고, 백악산의 정기가 궁궐로 흐르는 것을 막는 거대한 장벽이었다.

건물이 완공되자 많은 조선인들이 탄식했다.

"이제 조선의 운이 다했구나..."

그러나 어떤 이들은 희망을 버리지 않았다.

"언젠가는 저 건물이 사라질 날이 올 거야. 그때 우리의 기운도 다시 살아날 거야."

◈ 남산의 수난

같은 시기, 한양의 안산(案山)인 남산 정상.

"여기가 최적의 장소입니다." 일본인 신관(神官)이 만족스럽게 말했다.

남산 정상에는 거대한 신사가 들어서고 있었다. '조선신궁'이라 불릴 이 신사는 일본의 천조대신(天照大神)을 모시는 곳이었다.

"조선인들이 신성시하는 산 정상에 우리의 신을 모시는 겁니다. 정신적 지배의 완성이죠."

남산은 한양 풍수에서 중요한 역할을 했다. 주산인 백악산과 마주보며 도성의 기운을 안정시키는 안산이었다. 그런 남산 정상에 일본 신사가 들어선 것은 조선인들에게 큰 충격이었다.

한 풍수가는 비밀리에 제자들에게 말했다.

"저들이 우리의 정신적 중심을 모두 파괴하고 있다. 하지만 기억하거라. 산과 땅의 정기는 쉽게 사라지지 않는다. 언젠가 우리가 다시 회복할 날이 올 것이다."

2. 전국을 뒤덮은 쇠말뚝

1930년대에 들어서면서 쇠말뚝 박기는 더욱 조직적이고 광범위하게 진행되었다.

강원도 금강산의 한 암자. 노승이 제자에게 말했다.

"어제 일본군이 비로봉에 올라갔다더구나." "무엇을 하러 갔습니까?" "쇠말뚝을 박으러... 이미 여러 봉우리에 박았다고 한다."

전라도 지리산 자락의 한 마을.

"우리 마을 주산에도 쇠말뚝을 박았어요." "어제는 뒷산 용마등에도 박던데..."

경상도 태백산 근처.

"왕릉 뒤쪽 산에도 쇠말뚝이 박혔대." "이러다가 우리나라 산이란 산에는 다 쇠말뚝이 박히겠구만."

실제로 해방 후 발견된 쇠말뚝만 수천 개에 달했다. 21세기에 들어서도 간간이 일제가 박은 쇠말뚝이 발견되고 있다.

◈ 풍수를 지키려는 사람들

그러나 조선인들이 무력하게 당하기만 한 것은 아니었다.

1935년 어느 날 밤, 충청도의 한 산중.

"조심해. 일본군에게 들키면 큰일이야." 몇 명의 조선인들이 어둠 속에서 움직이고 있었다.

"여기야. 낮에 표시해둔 곳이야." 그들은 일제가 박은 쇠말뚝을 찾아 뽑으려 했다. 비록 많은 수는 아니었지만, 뜻있는 사람들이 비밀리에 쇠말뚝을 제거하는 작업을 했다.

어떤 이들은 더 영리한 방법을 사용했다.

"쇠말뚝을 뽑으면 바로 들통날 거야. 대신 그 옆에 더 큰 바위를 놓아두자. 쇠의 기운을 바위가 눌러줄 거야."

또 어떤 이들은 일제가 파괴한 비보 시설을 몰래 복구하려 했다.

"동대문 밖 가산은 없어졌지만, 우리가 작은 돌무더기라도 쌓아두자. 정성이라도 보여야지."

◈ 동대문운동장: 비보 파괴의 상징

일제의 풍수 파괴 정책을 가장 잘 보여주는 사례가 바로 동대문운동장이다. 조선의 풍수가들은 한양의 좌청룡에 해당하는 낙산(駱山)이 다른 산들에 비해 현저히 낮다는 점을 문제로 인식했다. 이는 도성의 기운이 동쪽으로 빠져나갈 수 있는 풍수적 약점이었다.

이를 보완하기 위해 조선 사람들은 여러 가지 비보책을 마련했다. 먼저 동대문의 정식 명칭을 '흥인지문(興仁之門)'으로 정해 다른 사대문과 달리 '지(之)'자를 추가했다. 이는 부족한 동쪽의 기운을 글자로나마 보충하려는 의도였다. 또한 동대문에만 돌로 된 옹성을 이중으로 설치해 방어를 강화했다.

가장 중요한 비보책은 인공산인 가산(假山)을 조성한 것이었다. 청계천을 준설하면서 나온 흙을 쌓아 동대문 밖에 작은 산을 만들었는데, 이는 낮은 낙산을 보완하는 풍수적 장치였다. 그러나 일제는 이 가산의 의미를 정확히 파악하고 있었고, 1925년 이를 완전히 제거한 후 그 자리에 경성운동장(후의 동대문운동장)을 건설했다. 2007년 동대문운동장이 철거되고 동대문역사문화공원이 조성되면서, 청계천 복원과 함께 작은 표지석이라도 세워 과거 비보의 의미를 기억하게 한 것은 늦었지만 다행스러운 일이다.

◈ 전국적인 쇠말뚝 테러

일제가 전국 산하에 박은 쇠말뚝은 해방 후 발견된 것만 수천 개에 달한다. 백두산, 금강산, 지리산 등 명산은 물론 각 지방의 주요 산맥과 왕릉 주변에까지 쇠말뚝을 박아 소위 '지맥'을 끊으려 했다.

1995년 광복 50주년을 맞아 철거된 구 조선총독부 건물도 풍수 탄압의 상징이었다. 경복궁 앞에 세워진 이 건물은 백악산에서 경복궁으로 이어지는 맥을 차단하는 거대한 장벽 역할을 했다. 건물 철거는 단순한 역사 청산을 넘어 끊어진 풍수적 맥을 복원하는 의미를 지녔다.

3. 분묘기지권: 풍수와 법의 만남

흥미롭게도 일제강점기에는 풍수와 관련된 중요한 법적 인정이 이루어졌다. 당시 총독부는 끊임없이 발생하는 산송(山訟) 사건으로 골머리를 앓고 있었다. 이를 '복묘(卜墓) 습속'이라 불렀는데, 처음에는 무단 개혁을 시도했으나 조선인들의 강한 저항에 부딪혔다.

결국 1923년 묘지법을 개정하여 당시의 묘지 관련 관습을 인정하게 되었다. 더 나아가 1927년 조선고등법원은 획기적인 판결을 내렸다. 풍수신앙에 따른 묘점권(墓占權)을 한국의 정당한 관습으로 인정한 것이다. 이는 묘지 관련 분쟁의 근본 원인을 풍수로 파악하고, 풍수신앙에 대한 법적 보호를 제공했다는 점에서 중요한 의미를 갖는다.

이 판결은 현재까지도 '관습법상 분묘기지권(墳墓基地權)'이라는 물권법으로 남아있다. 분묘기지권은 "타인의 토지에 소유자의 승낙을 얻어 분묘를 설치한 경우, 묘를 쓴 사람에게 지상권과 유사한 물권을 부여한다"는 내용이다. 즉, 분묘를 목적으로 타인의 토지를 사용하는 경우, 소유권은 아니지만 점유권을 관습법으로 인정한다는 것이다.

◈ 현대의 변화와 새로운 장묘문화

시대가 변하면서 분묘 관련 법제도도 크게 변화했다. 효율적인 국토 이용이라는 명분 아래 매장 관련법이 정비되면서, 분묘를 위한 토지 점유권은 최장 60년으로 제한되었고, 분묘 1기당 면적도 20평방미터로 한정되었다.

2008년부터는 '장사 등에 관한 법률'이 시행되면서 자연 친화적인 장묘 방식이 권장되기 시작했다. 현재 우리나라의 주요 장묘 방식은 크게 세 가지로 나뉜다:

1. **납골장**: 화장 후 개인 또는 공공 납골당에 안치
2. **산골장**: 산, 바다, 강 등 자연에 유골을 뿌리는 방식
3. **자연장**: 수목장 등 기념공원 내 나무나 식물 주변에 안치

그러나 각 방식마다 문제점이 제기되고 있다. 납골당의 대리석 구조물은 오히려 자연경관을 해친다는 비판을 받고, 산골장은 법적으로 제한이 있으며, 자연장은 생명의 공간인 숲을 죽음의 공간으로 인식하게 만든다는 우려가 있다.

이러한 상황에서 건전한 장묘문화 정착은 중요한 사회적 과제가 되었다. 여러 대학에서 장례 관련 학과가 신설되고, 장례 산업이 성장하는 것도 이러한 변화를 반영한다. 2008년부터 시행된 '장사법'은 실질적으로 화장을 유도하는 방향으로 제정되었으며, 이는 전통적인 매장 중심의 장묘문화에서 화장 중심으로의 전환을 의미한다.

◈ 풍수의 현대적 의미

일제의 풍수 탄압에서 시작하여 현대의 장묘문화 변화까지 살펴보면, 풍수가 단순한 미신이 아니라 한국인의 삶과 죽음, 그리고 정체성과 깊이 연결되어 있음을 알 수 있다.

일제가 풍수를 탄압한 것은 그것이 조선인의 정신적 지주였기 때문이고, 해방 후 쇠말뚝 제거와 총독부 건물 철거 등이 중요하게 다뤄진 것도 같은 맥락이다. 또한 분묘기지권이 관습법으로 인정되고 현재까지 유지되는 것은 풍수가 여전히 한국 사회에서 중요한 문화적 요소임을 보여준다.

시대가 변하면서 장묘문화도 변하고 있지만, 좋은 곳에 조상을 모시고자 하는 마음, 그리고 땅과 인간의 관계를 중시하는 사고는 여전히 이어지고 있다. 이는 풍수가 단순한 과거의 유물이 아니라, 현대에도 여전히 살아있는 문화적 전통임을 의미한다.

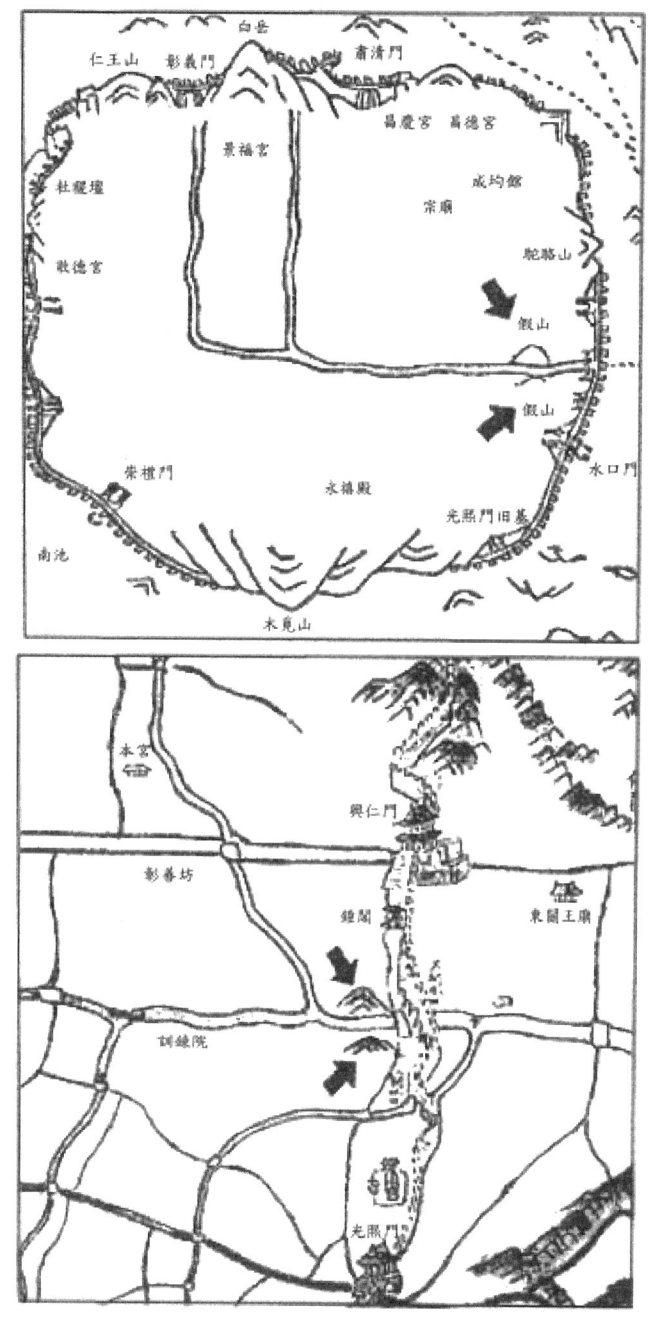

▎동대문 비보처 ▎

각각 <사산금표도 四山禁標圖>(1765년)와 <도성도 都城圖>(1750년대)(최원석, 2004; 223에서 재인용)

제17장

|

최근 풍수 이용의 현실

1. 21세기, 풍수가 서구로 건너가다

2010년 봄, 독일 하노버의 한 건축 설계 사무소.

"이번 프로젝트에 풍수 전문가를 참여시키는 게 어떻겠습니까?"

건축가 슈미트가 제안하자 동료들이 고개를 끄덕였다. 이제 독일에서 풍수는 더 이상 동양의 신비한 미신이 아니었다. 실용적인 공간 설계의 도구로 자리 잡고 있었다.

오늘날 유럽과 북미에서 풍수는 주로 인테리어 분야에서 활용되고 있다. 풍수의 기본 이론인 오행(五行)과 기(氣)의 흐름 개념이 실내 공간 설계에 적용되는 것이다.

하노버에서는 특히 건축 설계 단계부터 풍수 전문가들이 직접 참여한다. 물론 깊이 있는 풍수 이론을 적용하기보다는, 실내 건축을 전공한 사람들이 기본적인 수준에서 활용하는 정도다. 그럼에도 이는 동양의 전통 사상이 서구의 현대 건축과 만나는 흥미로운 지점이다.

◆ 슈투트가르트: 바람길을 열다

독일 남부의 공업도시 슈투트가르트. 이 도시는 사방이 산으로 둘러싸인 분지 지형이다.

"우리 도시의 가장 큰 문제가 뭔지 아십니까?"

2005년, 슈투트가르트 시청의 도시계획 담당자 마르쿠스가 방문객들에게 물었다.

"바로 공기입니다. 분지 지형이라 주변 산업단지에서 나오는 오염된 공기가 갇혀서 빠져나가지 못합니다. 마치 뚜껑을 덮은 가마솥 같죠."

이 문제를 해결하기 위한 노력은 1938년 대기환경청 설립부터 시작되었다.

그러나 본격적인 변화는 1990년대부터였다. 도시계획가들은 과감한 결정을 내렸다. 분지의 일부를 '뚫어서' 바람이 통하게 만들자는 것이었다.

"우리는 이것을 '바람길(Windway)' 프로젝트라고 부릅니다."

계획의 핵심은 세 개의 바람길을 만들고 도시 전체를 녹지화하는 것이었다. 특히 주목할 부분은 도시 중앙역 지역이었다. 원래 건물들로 빽빽하게 들어차 있던 이곳을 과감하게 열어 바람이 통하도록 했다.

2005년, 더욱 야심찬 프로젝트가 시작되었다. "Stuttgart 21", 일명 "바람길 21" 프로젝트였다.

"이번에는 풍수 전문가들을 초빙했습니다."

시청 관계자가 설명했다.

"처음에는 반신반의했죠. 하지만 그들의 분석이 우리의 과학적 데이터와 놀랍도록 일치했습니다. 바람의 흐름, 지형의 특성, 그리고 도시 에너지의 순환... 풍수가 말하는 '기의 흐름'이 우리가 추구하는 '공기 순환'과 같은 개념이었던 겁니다."

풍수 전문가들의 조언에 따라 중앙역 일대는 완전히 새롭게 설계되었다. 지상의 철도역은 지하로 들어가고, 그 위는 넓은 녹지공원으로 조성되었다.

"풍수에서는 이것을 '막힌 기를 뚫는다'고 표현하더군요. 우리는 '공기 순환 개선'이라고 하고요. 표현은 다르지만 목표는 같습니다."

오늘날 슈투트가르트 시청에는 풍수 전문가가 상주하고 있다. 시민들도 이를 자연스럽게 받아들인다.

한 시민은 이렇게 말했다.

"풍수든 뭐든 우리 도시가 더 살기 좋아진다면 환영입니다. 실제로 공기가 많이 좋아졌어요."

◆ **프라이부르크: 물길의 지혜를 되찾다**

독일 남서부, 검은 숲(Black Forest) 자락에 위치한 프라이부르크. 이 도시의 특징은 시내 전체를 흐르는 작은 수로들이다. 현지어로 '베힐레(Bächle)'라 불리는 이 수로는 중세 시대부터 이어져 왔다.

2000년대 초, 프라이부르크 시의회에서 논란이 일었다.

"이 낡은 수로들을 없애고 도로를 확장해야 합니다. 21세기에 이런 중세 유물이 필요합니까?"

일부 의원들의 주장이었다. 실제로 좁은 수로들은 현대적 도시 인프라 구축에 걸림돌처럼 보였다.

그때 한 환경학자가 손을 들었다.

"잠깐만요. 이 수로들의 진짜 기능을 아십니까?"

그는 놀라운 연구 결과를 발표했다. 원래 도시 청소를 위해 만들어진 이 수로들이 실은 천연 에어컨 역할을 하고 있다는 것이었다.

"동쪽 검은 숲에서 내려오는 차가운 공기가 이 수로를 따라 도시 전체로 퍼집니다. 그래서 프라이부르크가 주변 도시보다 여름에 3~4도 더 시원한 겁니다."

이 연구에는 풍수 전문가의 자문이 큰 역할을 했다.

프라이부르크 시청의 존 파닉(John Panick)은 이렇게 설명했다.

"풍수 전문가가 '물은 기를 운반한다'고 했습니다. 처음엔 무슨 말인지 몰랐죠. 그런데 과학적으로 분석해보니 정말 물길이 차가운 공기를 운반하고 있었습니다. 고대의 지혜가 현대 과학으로 증명된 셈이죠."

결국 수로는 보존되었고, 오히려 더 체계적으로 관리되기 시작했다.

◈ **동서양의 만남: 풍수의 현대적 재해석**

프라이부르크 시청에도 이제 풍수 전문가가 상주한다. 그들은 전통적인 풍수 이론을 현대 도시계획에 맞게 재해석한다.

한 풍수 전문가는 이렇게 말한다.

"풍수의 핵심은 자연과의 조화입니다. 산, 물, 바람의 흐름을 읽고 그에 맞춰 공간을 설계하는 것이죠. 이는 현대의 지속가능한 도시계획과 완벽하게 일치합니다."

실제로 유럽에서 풍수가 주목받는 이유는 그것이 가진 생태학적 통찰 때문이다. 수천 년 동안 자연을 관찰하며 축적된 경험적 지식이 현대의 환경 문제 해결에 새로운 관점을 제공하는 것이다.

◈ 풍수, 미신인가 과학인가

독일의 사례는 흥미로운 시사점을 제공한다. 서구인들은 풍수를 종교나 미신으로 받아들이지 않는다. 대신 실용적인 환경 설계 도구로 활용한다.

슈투트가르트 대학의 한 교수는 이렇게 평가한다.

"풍수가 과학이냐 아니냐는 중요하지 않습니다. 중요한 것은 그것이 도시 문제 해결에 도움이 되느냐는 것이죠. 바람길 프로젝트의 성공은 풍수의 실용성을 증명합니다."

2. 북미의 풍수 열풍과 한국의 현실

◈ 1997년, 밴쿠버로 간 홍콩의 풍수

1997년 7월 1일, 홍콩이 중국에 반환되던 날.

홍콩의 부유층 사이에는 불안감이 퍼지고 있었다. 영국 통치 하에서 쌓아온 재산과 자유가 중국 공산당 치하에서 어떻게 될지 알 수 없었다. 많은 홍콩 부자들이 해외 이민을 선택했고, 그중 상당수가 캐나다 밴쿠버로 향했다.

"왜 밴쿠버인가요?" 한 기자가 이민을 떠나는 홍콩 사업가에게 물었다.

"태평양을 사이에 두고 있어 아시아와 가깝고, 영어권이며, 무엇보다 산과 바다가 조화를 이룬 풍수가 좋은 곳입니다."

흥미로운 것은 이들이 단순히 재산만 가지고 간 것이 아니라는 점이다. 개인 풍수사들도 함께 데려갔다.

"좋은 집을 사는 것만으로는 부족합니다. 그 집이 우리 가족에게 맞는지, 풍수적으로 길한지 봐야죠."

홍콩의 한 부동산 개발업자는 자신의 전속 풍수사와 함께 밴쿠버로 이주했다.

◈ 풍수 아카데미의 탄생

밴쿠버에 정착한 홍콩 풍수사들은 곧 새로운 기회를 발견했다. 현지 서양인들이 풍수에 큰 관심을 보인 것이다.

"동양의 신비한 지혜를 배우고 싶습니다." "우리 집을 더 조화롭게 만들 수 있다면 뭐든 해보고 싶어요."

2000년, 밴쿠버에 첫 번째 풍수 아카데미가 문을 열었다. 홍콩 출신 풍수 대가 레이먼드 로(Raymond Lo)가 설립한 이 아카데미는 큰 성공을 거두었다.

"서양인들은 풍수를 종교가 아닌 실용적 도구로 받아들입니다. 그래서 가르치기가 더 쉬웠죠."

레이먼드는 회고했다.

수업은 영어로 진행되었고, 복잡한 고전 이론보다는 실용적인 응용에 중점을 두었다. 음양오행의 기본 개념, 기의 흐름, 공간 배치의 원리 등을 현대적으로 재해석했다.

◈ 풍수, 서구식으로 변신하다

시간이 지나면서 북미의 풍수는 독특한 방향으로 진화했다. 전통적인 풍수 이론은 서구인들의 취향에 맞게 변형되었다.

❖ 가드닝 풍수

"정원도 풍수가 있나요?"

한 수강생의 질문에서 시작된 '가드닝 풍수'는 큰 인기를 끌었다. 정원의 식물 배치, 물의 흐름, 돌의 위치 등에 풍수 원리를 적용하는 것이다.

❖ 심리 테라피 풍수

"공간이 마음에 영향을 미친다면, 공간을 바꿔서 마음을 치유할 수 있지 않을까요?"

심리상담사 출신의 한 수강생이 개발한 '테라피 풍수'는 공간 배치를 통한 심리 치유를 추구했다.

❖ 풍수 기(Chi) 음악

"기의 흐름을 음악으로 표현할 수 있다면?"

한 음악가는 풍수의 기 개념을 음악으로 표현한 '풍수 기 음악'을 만들었다. 명상음악과 결합된 이 장르는 요가 스튜디오에서 인기를 끌었다.

❖ 뷰티 펑슈이(Beauty Feng Shui)

가장 파격적인 변형은 '뷰티 펑슈이'였다.

"얼굴에도 산과 물이 있어요. 이마는 산, 눈은 물... 마사지로 기의 흐름을 원활하게 할 수 있죠."

한 에스테티션이 개발한 이 마사지 기법은 풍수의 '기의 흐름' 개념을 피부 관리에 적용한 것이었다.

◈ 풍수의 2세대 전도사들

2010년대 들어 흥미로운 변화가 일어났다. 홍콩 경제가 회복되면서 많은 홍콩인들이 다시 고향으로 돌아간 것이다. 그러나 그들이 뿌린 풍수의 씨앗은 밴쿠버에 남았다.

"이제 우리가 풍수를 가르칠 차례입니다."

1세대 홍콩 풍수사들의 제자였던 캐나다인들이 아카데미를 이어받았다. 그들은 동양의 신비를 서구의 합리성으로 재해석하는 데 더욱 능했다. 오늘날 밴쿠버는 북미 풍수의 메카가 되었다. 도시 곳곳의 서점에서 풍수 관련 서적을 쉽게 찾을 수 있고, 풍수 컨설턴트들이 활발히 활동하고 있다.

◈ 한국의 풍수 현실

그렇다면 풍수의 본고장 중 하나인 한국의 상황은 어떨까?

✤ 개인 차원의 풍수

2020년대 현재, 한국에는 10여 개의 풍수 아카데미가 운영되고 있다. 이들 아카데미를 통해 매년 수백 명의 풍수 전문가가 배출된다.

"졸업생들이 어떤 활동을 하는지 정확히 파악하기 어렵습니다."

한 풍수 아카데미 원장의 고백이다.

"대부분 개인적으로 묘지나 주택 자문을 하는 것 같은데, 체계적인 네트워크가 없어서..."

이는 한국 풍수계의 현실을 보여준다. 전문가는 많이 배출되지만, 그들의 활동은 대부분 개인적 영역에 머물러 있다.

✤ 공공 차원의 풍수

반면 공공 영역에서는 풍수가 제법 건전하게 활용되고 있다.

"10년 전만 해도 '생태 도시'라는 말 자체가 공격받았습니다."

한 도시계획 전문가의 회고다.

"'생태'와 '도시'는 어울릴 수 없는 개념이라고들 했죠. 도시는 오직 '건설'과 '개발'의 대상이었으니까요."

그러나 이제 한국에는 100여 개의 생태 도시가 있다. 그리고 이들 도시 계획에는 대부분 풍수적 검토가 포함된다.

◈ 계룡 대실지구: 풍수 도시의 실험

2007년, 한국토지공사(현 LH)는 파격적인 발표를 했다.

"계룡 대실지구에 풍수 환경 도시를 조성하겠습니다."

기자회견장이 술렁거렸다.

"경제성을 따지지 않고 오직 풍수적으로 완벽한 도시를 만들겠다는 겁니다. 진정한 명품 도시를 선보이겠습니다."

야심찬 프로젝트였다. 전국의 풍수 전문가들이 동원되었다. 산의 형세, 물의 흐름, 바람의 방향, 모든 것을 풍수적으로 검토했다.

그러나 현실의 벽은 높았다.

"이대로 하면 분양가가 너무 높아집니다."

"도로를 이렇게 곡선으로 만들면 교통 효율이..."

결국 프로젝트는 일반적인 친환경 도시 수준으로 축소되었다. 하지만 한 관계자는 이렇게 평가했다.

"비록 완전한 풍수 도시는 못 만들었지만, 도시를 바라보는 관점이 바뀌었습니다. 이제 도시는 단순한 주거 공간이 아니라 사람과 자연이 조화를 이루는 공간이어야 한다는 인식이 생겼죠."

◈ 한국 풍수의 현주소와 미래

오늘날 한국에서 풍수는 이중적 위치에 있다.

한편으로는 여전히 미신으로 치부되기도 한다. 과학적 근거가 부족하다는 비판, 상업적으로 악용된다는 우려가 있다.

다른 한편으로는 전통문화의 지혜로 재평가받고 있다. 특히 친환경, 지속가능한 개발이 화두가 되면서 자연과의 조화를 강조하는 풍수의 가치가 주목받는다.

한 도시계획 전문가는 이렇게 말한다.

"풍수를 맹신할 필요는 없지만, 그 속에 남긴 환경적 통찰은 귀담아들을 만합니다. 산과 물, 바람의 흐름을 고려하는 것은 현대 도시계획에서도 중요한 요소니까요."

◈ 동서양 풍수의 차이

북미와 한국의 풍수 활용을 비교하면 흥미로운 차이가 드러난다.

✦ 북미: 실용적 도구로서의 풍수

- 종교적 색채 배제
- 개인의 웰빙에 초점
- 자유로운 변형과 응용
- 상업적 활용에 거리낌 없음

✦ 한국: 전통과 현대 사이의 풍수

- 전통적 권위 중시
- 조상과 후손의 연결 강조
- 원형 보존에 대한 고민
- 상업화에 대한 경계

이러한 차이는 문화적 배경에서 비롯된다. 서구인들에게 풍수는 새로운 도구일 뿐이지만, 한국인들에게는 조상 대대로 이어온 전통이기 때문이다.

◈ 풍수의 미래를 위한 제언

풍수가 21세기에도 의미 있는 지혜로 남으려면 어떻게 해야 할까?

첫째, 열린 자세가 필요하다. 북미의 사례처럼 풍수를 자유롭게 재해석하고 응용하는 것을 두려워하지 말아야 한다.

둘째, 과학과의 대화가 필요하다. 독일의 사례처럼 풍수의 경험적 지혜를 현대 과학으로 검증하고 보완해야 한다.

셋째, 실용성을 추구해야 한다. 신비주의에 빠지지 말고, 실제로 사람들의 삶을 개선하는 데 도움이 되는 방향으로 발전해야 한다.

넷째, 전통의 가치를 지켜야 한다. 변화와 혁신도 중요하지만, 풍수가 담고 있는 자연과의 조화라는 핵심 가치는 잃지 말아야 한다.

한 풍수 연구자는 이렇게 말한다.

"풍수는 살아있는 전통입니다. 시대에 따라 변화하고 적응하면서도 그 본질을 잃지 않을 때, 진정한 생명력을 가질 수 있습니다."

밴쿠버에서 꽃핀 풍수가 서구적 실용주의와 만나 새로운 모습으로 변신했듯이, 한국의 풍수도 전통의 지혜를 현대적으로 재해석하는 지혜가 필요한 시점이다.

3. 풍수 연구의 본질: 땅의 본성을 존중하는 관찰

◈ 자연의 내재적 힘을 보는 두 시선

기원전 4세기, 고대 그리스의 리케이온 학당.

아리스토텔레스가 제자들과 함께 정원을 거닐며 강의하고 있었다.

"자연을 관찰해보라. 씨앗이 땅에 떨어지면 무엇이 일어나는가?"

한 제자가 답했다. "싹이 트고 자라납니다, 스승님."

"그렇다. 그런데 누가 씨앗에게 자라라고 명령했는가? 누가 뿌리는 아래로, 줄기는 위로 가라고 지시했는가?"

제자들이 침묵하자 아리스토텔레스가 말을 이었다.

"아무도 지시하지 않았다. 씨앗 스스로가 그렇게 하는 것이다. 이것이 바로 자연의 '분발력(nisus)'이다. 자연은 스스로 운동하고 변화하려는 내재적 성향을 가지고 있다."

시공을 뛰어넘어 2천 년 후, 조선의 한 서원.

풍수를 가르치는 훈장이 제자들에게 산을 가리키며 말했다.

"저 산을 보아라. 무엇이 보이느냐?"

"산이 보입니다."

"그저 흙과 돌 덩어리만 보이느냐? 자세히 보라. 산은 살아있다. 기(氣)가 흐르고 있다. 마치 사람의 몸에 혈맥이 흐르듯, 산에도 지맥이 흐른다."

훈장은 계속 설명했다.

"기는 스스로 움직이는 생명력이다. 우리가 할 일은 그 흐름을 거스르지 않고 따르는 것이다."

놀랍게도 서로 다른 시공간의 두 현자가 같은 통찰에 도달했다.

자연은 스스로 움직이는 생명력을 가지고 있다는 것. 단지 그리스인은 그것을 '니수스'라 불렀고, 동양인은 '기'라 불렀을 뿐이다.

◈ 기를 전제로 한 관찰의 자세

현대의 한 풍수 연구자는 이렇게 말한다.

"기의 존재를 과학적으로 증명할 수 있느냐고 묻는다면, 솔직히 어렵습니다. 하지만 그것이 중요한 게 아닙니다."

그는 잠시 멈췄다가 계속했다.

"중요한 것은 기의 존재를 전제할 때 우리가 자연을 대하는 태도가 완전히 달라진다는 점입니다. 죽은 물질이 아니라 살아있는 생명체로 보게 되죠. 그러면 자연히 더 조심스럽고 정중하게 대하게 됩니다."

이는 단순한 미신이 아니다. 자연을 존중하는 태도의 철학적 기초다.

"아주 하찮아 보이는 돌 하나, 작은 시냇물 하나도 그냥 지나치지 않게 됩니다. 모든 것이 전체와 연결되어 있고, 모든 것이 나름의 의미를 가지고 있다고 보니까요."

이러한 세심한 관찰은 때로 놀라운 통찰을 가져온다.

◈ 옛 지도가 전하는 땅의 기억

2018년, 서울시청 도시계획과.

"청계천 복원은 성공했지만, 아직 끝난 게 아닙니다."

한 전문가가 낡은 지도를 펼치며 말했다. 조선시대에 제작된 한양도였다.

"보세요. 원래 청계천에는 이렇게 많은 지천이 있었습니다. 지금은 모두 복개되어 도로 밑에 묻혀 있죠."

그는 현대 지도와 고지도를 겹쳐 보여주었다.

"이 작은 물길들이 사실은 서울의 미기후를 조절하는 중요한 역할을 했습니다. 여름에는 시원한 바람을 만들고, 겨울에는 건조함을 막아주었죠."

◈ 산경도가 보여주는 산맥의 진실

전통적인 산맥 인식 체계를 보여주는 『산경도』는 현대의 지질학적 산맥도와는 전혀 다른 방식으로 한반도의 산을 그려냈다.

"현대 지도는 지질 구조에 따라 산맥을 구분합니다. 하지만 산경도는 물이 흐르지 않는 연속된 능선을 기준으로 산맥을 그렸죠."

한 지리학자의 설명이다.

"흥미로운 것은 생태학적으로 볼 때 산경도의 방식이 더 의미가 있다는 점입니다. 동물의 이동 경로, 식생의 분포가 산경도의 산맥 체계와 더 잘 맞아떨어집니다."

이는 옛사람들이 단순히 눈에 보이는 것만이 아니라 생명의 흐름을 읽고 있었음을 보여준다.

◈ 지명에 숨은 풍수 코드

2020년, 한 신도시 개발 현장.

"이 지역 원래 이름이 뭔지 아십니까?"

풍수 컨설턴트가 개발업자에게 물었다.

"잘 모르겠는데요... 그냥 논밭이 있던 곳 아닌가요?"

컨설턴트가 오래된 읍지를 꺼냈다.

"'용머리들'이라고 불렸습니다. 그리고 여기는 '학다리목'이었고요."

그는 지형을 가리키며 설명했다.

"용머리는 이 지형이 용의 머리처럼 생겼다는 뜻입니다. 실제로 보면 낮은 구릉이 용의 머리처럼 솟아 있죠. 학다리목은 학이 내려앉는 목처럼 생긴 곳이라는 뜻인데, 습지였을 가능성이 큽니다."

개발업자가 놀라며 말했다.

"그럼 여기가 원래 습지였다는 말인가요?"

"네, 그래서 주의해야 합니다. 무작정 개발하면 침수 위험이 있죠."

실제로 지질 조사 결과 그곳은 과거 습지였음이 확인되었다.

┃ 한남정맥 ┃

◈ 사라진 물길을 찾아서

한국농어촌공사의 수맥도는 뜻밖의 보물이었다.

"농업용수 확보를 위해 만든 지도인데, 여기에 옛 물길이 고스란히 남아 있습니다."

한 연구자가 수맥도와 대동여지도를 나란히 놓고 비교했다.

"보세요. 이 물길이 일치합니다. 지금은 도로 밑에 묻혔지만, 원래는 이렇게 물이 흘렀던 거죠."

생태도시를 계획하는 전문가들에게 이 정보는 매우 중요했다.

"사라진 물길을 복원하면 도시의 열섬 현상을 크게 줄일 수 있습니다. 또한 생태 네트워크도 복원되고요."

◈ 해동지도가 보여주는 조선의 국토관

『해동지도』는 단순한 지리 정보만이 아니라 당시 사람들의 국토관을 보여준다.

"각 고을의 진산(鎭山)이 뚜렷하게 표시되어 있습니다. 그리고 물의 흐름도 매우 세밀하게 그려져 있죠."

한 고지도 전문가의 설명이다.

"특히 주목할 것은 각 고을의 '안산(案山)'과 '조산(朝山)'까지 표시했다는 점입니다. 이는 단순히 지형을 그린 게 아니라 풍수적 관점에서 공간을 인식했다는 증거입니다."

◈ 현대적 활용의 실제

2021년, 세종시 개발 현장.

"이곳의 원래 지명이 '연기(燕岐)'인 이유를 아십니까?"

풍수 전문가가 도시계획팀에 설명했다.

"제비가 깃드는 곳이라는 뜻입니다. 제비는 깨끗하고 따뜻한 곳에만 둥지를 틉니다. 즉, 이곳이 살기 좋은 곳이라는 의미죠."

그는 고지도를 펼쳤다.

"대동여지도를 보면 이 지역의 물길이 아주 특별합니다. 금강이 크게 곡류하면서 너른 평야를 만들었죠. 그래서 물도 풍부하고 농사도 잘되었습니다."

도시계획팀장이 물었다.

"그런데 지금은 직강공사로 물길이 많이 바뀌었는데요?"

"그래서 문제입니다. 원래 물길의 일부라도 복원해야 합니다. 그래야 생태적으로도 안정되고, 미기후도 좋아집니다."

실제로 세종시는 구불구불한 금강의 옛 물길 일부를 생태공원으로 복원했다.

◈ 통합적 관찰의 중요성

한 노학자는 이렇게 강조한다.

"풍수는 단순히 길흉을 점치는 술법이 아닙니다. 땅을 세심하게 관찰하고 그 본성을 존중하는 지혜입니다."

그는 여러 지도를 펼쳐놓고 설명을 이어갔다.

"산경도는 산의 연결성을 보여주고, 대동여지도는 물의 흐름을 보여줍니다. 읍지는 그 땅의 역사를 들려주고, 지명은 땅의 특성을 암시합니다. 이 모든 것을 종합해야 비로소 땅의 진정한 모습이 보입니다."

◈ 미래를 위한 제언

21세기의 풍수 연구는 어떤 방향으로 나아가야 할까?

첫째, 겸손한 관찰자의 자세가 필요하다. 아리스토텔레스가 말한 자연의 '니수스', 동양이 말하는 '기'를 인정하는 것은 자연에 대한 겸손함에서 출발한다.

둘째, 과거의 지혜를 현재의 언어로 번역해야 한다. 고지도와 지명에 담긴 정보를 현대의 GIS 기술과 결합하면 더 정확한 분석이 가능하다.

셋째, 통합적 접근이 필요하다. 풍수, 생태학, 도시계획, 기후학 등 여러 분야의 지식을 융합해야 한다.

넷째, 실천적 적용이 중요하다. 관찰과 연구가 실제 공간 계획에 반영되어 사람들의 삶을 개선해야 한다.

한 젊은 연구자는 이렇게 말한다.

"우리 조상들은 땅을 읽는 법을 알았습니다. 산이 어떻게 이어지는지, 물이 어떻게 흐르느지, 바람이 어떻게 부는지를 세심하게 관찰했죠. 지금 우리에게 필요한 것은 그런 관찰의 정신을 되살리는 것입니다."

기후변화와 환경파괴로 위기에 처한 21세기, 땅의 본성을 존중하는 풍수의 지혜는 새로운 의미를 갖는다. 그것은 과거로의 회귀가 아니라 지속가능한 미래를 위한 재발견이다.

"씨앗이 스스로 자라나듯, 땅도 스스로의 생명력을 가지고 있습니다. 우리가 할 일은 그것을 거스르지 않고 돕는 것입니다."

이것이 아리스토텔레스의 니수스와 동양의 기가 만나 들려주는 메시지다.

4. 서울 도시정비와 풍수: 재건축 시대의 새로운 과제

◈ 2025년 서울, 재개발의 물결 속에서

2025년 초봄, 서울 용산구의 한 재개발 예정지. 나는 재개발조합 관계자들과 함께 현장을 둘러보고 있었다. 1970년대 지어진 낡은 아파트 단지가 곧 35층 초고층 주상복합으로 변신할 예정이다.

"여기가 전부 재개발됩니다. 용적률 300%에 최고 높이 120미터까지 가능해요."

조합장이 자랑스럽게 말했다. 하지만 나의 눈에는 다른 것들이 보였다. 남산에서 내려오는 산줄기가 이곳에서 멈추고, 작은 실개천이 있던 자리는 이미 도로로 변해 있었다.

"혹시 이 지역의 옛 모습을 아시나요?"

내가 묻자 조합장이 고개를 저었다.

"글쎄요... 그냥 오래된 동네였죠."

나는 1960년대 항공사진을 꺼내 보여주었다.

"보세요. 여기 작은 구릉이 있었고, 이 골짜기로 물이 흘렀습니다. 전형적인 배산임수 지형이었죠."

◈ 서울의 대대적 변신 앞에서

현재 서울은 그야말로 재건축・재개발의 전성시대다. 강남의 재건축 단지들은 물론이고, 강북의 노후 주택가들도 속속 정비사업에 들어가고 있다. 2025년 기준으로 서울시 전역에서 진행 중인 정비사업만 900곳이 넘는다.

"효율성과 사업성만 따지다 보니 서울의 원래 지형은 완전히 무시되고 있습니다."

한 도시계획 전문가가 한탄했다.

실제로 대부분의 재개발 사업은 기존 지형을 평탄화하고 그 위에 획일적인 아파트 단지를 조성하는 방식이다. 작은 구릉은 깎아내고, 골짜기는 메우며, 실개천은 복개한다.

◈ 잃어버린 서울의 물길

며칠 후, 나는 서울시청 도시재생과를 방문했다.

"서울에 원래 얼마나 많은 물길이 있었는지 아십니까?"

내가 물었다.

"청계천 말고도 있었나요?"

젊은 공무원이 되물었다. 나는 조선시대 한양도를 펼쳐 보였다.

"홍제천, 불광천, 정릉천, 성북천, 면목천... 크고 작은 하천이 140개가 넘었습니다. 지금은 대부분 복개되어 도로가 되었죠."

특히 재개발 과정에서 사라진 작은 실개천들이 안타까웠다.

"마포구 아현동 재개발 지역 아시죠? 원래 그곳에는 아현천이라는 작은 개천이 있었습니다. 주민들이 빨래하고 아이들이 물장구치던 곳이었는데..."

지금은 8차선 도로 아래 묻혀 있다.

◈ 산을 잊은 도시

서울의 재개발 현장에서 가장 안타까운 것은 산과의 단절이다.

"서울은 원래 내사산(內四山)과 외사산(外四山)으로 둘러싸인 천혜의 명당입니다."

나는 서울의 산 체계를 설명했다.

내사산은 북악산(주산), 남산(안산), 낙산(좌청룡), 인왕산(우백호)이고, 외사산은 북한산, 관악산, 아차산, 덕양산이다. 이 산들이 만드는 분지 안에 조선의 수도가 자리 잡은 것이다.

"그런데 지금 재개발 단지들을 보세요. 산을 등지고 남향만 고집합니다. 산에서 내려오는 바람길은 차단하고, 조망권만 따집니다."

◆ **용산 정비창 개발의 교훈**

2023년부터 본격화된 용산 정비창 부지 개발은 서울 도심 재개발의 상징적 사례다.

"여기가 바로 서울의 미래가 결정되는 곳입니다."

현장을 안내하던 개발 담당자가 말했다.

하지만 내 눈에는 우려스러운 점들이 보였다.

"이곳은 원래 만초천이 흐르던 저습지였습니다. 일제가 매립해서 철도 기지로 만들었죠."

나는 1900년대 초 지도를 보여주었다.

"지금 계획대로라면 이 저습지에 초고층 빌딩을 세우게 됩니다. 지반 문제도 있지만, 더 중요한 건 이곳이 한강과 남산을 연결하는 바람길이라는 점입니다."

다행히 최근 계획이 수정되어 일부 구간에 녹지축을 조성하기로 했다. 하지만 여전히 부족하다.

◆ **강남 재건축의 풍수적 문제**

강남의 대규모 재건축 단지들도 비슷한 문제를 안고 있다.

"압구정동, 반포동, 잠실동... 모두 한강변 저지대입니다."

나는 강남 재건축 현장을 둘러보며 설명했다.

"원래 이곳들은 한강이 범람하면 물에 잠기던 곳이었어요. 그래서 조선시대에는 주거지가 아니라 농경지였죠."

1970년대 강남 개발 당시에는 그나마 지형을 고려했다. 아파트도 대부분 15층 이하로 지었고, 단지 사이에 바람길도 확보했다.

"그런데 지금은 어떻습니까? 35층, 50층씩 올라가고 있습니다. 한강에서 불어오는 바람을 완전히 차단하는 거죠."

◆ **풍수적 재개발의 가능성: 성수동 사례**

그나마 희망적인 사례도 있다. 성수동 일대의 도시재생 사업이다.

"성수동은 재개발 대신 재생을 선택했습니다."

성수동 도시재생센터장이 자랑스럽게 말했다.

"기존 지형과 건물을 최대한 살리면서 리모델링하는 방식이죠."

실제로 성수동에는 작은 구릉과 골목길이 그대로 남아 있다. 옛 공장 건물들도 철거하지 않고 문화공간으로 재탄생했다.

"특히 중요한 것은 바람길입니다. 한강에서 중랑천으로 이어지는 바람길을 막지 않도록 건물 배치를 조정했어요."

이는 전통적인 풍수 개념과도 맞아떨어진다.

◈ 서울시의 새로운 시도

2024년, 서울시는 '바람길 숲' 프로젝트를 발표했다.

"관악산과 북한산에서 시작된 찬 공기가 도심을 통과할 수 있도록 녹지축을 조성하는 사업입니다."

서울시 관계자의 설명이다.

이는 독일 슈투트가르트의 바람길 프로젝트를 벤치마킹한 것이지만, 사실 우리 전통 풍수의 '득수득풍(得水得風)' 개념과도 일치한다.

"재개발 사업에도 이런 개념을 적용해야 합니다. 무작정 높이 올리고 빽빽하게 채우는 게 능사가 아니에요."

◈ 물길 복원의 움직임

청계천 복원 이후 서울 곳곳에서 물길 복원 논의가 일고 있다.

"홍제천, 불광천은 이미 부분 복원되었고, 이제 도심 재개발 지역의 작은 실개천들도 살려야 합니다."

한 시민단체 활동가의 주장이다.

실제로 최근 재개발 계획에는 '실개천 복원'이 포함되는 경우가 늘고 있다. 비록 완전한 복원은 어렵더라도, 인공 수로라도 만들어 물의 흐름을 재현하려는 시도다.

◈ 주민들의 인식 변화

흥미로운 것은 주민들의 인식도 변하고 있다는 점이다.

"예전에는 무조건 높이, 용적률만 따졌는데 이제는 달라요."

한 재건축 조합원이 말했다.

"미세먼지도 심하고 도시 열섬 현상도 심각하잖아요. 바람이 통하고 물이 흐르는 단지가 더 살기 좋다는 걸 이제는 알아요."

실제로 최근 분양된 아파트 중에는 '풍수 설계'를 마케팅 포인트로 내세우는 곳도 있다.

◈ 현실적 제안: 서울형 풍수 재개발

그렇다면 현실적으로 가능한 '서울형 풍수 재개발'은 어떤 모습일까?

첫째, 원지형 존중이다. 무조건 평탄화하지 말고 기존의 구릉과 골짜기를 살려 설계한다.

둘째, 바람길 확보다. 주변 산에서 내려오는 바람이 단지를 통과할 수 있도록 건물을 배치한다.

셋째, 물길 복원이다. 복개된 실개천을 찾아 수경시설로라도 재현한다.

넷째, 산과의 연결이다. 주변 산과 시각적·생태적으로 연결되는 녹지축을 조성한다.

다섯째, 적정 높이다. 주변 지형과 조화를 이루는 높이로 제한한다.

◈ 미래를 위한 선택

2025년 서울은 선택의 기로에 서 있다. 효율과 이익만을 추구하는 개발을 계속할 것인가, 아니면 자연과 조화를 이루는 지속가능한 도시로 나아갈 것인가.

"풍수는 미신이 아닙니다. 자연의 흐름을 읽고 그에 순응하는 지혜입니다."

나는 용산 재개발 현장을 떠나며 생각했다.

서울이 가진 천혜의 자연조건: 산과 강, 그리고 그 사이를 흐르는 바람과 물. 이것들을 존중하는 재개발만이 진정한 미래 도시를 만들 수 있다.

"100년 후 후손들이 지금의 재개발을 어떻게 평가할까요?"

조합장에게 던진 마지막 질문이었다. 그는 대답하지 못했다.

하지만 희망은 있다. 바람길 프로젝트, 물길 복원, 도시재생... 조금씩이지만 서울은 잃어버린 자연의 흐름을 되찾아가고 있다.

전면 재개발의 시대, 우리에게 필요한 것은 속도가 아니라 방향이다. 천년 도시 서울이 다음 천년을 준비하는 지혜, 그것이 바로 21세기 풍수가 우리에게 전하는 메시지다.

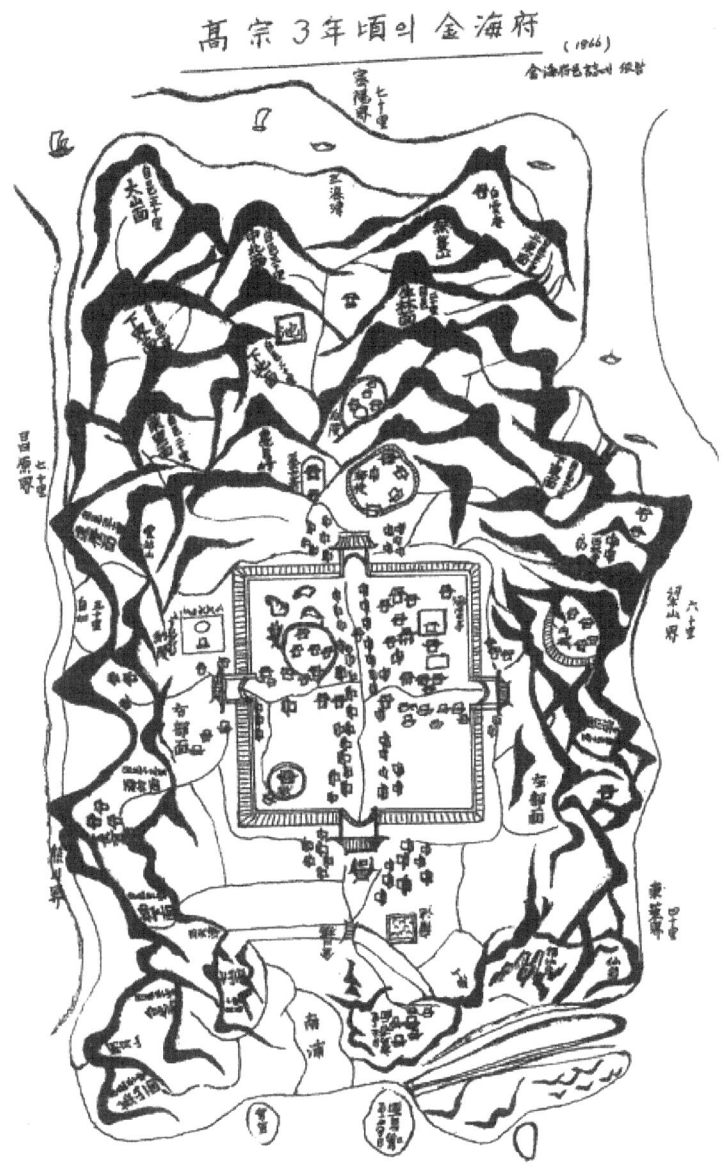

김해부대동여지도

▌ 덕산 고지도 ▐

❑ 입지 분석에 요구되는 풍수 필수 요소

산	녹지 연결 network	용맥의 이어짐	간룡幹龍, 지룡支龍 유무: 박환剝煥· 과협過峽·요도橈棹 유무
		금산	산형·산세의 보전
		원림의 보전	자연 상태의 숲·수림樹林의 보전
	녹지 모양 green-shape	사합주고四合周顧	주산, 안산, 좌청룡, 우백호의 균형
		산론山論	산의 고유한 고도 지키기
		용의 배면背面	산이 앞을 감싸고 있는지의 여부
		용의 귀천貴賤	지형의 해석(길룡吉龍/귀격貴格 여부)
		경관	유정有情·무정無情(보기에 좋다·좋 지 않다)의 판단
	바람길 white-network	용의 호송護送	주산에 이르기까지의 지맥들의 유무 판단
		바람의 성질(불취 不吹, 희噫)	경험 데이터에 따라 판단
	비보	용맥 비보	생태 숲·도시 숲 조성
물	물 흐름의 모양 blue-network	수세水勢	순順, 부직不直, 불산不散
		물의 환요環繞	불급류직거不急流直去, 물길의 곡면 안쪽에 구축

물	물 흐름의 모양 blue-network	물의 머무름[水止]	물의 흐름의 정도가 급하지도 느리지도 않은 모양과 저류지 여부
		바람은 물을 따라다닌다 [界水則止]	유류 留流 통한 바람길 확보
	물 흐름의 완급 여부	독양獨陽·독음獨陰	물 흐름의 완급 조절
		소沼·지沚·지池·호湖	저류 시설
		물의 성질[不却]	경험 데이터에 따라 판단
	득수·파구의 적절한 위치	득수·파구지	도시 입지는 물이 들어오고 나가는 득수, 파구 지점에서 일정한 거리를 두고 있어야 한다.
		수구 관쇄 水口關鎖	물길이 빠져나가는 곳은 트여 있지 않고 녹지나 물길이 갇혀 있어야 한다.
	비보	원래의 물 흐름대로 복원	
		습지 비보	자연 상태의 저류지 조성
		독양·독음에 대한 처방	녹지와 물길의 비례 판단
		비보 숲 조성	합류지(합수처)에 비보 숲 조성
방위	산의 입수入首	경관	호순신 길흉표로 판단
	산의 좌향坐向	일조량	산의 좌향 축에 따라 대상지 전반의 방향 축이 고려되어야 한다.
	물의 득수得水	수구 관쇄	호순신 길흉표에 따라 길한 방향에서 와서(득수) 흉한 방향으로 나가는(파구) 것이 가장 좋다.
	물의 파구破口	양수陽水(甲丙庚壬)/ 음수陰水(乙丁辛癸) 여부	
	흉방 입지 비보	이름 비보	
		놀이 비보	
		조형물 비보	
		차폐遮蔽 비보	

풍수

풍수란 무엇인가?

풍수

부록

風水

부록 1

목효지 상소문

(『세종실록』권93, 세종 23년 8월 25일 기축)

무릇 상지법相地法은 조종祖宗으로써 근본을 삼는 것이오니, 조산祖山이 고준高峻한 연후에야 생기生氣가 왕성하고, 생기가 왕성한 연후에라야 음덕蔭德을 내리는 것이 연면連綿하게 멀리 가는 것입니다. 대개 산천山川의 영령英靈한 기氣는 제 스스로 행하지 못하고 산山을 따라서 운행運行하는 것이므로, 잘 결합되어 판국이 된 것은 반드시 내룡來龍이 있어서 높이 솟고, 용龍과 호虎가 둘러싸고 조회朝會해 보이는 안산案山이 분명分明하며, 사산四山이 공읍拱揖하고 수맥水脈이 굴곡屈曲하여, 물이 깊고 맑으며 휘돌아 굽이쳐 흐르되, 오는 데에 그 근원이 안 보이고 가는 데에 그 흐르는 곳이 안 보여서, 마땅히 들어올 때에 들어오고 마땅히 나갈 때에 나간다면, 가위可謂 길吉한 땅이라 하겠고, 만약 조종이 얕고 연약하며, 내룡이 미소微少하여 끊어진 데도 있고 파인 데도 있어서 기맥氣脈이 연속되지 아니하고, 산과 물이 서로 등지고 나가서 산란散亂하여 돌아[歸流]간 데가 없고, 흐르는 길이 곧게 나서 마땅히 들어갈 때에 나가고, 마땅히 나갈 때에 들어오면, 가위可謂 흉凶하다고 할 것입니다.

이젠 빈궁嬪宮의 능소陵所인 안산安山 고읍古邑 땅을 보니, 그 산의 내룡이 얕고 약하며, 길[路]로 끊어진 곳이 많아서 10여 군데나 되옵니다. 『동림조담洞林照膽』에 이르기를, "내룡이 악惡하고 약弱하면 낳은 아이[兒]가 녹아버린다." 하였고, 『곤감가坤鑑歌』에 이르기를, "끊어진 산이 가로 파이면 기氣가 연連하기 어렵다." 하였고, 『지리신서地理新書』에 이르기를, "도로道路가 가로 파인 것은 기맥氣脈을 끊어지게 하는 것이라." 하였고, 또 『신서新書』에 이전李筌이 이르기를, "장성長城을 쌓느라고 산山을 끊어서 진秦나라가 망하였고, 기淇·변汴을 뚫느라고 지맥地脈을 끊어서 수隋나라가 망하였다."고 하였습니다. 그 크고 작은 것은 비록 다르나, 이치인즉 하나이옵니다. 또 건해산乾亥山이 변하여 계좌정향

癸坐丁向이 되었고, 사지巳地에 수파水破되고 계산癸山이 토土에 속하여, 이미 태胎가 끊어졌사오니 진실로 가소롭습니다. 비록 흙을 모아서 그 장생長生이라는 말은 면하겠사오나, 반드시 그 불소不小한 해害가 있을 것입니다. 이산은 건해방乾亥方이 주장이 되었고, 사방巳方이 수파되었사온데, 건해방은 금金에 속하여 사방巳方에 나오니, 이것이 장생長生이라는 것이옵니다. 『의룡경疑龍經』에 이르기를, "생왕방生旺方을 유파流破하면 모두 절멸絶滅한다."하였고 『호수경狐首經』에 이르기를, "주산主山이 감방坎方에 있다가 계축癸丑으로 전보轉步해서 머리를 숙여 간방艮方이 되었고, 수행水行은 더욱 앞으로 나오고 산행山行은 더욱 뒤져서, 먼저 목기木氣를 받고 다음에 토기土氣를 받아, 그제야 수기水氣를 받으면, 3년에 1보步요, 10년에 일세一世라."하였고, 『동림조담』에 이르기를, "건산乾山의 달려 내려옴이 짧아서 산 마디가 꺾어 내려온 방위가 해亥라." 하였사온데, 이제 속사俗師들이 건방乾方에 앉은 산이 짧은 것을 보고 곧 해산亥山이 주장이 되었다 하옵고, 다시 건산乾山을 가져서 물을 꺾[折水]지 아니하오니, 이것이 한 가지 병이옵니다. 『호수경』에 이르기를, "의당 나아가야 할 것이 들어오면 괴려乖戾의 모임이요, 의당 들어올 것이 나아가면 상파傷破의 실상이라,"하였고, 또 이르기를, "물이 나가는 것이 보이면 '단기短氣'라."하였삽고, 또 혈혈穴이 천관天關에 있사온데, 『지리문정地理門庭』에 이르기를, "천관혈天關穴은 범犯하지 못할 것이니, 범하면 사내[男]를 죽이고 어른[長]을 죽인다."하였고, 이순풍李淳風의 소권小卷 천관혈주天關穴注에 이르기를, "천관天關이라는 것은 물의 근원이라."하였사오며, 또 청룡靑龍이 물[水]을 띠고서 곧게 달아났사온데, 청룡靑龍이라는 것은 남자의 위치[男位]입니다. 『문정門庭』에 이르기를, "좌산左山・좌수左水가 곧은 것은 어른을 죽인다."하였고, 『낙도가樂道歌』에 이르기를, "동궁東宮이 달려가서 서궁西宮을 지나[竄過]면, 장자張子・장손長孫이 일찍 죽는다."고 하였사옵니다. 또 고현古縣은 산가山家가 역시 꺼리는 것이옵니다. 『동림조담』에 이르기를, "장터[市墟]나 고현古縣은 부녀婦女가 미천微賤하다."하였사온데, 그 길흉吉凶의 감응感應은 그림자가 형상을 따르는 것 같사오니, 『장서葬書』의 이른바, "산이 무너지고 종鍾이 울며, 나무꽃[木華]이조싹[粟芽]과 같다."는 것입니다. 『명산론明山論』에 이르기를, "주장하는 바의 길흉吉凶이 응應하기를 영향影響과 같다."하였고, 『장서』에 이르기를, "화화禍와 복복福이 해[日]를 돌이키지 않는 것으로, 군자君子는 신공神工을 빼앗아 천명天命을 고치나니, 『장서』의 법칙은 골짜기에서 부르는 것 같다."하였습니다. 이것으로써 보옵건대, 바로 그곳이 흉악한 땅이옵니다.

부록 2

목효지 상소문과 『실록』의 기사 2
(『세종실록』권121, 세종 30년 8월 8일 신유)

목효지睦孝智가 상서上書하기를, "신이 전에 지리의 설說로 상언하였는데, 유윤俞允을 얻지 못하니 통분 격절激切합니다. 다시 그 땅을 살펴보아도 두 맥脈 사이에 절을 짓는 것이 지금은 비록 파헤치지 않는다 하지마는, 그러나 파서 헤치지 않으면 좁은 협곡峽谷에 어떻게 절을 지을 수 있습니까. 사세가 반드시 파서 헤친 연후에야 절을 지을 수 있을 것입니다. 또 동쪽과 서쪽 두 산맥 위에 드디어 길을 내고 승도들이 왕래하면, 두 물이 모이기 때문에 노참路塹이 될 것이니, 세월이 오래되지 않는 동안에는 맥이 끊어지지 않겠지마는, 백 년 뒤에 이르러서는 반드시 끊어질 것입니다. 신이 다시 여러 글을 상고하니, 주문공朱文公의 『경제문형經濟文衡』에 이르기를, '천착穿鑿하기를 많이 한 곳에는 땅 기운이 이미 새어나 가서, 비록 길 한 땅을 얻더라도 또한 온전한 역량이 없다.' 하였으니, 문공文公의 의논을 소홀히 여길 수 있습니까. 지금 절을 세우는 곳은 계방癸方인데, 계방癸方은 축방丑方의 분도分度에 속합니다. 시속에서 말하기를, '본명本命의 방위方位는 범하여 움직을 수 없다.' 하니, 이것으로 본다면 그 해가 심히 큽니다. 문맹검文孟儉은 별로 재주와 덕도 없이 지나치게 성상의 은혜를 입어 벼슬이 6품에 이르렀는데, 오히려 부족하여 감림監臨으로서 스스로 도둑질하다가 서운書雲에 사역으로 정하였어도, 대체大體를 돌아보지 않고 위의 은혜를 희망하여, 이같이 큰일을 알면서도 말하지 않고 조금도 두려워하고 꺼리지 않으니, 임금을 속이고 나라를 혼미하게 한 대역부도大逆不道의 죄는 목을 베어도 용납될 수 없습니다. 신이 본래 미천하오나 신유년에 특별히 성상의 은혜를 입어서, 밤낮으로 전전긍긍戰戰兢兢하여 손에서 책을 놓지 않고 여러 말을 참호參互 연구硏究하여, 그 일의 이해利害를 밝게 알았사오니, 진정을 다하여 진달하지 않으면 사람들이 반드시 불충하다고 할 것입니다. 하물며 신자가 군부에게 어찌 차마 바라는 것이 있어서 북북히 말하지 않을 수 있습니까."하였다.

임금이 글을 보고 언짢아하면서 말하기를, "천인도 신臣이라고 칭 할 수 있는가. 지금 불당 터를 정한 것은 한 사람이 한 것이 아닌데, 홀로 맹검孟儉을 지적하는 것은 무슨 뜻인가."하고, 의금부義禁府에 내리어 고문하려 하니,

승지承旨들이 아뢰기를, "귀천의 제한 없이 모두 신이라고 칭할 수 있습니다. 억조신첩億兆臣妾이라고 말하는 것과 같습니다. 어찌 귀천을 따져서 말하겠습니까. 다만 지금 효지孝智는 마땅히 모사某司의 종 아무라고 칭하였어야 할 것입니다. 홀로 맹검을 지적한 것은 반드시 말이 있겠으나, 신등은 감히 알지 못합니다. 이 사람의 말이 비록 과당過當하나, 말을 올린 사람을 죄줄 수는 없습니다."하니,

임금이 말하기를, "비록 죄는 주지 않더라도 홀로 맹검을 지적한 뜻은 묻지 않을 수 없고, 또 단령團領을 입은 이유를 아울러 물어서 아뢰라."하였다.

효지孝智가 말하기를, "신이 불당 터에 가서 보니, 혈穴을 잡고 푯말을 세우는 등의 일을 맹검이 단독으로 하기 때문에 말한 것입니다. 단령을 입은 것은 요전에 신이 풍수학風水學에 참여하였기 때문입니다."하였다.

이에 환속還屬을 명하여 전농시典農寺의 종을 만들었다. 효지孝智는 본래 전농시의 종인데, 풍수風水의 술법을 알므로, 천인을 면하고 양인良人이 되어 풍수학에 종사從仕하였는데, 이때에 이르러 도로천인이 되었다.

부록 3

어효첨의 상소문
(『세종실록』권106, 세종 26년 12월 21일 병인)

　지난번에 궁성宮城 북쪽의 길을 막는 일 등으로 회의할 때 신은 마침 병으로 참예하지 못하였사온데, 뒤에 그 의논을 듣자온즉, 성북城北의 길은 담을 쌓고 문門을 만들어 제한을 하고, 또 성안에는 흙을 쌓아 산山을 모으고, 명당明堂의 물에는 더러운 물건을 던져 넣지 못하도록 금하기로 했다 하옵는데, 신은 반드시 그렇게 할 것이 없다고 생각하옵니다. 다만 염려되옵기는 국론國論이 이미 결정되었는데, 성상께서 보시기를 작은 선비가 감히 고론高論을 좋아해서 망령되게 시비를 한다고 생각하실까 하여, 이로써 조심하고 두려워 하여 머뭇거리고 지금까지 며칠이나 그대로 있었습니다. 그러나 사람의 상정常情이 한 사람의 권귀權貴를 섬기고자 한다면 반드시 그 사람을 위하여 온갖 정성을 쏟지 않을 수 없을 것인데, 사람이 세상에 나서 목숨을 바칠 데는 군부君父뿐이요, 입신立身할 바는 충효忠孝뿐이온즉, 무릇 신자臣子가 되어서 나라를 돕는 정성을 다하고자 하는 것은 한 사람의 권귀權貴를 섬기는 것과는 견줄 수 없는 것이옵니다. 하물며 신은 오래도록 시종侍從의 자리에서 [성상을] 모신 다른 범연한 신하들과는 비교가 되지 아니하오니 그 마음가짐이 또한 범연하다고 자처하지 아니하옵니다. 만약 국가에 이익이 될 일이라면 비록 서슬이 날카로운 칼날을 밟게 될지라도 진실로 마음 달게 여기오며, 또한 한갓 고론高論이나 좋아하는 것은 제 몸에도 유익하지 못하고 나라에도 이로움이 없을지니, 비록 바람에 병든 자라도 반드시 하지 않을 것입니다. 신은 지리서地理書를 널리 본 것이 없사옵고 겨우 조금 읽은 것도 책만 덮으면 곧 잊어버리어 요령을 얻지 못하였으며, 또 학문이 천박하고 식견이 본디 없사오나, 다만 어리석고 고집스러운 마음으로 망령되이 생각하옵건대, 지리地理의 설은 중국의 삼대三代 이전에는 없었던 것이므로, 의례儀禮는 주공周公이 지은 것으로서 오직 묏자리를 점쳐보고 날짜를 점쳐볼 따름이었고, 공자孔子도 말하기를, "묏자리[宅兆]를 점쳐서 편안히 장사한다."하였는데, 양한兩漢[서한과 동한]으로 내려오면서 처음으로 풍수술風水術이 있게 되어 각기 제 나름대로 길흉화복吉凶禍福의 설을 세워서 세상을 미혹하게 하고 백성을 속이는 것이 심하였나이다. 당唐나라 태종太宗 때에 이르러서는 음양 잡설陰陽雜說에 그릇되고 거짓됨이 너무 심하고, 구애되고 금기하는 일이 또한 많기에, 태상박사太常博士 여재呂才에게 명하여 고칠 것을 고치고 깎을 것을 깎게 하매, 여재가 이것을 모두 서설敍說로 만들어서 경사로써 질정質正하였더니, 유식한 사람들이 이것을 확실한 논설로 삼았는데, 그 서설의 장사葬事 관계에 이르기를, "예날에 장사하는 자들은 다 나라 도성都城의 북쪽에 장사하여, 묘지 구역[兆域]이 일정한 장소가 있었으니, 이는 자리를 가리지 아니한 것인데, 지금은 요망한 무당들의 망령된 말을 믿기에 아무리 애통으로 경황없는 중에라도 묏자리를 가리고 날짜 시간을 택하여 부귀富貴를 희구希求한다."하였으니, 여재의 말이 이미 이와 같음을 보면 비록 당나라 때에 이르러서도 실로 무당들이 이것으로 직업을 삼아서 생계를 꾀하였고, 저속低俗하고 무식한 자들은 그것을 믿었으나 유식한 인사들은 취하지 않았던 것입니다. 송宋나라 때에 와서는 사마온공司馬溫公의 장론葬論에 이르기를, "세속世俗이 풍수업자의 말을 믿고서 연월일시年月日時를 택하고 또 산수의 형세를 가리어서 그만 그리하는 사실로서 사람의 화복을 이룰 수 있는 것으로 여기지마는, 그래도 어찌 차마 자기 어버이의 시체를 폭로暴露해놓고야[시체가 드러날 정도로 묘를 조성하는데 정성을 들이지 않고] 스스로 복리福利를 구할 것인가. 그러나 효자孝子의 마음은 염려와 걱정이 깊고 멀어서 반드시 흙이 두텁고 쿨 턱이 깊은 곳을 구하여 장사한다."하였고, 정자程子의 장설葬設에 이르기를, "묏자리를 택암은 땅이 아름다운가 아니한가를 택하는 것이지 음양가陰陽家가 말하는 화복이 아니라고 한 것은, 땅이 아름다운 것은 흙빛이 윤택하고 초목이 무성한 것으로 징험이 되는 것이며, 구애하고 금기한다는 것은 어떤 이는 묏자리의 방위를 가리고 날짜의 길흉吉凶을 결정하는 것이라 하나, 너무 고집스럽지 아니한가. 오직 오환五患[풍風·수水·화火·충蟲·목木의 침해]은 삼가야 한다."하였고, 효영胡泳이 주자朱子에게 묻기르, "장사葬事 준비가 되었을 때에 다시 복서卜筮에 결정을 물어서 어떤 산은 불길하다 어떤 물은 불길하다 하고, 그래서 산과 물이 앞에서 잘 배치된 데를 얻었더라도 또 그 산과 물이 어디서 왔고 어디로 가는가의 길흉을 상고하고, 또 반드시 장사할 연월일시와도 다 합당해야 한다니, 그러한 말을 반드시 그대로 따라야 하는 것은 아니겠지요."하니, 주자가 대답하기를, "땅의 형세가 모름지기 서로 곱게 대하고[拱揖] 감싸주어서 허술하고 헤벌어진 데가 없으면 쓸 만한 것이고, 다만 어느 산이니 어느 물이니 하는 말은 쓸 수 없는 것이다."하였으니, 이로 보면 지리 화복地理禍福의 설은 송나라 명유名儒들도 다 취하지 아니한 것입니다.

　이것이 모두 경적經籍에 실려 있어서 역력히 고증할 수 있음은 진실로 전하께서 잘 보시는 바이오니, 신이 감히 거짓을 말씀하오리까. 그러하온즉 화복禍福의 설을 묘지墓地에 쓰는 것도 오히려 옳다 할 수 없사온데, 또 이것을 미루어서 도읍都邑의 땅에까지 쓰는 것은 더욱 옳다고 볼 수 없나이다. 무릇 운수의 길고 짧음과 국가의 화복은 다 천명天命과 인심人心이 있고 없음에 달린 것이고, 실로 지리地理와는 관계가 없는 것입니다. 그러므로 옛날 어진 신하들이 임금에게 경계警戒의 말을 올리는데 때로는 말하기를, "하느님은 한 가지로만 하지 아니하여, 착한 일을 하는 이에게는 백 가지 상서를 내려주고, 착하지 않은 일을 하는 이에게는 백 가지 재앙災殃을 내려준다."하고, 또 때로는 말하기를, "하늘은 더 친한 자가 없고 능히 공경하면 친하여지며, 백성은 항상 품에 드는 것이 아니고 인덕仁德이 있는 자에게 품긴다."하고, 또 때로는 말하기를, "우리는 하夏나라를 거울삼지 아니할 수 없고, 또 은殷나라를 거울삼지 아니할 수 없으니, 오직 덕을 공경하지 아니하면, 곧 천명을 잃어버릴지니라."하였으니, 이것이 곧 바꿀 수 없는 정론定論이옵니다. 또 삼대 이전에는 이미 지리의 법이란 것이 없었어도 역년歷年의 장구함과 정치의 아름다움이 역사에 빛나서 후세 나라들이 따르지 못하니, 그 도읍한 땅이 어찌 다 지금 말하는 지리의 설에 합치되었던 것이오리까. 삼대 이후에 장안長安에 도읍한 나라로는 서한西漢이 햇수로 214년, 서위西魏·후주後周와 수隋 고조高祖가 다 20여 년씩이고 당唐나라가 290년이 되오며, 낙양洛陽에 도읍한 나라로는 동한東漢이 햇수로 196년, 조위曹魏와 서진西晉은 4, 50년씩이고, 수隋 양제煬帝는 겨우 13년이오며, 건강健康에 도읍한 나라로는 동진東晉이 햇수로 105년이고, 송宋·제齊·양梁·진陳 등은 혹 5, 60년, 혹 2, 30년이오며, 변경汴京에 도읍한 나라로는 오계五季가 더욱 단명하여 혹 10여 년, 혹 4년밖에 못 되오며, 조씨趙氏의 송宋나라는 167년이옵니다. 이로써 논하건대, 도읍한 땅은 같으면서도 국운의 장단이 같지 아니함이 어찌 이러하옵니까. 신이 지금 "지리地理와 관계가 없습니다."라고 말씀한 것이 이 때문이옵니다. 그런데 우리 서울에서 궁성 북쪽의 길을 막으면 복이 되고 통하면 화가 되며, 성안의 산기슭을 흙으로 돋우면 길하고 돋우지 아니하면 흉하다고 말하니, 경전經傳의 옛일의 어디에 근거한 것입니까. 신이 진실로 우매하와 그 이치를 알지 못하겠나이다. 옛적 제왕들이 도읍을 정하는 제도는 반드시 앞에는 관청들이 있고 뒤에는 저자를 두게 마련이었는데, 과연 사람들이 궁성 북쪽으로 통행하는 것을 금하였사옵니까. 하물며 술가術家에서는 성이 끊어졌거나 길이 끊어진 것을 모두 해롭다고 논하는데, 지금 궁성의 터를 살펴보면 땅속에 들어간 깊이가 거의 한 길이나 됩니다. 가령 술사術士의 말대로 한다면 이미 성으로 패어서 끊어진 산의 주맥은 한 길이나 깊이 들어갔는데, 겉껍질 위로 사람들을 못 다니게 한다는 것은 도대체 모를 일이오며, 또 이미 끊어진 맥에 흙을 덮어서 깁는다는 것은 마치 살을 베어서 헌데를 깁는 것과 같으니, 어찌 혈맥이 통할 수가 있겠습니까. 만약 기운과 맥을 통하게 하려면 성북城北의 길을 막는 것도 안 될 일이요, 성안에 언덕을 쌓는 것도 무용한 일이옵고, 필야必也엔 먼저 궁성부터 헐어버려야 할 것이온데, 궁성을 헐어버릴 수야 있겠나이까. 이는 있을 수 없는 이치理致입니다. 신이 또 안찰按察하여 보오니, 『동림조담洞林照膽』이라는 풍수서風水書는 범월봉范越鳳이 지은 책이온데, 월봉은 오계五季 때의 술사術士입니다. 그가 이른바 "비린 것과 냄새가 더러운 것은 자손이 쇠망하는 상징象徵이라."함은 그 책의 혈맥편血脈篇에 있는 말이고, "명당明堂에 냄새나고 불결한 물이 있는 것은 패역悖逆과 흉잔凶殘의 상징이라."함은 그 책의 흉기편凶氣篇에 있는 말입니다. 그 본문本文의 뜻을 살펴보면 다 묏자리의 길흉을 논한 것이고, 도읍都邑의 형세는 언급하지 않았습니다. 대저 범월봉의 생각은 필시 신도神道는 깨끗함을 좋아하므로 물이 불결하면 신령이 편하지 못하여서 이 같은 반응이 있다는 것이고, 국도國道에 대하여 논한 것은 아닙니다. 도읍의 땅에 있어서는 사람들이 번성하게 사는지라, 번성하게 살면 더럽고 냄새나는 것이 쌓이게 되므로 반드시 소통할 개천과 넓은 시내가 그 사이에 종횡으로 트이어 더러운 것을 흘려보내야 도읍이 깨끗하게 될 것이고, 그 물은 맑을 수가 없습니다. 이제 묘지의 술수를 미루어서 도읍의 물까지 일체 산간山間의 깨끗함과 같게 하고자 한다면 사세가 능히 실행할 수 없을 뿐 아니라, 이치로 말할지라도 죽고 삶이 길이 다르고, 귀신과 사람이 몸이 다르니, 묘지의 일을 어찌 국도에 유추類推할 수 있겠나이까. 만약 유추할 수 있다면 지리서地理書에 논한 것이 모두 다 이러한 것들인데, 그것을 다 국도에다가 유추하여 쓸 수 있겠나이까. 우리나라

서울의 형세가 다 풍수설에 합치되면 오직 이 몇 가지만이 맞지 않는 것입니까. 만약 풍수설에 합치되지 아니한 것이 많을 것인데, 화복의 설을 하나하나 다 유추하여 쓴다면 묘지의 형국 안에는 민가民家가 없는 것이므로 도읍 안의 민가도 다 성 밖으로 내보낼 것입니까. 하물며 경복궁景福宮의 왼편과 창덕궁昌德宮의 오른편은 민가가 더욱 대궐에 가까우니 그 민가를 다 철거할 것입니까. 묘지墓地에는 사신 방위四神方位에 길[路]이 있는 것은 망할 징조이고, 사유四維[동남간, 서남간, 서북간, 동북간]에 길이 있는 것은 빈곤貧困할 징조라 하고, 곤방坤方에 길이 엇갈리면 음탕한 일이 많고, 간방艮方에 길이 엇갈리면 자식이 죽는다 하니, 그렇다면 국도의 문門이 사신·사유와 곤방·간방으로 통한 것은 다 막아야 할 것입니다. 이러한 따위들은 이루 말할 수도 없으니, 어차피 그 술법을 다 따를 수 없다면 이상의 두어 가지 일에만 어찌 그다지 마음을 쓸 것이 있겠나이까. 이것이 어리석은 신으로서는 이해되지 않는 바입니다. 예로부터 사특한 말이 일어나서 사람들을 유혹하기가 쉬운 것은 화복으로써 마음을 움직이기 때문입니다. 시험 삼아 여러 사람에게 말하기를, "아무 산 아무 물이 나라에 불리하다."고 하면, 듣는 자가 반드시 말하기를, "신자臣子로서 참을 수가 없다."하여, 감히 누가 어떻다고 하지 못할 것이니, 이는 다름이 아니라, 화복으로 마음을 움직이기 때문입니다. 대저 주공과 공자는 천하의 대성大聖이고, 사마온공·정자·주자는 천하의 대현大賢이온데, 화복의 설을 전에 주공·공자가 말한 적이 없고, 뒤에 온공·정자·주자가 취하지 않았으니, 몰라서 말하지 아니했다면 주공·공자는 충직忠直하지 못한 것이며, 알고도 취하지 않았다면 온공과 정자·주자도 역시 충직하지 못한 것이니, 그러면 그 두 성인聖人과 세 현인賢人이 신자臣子가 아니라서 말하지 아니하고 취하지도 아니한 것일까요. 그것은 성현聖賢이 도리어 술사術士보다 지혜롭지 못하고 충직하지 못한 탓일까요. 이 이치가 심히 명백하여 다시 의심할 것이 없음은 진실로 성인의 학문에서 철저히 밝혀진 것이오니, 신이 감히 거짓말을 하오리까. 이른바 길을 막고 산을 만드는 등의 일이 가령 오늘에는 방해가 없다 하더라도 성현聖賢에게 어긋남이 될 뿐 아니라, 그 말류末流의 폐해를 어찌 이루 다 말할 수 있사오리까. 지금 위에는 거룩하고 밝으신 임금님이 계시오며, 아래에도 슬기로운 아드님이 세자世子로 계시옵고, 또 어진 재상宰相들이 서로 치도治道를 강론하고 있사오매, 법을 세우고 제도를 청하여 만세에 표준을 드리울 일이 바로 이때에 있사오니, 참으로 공자 이전의 성인은 공자가 아니면 밝힐 수 없고, 공자 이후의 성인은 공자가 아니면 본받을 데가 없다고 하겠는데, 그 풍수술을 시험하여 쓴다면 후세에는 반드시 말하기를, "아무 조祖, 아무 종宗께서는 성인이신데 이 법을 믿고 쓰셨으니, 나는 그런 조종祖宗에 비하여 슬기롭지 못하면서 감히 그 법을 어길 수가 있는가." 하고서, 드디어 사람의 빈부貧富·귀천貴賤·현우賢愚·수요壽夭가 다 여기에 달렸다고 하여, 그때의 임금이 믿고, 그때의 정승이 혹하게 되면 요사하고 아첨하는 무리들이 틈을 타고 나와서 궤변으로 말하기를, "아무 산과 아무 땅에는 민가民家를 철거해야 하고, 어느 방위와 어느 문門은 막아야 하며, 어떤 위치의 어느 산을 낮춰야 하고 높여야 한다."하여 길흉吉凶을 거꾸로 하고 인심人心을 미혹하게 할 것이 틀림없을 것입니다. 이뿐만이 아니라, 장차 전조前朝[고려왕조]의 비보裨補의 설이 혹 잇달아 일어나게 되면 반드시 말하기를, "아무 마을 마우 방坊에는 사찰寺刹을 지어야 하고, 아무 고을 아무 산에는 탑과 사당祠堂을 세워야 한다."할 것입니다. 대개 마음이 혹한 데가 있으면 반드시 가리는 것이 있으므로, 임금이나 신하나 윗사람이나 아랫사람이나 다 그 술법術法에 빠져서 이것에 의지하여야 국운國運의 장구함을 이룰 수 있다고 하여, 참된 덕을 공경함으로써 영원한 천명天命을 기원하는 실속을 삼기에는 힘쓰지 아니할 것인즉, 오늘의 이일은 자못 후손에게 도움을 주는 일이 되지 못한 것이오니, 삼가지 않아서야 되겠습니까. 옛날 우리 태종 공정대왕太宗恭定大王께서 선지宣旨하시기를, "옛적 제왕이 예법을 제정함에 천자天子로부터 대부大夫와 사士에 이르기까지 장사葬事하는 기한이 각각 달수[月數]가 있었는데, 후세에 음양가陰陽家들이 많은 금기禁忌에 구애하여 때를 넘기면서 장사하지 아니함을 내 심히 민망히 여기노라."하시고, 드디어 의정부찬성議政府贊成으로 있다가 치사致仕한 정이오鄭以吾 등에게 명하시어 여러 서적을 두루 열람해서 그중의 정론正論을 취하고 사설邪說을 버려서, 옛 성현들의 요지에 맞게 하고 세속 무당들의 병폐[膏盲]를 제거하여 『장일통요葬日通要』라는 책을 만들어 중외에 반포하였더니, 그런 뒤에 인심人心이 정돈되고 선왕先王의 제도가 다시 밝아져서, 우리나라에 남의 아비 된 자가 죽어서 폭로暴露되지 않게 되고, 어버이를 치상治喪하는 도리가 유감됨이 없게 되었으니, 후손에게 도움을 주는 방도는 반드시 우리 태종 대왕같이 하여야 지극하게 될 것이옵니다. 연월일시年月日時의 구애와 금기禁忌는 우리 태종께서 이미 지난날에 끊으셨으니, 산수화복山水禍福의 사특한 논설은 우리 전하께서 마땅히 뒤이어 바로잡으셔야 합니다. 엎드려 바라옵건대, 전하께서 멀리는 옛 성현의 바른 길을 따르시고 가까이는 우리 태종의 아름다운 뜻을 본받으시와, 고명한 선비들로 하여금 여러 지리서地理書를 두루 열람시키시어 오로지 정자·주자·사마온공의 소론所論으로 주장을 삼고, 괴탄怪誕하고 조리 없는 말은 일절 제거하기를 태종이 하신 것처럼 하게 하시고, 전하께서는 또 마땅히 중도中道를 세우는 극치를 이루시고 도의道義의 근원을 밝히시어서, 덕을 공경하기에 부지런히 하시고 근거 없는 말을 듣지 마시옵시고, 천명天命으로 주택主脈을 삼고 민심民心으로 안대案對를 삼아서, 하늘의 밝은 명령을 돌아보시고, 백성의 험악한 반응이 있음을 늘 돌아보고 두려워하시며 더욱 정치와 교화를 닦고 밝혀서 인심을 맑게 하고 세도世道를 돌이키어, 정도正道의 밝음이 태양이 중천에 오름과 같게 하여서 평화와 안태의 극치를 이룸으로써 후세에 교훈을 끼치도록 하시고, 힘써 천명을 굳게 하고 민심을 결합함으로써 국운이 반석같이 튼튼하고 태산같이 안전하게 되면, 이것이 억만년 무궁한 복이 될 것이오니, 구구한 지리 화복의 사설邪說을 어찌 말할 것이 있나이까. 신이 가만히 생각하오니, 세상에서는 흔히 유자儒子의 말이라면 옛것과 고착固着되어서 변통하지 못한다 하나, 옛것에 고착된 그것이 실상은 역시 현대로 통하는 것입니다. 신이 지금 진술하는 것이 세속 사람을 좇아 말한다면 비록 옛것에 고착된 것 같지마는, 이것이 성현의 도道에 바탕한 것이니 사특한 말을 물리치고 바른 길을 밝히며 법칙을 만들고 훈계를 전하여 천명을 길이 보전하는 뜻에 반드시 조금의 도움도 되지 않난다고 할 수는 없을 것입니다. 신은 이런 뜻을 지켜온 지가 오래이온데, 심정이 속에서 북받치어 말씀이 지리함을 깨닫지 못하옵고 간절한 충정을 어찌할 수 없사와 죽기를 무릅쓰고 삼가 올리나이다. 엎드려 원하오니, 전하께서 신의 어리석고 거칠어 변통할 줄 모르는 죄를 용서하시고 굽어 살펴주시옵소서.

부록 4
|
정구의 상소문
(『선조실록』권129, 세종 33년 9월 갑진)

전 행부호군行副護軍 정구鄭逑가, "…… 신이 일찍이 지리가地理家에게 들으니, 그들의 설에는 두 가지가 있었습니다. 빈주賓主가 서로 공읍拱揖하는 형세인가를 보고 구작龜雀과 용호龍虎의 형세인가를 보며 이합취산離合聚散의 형태인가를 살피고 원만하게 모아져 물샐틈없이 치밀하게 막혔는가를 보는 것 등은 산가山家들이 매우 중요하게 여기는 것이며, 팔괘八卦와 간지干支의 수리數理를 써서 이리저리 참작하는 묘리를 붙이고 방위와 향배向背의 이름을 설정하여 순역順逆과 길흉吉凶의 상象을 붙이는 것은 산가들이 참고로 삼는 것입니다. 이 밖에도 산이 높고 낮은 것으로 화복을 논하고 물이 가고 오는 것으로 이해를 말하여 생극쇠왕生克衰旺에 대한 설이 시대가 내려올수록 불어나 갈래와 주각注脚이 셀 수 없을 정도로 많아 사람들로 하여금 따를 바를 모르게 하고 있습니다. 이것은 모두 올바르지 않은 책에서 나온 것으로 세상을 속이는 것에 지나지 않는 바, 실로 산가들이 취하는 바가 아닙니다. 그러므로 호순신이나 오행서五行書 등을 일러 '멸만경滅蠻經'이라고 하니, 이로 인해서 만이족蠻夷族에게 멸망의 화가 있었다고 해서 이르는 말입니다. 그렇다면 자우의 설 또한 만이족을 멸망시킨 찌꺼기로 산가들이 배척하는 바의 것이 아니겠습니까. 지리설에 대해서는 선유先儒들의 분명한 정론이 있습니다. 주자朱子는 『가례家禮』에 정이程頤가 말한 '묏자리가 좋으면 신령이 편안하고 자손이 번창하며 묏자리가 나쁘면 이와 반대로 된다. 이른바 묏자리가 좋다는 것은 흙의 빛깔이 광택이 나고 초목이 무성한 것이 그 징험이다. 그런데도 얽매여 꺼리는 자들은 땅의 방위를 가리고 날의 길흉을 받는 데 혹해 있으니, 잘못이 아니겠는가.'라는 말을 실어놓았습니다. 그러므로 주희朱熹의 논리는 산이 돌고 물이 감싸는 것을 주로 하고 모좌모수파某坐某水破의 설은 취하지 않은 것입니다.

신은 예문 禮文의 다섯 달 기한이 홀연히 흘러가버리고 거의 죽어가는 백성들이 힘을 다 쓴 나머지 다시는 힘을 더 쓸 여력이 없게 될까 염려됩니다. 전하께서는 신의 말을 받아들이시어, 이것이 신의 어리석은 생각에서 나온 것이 아니라 실로 정자 程子와 주자 朱子의 정론에서 나온 것이며, 산가山家의 좌향坐向이나 형세에 관한 설도 여기에서 벗어나지 않는 것으로 바르지 못한 설은 믿을 것이 못 된다고 여기셔서 신의 소를 대신들에게 내려 의결하게 하소서."라고 상소하였다.

참/고/문/헌

- 이화, 『풍수란 무엇인가』, 이학사, 2013.

- 이병도, 『고려시대의 연구』, 서울: 을유문화사, 1947.

- 배종호, 『풍수지리약설』, 『사학연구』 제21호, 1969.

- 增田秀光, 『風水の本』, 東京: 学研, 1998, p. 156.

- 目崎茂和, 『風水思想の展開』, 『東洋文化』 제78호, 1998.

- 정경연, 『정통풍수지리』, 평단, 2003.

- 최창조, 『한국의 풍수사상』.

- 김두규, 『풍수, 우리의 삶을 말하다』.

- 『호순신』, p. 57.

- 『발미론』, p. 58.

- 『淮南子』, 「地形訓」, 「天文訓」, 「俶眞訓」.

- 『錦囊經』, 「聚類篇」.

- 『청오경(靑鳥經)』

- 『고려사』, 「세가」.

- 『삼국사기』, p. 97.

- 『삼국유사』, p. 97.

- 『훈요십조』, p. 109~115.

- 『세종실록』, 권93, 세종 23년 8월 25일; 권61, 세종 15년 7월; 권106, 세종 26년 12월 21일.

- 『연산군일기』, 연산군 10년, p. 172.

- 『조선왕조실록』, p. 860~863, 865~866, 868~874.

- 『대명률』, p. 237.

- 『형법대전』, p. 238, 248.

- 『수교집록』, p. 241, 248.

- 『신보수교집록』, p. 241, 248.

- 『속대전』, p. 241, 248.
- 『백헌총요』, p. 241, 248.
- 『율례요람』, p. 241, 248.
- 『임원경제지』, 「상택지」.
- 『산림경제』, p. 282.
- 『증보산림경제』, p. 286.
- 『택리지』, p. 274.
- 『이재난고』, p. 305.
- 『산경표』, p. 296.
- 『어우야담』, p. 327.
- 『한국구비문학대계』, p. 328.
- 『징비록』, p. 227~230.
- 『성호사설』, p. 264~267.
- 『반계수록』, p. 269.

풍수

풍수란 무엇인가?

초판인쇄	2025년 09월 25일
초판발행	2025년 09월 30일

저자와의
합의에 의해
인지 생략

저자	김덕기
발행인	김덕기
발행처	한국도시환경연구원

주소	서울특별시 강남구 학동로 101길 26, 4층 410호
전화	02-453-2005
팩스	02-453-2006
교재문의	gommaul0419@naver.com

ISBN	979-11-994547-1-2 03180

정가 35,000원

풍수란 무엇인가?